Jean-Michel Riou

10 000 jours pour l'humanité

roman

PLON
www.plon.fr

12, avenue d'Italie
75013 Paris
Tél. : 01 44 16 09 00
Fax : 01 44 16 09 01
www.plon.fr

Illustrations originales : © Lucille Clerc

Mise en page : Soft Office
Dépôt légal : janvier 2018

ISBN : 978-2-259-26345-0

L'Arctique fond.
Les catastrophes environnementales
ne cessent de se multiplier.
Inondations et ouragans,
incendies et sécheresses planétaires.
Désastres humanitaires, exode
à l'échelle des continents,
Et le renoncement des puissants
à sauver la planète.
La Terre brûle.

Serons-nous capables
de nous sauver de nous-mêmes ?

Prologue

Une lettre de l'éditeur Pierre-Jules Hetzel à Jules Verne

Monte-Carlo, le 1er mars 1886

Mon cher Jules Verne,

Vraiment, vous savez l'art de me surprendre, de m'emporter dans votre univers ! Votre dernier manuscrit, 10 000 Jours pour l'humanité, me trotte dans la tête. Je l'ai abandonné à regret hier soir après avoir tourné la dernière page, cherchant s'il ne s'en cachait pas quelques autres... Et je vous prédirais volontiers un grand succès si je n'étais pas partagé sur le sort qu'il convient de réserver à ce voyage extraordinaire.

En repoussant une fois encore les limites de la science, vous démontrez que le progrès pourrait desservir la cause de notre planète car l'homme est capable du meilleur comme du pire. Ce siècle a en effet donné naissance à un nombre incalculable de découvertes qui, selon la façon dont on les utilisera, apporteront la félicité ou le chagrin. Comme vous, je crains les fabricants de guerre et les pilleurs de la Terre. Et, comme vous, je mesure combien ce qui a été inventé améliorera ou assombrira l'avenir. Ainsi, le monde tout en excès que nous avons enfanté sera redevable devant l'Histoire de ses erreurs. Mais si je partage vos inquiétudes, est-ce le bon moment d'en parler ?

Dans notre société trépidante, assoiffée de nouveautés, allez expliquer que le futur doit s'aborder avec pondération, que la hardiesse peut produire autant de bien que de mal ! Pour l'immensité, la Terre est sans limites, et ses promesses sont infinies. Votre pessimisme sur l'homme, cet apprenti sorcier, est justifié, mais votre roman fera peur et ne sera pas reçu comme il se doit car le monde est trop avide des promesses engendrées par notre époque. Laissez-lui le temps de comprendre qu'il doit aussi s'en méfier. Croyez-moi, cher ami, quand je vous dis que vous êtes de nouveau en avance sur ce siècle. Publiez aujourd'hui 10 000 Jours pour l'humanité, et vous ne serez pas entendu, encore moins compris, et peut-être pire. Tel le supplicié de Rome, vous risquez d'être voué aux Gémonies.

Voici donc mon conseil, ou plutôt mes conseils, puisqu'il y en aura deux.

1. *Attendons que le monde réalise lui-même qu'il commet ses propres erreurs pour lui proposer ce voyage extraordinaire aussi prodigieux que redoutable. Retardons la sortie du roman. Choisissons le bon moment. Je ne doute pas que l'avenir offrira de nombreuses occasions de démontrer à quel point vos inquiétudes sont justes…*
2. *Ayant largement consacré votre œuvre aux mérites du progrès, vous êtes bien placé pour en démontrer les limites. Mesurez-vous cependant les interrogations de ceux qui parleront d'un revirement ? Après avoir célébré tant de fois les vertus du mieux, Jules Verne dénigrerait-il ce qui a fait sa fortune ? Où est sa vérité ? Qui parle ? Lui, ou un autre ? Et je ne vois qu'un moyen de déjouer vos détracteurs : vous mettre en scène dans ce récit.*

Il ne s'agit pas d'être omniprésent – je connais votre pudeur et votre modestie –, mais d'asseoir une thèse en se servant de son inventeur. Et j'y songe un peu comme à une sorte de testament. Le testament de Jules Verne, voilà qui ferait un joli titre aussi, même si 10 000 Jours pour l'humanité me convient parfaitement. Mais publie-t-on son legs dans la force de l'âge ? Vous êtes dans la cinquantaine, et je vous prédis encore de belles années !

Je conclurai donc ainsi : accordons-nous du temps puisque le futur est le sujet de votre roman. Et voyez comment mêler votre opinion à cette histoire. Je suis sûr que l'on ne regrettera pas d'entendre le vrai Jules Verne…

Je me rapprocherai de vous dès mon retour de Monte-Carlo pour reparler de ces sujets passionnants.

Votre fidèle et toujours admiratif,
Pierre-Jules Hetzel

*

Jules Verne reçut cette lettre le 6 mars et songea à la manière d'en faire son profit. Hetzel ayant sa confiance, il se dit que rien n'était moins pressé que de publier cette aventure. Le temps, en effet, lui donnerait raison. Quant à se mettre en avant en intégrant son propre personnage, il devait y réfléchir, même si la mise en scène d'un romancier racontant lui-même le récit qu'il était en train d'écrire le séduisait. Hélas, ce projet fut remis en cause le 17 mars de cette même année 1886 : Hetzel venait de décéder.

Les années suivantes, on ne sut rien du manuscrit sur lequel Jules Verne continua pourtant de travailler jusqu'à ses derniers jours. Personne ne le connaissait, pas même Michel Verne, le fils de Jules et l'héritier de son œuvre. Avait-il disparu ? Avait-il seulement existé ? La réponse vint… Et c'est aujourd'hui.

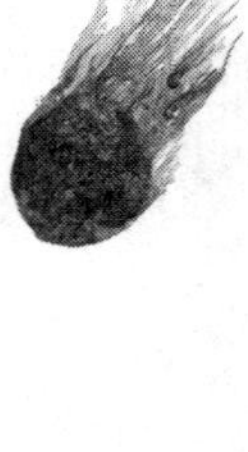

10 000 jours pour l'humanité

Après avoir sondé les océans et les entrailles de la Terre, parcouru le monde en quatre-vingts jours, survolé la Lune, entraînant mes personnages dans des voyages exaltant l'audace et le courage des intrépides, je crus avoir sondé tous les méandres de l'esprit. Quand, le 16 août 1901, un météore frôla la Terre. La plus apocalyptique des catastrophes faillit se produire, et l'homme n'aurait pu s'y opposer, le hasard ou le destin se chargeant ou non de mettre fin à notre existence... À moins d'imaginer que les promesses du progrès et l'alliance de nos esprits, de toutes nos forces parviennent à surmonter le risque mortel d'un anéantissement.

Pourrions-nous étouffer l'orgueil des peuples, l'aveuglement de nos religions, nos différences culturelles et nous unir afin de ne pas disparaître ? En somme, serions-nous capables de renoncer à nos dissensions ? J'ai décidé de chercher les réponses, écrivant ce voyage-ci comme un testament et décrétant que c'était au futur, selon les événements qui se produiront et qui ne manqueront pas de menacer la Terre, de choisir le moment idéal pour le faire connaître.

Mais, le moment venu, serons-nous capables de nous sauver de nous-mêmes ?

À l'avenir, en qui j'espère, de décider si nous trouverons en nous le meilleur de l'homme.

Jules Verne,
Le 1er mars 1905

[Et] quand la terre sera usée,
l'humanité déménagera vers les étoiles.

Gustave FLAUBERT
Bouvard et Pécuchet (1881)

PREMIÈRE PARTIE

La peur vient du ciel

1

« *Good heavens !* », s'écria Charles Pritchard, ce qui en français donnait quelque chose comme « Juste Ciel ! ». L'expression était insolite chez un maître d'Oxford ayant érigé en précepte intangible le fait que la science ne s'accordait pas avec l'exaltation. Grâce au Ciel – décidément, il en était question –, l'incident ne risquait pas d'entacher la réputation du *Savilian Professor of Geometry* de la prestigieuse université car il se trouvait seul dans l'observatoire Radcliffe, élégante bâtisse de forme octogonale située à l'angle de Woodstock Road et d'Observatory Street. Aucun témoin, en effet, pas même Edward James Stone, *Radcliffe Observer* et directeur de l'établissement. Mais ce fâcheux « *Good heavens !* » n'était pas qu'une entorse au légendaire flegme anglais. En réalité, il annonçait le plus formidable événement auquel l'humanité allait être confrontée.

*

Le 1er juin 1890, à l'heure où la nuit redonnait vie aux millions d'étoiles accrochées à l'univers, à cet instant que le Français appelle entre chien et loup, le savant répétait pour la dixième fois de la soirée un rituel immuable qui, conformément à la veille et aux semaines précédentes, se prolongerait fort tard. Pritchard fermait l'œil gauche, puis collait le droit dans une lunette télescopique afin de scruter les mystères célestes. À intervalles réguliers, il réalisait des clichés à l'aide d'un appareil équipé d'un objectif photographique de 33 centimètres de diamètre et d'un objectif visuel de 19 centimètres de diamètre, deux optiques inventées par les frères Henry, puis il consignait ses observations dans un recueil noirci aux deux tiers de schémas et de considérations algébriques impénétrables pour un non-initié. Et sans avoir jamais juré jusqu'ici, Pritchard quadrillait le ciel, convaincu du caractère exceptionnel de ses constatations. Il y avait, selon lui, quelque chose de divinatoire dans ce travail dont chaque détail était reporté d'une écriture aussi précise que régulière. C'était le chef-d'œuvre d'une carrière exceptionnelle, le point d'orgue d'une vie dédiée à la connaissance des astres, et rien dans le monde terrestre ne pouvait être plus capital que cet examen méthodique de l'espace qui s'apparentait à la rédaction de son testament académique. Assurément, l'émérite *magister* d'astronomie se voyait en précurseur. Mais qui n'aurait pas cédé au vertige de ces explorations immobiles, seul maître après Dieu, guidé par des fanaux devenus si familiers qu'il semblait presque possible de s'en approcher, de les toucher ? D'en être le découvreur…

Comme chaque nuit depuis le 9 mai 1890, Pritchard, capitaine au long cours, dressait la part lui revenant de la Carte du ciel, soit la zone de déclinaison comprise entre 25° et 31° nord. Un projet qu'il convenait de détailler, car l'entreprise, vraiment astronomique, visait rien de moins qu'à cartographier les étoiles. L'idée, française au départ, avait été approuvée à Paris. Dix-huit observatoires de par le monde, utilisant les mêmes outils, appliquaient la même méthode. On espérait vingt-deux mille clichés déterminant la position de milliers d'astres, après avoir procédé à de nombreux et complexes calculs mathématiques qui réclameraient des années de mise au point.

La vanité humaine n'allait pas jusqu'à prétendre que pas un éclat de l'univers n'échapperait à l'examen, mais l'aréopage de savants associés à cette aventure songeait sérieusement à lever le voile sur une partie essentielle de l'inconnu. C'était l'ambition folle initiée par Ernest Mouchez de l'observatoire de Paris, et reprise à Londres, Alger, Rome, Le Cap, Helsinki, Santiago, Sydney, et dans dix autres observatoires aussi renommés. Dans ces temples de la science, ses pairs et ceux de Pritchard s'échinaient à photographier les pointes d'aiguille scintillantes formant la voûte céleste, relevant scrupuleusement les coordonnées de ces astres guidant depuis la nuit des temps le marin et le berger, inspirant le poète, et rappelant surtout aux hommes combien ils étaient insignifiants à l'échelle de ce monde étoilé qui était loin d'avoir livré tous ses secrets. Mais bientôt, cet océan d'incertitudes disparaîtrait, et l'on s'y dirigerait aussi sûrement que dans la rade de Brest, naviguant sans embarras d'Uranus à Pluton, jusqu'aux astéroïdes Cérès et Vesta, vers toutes les comètes, les planètes, les étoiles naines et géantes pullulant dans l'éther lointain – et pourquoi pas au-delà.

À quoi bon s'échiner ? bougonnaient les caciques. Quelle utilité, cette carte d'un ciel inaccessible ? Il y avait mieux à faire que de dépenser des sommes folles dans un projet stérile. Ces doctes cerveaux n'avaient pas les pieds sur terre. Mais c'était tout le contraire ! rétorquaient leurs partisans car le temps viendrait où des vaisseaux de fer aussi infaillibles qu'une goélette rejoindraient l'espace. Alors, la Carte du ciel leur serait utile. Et si l'on traitait ceux-là de doux forcenés, il y avait toujours une voix pour citer l'écrivain Jules Verne. N'avait-il pas expédié un obus habité aux confins de la Lune ?

Bien sûr, ce n'était pas l'auteur des *Voyages extraordinaires* qui avait convaincu les meilleurs scientifiques d'unir leurs talents. Le dossier était solide, voici un exemple : connaître le ciel, c'était s'orienter plus aisément sur mer et dans les contrées reculées des cinq continents. Le paradoxe avait de quoi séduire le marin, le voyageur autant que le poète : la Carte du ciel était un excellent moyen de moins s'égarer sur notre planète, aidé par ces points lumineux, telle Vénus, l'étoile du Berger, indiquant l'ouest au soir et l'est à l'aube, et posés là par la grâce de Dieu ou les hasards de l'univers – selon les convictions des uns et des autres.

*

Aucun des astronomes ne doutait du progrès engendré par leurs travaux. Mais cette nuit, sapristi, l'Anglais avait de quoi écarquiller l'œil droit, plisser le gauche afin de scruter au mieux un petit coin de l'immense toile d'araignée luisante. Car, là-bas, dans l'infini immuable, l'ordre des choses semblait comme chamboulé.

En scientifique consciencieux, Charles Pritchard vérifia encore alors que l'horloge de l'observatoire Radcliffe sonnait dix coups d'affilée. Elle retardait d'une minute. Il était donc exactement 10:01 PM ou 22:01. « *Good heavens !* », jura-t-il pour la deuxième fois de sa vie, le doute n'étant plus permis. Le point était toujours là. Une masse grise, ronde, joufflue serait plus exact, tranchait avec le noir. Et ce n'était pas son surgissement qui avait inspiré son écart de langage, mais la taille de l'objet.

À cette distance de la Terre, à mi-chemin de Mars et de Jupiter, en comparant avec ce qui était connu, il existait Cérès, une planète naine pour certains, un astéroïde de grande taille pour d'autres. Sa découverte remontait à 1801 ; elle était l'œuvre de Giuseppe Piazzi de l'observatoire de Palerme. On évaluait la masse du mastodonte de près de 1 000 kilomètres de diamètre à 950 millions de milliards de tonnes. Un chiffre saisissant, à l'erreur près, qui dépassait l'imagination d'autant que la distance séparant la Terre de l'astéroïde permettait toutes sortes d'hypothèses plus ou moins étayées. Selon sa constitution dont on ignorait tout – glace *ou* roche ? Glace *et* roche ? –, sa masse pouvait varier. Pour clore ce débat stérile, la valeur de $9,5 \times 10^{20}$ kilogrammes était admise, soit près de 1 milliard de milliards de tonnes suspendues dans l'espace.

Or, ce que découvrait Pritchard était presque aussi énorme que Cérès, le plus imposant des astéroïdes connus, mais ce n'était pas exactement ça à quelques centaines de millions de tonnes près.

Voilà qui était assez pour justifier un « *Good heavens !* ». Et un nouveau cliché. Pourtant le savant n'en était qu'au début de sa découverte, et ce qui suivait méritait tous les jurons du monde pour une raison autrement saisissante.

2

Charles Pritchard avait suivi plusieurs heures de suite cet objet aussi étrange qu'inconnu et, tout en notant scrupuleusement son trajet, il cherchait dans sa mémoire infaillible si une telle apparition n'avait pas déjà été signalée par un illustre coreligionnaire, vivant ou décédé.

Observer le ciel était un exercice aussi vieux que l'homme, et l'on pouvait raisonnablement affirmer sans grand risque de se tromper que le premier *Homo sapiens*, à peine campé sur ses jambes, avait redressé la tête pour sonder les mystères qui le surplombaient. Des observations plus… méthodiques débutèrent au temps des Babyloniens et des Chaldéens. Nabu-rimanni, l'astronome le plus connu de cette époque, allait donner naissance à une longue lignée d'esprits avertis. On ne comptait plus les mathématiciens, les géographes, les amateurs instruits ayant sondé les astres. Leur histoire était passionnante, mais fort longue, et seule la partie de l'univers située entre Mars et Jupiter, appelée la ceinture d'astéroïdes, présentait cette nuit un intérêt. Car c'était là où Charles Pritchard s'usait les yeux. Voyons, se disait-il, que trouvait-on par ici ? Le savant d'Oxford fit le tri dans ses informations, il n'en manquait pas, et les résuma ainsi :

La ceinture d'astéroïdes était un gigantesque anneau fait de rocs, d'écueils, d'îlots, d'îles plus grandes que l'Angleterre, et ce tout disparate filait à la queue leu leu. Sans doute n'en avait-on découvert qu'une infime partie – assez toutefois pour se faire une idée du système. Leurs formes étaient variées. Ronds, oblongues, plats, bossus… nul modèle n'existant, rien n'étant semblable, il fallait se sortir de l'esprit la courbe rassurante de la Terre et se figurer les pièces d'un puzzle éparpillées à jamais. L'image semblait juste car le projet initial des astéroïdes avait sûrement été de s'unir afin de former une planète. Mais l'univers, décidant autrement, les avait condamnés à l'état hybride. Ainsi, une nuée de projectiles lancés à vive allure tournait, tournait autour du lointain Soleil dans une boucle s'étirant sur des centaines de millions de kilomètres, parcourant la même *circumnavigation* depuis la nuit des temps, et, faute d'avoir pu former un agrégat solide, ces astéroïdes ne deviendraient jamais frères de Mars et de Jupiter, leurs voisins à l'échelle du cosmos. Combien en existait-il ? Seuls les colosses étaient détectables depuis la Terre, distante d'environ 300 millions de kilomètres. On pariait sur des milliers, peut-être davantage, tant l'observation s'était améliorée au cours du siècle. Dans sa position, Pritchard en savait assez pour affirmer en tout cas que ce qu'il venait de repérer était un nouveau spécimen.

Il lui suffisait de comparer avec ce qui était déjà connu.

Indubitablement, ce n'était pas l'astéroïde Pallas, découvert en 1802 par Heinrich Olbers, sa masse n'excédant pas le quart de celle de Cérès. Donc, trop petit. « Cherchons ailleurs », murmura l'astronome en ôtant sa veste. Il était exalté, il avait chaud et froid, ses joues glabres rougissaient, l'excitation le gagnait. Serait-ce Junon, identifié en 1804 par Karl Ludwig Harding ? Encore trop petit. Les dimensions de cet astéroïde-là, de forme triaxiale, s'échelonnaient de 190 à 290 kilomètres. Restaient Vesta et Astrée, des gabarits sans commune mesure avec ce qu'il ne quittait plus des yeux. Vers minuit, Charles Pritchard se crut capable d'estimer le format de l'impétrant à environ 600 kilomètres. Or il était impossible de croire que, depuis la nuit des temps, de

Nabu-rimanni jusqu'à aujourd'hui, aucun regard perçant n'avait décelé un monstre de cet acabit.

L'explication se nichait ailleurs, s'entêtait l'astronome, passionné par l'énigme, échafaudant toutes sortes de suppositions dont celle-ci, la plus audacieuse : l'astéroïde inconnu résultait d'un choc titanesque entre deux condisciples. Un « déraillement », essaya-t-il, se promettant de trouver un mot plus scientifique lorsqu'il exposerait sa thèse à ses pairs, et, comme sa supputation un peu hasardeuse nécessitait d'être consolidée, il se souvint de Junon qui approchait tantôt plus près du Soleil que Vesta et s'en éloignait parfois plus que Cérès. Une orbite chaotique pouvait-elle expliquer qu'un nouveau modèle se montrât pour la première fois cette nuit ? N'imaginant rien d'autre, il creusa la piste et, vers trois heures, sa théorie fut établie : un télescopage monumental entre deux astéroïdes avait donné naissance à un mutant. C'était peut-être le sort aussi morbide que fatal de ces bizarreries qui, n'ayant pu réussir à devenir planète, étaient condamnées à végéter dans le noir, soumises au hasard, lancées à pleine vitesse sur un manège aveugle et fou, jusqu'à se percuter. Ces astéroïdes étaient des résidus mort-nés, témoins de l'immense bataille ayant donné vie au système solaire, avait-il coutume d'enseigner aux étudiants d'Oxford, concluant en forme d'épitaphe qu'une espèce aussi vaine que stérile n'avait aucun sens. Car, s'enflammait-il sur la fin de son exposé, à quoi pouvait-elle donc servir ?

Eh bien, notre savant d'Oxford l'apprit au cours de la nuit et découvrit aussi que ces… choses qu'ils traitaient avec mépris n'étaient pas sans vie et avaient leur raison d'être dans la galaxie.

*

Oubliant la fatigue, porté par sa découverte, drapé surtout dans ses certitudes, il suivait la progression de cette pâle imitation de planètes familières quand un détail le fit de nouveau sursauter. La rotation rapide de l'astéroïde lui permettait de découvrir son autre côté. À la surface s'entrevoyait une immense zone sombre et profonde, large de plusieurs centaines de kilomètres, qui se comparait aux cratères visibles sur la Lune. Sans aucun doute, le résultat d'un choc phénoménal, et, puisqu'il semblait impossible qu'une telle masse fût assez rusée pour se cacher des hommes depuis Nabu-rimanni, naquit une explication solide et définitive qui assurerait à son auteur une renommée planétaire. Pardi, l'objet n'était pas inconnu ! On l'observait même depuis 1801, mais sous une forme différente. C'était Cérès, assurément. Forme, apparence, tout en faisait son quasi-jumeau – à l'exception de la saignée béante qui l'avait meurtri et fait maigrir. Cérès, bien sûr ! Mais moins gros depuis le choc. Voilà qui expliquait le tour de magie ayant conduit à la mutation d'un monstre affublé du nom de la déesse de l'agriculture, des moissons et de la fécondité.

Le postulat de départ ne variait pas. Cérès était entré en collision avec un voisin surgissant de nulle part. Le choc avait été si violent que le second astéroïde, moins robuste, s'était éparpillé en mille morceaux ; et le spectacle apocalyptique de violence, de feu, d'explosion lors de leur affrontement avait dû être saisissant. Dans cette victoire à la Pyrrhus, Cérès, victorieuse et blessée mais pas morte, avait perdu des millions de tonnes (on calculerait combien en s'aidant des clichés), ce qui expliquait sa physionomie. Trois heures du matin sonnaient, la démonstration semblait solide. Plus encore, elle assurerait la renommée à l'astronome d'Oxford : Cérès n'étant plus tout à fait Cérès, un avenant devait être ajouté à son sobriquet. Qu'il proposerait sans tarder à George Gabriel Stokes, président de la *Royal Society of London for Improving of Natural Knowledge*, plus connue sous le raccourci de *Royal Society*, la société savante de l'Empire britannique à laquelle il avait été élu – l'égale, voire plus, de l'Académie des sciences française. Oui, s'emporta Charles Pritchard, un nouveau nom pour Cérès rappelant au futur qui était l'inventeur de sa métamorphose. Un nom qu'il lui revenait forcément de choisir.

De Vénus à Jupiter, de Mars à Vesta, déesse de la maison et de la famille, l'astronomie avait largement sollicité la mythologie.

Sincèrement, Cérès, figure de la fécondité, s'accordait peu avec l'astéroïde inhospitalier que nul dieu de l'Olympe n'aurait choisi comme havre de paix. Une petite voix intérieure soufflait donc au savant qu'il fallait trouver un solide prétexte pour justifier qu'au moins ses initiales soient ajoutées à Cérès, et CP, pour Charles Pritchard, possédait ce qu'il fallait d'impénétrable et de sérieux pour séduire un cénacle scientifique. Le sobriquet de Cérès-CP, nouvelle appellation, fut donc consigné dans le registre de la Carte du ciel ainsi que l'heure et le jour de la découverte. CP y ajouta un cliché et signa pour lui. Après quoi, qui pouvait revendiquer sa découverte ? N'importe qui, s'inquiétait-il, car, de Paris à Rio, de Santiago à Helsinki, combien d'astronomes perspicaces avaient repéré l'astéroïde et compris qu'il s'agissait de la mutation de Cérès ? Un seul suffisait pour qu'une bataille s'engage, d'autant qu'à la flopée de savants établissant la Carte du ciel pouvait se mêler un curieux mâtiné d'un cursus scientifique, un amateur exaspérant, mais brillant, qui s'attribuerait également ce succès dont Charles Pritchard refusait de partager la paternité.

*

Une règle indiscutable prévalait : la renommée reviendrait à celui qui aurait signalé en premier la stupéfiante transformation de l'astéroïde. C'était une question de rapidité et d'organisation. Dès lors, il fallait dans l'urgence rédiger une note expliquant et motivant la théorie de la percussion, *last but not least*, l'authentifier en la présentant au plus vite à un témoin irréprochable du sérail scientifique. Un nom surgit. Edward James Stone. Le *Radcliffe Observer*, aussi prévisible qu'un métronome, se présentait invariablement à l'observatoire à sept heures trente. Combien de temps restait-il ? Cent vingt minutes, et le jour ne tarderait pas à se lever. Pritchard dégrafa le col de sa chemise, plissa l'œil gauche, ouvrit l'autre en grand dans l'espoir de capter un nouveau détail qui nourrirait un rapport dont la synthèse saisissante serait, sans conteste, publiée dans les annales de la *Royal Society.*

Sur quoi devait-il se fixer ? La taille, en la mesurant de la façon la plus précise, mais aussi le cratère, la vitesse de rotation... Qu'y avait-il de neuf par rapport à ce que l'on savait de l'ancienne Cérès ? La description débutait quand il fut saisi de stupéfaction. L'inimaginable se produisait. Un fait dont il mesurait peu à peu les conséquences inouïes chamboulait l'observation précédente. Une variation infime, et si fascinante qu'il jura pour la troisième fois « *Good heavens !* » Ce qu'il découvrait supplantait les travaux de William Brouncker, de Christopher Wren, de Samuel Pepys, d'Isaac Newton, de William Parsons, de Joseph Banks, de Humphry Davy, de Joseph Dalton Hooker, tous anciens et nobles présidents de la *Royal Society*. Et l'autoriserait à siéger au sommet de l'illustre société savante en lieu et place de George Gabriel Stokes.

Se parlant à lui-même, il photographia son triomphe et noircit fébrilement un carnet de figures où se mêlaient des lignes droites, courbes et perpendiculaires, et moult mouvements de rotation, de circonvolution rivalisant d'audace. Le résultat, apparemment sans queue ni tête, établi à l'inverse d'un esprit mesuré, aboutissait à une conclusion effrayante... et renversante. Assez pour tourneboulér le savant qui, sans plus réfléchir à la gravité de ce qu'il croyait savoir, se leva d'un bond, jaillit de Radcliffe, courut sur ses jambes maigrelettes jusqu'au cœur d'Oxford, croisant des visages connus qu'il négligea de saluer, se jeta dans les bras du *Radcliffe Observer* qu'il empoigna vivement pour le lâcher aussitôt. Était-ce un jour où Charles Pritchard avait décidé de ruiner une réputation bâtie sur des années de loyaux services consacrés à la science ? À moins qu'il n'ait perdu raison, supputa Edward James Stone, du fait de ces nuits à contempler le firmament, tête redressée, nuque tordue. Le sang avait-il épaissi dans la tête ? Tout portait à croire que ce frénétique, tendu à l'horizontal, filant à présent vers le bureau du vice-chancelier de l'université, était infecté par la démence.

Et c'est ainsi, le cheveu en bataille, qu'il entra chez la plus haute autorité d'Oxford, sans avoir été annoncé. Sa découverte ne pouvait souffrir aucun retard. Et pour cause, le sort de l'humanité se jouait, le 2 juin 1890, à huit heures trente et une du matin.

3

Il fallut patienter jusqu'au 12 juillet pour que s'explique l'émoi de Charles Pritchard. Ce jour-là, un samedi, l'université d'Oxford débordait d'animation. Pourtant, le règlement fixait la fin des cours en juin. Seuls quelques étudiants désœuvrés de *Christ Church*, l'un des collèges les plus réputés des trente-huit composant l'université, hésitaient entre rejoindre Londres ou s'évader à Brighton, dans le Sussex, en bord de mer, afin d'échapper à la chaleur. Il faisait presque vingt degrés. Six heures sonnaient et, à cette heure, ils se rendaient au repas en toge, la tradition exigeant de se présenter ainsi dans le *Hall*. Au coup de gong, ils cesseraient de parler de leurs vacances afin de réciter le *Benedicite* en latin. Puis les discussions reprendraient, pimentées d'un zeste de détachement britannique, ce qui était la façon la moins indigeste d'accompagner la bouillie de viande cuite à l'eau du menu. On agissait ainsi à Oxford depuis 1167, mais aujourd'hui les us intangibles battaient de l'aile. Les mines étaient sérieuses et, sans regret, on avait mis de côté les assiettes. La conversation tournait autour d'une énigme. Que se passait-il dans le saint des saints de l'université, la bibliothèque bodléienne, temple des sciences humaines et scientifiques ?

Ses rayonnages accueillaient la quasi-totalité de ce que l'homme avait pensé, imaginé, inventé, démontré et décrit. On entrait sur la pointe des pieds, s'asseyait en silence, imaginant que l'économiste Adam Smith, l'écrivain et mathématicien Lewis Carroll ou l'universel Robert Hooke, pour ne citer que trois illustres Oxfordiens, avaient posé leurs augustes personnes sur la robuste chaise où il faudrait étudier des heures, lire page après page des sommes, les apprendre *in extenso* dans l'espoir d'approcher de ces esprits supérieurs. Tout n'y était que discrétion et sagesse… Nul bavardage, juste quelques soupirs pour demander respectueusement au bibliothécaire où nichait l'œuvre du génial poète Percy Bysshe Shelley, disparu en mer Tyrrhénienne en 1822, dans les 170 et quelques kilomètres d'étagères de ce sanctuaire affectueusement surnommé *Bod* par les étudiants. Or, ce samedi-là, un vacarme inusuel troublait le sommeil des âmes illustres qui, sans que l'on pût en douter, venaient ici reposer en paix.

Ce tintamarre, on le devait à très exactement cent soixante-huit personnes respectables, d'habitude pondérées, la plupart ayant atteint les soixante ans, tous docteurs ou agrégés. C'était la fine fleur mondiale de l'astronomie, assemblée dans l'urgence et, moins sûrement, en secret par le vice-chancelier de l'université d'Oxford, impressionné contre toute attente par l'exposé, six semaines auparavant, de Charles Pritchard, et qui se résumait de la sorte : le mutant de Cérès avait changé de trajectoire.

— Eh bien soit, et que pouvons-nous y faire ? avait soupiré le vice-chancelier, la tête ailleurs.

Un emploi du temps chargé et un rendez-vous l'attendaient. Mais le parcours irréprochable de Pritchard, exempt de tout scandale et dont l'éminent travail participait à la renommée de l'université, l'empêchait de renvoyer ce visiteur malgré sa tenue inhabituellement désordonnée et ses méthodes cavalières. Que lui arrivait-il ?

— Ceci ! avait grondé l'astronome.

Son carnet de notes était ouvert sur une courbe dont la moindre des choses était de l'expliquer pour la comprendre.

— Cérès, qui n'est plus Cérès (il avait failli ajouter l'appendice CP), s'apprête à quitter la ceinture d'astéroïdes.

— Souhaitons-lui un bon voyage, avait murmuré le vice-chancelier en pensant surtout à l'astronome.

— Je n'en suis pas certain, avait cinglé celui-ci.

— Allez au fait, monsieur le professeur !

— Cérès a pris un angle inquiétant.

— Pour qui ?

— La Terre…

— Précisez, avait lâché d'un ton moins assuré le vice-chancelier.

— Il se peut que Cérès nous tombe sur la tête.

On n'aurait pu être plus simple et plus direct.

— Dans combien de temps ?

Cette fois, le flegme anglais avait baissé la garde.

— Impossible de l'affirmer, je ne dispose pas d'un nombre d'informations suffisant.

— Retournez à vos observations…

— Impossible, avait répété Pritchard. Cérès a disparu derrière le Soleil et ne sera de nouveau visible que dans quatre ans et demi, si son orbite n'a pas changé. Désormais, quelle sera sa progression et que se passera-t-il si l'astéroïde emprunte un cap différent ? Je ne suis sûr de rien. C'est pourquoi il est impérieux de réunir tous les astronomes participant à l'élaboration de la Carte du ciel. Certains ont sans doute fait cette nuit le même constat que moi. Je les connais assez pour deviner que chacun aura sa propre idée. L'un d'eux pourra peut-être expliquer ce qu'il s'est produit…

Il avait dégluti avant de reprendre :

— Ou mieux – enfin, pire –, ce qu'il risque de se produire…

— C'est l'honneur d'Oxford d'organiser cette réunion, avait décidé sur-le-champ le vice-chancelier, comme s'il prévoyait l'ultime rassemblement de l'intelligence humaine. Toutefois…

— Je vous prie ?

— N'est-il pas souhaitable de télégraphier à quelques-uns de vos plus solides correspondants avant de… lancer la machine ?

— Que craignez-vous, monsieur le vice-chancelier ?

— L'erreur et, par conséquent, le ridicule… Le ridicule qui pourrait nous tuer, vous et moi, plus sûrement que Cérès…

À six heures du soir, les observatoires de Paris, d'Alger, de Rome, de Bordeaux, de Toulouse, de Potsdam, tous correspondants du projet de la Carte du ciel, avaient déjà répondu. Le télégraphe électrique fonctionnait bien, la France comptait plus de 30 000 kilomètres de fils relié à plus de mille bureaux servis par trois fois plus d'agents.

En synthèse, voici ce qu'il se disait dans le télégramme :

1. Un astéroïde de taille monumentale, jusque-là inconnu, était apparu.
2. Était-ce Cérès ? Les avis variaient. Il fallait en discuter.
3. Fonçait-il sur la Terre ? Trop tôt pour l'affirmer.
4. L'hypothèse semblait-elle cependant plausible ? Assurément.
5. Dès lors, l'urgence était de se réunir.
6. Le professeur Charles Pritchard s'étant manifesté le premier, le choix du lieu lui revenait.
7. Compte tenu de la dimension planétaire du sujet et ses enjeux, la discussion serait élargie au plus grand nombre de spécialistes et porterait sur la réalité du risque et ses conséquences pour la Terre, si l'hypothèse d'une dérive vers notre sphéroïde se vérifiait.

En *post-scriptum* : Ernest Mouchez, directeur de l'observatoire de Paris et initiateur de la Carte du ciel, donnait son consentement pour ajouter CP au nom de Cérès, s'il s'avérait qu'il s'agissait du même astéroïde.

Charles Pritchard n'éprouva cependant qu'une faible satisfaction en prenant acte de l'accord du Français sur la mention CP. À quoi bon, s'il n'y avait plus d'avenir ?

*

Compte tenu de la gravité du problème, six semaines pour tenir une assemblée cruciale, n'était-ce pas un peu long ? Outre la lenteur qui sied à la sagesse, apanage de la science, ce délai s'expliquait pour trois raisons.

En premier, aucun astronome ne prédisait la chute de l'astéroïde dans les semaines suivantes. 300 millions de kilomètres séparaient la Terre de la ceinture d'astéroïdes, c'était une belle distance, et la vitesse orbitale moyenne de Cérès s'élevait à 1 020 kilomètres par heure. Avec une simple division, on obtenait le résultat suivant : en supposant que ce bolide fonce droit sur la Terre, la rencontre ne se produirait que dans 12 245 jours, soit 33 années, 6 mois et quelques jours. Une accélération pouvait-elle se produire ? L'errance, comme une soudaine précipitation, ne pouvait être écartée, mais, en supposant que Cérès, ou quiconque, atteigne la vitesse orbitale de la Terre, 108 000 kilomètres par heure, sept années s'écouleraient avant le grand, l'immense, l'apocalyptique fracas. En conclusion, six semaines, ce n'était pas grand-chose.

L'autre argument justifiant ce répit, dont Pritchard profita pour affûter ses arguments, tenait aux contraintes liées aux déplacements. Faire venir ces personnalités d'Europe, d'Afrique, des Indes, d'Océanie, des États-Unis d'Amérique et même de Chine n'était pas une mince affaire. Phileas Fogg avait réalisé le prodige de faire le tour du monde en quatre-vingts jours. Le Ruban bleu, symbole du record de la traversée d'ouest en est de l'Atlantique nord, était détenu par *City of Paris* de la Inman Line. Du 15 au 22 mai 1889, le paquebot avait effectué la traversée en 6 jours, 0 heure et 29 minutes à la stupéfiante vitesse moyenne de 20,03 nœuds, détrônant *Etruria* de la Cunard Line. L'exploit, c'en était un, ne réduisait pas pour autant les distances, et se rendre de Pékin à Oxford dans des conditions ordinaires et conformes au budget serré d'une académie réclamait trois à quatre semaines de voyage, sans repos ni relâche, passant d'une voiture à cheval inconfortable à une jonque pouilleuse, d'un ferry à un train, puis à un paquebot avant de parcourir les derniers miles à bord d'une calèche. Pourtant, ne manquait à l'appel que l'Indien Achintya Ashvatthama de l'université de Bombay, empêché de se rendre à la convocation dans les délais fixés. Et qui le regretta.

Enfin, le vice-chancelier de l'université avait souhaité que la plus grande discrétion préside à l'organisation de cette réunion. Il avait fallu attendre juillet que les lieux soient désertés, n'eût été la poignée d'éléments de *Christ Church* dont il a été question. La même circonspection avait été ordonnée à tous les participants – et la chose n'était pas facile. Comment imposer le silence et contrôler les fuites alors que les observatoires de Leipzig, Cincinnati, Melbourne, Quito, Santiago-Quinta Normal avaient confirmé rapidement la découverte d'Oxford. Prudent, dès qu'il s'agit d'univers, l'observatoire du Vatican de Castel Gandolfo avait fermé la marche en publiant ses conclusions le lendemain à sept heures, heure de Greenwich. Selon ses habitudes, l'antique observatoire de Pékin était resté muet, l'empire du Milieu s'intéressant peu au monde au-delà de ses murailles. Son représentant s'était toutefois rendu en Angleterre.

*

À vrai dire, et bien que l'information sidérante ait fini par filtrer, l'astéroïde n'avait pas nourri la une des journaux sérieux d'Europe et d'Amérique, ceux-ci préférant commenter la fragilité de Wall Street et un énième incident armé aux marches des montagnes escarpées des Balkans, symptôme des inconciliables tensions de l'Empire austro-hongrois, la poudrière de l'Europe. Peut-être n'y croyait-on pas – ou s'en moquait-on –, tant il était difficile d'imaginer, de simplement concevoir, une catastrophe de cette ampleur. Ainsi, à l'exception de la presse populaire de Paris et de Londres dont les illustrateurs avaient croqué le portrait d'un supposé Martien habitant l'iconoclaste caillou, le sujet n'avait pas dépassé la page des faits divers. Rien de plus et, puisque l'intrus avait depuis disparu aux confins de l'espace sidéral, on oubliait déjà. La Terre tournait, la nuit chassait le jour, le monde faisait de même, l'actualité démodait l'actualité. D'ailleurs, ne fallait-il pas se fier au bon sens populaire qui avait lui aussi tourné la page ?

*

À voir cette assemblée hystérique, on avait tendance à douter de son sérieux. On s'apostrophait, s'insultait, traitait son prochain de sot, et tout cela en français, en anglais, en allemand, en flamand, en mandarin, à défaut de parler le volapük, ce langage universel imaginé en 1879 par Johann Martin Schleyer à qui Dieu, disait-il, avait soufflé de mettre fin à la cacophonie engendrée par la tour de Babel.

Sur quoi portait le désaccord qui faisait trembler les murs de la respectable bibliothèque bodléienne ? Tout, en vérité. Et pendant que les hommes se déchiraient, Cérès, ou autre chose de plus… martien, fonçait peut-être sur la Terre.

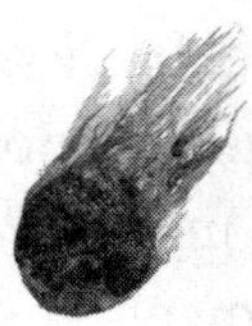

4

Ernest Mouchez de l'observatoire de Paris s'était présenté à Oxford la veille du 12 juillet. Il avait peu parlé de l'astéroïde avec Charles Pritchard, gardant le meilleur de son opinion pour l'assemblée plénière du lendemain. L'important était de ne pas se faire souffler ses idées. Non sans fierté, l'astronome anglais avait présenté à son confrère la bibliothèque bodléienne, chef-d'œuvre architectural. Tout était imposant, impressionnant aussi, et ce n'était pas que beau. Nul endroit au monde ne pouvait mieux exprimer l'indicible supériorité de la connaissance sur toute autre activité humaine. Ici, le savoir dépassait en puissance la brutalité. La force aveugle y déposait les armes. Chaque livre exposé – des centaines de milliers ? – sanctifiait le règne de la persuasion et du raisonnement, la supériorité de l'intelligence sur l'obscurantisme, un *credo* qui se plaidait aussi au cœur de la *Divinity School* car dans cette pièce plus longue que large, éclairée par des baies plus hautes que larges se déroulaient les examens théologiques et, si l'élève perdait pied, il pouvait lever les yeux et se rassurer ainsi : dans le plafond, des symboles chrétiens et celtes se mêlaient harmonieusement comme autant de signes de la présence immatérielle, mais si nécessaire, de la tempérance dans l'enseignement. Charles Pritchard précisa encore que l'on y parlait latin.

— Demain, pour la conférence, dans quelle langue échangerons-nous ? demanda Ernest Mouchez, toujours prêt à défendre le français.

— Baissez la garde, répondit sombrement son hôte, votre question sera vaine si nous ne disposons plus de frontières ni de pays. Et pour tout dire, de planète... Désormais, seul compte que nous nous unissions.

Mais le spectacle qui s'affichait le 12 juillet était l'exact inverse du vœu de Charles Pritchard. Et contraire à l'esprit des lieux.

*

Après trois heures de débats stériles, aucun accord n'avait pu être trouvé sur l'origine de l'astéroïde. Les uns, à la suite de Charles Pritchard, soutenaient qu'un choc colossal avait modifié l'apparence de Cérès, les autres répétaient que l'hypothèse d'une fracturation était impossible pour ne pas dire farfelue. Une petite minorité plaidait pour l'apparition brutale d'un corps inconnu à ce jour, théorie démentie par le gros de l'assemblée malgré les efforts du représentant des Pays-Bas qui s'inspirait des travaux de Heinrich Kreutz, brillant astronome et inventeur d'une thèse récente prouvant que la fragmentation de plusieurs comètes était envisageable. Dès lors, leur délitement pouvait faire naître un nouvel ensemble composé des membres éclatés d'une même famille – et ce pouvait être le cas du bolide aperçu la nuit du 1er au 2 juin 1890. Il ne s'agissait donc pas de Cérès, mais bien du *pater familias* géant d'une lignée inconnue, entrée depuis peu dans la ceinture d'astéroïdes. Voilà qui expliquait son apparition.

Une comète n'est pas un astéroïde, hurlaient les détracteurs. Et il n'y avait nul doute possible sur la nature de l'objet. Si la comète gravitait autour d'une étoile, sa taille se limitait à 10 kilomètres et sa composition était différente : eau *et* glace quand l'astéroïde était fait d'eau *et* de roche. On rétorqua que les nuances restaient fines entre astéroïdes et comètes, que les connaissances sur ce sujet étaient encore incertaines et qu'il était aussi possible de trouver ces dernières dans la ceinture d'astéroïdes. Mais émettre l'hypothèse qu'une comète soit composée d'eau et de glace était surtout hasardeuse puisque aucun des participants n'avait eu le loisir d'en étudier de près. Et les vociférations du camp adverse furent si fortes que l'on abandonna la piste. Que restait-il ? Un groupe d'astronomes, où se mêlaient Américains, Scandinaves et Russes, proposa la fusion de plusieurs astéroïdes de tailles plus modestes à la suite d'une collision monumentale. C'était un peu l'idée de Charles Pritchard qui y avait songé au départ avant d'opter pour Cérès. Hésitant jusqu'au dernier moment, rongé par le doute, il ne rejoignit finalement pas cette cause, rompant le vœu pieux qu'il avait fait la veille : seule l'union pouvait les aider à s'en sortir.

Aussi, lorsqu'on passa au vote dans l'espoir de former un point de vue commun, ce fut la Bérézina. Quel était donc ce bolide ? Tous avaient un avis, aucun ne l'emporta. On renvoya *le sujet* à la prochaine observation de *l'Objet* qui se cachait pour l'heure derrière le Soleil, mais sans prédire le jour de sa réapparition. On ne savait donc *ni quoi ni quand*, aussi reporta-t-on *sine die* l'ajout de CP au nom de Cérès.

*

La déception de l'astronome britannique fut encore plus grande lorsque se présenta la question la plus importante : *l'Objet* fonçait-il sur la Terre ?

Certains le craignaient, d'autres moins, mais la trajectoire certifiée dix fois le 1er juin était unanimement jugée « inquiétante », un constat qui n'avait rien de scientifique et masquait le désaccord général. Il manquait Urbain Le Verrier, décédé en 1877. On devait à l'astronome, qui avait précédé Ernest Mouchez à l'observatoire de Paris, la découverte mathématique de Neptune sur la base de calculs confirmés visuellement, à 1° près, par Johann Gottfried

Galle. Urbain Le Verrier aurait-il pu résoudre l'énigme *quand et vers où* ? On ne risquait rien en l'affirmant et, à défaut de faire tourner les tables pour interroger le mort, la seule façon de répondre à l'angoissante question de la destination de *l'Objet* était d'attendre son prochain surgissement. Se serait-il approché de Mars après avoir parcouru une boucle de centaines de millions de kilomètres ? Et au passage suivant, surgirait-il à la lisière de la Lune ? Quant à la fois d'après…

*

Au soir du 12 juillet, une motion, une seule, avait été adoptée. Les observatoires œuvrant sur la Carte du ciel compteraient dix nouveaux correspondants chargés eux aussi de surveiller l'espace jusqu'à dénicher *l'Objet*. À la première alerte, tous se retrouveraient à la *Divinity School*, qui n'avait jamais aussi bien porté son nom, afin d'*étudier les mesures adéquates à l'aune des évolutions constatées scientifiquement*.

Et ce verbiage improductif n'annonçait ni ne prévoyait rien, sauf la destruction probable du monde si *l'Objet* venait à menacer la Terre.

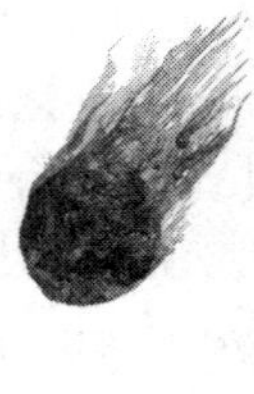

5

Ernest Mouchez et Charles Pritchard ne revirent jamais *l'Objet*. Non pas qu'il eût disparu, mais les deux astronomes, si. L'Anglais en mai 1893, le Français en juin 1892, comme deux esprits inséparables.

L'Objet, on le repéra le 7 mars 1894, et Félix Tisserand, successeur de Mouchez à l'observatoire de Paris, fut le plus rapide. À vingt-trois heures seize, l'œil écarquillé, il jura. « Nom d'un chien ! » Pritchard venait de perdre l'espoir posthume d'ajouter ses initiales à Cérès puisqu'il ne s'agissait pas de l'astéroïde qui, lui, s'était montré – entier – le 12 décembre 1893, certains accusant le nouveau venu d'avoir déjà commis un assassinat : la seconde mort, l'académique, du savant d'Oxford dont la seule consolation avait été de recevoir peu avant de s'éteindre la Médaille royale en récompense de ses travaux.

On avait en effet affaire à « quelque chose d'inédit », la peur se chargeant du reste, car il n'y avait rien de pire que l'inconnu. Astéroïde, comète, agrégat, fusion de corps entrés en contact ? Quelle importance… *L'Objet* était énorme et sans comparaison avec les comètes apparues au cours du siècle : Flaugergues (1811), Halley (1835), Donati (1858), Tebbutt (1861), Tempel (1864), Coggia (1874)… pour n'en citer que quelques-unes. *L'Objet*, lui, ressemblait plus à un boulet de canon.

*

Comète, astéroïde, météore, Félix Tisserand se moquait du débat casuistique qui avait frappé d'ingratitude la réunion de la *Divinity School*. Le passé était le passé, qu'apprenait-il cette nuit du 7 mars 1894 ? La chose à laquelle il fallait trouver un nom s'était écartée de Jupiter et se rapprochait de Mars, tel un fauve se jetant sur sa proie. Tisserand ne chercha pas plus. Wildcat, « le Fauve », on l'appellerait ainsi, et Oxford n'y trouva rien à redire, comme le début d'un concordat, lorsqu'il fut décidé de réunir de nouveau les astronomes à la bibliothèque bodléienne – du moins, ceux qui étaient toujours vivants le 3 avril 1894, soit quatre semaines après l'apparition de Wildcat.

*

Malgré un délai très court, justifié par la gravité et l'urgence de la situation, nombre de savants avaient répondu à l'invitation. La salle avait été isolée du reste de l'université qui, à cette époque de l'année, était en pleine activité. Une barrière empêchait les curieux d'approcher, ce qui stimulait l'esprit estudiantin toujours prompt à s'enflammer lorsqu'il s'agissait de résoudre une énigme. L'un d'eux, membre du collège *Christ Church*, prétendait détenir des informations. Un événement semblable s'était produit, quatre ans plus tôt, en 1890. C'était l'été, il faisait chaud. Lui s'attardait dans l'université ne sachant comment annoncer à son père son échec aux *Preliminary Examinations* sanctionnant la fin de la première année d'études. La même agitation régnait déjà autour de la bibliothèque bodléienne, soutenait-il, et les mêmes participants, des gens âgés et conscients de leur autorité, s'y trouvaient. Il avait à l'époque réussi à savoir à quel genre ils appartenaient : des astronomes de renom, réunis par le vice-chancelier dans la *Divinity School*, pareillement qu'en ce jour d'avril 1894. Et pourquoi, diantre, ce congrès prenait-il des allures de secret ?

Ignorants la curiosité qu'ils suscitaient, sagement installés sur des bancs inconfortables, les astronomes donnaient au moins l'apparence de personnes décidées à s'entendre. La gravité des faits l'imposait, et les positions s'étaient progressivement accordées grâce aux relations épistolaires où la raison l'emportait. Usant de prudence, les astronomes avaient échangé discrètement, mais leurs dernières conclusions étaient sans appel : l'orbite de Wildcat se rapprochant de la Terre, l'union n'avait jamais été si nécessaire. On s'était donc rendu à Oxford avec le désir de composer. Mais avaler des couleuvres, gober des contre-vérités ? Chacun était décidé à défendre son opinion quand Ivan Ossipovitch Yarkovsky les mit tous à l'unisson dès les premières minutes de la conférence.

*

Cet ingénieur russe, excellent astronome, avait développé depuis peu une théorie appelée communément l'« effet Yarkovsky » expliquant en partie le comportement des astéroïdes qui, en tournant sur eux-mêmes, exposaient successivement une face puis l'autre au Soleil. L'insolation ne se produisant que sur le côté illuminé, la chaleur modifiait sa rotation en fonction notamment de sa masse, de sa vitesse et de sa composition. La force de radiation thermique influençait donc ses actions – cette théorie étant elle-même résumée à l'extrême pour ne pas décourager le profane.

La démonstration était vérifiée pour les astéroïdes d'une taille inférieure à 20 kilomètres. Au-dessus, c'était moins certain. Mais dans quelle mesure la matière dont était fait l'astéroïde n'agissait-elle pas plus ou moins sur ses mouvements ? Pour prendre un exemple, les propriétés du fer variaient de celles de l'eau ou de la pierre. Admettre ce postulat permettait d'expliquer l'apparition de Wildcat, jaillissant de l'inconnu et qui, grâce à l'énergie solaire, avait quitté la ceinture d'astéroïdes, non sans heurter quelques membres de la colonie. Sa masse avait alors augmenté par la fusion d'astéroïdes moins imposants avant de poursuivre sa route, irréversiblement aimanté vers le centre du système solaire.

La thèse réconciliait les partisans de la formation d'un astéroïde géant par l'agrégat de semblables plus petits et ceux préférant l'apparition d'un corps exogène entré dans la ceinture d'astéroïdes. Ivan Ossipovitch Yarkovsky proposait la réunion des deux. Vrai ou faux ? À quoi bon se battre ? L'observation astronomique de l'orbite de Wildcat, incontestable, voilà qui était capital : l'invité se rapprochait du Soleil, donc de la Terre. On l'avait constaté le 7 mars 1894 en le retrouvant après son immense périple circulaire. Et quelles conséquences en tirer pour les planètes du système solaire ?

*

Au loin, Neptune... En s'approchant, Uranus, Saturne, Jupiter, la ceinture d'astéroïdes. Puis Mars... Et la Terre. Tous gravitaient sur des orbites différentes, à des distances suffisamment éloignées pour tourner en harmonie, sans anicroche – sans risquer de se *tomber dessus*. L'image, cavalière, illustrait une organisation par étages ayant résisté des milliards d'années aux aléas de l'univers. Oui, rien de majeur, de définitif, n'avait perturbé l'immense jeu de quilles. Mais un boulet de 850 millions de milliards de tonnes, étranger à l'ordre pérenne du système, traçait sa route en un mouvement circulaire de plus en plus concentrique, aux conséquences aussi prévisibles qu'inévitables. Wildcat était lancé sur un cap qui le rapprochait de Mars, mais dont il passerait trop loin pour se laisser attirer. L'obstacle suivant sur sa trajectoire serait la Terre. Filerait-il dessus ou poursuivrait-il sur Vénus et Mercure avant d'être absorbé par le Soleil ? La direction prise laissait peu de place au doute. L'attraction de la Terre agirait progressivement, le boulet était inévitable.

Dans la *Divinity School* de la bibliothèque bodléienne, une voix d'outre-tombe se fit entendre :

— Avez-vous calculé le temps de son trajet pour arriver jusqu'à nous ?

Un ton posé et déférent. L'époque des chamailleries était finie.

— Oui, répondit le Russe.
— Combien ? demanda une autre voix aussi docile.
— Son parcours n'est pas rectiligne. Il ne s'agit pas d'un projectile sortant d'un canon. J'estime qu'il lui faudra parcourir huit orbites avant de pénétrer dans notre atmosphère. Compte tenu de l'effet centripète, leur durée sera de plus en plus brève. Ainsi, la dernière sera égale à…
— Un chiffre, s'il vous plaît…
— Trente et un ans. À l'erreur près que j'estime à quinze mois.
Et Ivan Ossipovitch Yarkovsky ajouta :
— Quinze mois qu'il faudra ajouter ou ôter selon les observations constatées à chaque orbite. Pour se donner un ordre d'idée, aujourd'hui est le premier des dix mille derniers jours de l'humanité.
Il se leva.
— Je vous remercie pour votre attention.
Et quitta sobrement la tribune.

*

L'avenir… Un autre mot pour définir l'inconnu. En mettant de côté les charlatans, les diseuses de bonne aventure et un nombre non négligeable de politiques, aucune personne honnête ne s'aventurait à le prédire. Avait-on même le moyen d'anticiper l'enchaînement d'actions extraordinairement banales ? Sortir de chez soi alors qu'une tuile chute du toit, traverser en courant quand le cheval du cocher s'emballe, saluer une connaissance en ôtant son chapeau à l'instant où la pluie se met à tomber. À une minute, à une seconde près, la vie pouvait basculer, et les astronomes savaient avec certitude ce qu'il se produirait dans quelque trente et une années. Pour la première et la dernière fois de l'histoire de l'humanité, il n'était plus possible de promettre ce qui n'arriverait pas, de tirer des plans sur la comète, l'expression prêtant peu à sourire, en ce 3 avril 1894. Et pour la première fois, en effet, l'avenir que tout un chacun désirait connaître, on aurait voulu l'ignorer, tant il était désespérant.

En approchant, l'ombre fantastique du fauve Wildcat s'allongerait, plongeant la Terre dans le noir, signe annonciateur de la nuit éternelle. Son arrivée serait précédée d'une myriade d'émissaires rougeoyants, une armée de brisants, de lapidaires acérés, frappant à l'aveugle, sectionnant, blessant, détruisant, tuant sans distinction. Les plus gros provoqueraient d'immenses incendies. Ce premier acte jetterait le monde dans l'effroi, le génocide suivrait.

Pour les vivants, hommes et animaux, le supplice serait de courte durée. En s'écrasant sur la Terre, Wildcat muterait en un océan de lave, et son explosion déclencherait une onde de choc titanesque détruisant tout sur son passage. Le feu éradiquerait la vie, consumerait plantes et arbres comme des fétus de paille. Un séisme dépassant l'entendement humain soulèverait de gigantesques montagnes d'eau qui pénétreraient dans les terres, engloutissant tout. Les hommes seraient tués par trois fléaux*, le feu, la fumée et le soufre*, était-il écrit dans l'Apocalypse. Et s'il en survivait un, le sol calciné, stérile, recouvert d'une immense couche de cendres, ne lui offrirait aucun fruit. Dans l'air flotterait un épais nuage de poussières pendant des centaines d'années, la lumière ne traverserait plus le magma de suie, le froid régnerait. Insectes, bactéries si chères à Pasteur, toutes les espèces ayant échappé à la sagacité de l'homme s'éteindraient.

Ainsi, l'avenir s'anticipait sans espoir et sans erreur, à l'exception d'une question dont l'intérêt n'était que scientifique : avant même que le chaos ne se produise, la Terre n'exploserait-elle pas lors de l'impact ? Et ces étonnants savants ne pouvaient s'empêcher de réfléchir à la création, en lieu et place de la Terre, d'une nouvelle ceinture d'astéroïdes, vestiges du monde éteint à jamais par Wildcat.

*

Ivan Ossipovitch Yarkovsky avait repris sa place sans montrer plus d'émotion. Le Slave, racontait-on, était fataliste. Le Français Félix Tisserand estima l'âge de l'ingénieur. Quarante-cinq, cinquante ans. Avec un peu de chance, il serait mort avant l'arrivée de Wildcat sur la Terre.

— Messieurs, lança le Français en se levant à son tour, je considère comme raisonnable et sérieuse l'hypothèse de monsieur Yarkovsky sur l'origine de Wildcat. Si elle ne l'était pas, n'en débattons plus, je vous en supplie, jusqu'à la fin des temps. Qui est si proche. Arrêtons-nous plutôt sur l'essentiel : la trajectoire de l'orbite est indiscutable. Je tiens à votre disposition mes propres calculs, ils conduisent aux mêmes conclusions.

Personne ne réagissait encore. Nombre partageaient cet avis pour avoir réalisé de semblables recherches.

— Aussi, poursuivit-il en rejoignant la tribune, l'urgence oblige à s'interroger sur les conséquences à venir. Est-on certains qu'il n'existe nul moyen de s'en sortir – et, si oui, doit-on informer l'opinion ?

Cent mains se levèrent calmement, signe que la raison revenait, autant de visages restèrent graves, signe que le désespoir s'installait.

6

Le vice-chancelier avait lui-même conclu la réunion d'Oxford par un discours peu scientifique, effleurant les liens insondables des créatures terrestres avec Dieu. Que voulait-Il ? Pourquoi leur imposait-Il cette épreuve ? La science, rationnelle, entretenait des relations prudentes avec le spirituel, mais les mots chaleureux et touchants de l'universitaire firent mouche, tous comprirent qu'ils exprimaient son désarroi. L'union, même l'union de tous, du génie humain, ne pouvait surmonter une telle épreuve. Il s'avouait battu.

— Même le meilleur en l'homme n'y arriverait pas...

Sa voix tremblait, le flegme désertait ce monde. Que faire pour retrouver un sursaut d'optimisme ? Personne n'avait la moindre idée de la façon d'éviter Wildcat. Lors de sa prochaine apparition, l'orbite aurait-elle varié ? Au septième ou huitième passage, percuterait-il Mars – et que n'aurait-on pas fait pour que ce dieu de la guerre serve de bouclier à la Terre ? Des prières, des incantations, de la sorcellerie, il ne restait que ça. Quel échec désastreux pour ces savants dont la science avait décrypté le problème sans pouvoir le résoudre.

Le 3 avril 1894, à seize heures, les cent cinquante-neuf cerveaux réunis en assemblée plénière votèrent à l'unanimité trois résolutions : a) l'hypothèse de la fin du monde étant probable, le peu de temps restant serait consacré à la recherche obstinée des moyens de l'éviter, même si aucune piste sérieuse n'était envisagée ; b) l'assemblée se réunirait chaque année afin de faire le point sur la situation et partager toutes les solutions susceptibles d'éviter la destruction de la Terre ; c) avant la réapparition de Wildcat lors de l'orbite suivante, les participants juraient sur l'honneur de ne communiquer aucune information, notamment à la presse, seules les autorités publiques des États représentés ici devant être averties au fil du temps et sans affolement. À la révolution suivante, et si les prévisions les plus sombres étaient avérées, il serait demandé aux gouvernements en place d'organiser une communication officielle sur l'état du monde afin que les peuples soient informés, chacun se préparant alors à accueillir la fatalité.

Ces décisions furent reproduites sur les presses de l'université à autant d'exemplaires qu'il y avait de participants, pas un de plus. Chacun leva la main droite puis signa pour acter solennellement la gravité du moment, et la plume de tous trembla d'émotion. Personne ne se réjouissait de savoir ce que quatorze cents millions d'autres Terriens ignoraient.

Ils finirent par se disperser à dix-huit heures, cédant sans retenue aux accolades, trouvant dans cet élan de fraternité le réconfort que les mots leur refusaient. Dans le silence noirci de tristesse qui accablait la scène, la chape posée sur leurs épaules était de plus en plus lourde. Ils mesuraient que leur vie ne serait désormais qu'ingrate et fausse. Rentrés chez eux, il leur faudrait vivre avec un terrible secret, mentir aux proches, ne jamais leur avouer qu'il n'existait presque plus d'avenir, et comme cette charge leur semblait impossible à porter.

*

Pouvait-on détenir un secret d'État sans y avoir été préparé ? La plupart ne mesuraient pas même les exigences d'un tel devoir. Croire que Wildcat resterait enfoui quatre années dans la bibliothèque bodléienne était une gageure. C'était si impossible que la première bévue fût commise dans la minute suivante alors que l'on se séparait, tête baissée et remplie de pensées lugubres, se reprochant d'être aussi impuissant que coupable. Vraiment, le cœur n'y était pas quand il fallut remettre au vice-chancelier, debout à la tribune, comme momifié, l'exemplaire personnel et signé où étaient exposées les trois résolutions actant la tragédie et la promesse de chacun de se taire. Ils y passèrent un à un, échangeant leur feuille de papier contre une poignée de main qui scellait un peu plus la conspiration. Mais devient-on comploteur par le simple fait de s'y être engagé ?

Le vice-chancelier aurait lui aussi juré sur l'honneur que pas un des présents n'était sorti sans remettre son engagement – à l'exception de celui d'Achintya Ashvatthama, l'astronome de l'université de Bombay, absent pour n'avoir pu rejoindre Oxford en temps utile, comme en 1890. Quatre semaines plus tôt, l'excellent homme avait renoncé, non sans regret, mais, par étourderie, il avait été inscrit sur la liste des présents. Un exemplaire avait donc été déposé par l'assistant du vice-chancelier, peu préparé à cet exercice, à la place nominative réservée à l'Indien. Et on avait oublié qu'il n'était pas là. Le mouvement des impatients se dirigeant vers le vice-chancelier pour lui remettre leur serment précipita le drame. La confusion, l'émotion… les motifs ne manquaient pas. Le fait est que, tous étant passés à la tribune avant de sortir, le vice-chancelier ne vit pas pourquoi il s'attarderait. D'un coup d'œil rapide, il fit le tour de la salle. Vide. La feuille était si petite. Et surtout, un léger courant d'air l'avait déposée sous le banc qu'aurait dû occuper Achintya Ashvatthama.

Une fois sorti, le vice-chancelier fit ôter le barrage qui bloquait l'entrée de la bibliothèque. Une poignée de curieux s'y précipitèrent. L'un d'eux, de *Christ Church*, fut le plus rapide. Il s'appelait William Thomson, c'était l'étudiant qui, quatre années auparavant, ne savait comment annoncer à son père qu'il avait échoué aux examens de la première année. Plus doué quand il s'agissait d'être curieux, il avait fait le pari de découvrir quelle cabale s'était nouée dans la bibliothèque bodléienne.

Depuis l'entrée de la *Divinity School*, on voyait la feuille de papier destinée à Achintya Ashvatthama. William Thomson se pencha, la saisit, la glissa dans la poche. Et ressortit l'air de rien.

7

Que serait-il arrivé si le serment d'Achintya Ashvatthama n'était pas tombé entre les mains du jeune William Thomson ? Rien n'interdit de conjecturer. Informés peu à peu de la situation, mais convaincus de leur supériorité, car c'est le moindre mal des puissants, les gouvernants auraient-ils imaginé possible d'échapper au cataclysme en agissant chacun de leur côté ? Des pays se seraient félicités d'être loin des océans, d'autres auraient remercié la nature de leur avoir offert de hauts massifs où, allez savoir, les élites se seraient abritées... À coup sûr, aucun n'aurait prévenu la population par peur du chaos qui suivrait. De quelle fin, d'ailleurs, la Terre devait-elle se méfier : d'un astéroïde encore lointain à la trajectoire incertaine ou de l'émeute générale engendrée par la peur de l'Apocalypse ? Comment espérer contrôler le « bas peuple », croire que la société résisterait à ses assauts ? Avant même que le danger venu de l'espace ne se soit matérialisé, le monde sublunaire serait décimé. Aussi, il était à parier que les masses n'auraient pas été instruites. Or, informer était justement le métier – la vocation – de Pierre Lefranc, le brillant collaborateur d'Hippolyte Auguste Marinoni, directeur charismatique du *Petit Journal*, un quotidien français dont le tirage atteignait le chiffre d'un million d'exemplaires.

*

Marinoni avait l'allure et l'esprit de l'entrepreneur. Solide, massif, disaient ses ennemis (il n'en manquait pas), toujours coiffé d'un haut-de-forme victorien, soigneux de sa personne, en particulier de sa moustache, habillé par les meilleurs tailleurs de Savile Row, à Londres, ville où il se rendait aussi avec plaisir en raison d'une amitié solide avec le rédacteur en chef du *Times*, George Earle Buckle.

Le propriétaire du *Petit Journal*, homme à aimer le progrès, était un génie des affaires. La presse, soutenait-il, se dirigeait comme une entreprise industrielle, même si, fiers de leur art, les journalistes méprisaient les chiffres par principe, ce qui horripilait Marinoni dont la réussite reposait sur deux principes : 1) offrir un bon produit (c'était le rôle des journalistes, des typographes, des illustrateurs) ; 2) à un prix bas (grâce à un outil de production moderne). L'imprimerie ! Un domaine où Hippolyte Auguste Marinoni excellait. Il avait débuté au bas de l'échelle comme simple apprenti. Passionné par la technique, le nez plongé dans les rotatives, une pipette d'huile à portée de ses mains noircies d'encre, il cherchait sans cesse comment améliorer la qualité et la rapidité des machines. À force de se creuser la cervelle, et en déposant sans cesse des brevets innovants, il avait révolutionné la rotative, clé de voûte d'une entreprise de presse. La « presse rotative à plieuse » était une belle invention. Il fallait voir et entendre ces monstres d'acier débitant à une cadence infernale, dans un vacarme assourdissant, les centaines de milliers d'exemplaires du *Petit Journal* dont les crieurs de journaux s'emparaient pour inonder les grands boulevards : « L'ogresse de Ménilmontant enfin arrêtée ! Le gouvernement va tomber ! Le train déraille, dix morts à Montparnasse ! Le député Maurice retrouvé raide dans le lit d'une demi-mondaine ! Le corps sans tête d'Églantine D. repêché au canal Saint-Martin ! » Ou encore : « Jules Verne met le monde *Sans dessus dessous* dans un prochain roman ! » Marinoni avait le sens du titre, du sujet sensationnel illustré en première page – et en couleurs. Il surveillait les légendes, réécrivait parfois le chapeau des articles afin d'accrocher le lecteur, lisait chaque édition de la première à la dernière page, puisque tout était essentiel.

Voilà pourquoi *Le Petit Journal* remportait un grand succès depuis 1882, année où il en avait pris la tête.

*

Le journaliste Lefranc éprouvait une sincère admiration pour ce vrai patron de presse, ombrageux, soupe au lait, caractériel, mais qui ne lâchait jamais ses équipes, les défendait *mordicus*, payait rubis sur l'ongle les frais des procès qu'engendraient leurs plumes souvent acérées. La vérité et l'exclusivité ! Le sujet qu'on ne trouvait pas chez ses concurrents ! Marinoni n'en démordait pas.

Pierre Lefranc avait trente ans. Quand la plupart des hommes de sa génération étaient mariés, lui avait fait le choix de consacrer sa vie à son métier. On le voyait tôt au journal, en chasse tout le jour, tard le soir relisant un article qu'attendaient en râlant les compositeurs. Lefranc était un perfectionniste.

Louis, son père, avait participé à la guerre de 70 contre les armées prussiennes jusqu'à la première bataille de Buzenval, le 21 octobre 1870, destinée à soulager Paris assiégé par l'ennemi. L'ouvrier Louis Lefranc avait l'âge du courage aveugle et de l'héroïsme. Enrôlé dans les troupes du général Trochu, affecté au 3e groupe commandé par le colonel Cholletou, il avait été des francs-tireurs qui s'étaient battus au corps à corps pour pénétrer dans Buzenval. Au soir seulement, après être rentré au cantonnement, Louis avait remarqué que le bas de son uniforme était imprégné de sang. À vrai dire, le pantalon était teinté dans la même couleur, et ce n'était pas un hasard. Lors du combat, le soldat, transporté par la rage, entouré de bestialité et de violence, étourdi par le bruit, sentait moins ses blessures et, s'il ne les voyait pas, c'était encore mieux. Parfois, il continuait le combat jusqu'à s'effondrer, exsangue. Lefranc, après avoir mis tout son patriotisme dans la bataille, y avait gagné une hémorragie qui l'emporta le 24 octobre – et un galon de sous-officier à titre posthume. Pierre, bien que petit, pleurant sur le cercueil de son père, s'était forgé une conviction toujours chevillée au corps : la guerre n'était que gâchis. Il avait choisi le journalisme pour défendre la paix et dénoncer les manœuvres des forts prêts à sacrifier la vie des faibles pour le profit d'intérêts souvent égoïstes. La chair à canon, plus jamais.

Chacun avait ses idées, mais Marinoni et Lefranc partageaient la même valeur : oser et ne rien craindre quand il s'agissait de défendre une noble cause, celle du peuple étant le *credo* de ce duo incorruptible.

*

On les voyait ensemble alors que les bureaux de la rédaction se vidaient. Le chef gémissait, la une du lendemain était faible. « Bon sang, Lefranc, n'avez-vous rien à offrir de mieux à deux millions de lecteurs ? » Le patron de presse en voulait toujours plus.

Or, ce soir du 3 avril 1894, il avait le regard chafouin de celui qui préparait un joli coup.

— Demain, vous partez à Londres.

— Bien. Et puis-je en connaître la raison ?

— Vous rencontrerez George Earle Buckle, le rédacteur en chef du *Times*. C'est un ami.

— J'en suis ravi, mais ça ne me renseigne toujours pas sur le motif de ce voyage… inattendu.

— George Earle Buckle ! continua Marinoni sans répondre encore à Lefranc. J'échangerais la moitié du *Petit Journal* contre le dixième de son génie… Tudieu, comment fait-il ? murmura le rédacteur en chef.

— Comment fait-il quoi ? s'agaça le journaliste.

— Pour trouver des scoops !

— Vous m'envoyez le voir pour étudier sa recette ?

— Bien mieux ! Je parle d'une exclusivité dont les lecteurs du *Times* sont friands. Et il me propose d'en profiter…

— Un scoop à partager ? Ce ne sont pas les habitudes de la presse.

— Et sans contrepartie, continua son rédacteur en chef. *Fifty-fifty*, m'a-t-il écrit. Le coup doit être gros. Trop pour le *Times* ? Impensable.

— Le sujet concernerait-il nos deux pays, France et Angleterre ? suggéra Lefranc, gagné par l'excitation.

— *Enormous*, m'a assuré George Earle Buckle, quelque chose de… Je n'ose y penser.

Il se frotta vivement les mains :

— Voyez-vous ça, le *Times* et *Le Petit Journal* publiant le même jour la même information, et celle-ci serait… sensationnelle ! Ah, Lefranc, nous toucherions le Graal du journalisme, le rêve de tout homme passionné par ce métier !

Transporté, Marinoni leva les yeux au ciel :

— Crise boursière ? Déclaration de guerre ? Il ne s'en explique pas plus dans le télégramme arrivé voilà une heure. Qui, quoi ? Le mystère annonce le meilleur ou le pire… Et si ce journal ne me mangeait pas tout mon temps…

— … vous seriez en route pour Londres.

— C'est exact, Lefranc… Diantre, je n'ai jamais été aussi impatient !

— Dès demain, je prendrai le premier train pour Calais…

— Non, Cherbourg. Voici vos billets. Départ six heures dix-huit depuis la gare Saint-Lazare, arrivée neuf heures cinquante-sept. Dix heures trente, vous embarquez sur *Great Western*, un solide ferry à vapeur, je connais. Départ onze heures, arrivée à Douvres : seize heures. Par le train rapide, vous serez à Londres assez tôt pour goûter l'excellent brandy de George Earle Buckle, puis vous dînerez avec lui. Le rendez-vous se tiendra à son domicile à St James's Street.

— Non pas au *Times* ?

— Voilà une autre énigme. Pour moi, l'affaire est si grosse qu'il en vient même à craindre les oreilles indiscrètes.

Marinoni s'extirpa lourdement de son siège.

— Maintenant, souffla-t-il, c'est à vous d'agir. Partez et rentrez au plus vite. Je vous attends après-demain soir. Si vous disposez de temps, passez chez mon tailleur de Savile Row. Voici la commande : deux costumes, un trench-coat, cinq chemises. N'oubliez pas le haut-de-forme.

Il ouvrit le tiroir gauche du bureau, en sortit une liasse de billets glissée sous un pistolet.

— Pour vos frais. Mille francs et mille livres sterling. N'oubliez pas les justificatifs de vos dépenses.

— Dois-je régler le tailleur ?

— Inutile, la facture suivra.

— Y a-t-il autre chose ?

— Gardez l'œil ouvert et tendez l'oreille. Vous êtes journaliste !

— Je ne considère pas ce déplacement comme un congé…

— Pardonnez-moi si je vous ai vexé, Lefranc. Je rêverais d'être à votre place. Je vous envie… Je vous envie, répéta-t-il.

Il soupira et sonda l'infini désordre qui régnait sur son bureau.

— Et j'ai loin d'avoir fini… Bon voyage, Lefranc.

*

En sortant du *Petit Journal*, Lefranc se rendit directement à la Brasserie des bords du Rhin de monsieur Lipp, située boulevard Saint-Germain. Il y croisa Jules Roche, le rédacteur en chef du *Petit Parisien*, un farouche concurrent du *Petit Journal*, qui força sa table et insista pour payer le repas – ce que Lefranc refusa. Roche tentait depuis plusieurs mois de convaincre Lefranc de rejoindre son camp. Vers vingt-deux heures, Lefranc s'éclipsa, prétextant un rendez-vous matinal. « Un scoop ? » tenta Jules Roche. « Des retouches chez mon tailleur », répliqua Lefranc, et Jules Roche se demanda si Lefranc n'était pas un peu dilettante.

À vingt-deux heures quinze, Pierre entrait chez lui, 3, place de l'Odéon. À vingt-deux heures trente, son sac était prêt. À vingt-trois heures, il dormait du sommeil du juste. Le lendemain, à cinq heures dix, la voiture commandée la veille depuis chez Lipp se présentait en bas de son immeuble. À six heures moins cinq, elle s'arrêtait devant la gare Saint-Lazare. À six heures quinze, Lefranc, installé en première classe, reprenait sa nuit.

La suite de son voyage se déroulant aussi parfaitement, il sonna à la porte de George Earle Buckle peu avant dix-neuf heures, le 4 avril 1894. Sur le premier point, déjà, Marinoni ne s'était pas trompé. Le brandy du rédacteur en chef du *Times* valait le déplacement.

8

George Earle Buckle avait trente-neuf ans lorsqu'il fit la connaissance de Pierre Lefranc et, depuis dix années, il était rédacteur en chef du *Times*. À Oxford, cet élève du *New College* avait remporté le *Newdigate Prize* décerné à l'auteur de la meilleure composition. Ce surdoué était incollable sur les antiques, le latin et le grec faisant partie des langues qu'il maniait aussi aisément que le français. Puis il avait fréquenté *All Souls College*, toujours à Oxford, avant d'intégrer le *Times* et d'en devenir rapidement le patron incontesté. Ce parcours remarquable ne l'avait pas rendu pour autant suffisant. Il accueillit cordialement son visiteur, lui interdisant de dormir à l'hôtel. Sa demeure de St James's était vaste et ne s'y trouvait ce soir qu'un jeune neveu, William Thomson, également étudiant à Oxford, sur qui il veillait à la demande de son père, officier de Sa Majesté en mission dans les Indes impériales, depuis que sa mère était décédée.

— Julia était ma sœur. Je l'appréciais beaucoup. Son fils a hérité de ses yeux bleus et de son intelligence. Je le crois en effet assez vif, mais il a – comment dit-on en français ? – un poil dans la main. *In fact*, vous ne tarderez pas à bâtir votre propre opinion puisqu'il dîne avec nous… En attendant, prendriez-vous un autre soupçon de brandy ?

Lefranc ne refusa pas, mais, en buvant l'excellent breuvage à la santé d'Hippolyte Auguste Marinoni, il s'interrogeait : pourquoi partager une nouvelle annoncée comme sensationnelle avec ce jeune homme ?

— Une autre raison justifie la présence de William, ajouta son hôte comme s'il avait percé les pensées du journaliste. Il est à l'origine du scoop dont je dois vous parler.

*

George Earle Buckle recevait Lefranc « en toute simplicité ». Il avait délaissé la queue-de-pie, la tenue victorienne du dîner, pour un trois-pièces en laine de couleur bleu nuit, rehaussé d'un foulard de soie rouge noué sur une chemise à col haut. Les cheveux taillés aussi courts que la barbe étaient d'un style plus classique. Mince et de même taille que Lefranc, 6 pieds environ, il était le modèle du gentleman londonien de Mayfair. Dans ces premières minutes où l'on cherche à rompre la glace, ils s'étaient trouvé de nombreux points communs. Les deux pratiquaient l'escrime et la boxe, aimaient le vin, appréciaient la marche en montagne et parlaient français – ce qui facilita la suite. Ils avaient commencé l'entretien dans un salon meublé de profonds canapés en velours couleur framboise qui se faisaient face. La scène était arbitrée au centre par une table basse en acajou aux pieds massifs sur laquelle trônait le brandy, et l'on aurait pu croire à la réunion amicale de deux proches jusqu'à l'évocation du scoop qui amenait Lefranc à Londres.

Le journaliste français s'était redressé imperceptiblement. George Earle Buckle avait décroisé les jambes et tendu une main vers l'accoudoir gauche du canapé. Une sonnette en argent ciselé s'y trouvait. Aussitôt, la gouvernante s'était présentée pour informer son maître que le dîner était prêt.

— Eh bien, passons à la salle à manger.

Où William Thomson les attendait.

*

Ce jeune homme de vingt-cinq ans aux épaules carrées était assez athlétique pour figurer en bonne place dans l'équipe d'aviron d'Oxford qui, chaque année, se mesurait à celle de Cambridge sur la Tamise. Ce roux aux yeux bleus avait le regard franc, une poignée de main ferme. Lui aussi s'exprimait en français. Le maître d'hôtel annonça le menu. Agneau haché à la menthe, cake mariné au xérès et, pour débuter, un consommé de saumon d'Écosse. Puis il se retira.

— William, débuta son oncle, le mieux est de raconter ce que vous avez découvert…

La salle à manger était décorée dans le même style victorien que le salon. Dans la cheminée rougeoyait un rien de tourbe, la vaisselle était celle du fournisseur de Sa Majesté, le repas délicieux, mais Lefranc, bien qu'excellent observateur, ne retenait aucun détail. William Thomson parlait, le Français avait posé ses couverts en argent. Il écoutait. Et découvrait l'horreur.

— Voici le texte accablant récupéré par William.

George Earle Buckle tendit à Pierre l'engagement qu'aurait dû signer Achintya Ashvatthama. C'était clair comme de l'eau de roche, tout y était décrit : la menace de l'astéroïde surnommé Wildcat, la modification de son orbite, les conséquences à venir : la fin du monde. Et le serment des savants qui juraient de ne pas informer l'humanité.

Lefranc était assommé. Inconsciemment, il leva les yeux au ciel. Là-haut, y avait-il vraiment un monstre décidé à détruire la vie ?

— Comment être certain de ne pas se tromper ? murmura-t-il.

— C'est l'avantage du *Times*, répondit son rédacteur en chef. Avec lui comme allié, on trouve vite ce que l'on cherche. J'ai ainsi conservé de bonnes relations avec Matthew Holmes, mathématicien hors pair, ancien élève d'Oxford, au parcours plus scientifique que le mien et, puisque nous partageons le même club, le déjeuner d'aujourd'hui a suffi. Je l'ai mis sur la voie en évoquant l'espace et son harmonie, et c'était purement philosophique, mais pour le plaisir de l'esprit, ai-je prétexté, était-il possible que l'univers devienne capricieux ? À quoi songeai-je ?

Un astéroïde. Cette fois, nous y étions. Matthew Holmes n'a pas mis longtemps à me décrire la théorie du Russe Yarkovsky. Il l'a résumée ainsi : sous l'effet des rayons du Soleil, un astéroïde peut modifier sa trajectoire. Donc, c'est possible... Au cours du repas, nous en sommes restés là. Ce n'était qu'une discussion sans conséquence destinée à accompagner un roast-beef au *Yorkshire pudding*, et je n'ai bien sûr rien fait pour le détromper.

Il sonna afin que le maître d'hôtel apporte du vin et attendit qu'il reparte pour reprendre :

— Fort de cet avis, je me suis forgé une opinion. Je soupçonne l'assemblée d'astronomes réunis à Oxford d'avoir eu connaissance des faits bien avant. Je ferais remonter le début de cette histoire à 1890, poursuivit impassiblement le rédacteur en chef du *Times*. William en fut le témoin. Il était à l'époque à Oxford. Il a vu ces mêmes personnes dans la *Divinity School*.

— Il y a quatre ans, en effet, l'interrompit Lefranc, nous avons publié un entrefilet sur un astéroïde lointain. C'était si infime qu'on avait ajouté la caricature d'un Martien rencontrant le président Carnot...

— Je m'en souviens. Chez nous aussi, on en souriait... Désormais, l'hypothèse d'un cataclysme majeur est crédible, et le rôle de la presse est d'informer. Mais je mesure aussi les conséquences d'une telle révélation si Wildcat épargnait la Terre. Avons-nous le droit de nous tromper ?

Son regard devint dur.

— Qu'en pensez-vous, Lefranc ?

Pierre but d'un trait son verre de château-lafite, ce qui, en temps normal, aurait été une indéniable faute de goût.

— Avant de vous répondre, permettez-moi de vous poser deux ou trois questions... Qui, en dehors de nous, est au courant ?

— Personne hormis les scientifiques, et je remercie mon neveu William d'avoir fait preuve d'autant de discrétion. Il est venu me voir le jour même au *Times* et j'ai eu peu de mal à imaginer ce qu'il se produirait dans une trentaine d'années...

Dehors, il pleuvait, et le feu s'éteignait lentement.

— Pourquoi partager avec nous une information aussi… exclusive ?

— Parce que j'ai décidé en mon âme et conscience d'informer les lecteurs du *Times* dans l'édition du samedi 7 avril, ce qui, si vous rentrez demain à Paris, laisse assez de temps à votre journal pour faire de même.

Lefranc calculait : demain, c'était jeudi. En partant très tôt, il serait le soir même à Paris. Vendredi serait consacré à la préparation de l'édition spéciale. Pour réussir, une première décision s'imposait. Il ferait l'impasse sur le tailleur de Savile Row de Marinoni. D'ailleurs, à quoi bon de nouveaux costumes ? songea sombrement son bras droit.

— Mais pourquoi nous ? insista Lefranc. Pourquoi *Le Petit Journal* ?

— L'amitié qui m'unit à Marinoni est la première raison. Il en est une autre : l'union fait la force. Il faudra frapper fort, lutter contre ceux qui nous accuseront de mentir. Le *Times* possède assez de légitimité pour que sa parole soit prise en compte, mais il faut aussi convaincre l'opinion européenne. Votre journal est puissant, il serait un relais idéal pour que la vérité éclate.

— Et si nous nous trompions, comme vous le craigniez peu avant ?

— À l'inverse de Ponce Pilate, je ne m'en lave pas les mains. Je me sens responsable. La Terre est l'affaire du *Times*, aussi Wildcat aura-t-il droit à la première page, même si, Dieu m'est témoin, je me serais bien passé de cette charge. Disons que je crains moins d'être traité d'idiot qu'accusé d'infamie pour ne pas avoir dévoilé ce que je sais. Le ridicule ne tue pas, disent les Français, Wildcat le fera, et les hommes ont le droit de connaître leur destin. Enfin, j'ajouterai ceci : un jour prochain, quelqu'un parlera. Le poids à porter est trop lourd, la vérité sortira. Je vous prie d'imaginer la tête de notre ami Marinoni lorsqu'il réalisera qu'il est passé à côté du plus formidable scoop de l'histoire du journalisme.

George Earle Buckle sourit pour la première fois :

— Je vous en supplie, ne laissez pas refroidir ce qu'il y a dans votre assiette. Ma cuisinière, madame Bowley, éprouve un plaisir sans nom à faire goûter ses recettes à un mangeur de grenouilles...

Lefranc reconnut que la menthe se mariait à la perfection avec l'agneau à condition de l'accommoder au château-lafite... Il reposa son verre, les idées claires.

— J'ai choisi le métier de journaliste par vocation en me fixant une seule règle de conduite, la vérité, et je doute de l'honnêteté de ceux qui nous gouvernent. L'information doit être publiée dans *Le Petit Journal* sans avertir les autorités... De votre côté, informerez-vous Sa Majesté la reine ?

— Une heure avant que le *Times* ne soit mis en vente, soit après son impression. Mais, sans vous offenser, si je vous sens décidé, et je sais l'affection que vous porte Marinoni qui ne cesse de vanter vos qualités, parlez-vous en votre nom ou avec son accord ?

— En mon nom seul. Et, si je devine sa réaction, n'oubliez pas qu'il est maître à bord. Je ne peux donc garantir qu'une chose : je m'engage à ce que la décision soit prise dès mon retour, de sorte que nous pourrions publier la même information samedi 7 avril... Une édition spéciale aurait encore plus de retentissement.

— Et quelle serait la teneur de votre papier ?

— Prêtez-moi une chaise et un bureau, et vous pourrez le lire cette nuit.

— Mieux, écrivons chacun le nôtre... Je vous expliquerai pourquoi. Suivez-moi.

Et madame Bowley ne sut jamais ce que pensait le Français de son cake mariné au xérès.

*

À vingt-trois heures, Lefranc se mit au travail, George Earle Buckle fit de même. C'était la première partie du plan conçu par le rédacteur en chef du *Times*. Vers une heure, les deux hommes se retrouvèrent, copie en main.

— Je pense qu'un article court suffit, annonça le Français. Il faut frapper vite et fort. Je le vois comme un éditorial.

— Je suis d'accord. Voici le mien. Quatre mille signes environ.

— Sept cents mots de mon côté. À deux lignes près, nous sommes à égalité... Je crois aussi que, pour donner plus de poids à l'article, nous devrions publier le fac-similé de l'engagement que votre neveu a récupéré à *Divinity School*.

— Excellente proposition ! Marinoni peut se féliciter de vous avoir à ses côtés. Dites-moi, vous ne seriez pas intéressé par un contrat avec le *Times* ?

Lefranc grimaça un sourire.

— Attendez de me lire...

Il tendit deux feuillets sans ratures à son hôte qui, en retour, lui confia les siens. Et chacun se plongea dans la lecture.

Le texte de Lefranc débutait ainsi :

Titre : « Le pire de l'homme »

Un astéroïde auquel des astronomes chevronnés ont donné le nom de Wildcat est apparu récemment dans l'espace lointain. L'information a été jugée suffisamment sérieuse pour qu'une réunion d'experts internationaux se tienne le 3 avril à Oxford. Wildcat *signifie « le Fauve », et ce qui suit l'attestera.*

L'astéroïde pourrait heurter prochainement la Terre dans des conditions telles que son choc produira un résultat apocalyptique. Sont-ce les débris d'une étoile ayant appartenu à une galaxie éloignée ? L'agrégat de roches fusionnant sous l'effet de la chaleur ? Le fait incontestable, le voici : le surgissement d'un objet jusque-là inconnu dont le projet est de nous détruire. S'il nous a été impossible d'en savoir plus sur l'origine de ce fléau, les calculs sont, en revanche, formels : compte tenu de sa course – il s'agit de sa rotation –, Wildcat s'approche inexorablement de notre planète. À chaque nouvelle révolution, il progressera encore jusqu'au point de non-retour : dans environ trente ans, quand les Terriens discerneront les contours du prédateur, il les télescopera.

Comment est-ce possible ?

Voici ce que nous enseigne le savant russe Yarkovsky, un savant russe dont la théorie n'est nullement contestable, et nous la résumerons ainsi : sous l'effet des rayons du Soleil, les astéroïdes peuvent subir une modification de trajectoire. Wildcat aurait ainsi décidé de s'échapper d'une ceinture d'astéroïdes située à 300 millions de kilomètres de notre sphéroïde. Cette distance phénoménale ne nous met pas à l'abri du danger qu'il représente puisqu'il ne cessera de progresser vers nous.

Peut-on l'éviter ?

Les milieux scientifiques sont pessimistes. L'hypothèse d'une collision avec la Terre est hélas la plus probable. Compte tenu de la masse, du poids, de la taille du monstre, s'ensuivra une explosion dépassant l'entendement. La température s'élèvera au-delà de 1 000 degrés Fahrenheit. Selon les prévisions des experts réunis à Oxford, dont nous reproduisons les conclusions dans cette édition spéciale, si Wildcat rencontre la Terre, il n'existe aucun espoir de survie. L'impact se sentira sur toute la planète, l'air deviendra irrespirable avant de brûler lui-même, asphyxiant également la faune et la flore. La poussière soulevée lors du heurt plongera notre monde sublunaire dans une nuit éternelle. Et rien n'échappera à la succession de séismes provoqués par le télescopage qui déchaînera les océans, réveillera les volcans, avant même que la réplique de l'onde de choc n'achève la besogne. Quelques heures après l'impact, il ne restera rien. Notre foyer commun sera détruit.

À ce danger mortel ajoutera-t-on le crime des hommes ?

Les lois cosmologiques sont impénétrables, et ce qu'il se produira sera perçu par les uns comme la volonté de Dieu de nous épargner ou de nous détruire, quand d'autres n'y verront que les effets d'un système universel auquel les hommes seraient arbitrairement soumis sans pouvoir s'en défendre. Mais il est une chose inconcevable et détestable : le refus de vous informer. Le renoncement à la vérité. Pourtant, c'était le projet d'une poignée d'indignes ayant fait le serment de se taire pour que vous n'appreniez pas ce qui vous menace. Nous en livrons la preuve en publiant le pacte des conjurés. À leur mensonge s'ajoute donc leur mépris.

Le pire ou le meilleur de l'homme ?

Qui a le droit de soumettre l'avenir au silence ? Le Petit Journal *associé au* Times *ont décidé de vous livrer les faits, et rien qu'eux, convaincus que la raison l'emporterait sur le désordre. À chacun de croire en son âme et conscience si la fin est proche ou non. À chacun de choisir en son âme et conscience la façon de se comporter. Au désespoir opposera-t-on le combat ? À la peur répliquera-t-on par le courage ? Jusqu'au dernier souffle, la vie sera plus forte que la mort et, en ce jour effroyablement historique, l'avenir n'a jamais été autant entre nos mains – toutes nos mains, car pas une ne compte moins. Saurons-nous défier Wildcat, réussir l'impossible ? Il nous reste quelque trente ans pour découvrir de quoi est capable le meilleur de l'homme.*

Pierre Lefranc, envoyé spécial à Londres
pour Le Petit Journal.

George Earle Buckle reposa les deux feuillets.

— Je n'ai rien à redire.

Lefranc avait lui aussi fini sa lecture.

— Je vous retourne le compliment.

— Nous avons en effet écrit la même chose chacun dans son style.

— Le détachement dont vous arrivez à faire preuve est une leçon de journalisme.

— Vous êtes enflammé, le résultat est plus… sensationnel.

— Votre titre – « Un appel à tous les Terrestriens » – est excellent, reprit Lefranc, car les louanges n'en finissaient pas.

— J'ai emprunté ce mot à Jules Verne. J'apprécie ses romans… Je crois que pas un ne manque à ma bibliothèque.

— Un écrivain français… Voilà qui renforce notre union.

— Faisons mieux. J’y ai pensé en proposant d’écrire de concert. Publions nos textes côte à côte dans les deux journaux, cela donnera plus de poids et de solennité à nos mots.

— Je suggérerai cette idée à Hippolyte Auguste Marinoni.

*

Ils continuèrent ainsi, jusqu’à l’aube, tentant d’imaginer ce qu’il se produirait après la parution de leurs articles ; ils se donnaient du courage pour ne pas regretter une décision qui, ils le savaient, bouleverserait le monde. Puis, au matin, Lefranc reprit le chemin pour Paris.

Peu de mots furent échangés au moment du départ. Leurs mains serrées se chargèrent de leur confirmer combien ils se sentaient solidaires. La voiture démarra, les feuillets pliés en quatre dans la poche de Lefranc l’alourdissaient plus que de la fonte. Bien que n’ayant pas dormi, il ne parvint à fermer les yeux, ni dans le train ni à bord du ferry. Il scrutait le ciel et le maudissait. Sans qu’il l’admette, la peur le gagnait.

9

Primo, Marinoni ne reprocha jamais à Pierre Lefranc de revenir de Londres sans ses costumes. *Secundo*, il n'hésita pas un instant. L'article de son journaliste, celui du *Times* et le « pacte scélérat d'Oxford » – ainsi qu'il l'appelait – parurent le 7 avril en première page.

En bon gestionnaire, le directeur de la rédaction du *Petit Journal* décida de tirer l'édition à trois millions d'exemplaires. Dans la nuit de vendredi à samedi, les rotatives à impression polychrome tournèrent à plein régime, les crieurs se lancèrent à l'assaut. À midi, on manqua. Les machines se remirent en branle. Deux autres millions furent imprimés. Dans la nuit de samedi à dimanche, on en fabriqua un million de plus. Tous partirent. La une du journal était une réussite. Le titre de l'article, « Le pire de l'homme », figurait au centre de la page en lettres grasses. L'encre était rouge comme le sang. Félix Tournachon, dit Nadar, photographe, caricaturiste et vieil ami de Jules Verne, avait réalisé des prodiges en peu de temps. Dans une illustration particulièrement saisissante, il montrait la Terre s'ouvrant en deux sous les coups de bélier d'une boule de feu de la taille de la Lune qui, elle, pleurait dans son coin et gémissait : « Adieu, mes amis poètes. » Perchées sur les montagnes les plus hautes du globe, une dizaine de personnes richement vêtues se serraient pour se rincer l'œil. Une lunette était dirigée vers les vallées. Au loin, une coulée de lave broyait tout sur son passage. Il ne restait rien, ni ville ni forêt, pas un clocher sur la carte du monde où Nadar avait réuni les cinq continents. Les premières lignes du pacte avaient été reproduites sur des pancartes accrochées aux cous des privilégiés qui festoyaient en regardant le peuple d'en bas hurlant de peur et de terreur, emporté par le feu dans les abysses de l'enfer. Une femme, seins nus, les vêtements en lambeaux, tentait d'atteindre le sommet pour échapper à l'infortune. C'était sans espoir. Alors, elle tendait son enfant aux scélérats d'en haut pour qu'au moins lui soit sauvé. Ceux-là étaient trop occupés à regarder la mort. Mais la réjouissance ne durerait pas longtemps. Derrière eux surgissait un brasier ardent, celui de l'univers déchaîné contre l'homme… Sans conteste, le dessin de Nadar compta pour beaucoup dans ce qu'il se passa par la suite.

*

Samedi, rien ne bougea. Wildcat était si gros qu'il peinait à entrer dans les têtes. Dimanche, la nouvelle circula du porche des églises aux cafés républicains qui souvent se faisaient face. Puis on partit sur les bords de la Marne ; on voulait oublier ou ne pas y croire. Il faisait beau en ce jour de printemps. Marinoni s'absenta. Il disparut. Et ordonna à Lefranc de faire de même afin de ne pas subir les pressions des autorités. La parole était au peuple, aux lecteurs du *Petit Journal*, à eux de réagir, de décider ! Les deux complices eurent raison de se cacher. Dix fois, les coursiers du ministre de l'Intérieur se présentèrent à leurs domiciles avec « sommation de se rendre auprès du préfet de police à fin d'explications ». Leur retour dans la nuit de dimanche passa inaperçu.

Pour la une du lundi, *Le Petit Journal* titra : « Le silence assourdissant du gouvernement ». Les journaux concurrents s'interrogeaient. Qu'y avait-il de vrai ? Les moqueurs s'inquiétaient de la santé mentale du sieur Marinoni. À Paris, on reprit le chemin des usines et des ateliers. Lors de la pause, on se mit à parler. Les avis étaient également répartis entre les partisans du canular, les perplexes à l'opinion incertaine et les convaincus exigeant l'envoi d'une délégation ouvrière, de ce peuple qu'on méprisait, à l'Assemblée nationale. Mais n'était-ce pas aussi l'élite du Parlement que Nadar avait accusée ?

À l'Assemblée, justement, une séance extraordinaire avait débuté le matin. On l'avait ouverte par une commission chargée d'entendre le directeur de la rédaction du *Petit Journal*, Hippolyte Auguste Marinoni, pour se faire une opinion précise avant d'en débattre dans l'hémicycle. L'homme de presse, sortant de son silence, s'était présenté dans un beau costume. Lefranc ne l'accompagnait pas, si bien que son directeur ne put répondre à sa place. Marinoni savait par expérience qu'il fallait plaider l'ignorance. Moins il en savait, moins il en dirait, et plus il protégerait ses sources. L'attitude désinvolte ne plut pas. Il agaça, on fustigea sa légèreté, l'éloquence des tribuns s'y mêla – tant d'inventions dans cet article, d'à-peu-près, dans le seul dessein d'apeurer les crédules, d'attirer l'attention ! –, la commission se transforma en tribunal, le déclara coupable de tout. Coupable d'être un menteur et un agitateur, de troubler l'ordre public, de mettre en péril la République, d'user de moyens fort malhonnêtes pour accroître ses ventes, puisque tout était faux !

— Pensez-vous que les représentants de la souveraineté du peuple, les protecteurs de la *Liberté* inscrite au fronton de l'Assemblée, aient pu ignorer des faits aussi graves ? Oui, tout est faux, y compris le supposé article du *Times*. Non sans aplomb, vous souillez le prestige de la presse britannique, piétinez l'éthique du journalisme afin de vendre vos salades. Vous citez le *Times* dans l'espoir de donner un air de vrai à vos crapuleux montages. Mensonge, calomnie, poison de la démocratie ! Derrière vous, Marinoni, homme de paille, suppôt de l'étranger, qui cherche à étrangler la République ? Qui vous commandite ? Répondez !

— Mon seul maître est la vérité. Simplement, elle…

Et l'orateur s'apprêtait à réclamer le bagne – la pendaison ! – quand un appariteur se glissa à ses côtés et lui tendit un journal. C'était le *Times* du samedi. L'article de Lefranc figurait en première page. Son accusateur maîtrisait assez l'anglais pour déchiffrer l'éditorial signé par George Earle Buckle, le rédacteur en chef.

— De quelle cabale sommes-nous victimes ? tenta-t-il de gronder.

Dans l'hémicycle voisin patientaient les députés dans l'attente de la conclusion de la commission. À présent, il y circulait le *Daily Telegraph*, le *Daily News*, le *Standard* et aussi l'*Aftenbladet* de Suède, le *Novoïé Vrémia* de Russie. Républicains, modérés ou opportunistes, boulangistes, s'il en restait, bonapartistes et royalistes, s'il s'en cachait ici, tous convertis à l'union nationale s'échangeaient les exemplaires, et il n'était pas nécessaire de connaître le cyrillique pour déchiffrer entre les lignes le nom maudit de Wildcat si bien croqué par Nadar.

Dans la confusion la plus totale, le ministre de l'Intérieur surgit alors face aux élus. Sa déclaration fut brève. Ses services avaient rassemblé assez d'informations pour affirmer que *Le Petit Journal* disait vrai.

— Qu'entendez-vous par « vrai » ? hurla un député de la Drôme.

— La menace est patente…

Ce qui revenait à annoncer qu'elle était certaine.

Au premier étage, le public se serrait afin de suivre les débats. S'y trouvait Jules Roche, patron du *Petit Parisien*, à qui revint le souvenir du dîner chez Lipp avec Lefranc. On l'avait berné. Ce Pierre Lefranc n'avait pas de tailleur, mais d'excellents tuyaux, conclut-il en rageant.

— Que savez-vous encore ? s'exclama un député de la Seine sans attendre l'autorisation du président de séance.

— L'observatoire de Paris est formel – et il n'est pas le seul… Une assemblée d'astronomes s'est réunie le 3 avril à Oxford pour entériner…

— Dites-le ! Pour entériner quoi ?

— La fin du monde ! hurla une femme dans les tribunes.

— Je n'irai pas jusque-là, répondit le ministre sans savoir à qui il s'adressait, mais l'affaire est sérieuse.

— Depuis quand êtes-vous informé ?

— Eh bien…

Les députés claquaient leurs pupitres, les plus volontaires se mirent à bouger, descendre, monter, injuriant le ministre, se disant convaincus d'être victimes d'un complot. Il était impossible que le gouvernement n'ait pas été averti.

— Trahison, démission !

Dans les tribunes surplombant l'Assemblée, la cacophonie était à son comble. On exigeait une enquête, des têtes devaient tomber. Le scandale de Panama n'était rien en comparaison du « pacte scélérat d'Oxford ». Les fautifs méritaient le poteau d'exécution pour haute trahison.

*

Wildcat se trouvait à des centaines de millions de kilomètres, et les premiers effets se ressentaient. Jules Roche observait la scène : « Ce n'est qu'un début… », murmura-t-il.

À seize heures quarante-cinq, le président du Conseil présenta la démission de son gouvernement – ce qui lui fut refusé. À vingt heures, place de la Bastille, des centaines de femmes se rassemblèrent sans violence avec leurs enfants, suppliant que l'on vienne à leur secours. Sans réponse, elles rentrèrent chez elles dans le calme. Le lendemain, le peuple soumis reprit le chemin des usines et des ateliers. Qu'y avait-il de changé ? Presque rien. Un jour en moins, voilà tout. Quelques heures disparues à jamais, mais pas plus ou pas moins que la veille. C'était insensible, incalculable. Irréelle, cette fin du monde.

Les humains scrutaient le ciel, la Lune était là, les étoiles aussi, là-haut, tout semblait apaisé, sans danger. Une trentaine d'années, avait-on annoncé. Un délai dont très peu saisissaient le sens. Une trentaine d'années, soupiraient les vieux, à quoi bon y penser ? Une trentaine d'années, rugissaient les jeunes, il y avait moyen de s'en sortir ! Et prédire l'avenir était si nouveau qu'aucun n'en mesurait encore les effets. Ainsi, la nuit fut calme.

*

Pourtant, le lendemain, ce fut une déferlante. *Le Temps*, *Le Figaro*, *La Presse*, *Le Matin*, *Le* XIXe *Siècle*, *Le Gaulois*, *Le Cosmos*, *La Liberté*, *L'Autorité*, *L'Univers*, *Le Monde illustré*, suivis bientôt de la presse européenne, *La Riforma*, *L'Osservatore romano*, *L'Acropolis*, le *Berliner Tageblatt*, *La Gazette de Voss*, la *Neue Freie Presse*, le *Correo*, le *Manchester Guardian*, la *Tribuna*, *Le Réveil du Maroc*... pour citer les plus réactifs, reprenaient dans leurs colonnes le scoop du *Petit Journal*. Leur enquête avançait. On possédait la liste des astronomes présents à Oxford, les témoignages se multipliaient. Le Russe Yarkovsky avait cédé le premier. Il confirmait sa théorie, mais ne s'aventurait guère plus sur la route empruntée par Wildcat.

La presse mondiale se joignit au concert. Le *Sun*, le *Forum*, le *Boston*, le *New York Herald*, le *Daily Chronicle*, le *Courrier* de Haï-Phong, le *Romônul* de Bucarest, le *Buenos Aires Herald*, même le *Courrier* de Cuba y allèrent de leurs supputations. La Terre disparaîtrait-elle ?

*

À l'exception du *Sydney Morning Herald*, du *Pioneer* d'Allahabad, du *Srpska Nezavisnost* dont les avis étaient tranchés, aucun autre journal ne prenait position. L'humanité s'éteindrait peut-être, mais dans combien de temps – trente ans ou des millions d'années ? Pour Wildcat, rien n'était certain, la trajectoire pouvait varier, les astronomes plaidant l'incertitude, ce qui, en science, revenait à ne rien répondre. La vérité jaillirait lors de l'orbite suivante – et encore… Si bien que, face à tant d'hésitations, l'obligation du scientifique était de ne rien promettre, en bien ou en mal. Donc de se taire.

En somme, le pacte d'Oxford n'avait rien de scélérat, et c'était une honte de traiter de « conjurés de la *Divinity School* » d'honnêtes savants. Leur décision était justifiée et justifiable. En aucun cas justiciable. Ainsi, ils ne méritaient nul procès, nulle accusation. À l'inverse, que devait-on penser de journalistes sans morale, sans rigueur, sans conscience, qui avaient jeté en pâture les travaux provisoires de gens instruits et responsables ? Il fallait relire attentivement deux des engagement qu'ils avaient pris :

1. Leur assemblée se réunirait chaque année afin de faire le point sur la situation et partager toutes les solutions susceptibles d'éviter la destruction de la Terre.
2. À la révolution suivante, et si les prévisions les plus sombres étaient avérées, il serait demandé aux gouvernements en place d'organiser une communication officielle sur l'état du monde afin que les peuples soient informés, chacun se préparant alors à accueillir la fatalité.

Ils n'avaient donc rien caché, simplement agi avec sagesse – les mêmes se gardant bien de rappeler le point principal de leur rapport : *la fin du monde était probable.* Mais l'accepter revenait à renoncer à l'espoir, à se laisser envahir par la peur, à se condamner d'avance, et parce que ce futur était désespérant, que demain ne pouvait plus se concevoir, on finit par s'accrocher à ce faible espoir : *probable* n'était pas *certain*. Le verre était à moitié plein, mais il en restait pour demain.

*

Les savants avaient donc eu raison de conclure prudemment. Le pire n'étant pas avéré, le meilleur pouvait encore se produire.

D'ailleurs, plaidaient certains, ne devait-on pas s'intéresser plutôt à ces journalistes pour le moins aventureux qui avaient cédé à la tentation du scoop sans mesurer les conséquences de leurs actes ? Le moins était de reconnaître qu'ils avaient agi avec légèreté. Des faits si graves méritaient une enquête préalable et sérieuse. La liberté de la presse n'autorisait pas à déclencher le chaos. Et les concurrents du *Petit Journal* approuvèrent.

Sans doute que nombre de ces critiques reposaient sur la jalousie. Qui aurait refusé de publier une information ayant de fortes chances de faire un jour prochain la une d'un confrère, comme l'affirmait George Earle Buckle ? Marinoni et Lefranc ne répondaient pas aux accusations. L'un écrivait, l'autre imprimait, les deux vendaient, et *Le Petit Journal* tirait toujours plus. De quoi, d'ailleurs, les accabler ? Les faits dévoilés étaient vrais, le journaliste n'avait insulté ni l'État ni la République. Et Marinoni n'avait pas été pendu ou fusillé. Leurs ennemis les imaginaient se frottant les mains et se félicitant de leur joli coup. En fait, aucun ne se réjouissait. L'un et l'autre observaient, attendaient. Malgré l'apparente placidité de la rue après leurs révélations, d'imperceptibles changements s'étaient produits. La ville était moins bruyante, moins joyeuse, les cafés déserts, on jouait salles mi-remplies dans les théâtres. Le monde était frappé de stupeur. Or Marinoni était convaincu que le calme précédait la tempête.

*

— Elle viendra d'un coup, sans prévenir. Les digues rompront, la société n'y résistera pas.

Tous deux s'étaient retrouvés le jeudi suivant la parution du « Pire de l'homme », l'article de Lefranc auquel le directeur de la rédaction n'avait pas changé une virgule. La nuit venait. Marinoni était sombre.

— Un déclic suffira. Orage, inondation, froid vif ou canicule, tout sera mis sur le compte du ciel et de Wildcat. La superstition fera le reste, le prédicateur s'y mettra. Dieu punit Sodome, saint Jean l'avait annoncé, voici l'Apocalypse ! On se vengera sur les faibles, sur l'étranger, avant d'accuser les bossus, les albinos, les mendiants, ou que sais-je, et je vous fais grâce de la femme légère, suppôt du diable, de la couleur de la peau. Puis viendra l'argent. On soupçonnera les riches de pouvoir s'en sortir et, puisqu'il n'y aura plus rien à regretter, pourquoi lutterait-on contre ses instincts les plus odieux ? On injuriera le futur, on se vengera du passé, on se vengera du présent ! Hélas, cela se produira. Lorsque les savants avoueront dans un an que la situation s'est aggravée ? Dans quatre ans, au passage de Wildcat au-dessus de nos têtes ? Avant, après, qu'importe. Quelque chose d'immensément violent et d'imprévisible arrivera.

Il se leva, alla à la fenêtre et ne put s'empêcher de lever les yeux.

— Voulez-vous partager un présage encore plus sombre ?

— Je pensais que vous n'appréciiez pas les sermonneurs…

— Ne plaisantez pas, Pierre.

Il alla retrouver le confort de son fauteuil en cuir.

— Je crois que la folie sera telle que les hommes se détruiront eux-mêmes. Sans le secours de Wildcat…

Marinoni semblait accablé. Lefranc laissa passer un silence.

— Regrettez-vous que nous ayons publié l'information ? murmura-t-il enfin.

— Pas un instant.

— Alors, pourquoi désespérer ?

— Pardi ! s'emporta-t-il, parce qu'il n'y a rien à faire… Nous luttons contre l'insurmontable !

— Montrons que l'espoir perdure…

Marinoni écarquilla les yeux :

— Nous ne croirions plus à Wildcat ?

— Je parle de la fatalité. Décidons de nous battre ! Depuis samedi dernier, nous n'avons pas réagi… On nous a accusés d'avoir produit le pire. Démontrons que c'est exactement l'inverse. Wildcat étant incontestable, la seule façon d'y échapper était de connaître son existence pour préparer la riposte.

— Il n'en existe aucune…

— Qu'en savez-vous ? À quoi a servi « Le pire de l'homme » ? Eh bien à chercher « le meilleur de l'homme ». Quinze lignes, pas plus, et de nouveau une association avec le *Times*. Parution samedi. Qu'en dites-vous ?

— J'envoie immédiatement un télégraphe à George Earle Buckle.

Titre : « *Le meilleur de l'homme* »

Si Wildcat ne nous tue pas, il n'y aura pas à regretter d'en avoir parlé car la vérité est irrécusable. Si Wildcat veut nous tuer, notre devoir est d'en triompher. Devrions-nous rester bras croisés à contempler la mort parce que celle-ci est annoncée ou résister afin que ce destin néfaste ne se produise pas ? N'est-ce pas justement dans le dessein de nous battre que la vie nous a donné assez d'esprit afin de savoir à l'avance ce qui la menace ? Moi, j'ai décidé. Je tenterai tout pour triompher.

Dans le vaste monde, nombre d'entre nous ne sont pas plus résignés. Ceux-là ne céderont pas lâchement à la tentation d'abandonner. Wildcat leur donne l'occasion de montrer le rôle premier de l'Homme : se servir de son courage et de ses dons pour que la vie ne s'éteigne pas. Nous avons trente ans pour réussir. Une éternité.

Pierre Lefranc

Le billet, que l'on surnomma par la suite « *L'appel aux peuples du monde* », parut le 14 avril dans le *Times* et *Le Petit Journal*. L'alpha et l'oméga se rejoignaient – le pire et peut-être le meilleur.

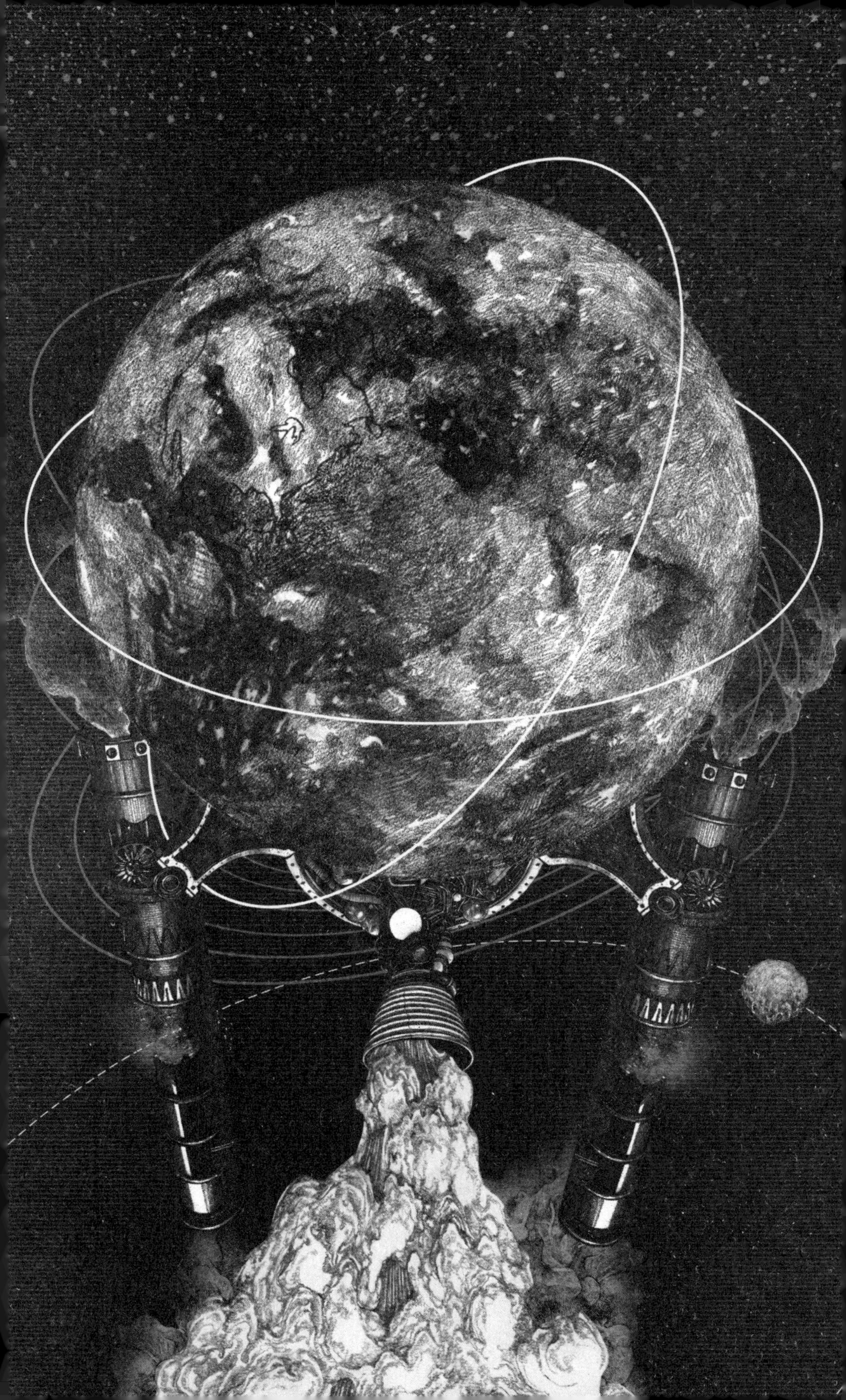

DEUXIÈME PARTIE

Une idée et un pari fou

10

Les premiers signes du grand chambardement apparurent dans la lointaine Chine à la fin du printemps, soit deux mois après la révélation de l'existence de Wildcat. Depuis fort longtemps, l'anarchie et le désordre régnaient dans l'empire du Milieu, considéré par son maître mandchou comme le seul pays civilisé du monde. Prenant pour prétexte la crainte d'être envahi, l'empereur Qing ferma brutalement ses frontières en juin 1894, interdisant l'entrée à tout étranger, y compris aux Jésuites, jusque-là tolérés. Seuls demeuraient quelques comptoirs auxquels s'accrochaient les Européens pour le commerce du thé, des épices et de la soie.

Avant de rentrer de sa mission militaire dans les Indes, le père de William Thomson avait été chargé de se rendre à Hankou, une ville de la province du Hubei, où Anglais, Français, Russes et Allemands détenaient des concessions territoriales. Les relations avec les autochtones étant de plus en plus tendues, le *major* Thomson devait évaluer la situation et enquêter sur d'étranges événements dont seule la Chine semblait capable. Des dizaines de milliers d'hommes enrôlés de force se dirigeaient, pelles et pioches à l'épaule, souvent pieds nus, vers Nagchu, au Tibet, à 3 000 kilomètres. Les forçats étaient passés par Xiaogan, Suizhou, Zaoyang, Xian de Xinye, Dengzhou, Shangluo sur le très long chemin menant aux contreforts du Tibet. À chaque nouvelle étape, on recrutait en masse, et la mobilisation était brutale. Mais ce n'était pas tout. La même opération s'était produite à Shanghai et à Tianjin, autres comptoirs occidentaux, où on avait levé des troupes, aussitôt dirigées vers le « toit du monde ». Si bien que, en additionnant les colonnes, on arrivait au chiffre stupéfiant de six millions d'embrigadés.

La première réaction des observateurs européens avait été de craindre la préparation d'une guerre contre leurs intérêts... Une piste très rapidement écartée. Les comptoirs se trouvaient à l'opposé... Il fut donc décidé d'espionner. Quel était le dessein de l'empereur ? On ne tarda pas à trouver. L'isolement du Tibet, voilà ce qui en faisait désormais le lieu le plus recherché de la Terre.

*

Le plateau tibétain était entouré de trois chaînes de montagnes, Kunlun, Himalaya, Karakoram aux frontières inexpugnables et dont les sommets les plus hauts s'apparentaient à de colossaux donjons, selon le projet de l'empereur et de ses conseillers. Le donjon, héritage du Moyen Âge, servait d'ultime refuge au seigneur. En cas d'attaque, il y logeait son clan, les soldats, le bétail, les récoltes et les armes. Les plus solides étaient inexpugnables. En France, certains avaient été assiégés aussi longtemps que dura la guerre de Cent Ans. Du sommet, on surveillait les plaines jusqu'à l'horizon. Aucun envahisseur ne pouvait avancer sans se faire repérer. Le donjon était le moyen idéal de se protéger des menaces.

Placé au centre de l'Asie, entre les longitudes 78° 24' et 104° 47' est et les latitudes 26° 2' et 40° 3' nord, le Tibet s'étalait sur 2 500 000 kilomètres carrés. 1 000 kilomètres du nord au sud et 2 400 kilomètres d'ouest en est, situés à une altitude moyenne dépassant 4 000 mètres. À l'évidence, la forteresse était inaccessible au plus terrible des cataclysmes. Du moins l'empereur avait-il conçu un plan en partant de ce postulat. Aucune vague ne briserait cet immense fortin, le feu ne pourrait brûler sa roche, le contrecoup des tremblements de terre se ressentirait faiblement sur les vastes étendues plates, les montagnes enneigées contenaient des réserves d'eau pour des milliers d'années, la chaleur dégagée par Wildcat lors de la collision dissiperait l'air au niveau de la mer, mais, ici, l'effet serait amoindri par le froid tenace qui perdurait toute l'année. Et l'empereur, entouré de courtisanes, de ses enfants, de princes féodaux soumis, de soldats prêts à mourir pour défendre sa cause, de laborieux travailleurs acceptant de se tuer à la tâche pour le nourrir et le vêtir, de marchands, de savants et de gens aussi essentiels, échapperait au destin des ingrats. L'empereur avait trente ans pour se mettre à l'abri. Il fallait construire un palais, des routes, des abris où seraient entassés le riz, les bêtes, le coton, le thé et les biens indispensables. Six millions d'esclaves pour ce projet démesuré, voilà qui était justement calculé et, s'ils mouraient de faim, d'épuisement, d'autres viendraient, la Chine comptant des centaines de millions d'habitants. Chaque année, un quart des récoltes serait confisqué et stocké dans d'immenses entrepôts en pierre bâtis au fil du temps. En trente ans, les réserves accumulées seraient suffisantes pour satisfaire les besoins de cent mille rescapés jusqu'à ce que la Terre absorbe les effets dévastateurs produits par Wildcat. La conservation des denrées serait rendue possible grâce aux températures glaciales à ces altitudes. Les mois précédant le surgissement de Wildcat, la totalité du bétail serait saisie, les frontières du plateau tibétain fermées, l'ordre étant donné de mitrailler le contingent des misérables livrés à l'astéroïde s'ils tentaient de pénétrer. Le choc passé, des patrouilleurs exploreraient régulièrement l'empire du Milieu afin de repérer les morceaux du territoire de nouveau vivables. Des colonies seraient réinstallées progressivement jusqu'à ce que la Chine récupère sa grandeur. À l'échelle du pays et de son histoire, un siècle ou mille ans n'avaient guère d'importance. Et la dynastie mandchoue survivrait jusqu'à l'éternité sans fin puisque la probabilité que Wildcat atterrisse sur le Tibet n'était que de 0,49 %, selon sa superficie rapportée à celle de la Terre, soit 510 millions de kilomètres carrés. Les mathématiciens avaient d'ailleurs procédé à d'autres calculs : 70,8 % du sphéroïde étaient recouverts par les eaux. Le risque que Wildcat échoue dans un océan était donc élevé et, dans ce cas, la chaleur dégagée serait moindre. L'eau se transformerait en vapeur avant de retomber en pluie bienveillante, ce qui mettrait fin aux incendies ; et la vague titanique se soulèverait sans atteindre les sommets du Tibet. En conclusion, le plateau tibétain était bien l'Éden.

*

Le père de William Thomson, rentré à Londres fin septembre, fit, trois jours plus tard, un rapport clair et précis à ses supérieurs. La Chine se préparait à résister à Wildcat. Le *field marshal* Frederick Hobbs, le plus haut gradé de l'armée de terre, présidait la réunion. Les événements se déroulant en Chine, assura-t-il, concernaient le Royaume-Uni. Pourquoi ? Répondre nécessitait d'analyser la situation au plan international et aussi domestique en tenant compte des troubles qui commençaient à secouer le pays. Il s'en expliqua. Ses idées tenaient sur un feuillet qu'il adresserait sans tarder à Robert Gascoyne-Cecil, le Premier Ministre. La réunion se terminait, pourtant Thomson réclama un tête-à-tête avec Hobbs afin de partager ses inquiétudes. L'ayant fait, le *field marshal* sourit.

— La seule façon de mettre fin à l'impéritie civile est de confier à l'armée la gestion de la situation créée par Wildcat. Vous êtes un bon élément, Thomson. Je vous prédis une belle carrière si vous restez fidèle à l'armée. Vous me suivez ?

— À condition de me dire si ce que je crois deviner est vrai.

— Thomson, vous me soumettez à la torture, bougonna-t-il.

Mais il mourait d'envie de se livrer. Hobbs ne doutait de rien, ni de lui ni de ses convictions, moins encore de l'obéissance aveugle du *major*, mais, plus il racontait l'enchaînement des événements tel qu'il les concevait, plus l'avenir s'assombrissait. Thomson finit par prétexter qu'il devait retrouver son fils pour partir. C'était faux. William était à Oxford.

La tête emplie de projets funestes, il se précipita chez Buckle sans décider encore jusqu'où il se confierait.

— Mauvaise journée ? s'inquiéta le rédacteur en chef du *Times* en découvrant la mine sombre de l'officier.

— La Chine, prétexta-t-il sans se découvrir davantage.

Ils en avaient parlé la veille. Thomson avait abordé le sujet afin de connaître la position du brillant journaliste et vérifier aussi s'ils étaient du même avis. Rien n'était encore secret, et Thomson avait confiance.

— À quoi bon perdre son temps ! s'énerva le rédacteur en chef du *Times*. Hier, nous étions d'accord. Le projet de l'empereur est irréaliste, il ne fonctionnera pas. C'est sans appel. Wildcat détruira la Terre. Rien ne lui résistera. La seule façon de s'en sortir est d'espérer que ce maudit astéroïde restera au large. Il faut donc attendre son prochain passage. Et se ronger les sangs, même si, bientôt, cela deviendra insupportable.

— Oui, insupportable pour les hommes, répéta Thomson. Certains sont déjà au bord de l'émeute et d'autres signes inquiétants apparaissent, des rassemblements anarchistes ici et là appelant à la rébellion, à cesser le travail, à ne plus payer. Ajoutons-y l'émergence d'évangélisateurs qui recrutent pour des sectes appelant la fin du monde afin de punir les hommes de leurs péchés. J'ai également appris que deux mutineries s'étaient produites cet été dans nos armées. Nous en avons discuté une bonne partie de la journée avec Hobbs.

— Je suis informé. Mais pour ne pas aggraver la situation, je n'en fais pas état dans nos colonnes.

— Tu sais donc aussi te taire !

— Je t'en prie… Je ne suis pas d'humeur à plaisanter.

Thomson posa son verre et croisa les jambes.

— À qui suis-je en train de parler ? demanda-t-il enfin.

Thomson songeait à son fils. Il ne voulait pas qu'il meure.

— Eh bien, Peter, que t'arrive-t-il ? Pourquoi ce ton grave ?

— Soit je fais face au rédacteur en chef du *Times*, toujours prêt à profiter d'une information, soit je décide maintenant de m'adresser sans détour à celui qui veilla fidèlement sur mon fils pendant mon absence. Alors, qui es-tu, aujourd'hui ?

— Sais-tu quelque chose d'important ? glissa Buckle sans répondre vraiment.

— Je pourrais décider de te l'apprendre… À toi, peut-être, mais pas au *Times*. Ai-je ta parole ?

— C'est si grave ?

— De quoi déclencher le chaos.

11

George Earle Buckle s'était rendu aussitôt à Paris. Il avait promis à Thomson de ne faire aucun écho de ce qu'il savait dans le *Times*. Mais rien n'interdisait d'échanger avec Marinoni et Lefranc – et ce qu'il avait à annoncer, les avait-il avertis par télégraphe, était d'une importance capitale.

*

Saisissant l'occasion, le directeur du *Petit Journal* avait réservé un salon privé à la Tour d'Argent. La pièce était un peu grande pour trois personnes, mais combien la vue sur la Seine et ses quais, le ballet discret d'un personnel déférent et attentionné, le silence ouaté accompagnant le service de plats fins et parfumés rompaient avec le climat délétère qui régnait, en bas, sur Terre, puisqu'ils déjeunaient au cinquième étage. Frédéric Delair, le maître des lieux, avait reçu le patron de presse avec la bienveillance qu'il accordait aux clients familiers et, sans même interroger Marinoni, il avait confectionné le menu. À coup sûr, il servirait du canard, légendaire spécialité de l'établissement, un mets sur lequel il fallait s'arrêter. Le volatile provenait de Challans, en Vendée, plus encore de l'élevage semi-sauvage au goût et à l'arôme inimitables de la maison Burgaud. Découper ce canard-ci était un art.

Le maître Delair l'exerçait, muni de fourchettes qui virevoltaient dans l'air sans toucher le plat. Le trio observait la manœuvre dans le vain espoir d'en comprendre la magie.

— Pour des raisons que je ne peux, hélas, expliquer, c'est un jour qui s'annonce important, monsieur Delair, murmura Marinoni afin de ne pas perturber l'immuable quiétude régnant sur la Tour d'Argent. Et je suis heureux de le vivre chez vous.

Frédéric Delair ne changea rien à son air de bon élève appliqué. Penché sur l'ouvrage, lunettes accrochées au nez, cheveux tirés en arrière pour dégager le front, la barbe calamistrée et comme survoltée, il taillait. Bien sûr, il ne demanda pas pourquoi le moment semblait si solennel, mais répondit ceci :

— Eh bien, décidons que ce jour le sera aussi pour moi.

Il dressa les assiettes, les plaça devant les convives. Ce n'était que la première partie. Les cuisses seraient présentées ensuite.

— Désormais, chaque pièce sera numérotée. Les vôtres porteront les numéros 1, 2 et 3.

Le jeune « canardier » qui l'assistait servit la sauce, symbiose des sucs exsudés des carcasses auxquels se mêlait l'arôme du cognac et du madère.

— Et à quel chiffre nous arrêterons-nous ? continua Delair. Seuls Dieu et Son astéroïde le savent... Mangez chaud. Bon appétit, messieurs.

— Eh bien, exécutons cet ordre, sourit faiblement Marinoni.

*

À peine Delair s'effaçait-il que Marinoni se tourna vers son ami anglais.

— Qu'y a-t-il de si grave pour que vous quittiez votre île ?

— Les premières crispations commencent à se faire sentir. Ce sont des manifestations spontanées, des refus d'obéissance, quelques entorses à la loi. Heureusement, personne ne dit qu'il ne craint plus de voler ou de tuer son prochain puisqu'il se moque d'être pendu... Mais combien de temps cela tiendra-t-il encore ?

— Nous vivons la même chose en France, intervint Lefranc.

— Et nous avons décidé de ne pas en être les porte-parole, ajouta Marinoni.

— C'est également notre position au *Times*.

— La presse américaine agit différemment, continua le patron du *Petit Journal*. Ses pages sont remplies de faits divers détaillant la panique qui secoue les villes. En France, on se croit épargnés, mais, dans le Nord, des usines ont été incendiées la semaine passée.

George Earle Buckle se tourna vers Lefranc.

— Notre « Appel aux peuples du monde » est resté vain, tous cèdent à la tentation d'abandonner. En arrivant sur Terre, Wildcat ne consumera que les vestiges de notre société car elle sera déjà amplement détruite…

— Perdriez-vous espoir ? s'étonna Lefranc.

— Un peu… Et vous aussi, je le crains, après m'avoir écouté.

Buckle exposa la situation telle qu'elle se présentait en Chine.

— Vous ne m'apprenez rien, se gargarisa Marinoni. J'ai aussi mes entrées aux Affaires étrangères. La Chine rêve. Wildcat balaiera tout, des Pygmées aux Tibétains !

— Hobbs, notre *field marshal*, partage cet avis. Pourtant, il prend très au sérieux cette affaire. Il pense même qu'elle le sert.

— Quel est son intérêt ?

— Déclencher la guerre, annonça-t-il brutalement.

— La guerre ? bredouilla Lefranc.

— Quelle étrange façon de triompher de l'astéroïde, répondit Marinoni, faisant preuve d'un flegme qu'on ne lui connaissait pas.

— Il ne s'agit pas d'œuvrer contre Wildcat, mais sur ce qu'il produira avant même d'avoir effleuré la Terre, reprit Buckle. Panique, désespoir, rupture avec la société, rejet des conventions, des lois, des usages… les dégâts seront bientôt considérables parce qu'il n'y a déjà plus d'espoir et de moins en moins de garde-fous. Dans quel état sera le monde dans trente ans ? Impossible de tenir dans ces conditions…

— Hobbs pense donc que la guerre va nous rendre optimistes !

— Tout dépend de ce pour quoi on se bat, soutient-il non sans adresse. Supposons que le projet de la Chine soit monté en épingle, deux ou trois témoins sérieux prétendent que c'est théoriquement possible : le Tibet est peut-être une solution. L'espoir revient. Déclarez ensuite que ce territoire est hors souveraineté chinoise, qu'il doit être accessible à toutes les bonnes volontés. Puis entrez en guerre contre ce pays afin d'annexer un morceau glacé d'une planète à l'agonie. Est-ce crédible ? Prouvez-le en détaillant les travaux qui ont commencé en Chine, trouvez des tribuns pour qu'ils hurlent au caractère inaliénable du Tibet et jurez que la guerre rendra au peuple ce qui lui appartient. Si des contestataires traînent des pieds, emprisonnez-les et déclarez l'état d'exception puisque la guerre le permet. Muselez la presse, censurez-la afin qu'elle ne puisse s'opposer. Ainsi, vous gagnerez du temps. Quatre ans. Avant que Wildcat ne se montre de nouveau. Et que ferez-vous ensuite, Pierre ?

— Je n'ai pas l'esprit assez retors pour deviner les pensées d'un soldat, qu'il soit anglais ou français, grinça Lefranc.

— Eh bien, poursuivit le représentant du *Times*, Hobbs parie que d'autres pays n'accepteront pas que l'Angleterre annexe le Tibet. Ils entreront alors en guerre.

— Personne ne s'engagera dans cette voie. Le Tibet n'est pas la solution pour vaincre Wildcat !

— Bon sang, Marinoni, vous ne comprenez pas que la guerre est un prétexte pour mettre l'humanité au pas ? Le vrai sujet est la menace qui pèse sur la civilisation. À quoi bon se plier aux règles si Wildcat y met fin ? Mais en déclarant l'état de guerre, le droit commun sera suspendu, de quoi étouffer l'insurrection, assujettir le peuple ; et la méthode vaudra pour tous les États. Hobbs parie qu'ils seront complices, objectivement alliés. Pour survivre un temps, en espérant que Wildcat les épargnera à terme, tous auront l'obligation de… gendarmer les corps et les esprits.

— Donc le conflit se généraliserait ? Impossible, murmura Lefranc.

— Détrompez-vous, le *field marshal* Hobbs est excellent stratège. Et il voit loin. Une fois engagés, les États ne pourront reculer. Renoncer serait reconnaître que le Tibet était une chimère, que Wildcat n'épargnera aucune région, qu'il n'existe aucun moyen de s'en sortir, que tout n'était que mensonge. Imaginez des millions d'hommes armés à qui vous avouez que vous les avez trompés. La mutinerie serait générale. Pour l'éviter, calcule Hobbs, on maintiendra l'illusion de la guerre et on se servira de sa cohorte de mesures liberticides. Arrestations arbitraires, justice d'exception, exécutions sommaires seront d'excellents moyens pour maintenir le joug. Selon Peter, le raisonnement de Hobbs est aussi glacial qu'imparable. En diplomatie, on parlerait de regrettable escalade…

— C'est effroyable, grommela Marinoni à voix basse. Au moins, dites-nous si vous partagez l'opinion de Thomson.

— Wildcat peut déclencher une tuerie planétaire avec la complicité des va-t-en-guerre. Oui, je le crois…

— Les soudards ne manquent ni d'idées ni de ressources, soupira Pierre Lefranc en pensant à ceux qui avaient tué son père.

— La guerre est un excellent moyen de mettre les peuples au pas ! s'enflamma le rédacteur en chef du *Times*. Les insoumis, on les fusillera, les autres mourront au combat. Puis viendra le temps où Wildcat sera incontestable, au point que saint Thomas lui-même ne trouverait rien à redire. Hobbs sera peut-être mort, et ceux qui lui auront succédé, ces Machiavels d'états-majors, plaideront l'innocence. C'était une erreur, ces terres en altitude ne sauveront personne. Mais qu'y avait-il de mieux à faire ?

*

Les cuisses de canard avaient été servies. Personne n'y touchait. Delair fit une apparition. Il était sincèrement désolé.

— Plus rien ne tourne rond en ce bas monde…

Et il fit desservir.

— Tout ceci, demanda Marinoni à Buckle, n'est-ce pas un peu trop la vision personnelle du *major* Thomson ?

— Je réponds de cet homme intègre. En révélant les projets de Hobbs, il commet ce qui ressemble fort à une trahison.

— Comme vous, il pense donc que la guerre est une hypothèse sérieuse à laquelle songe votre pays ?

— Ce n'est pas fait, mais Hobbs prétend que le gouvernement se rangera à l'idée au fil des événements qui affaibliront de plus en plus la nation. Se battre dans l'espoir chimérique d'échapper à l'Apocalypse sera alors un acte patriotique qui, à défaut de résultat, soudera la patrie. Alors, la question deviendra mondiale. Et nous ? hurleront les autres peuples, n'avons-nous pas droit aux terres miraculeuses ? L'embrasement général sera inévitable. Voilà ce que prépare Hobbs. Et Peter pense que celui-ci montre trop d'assurance pour être le seul à y penser.

— Ils n'ont pas encore triomphé, gronda Marinoni.

— Espérons que ce ne sera jamais le cas. Mais quelle leçon en tirer ? Les hommes n'ont pas pour seul ennemi Wildcat. Un jour, le clan des belliqueux trouvera un prétexte, le Tibet ou autre chose, et l'emportera.

— Réglons un problème à la fois, trancha Lefranc. Expliquons d'abord qu'il n'y a pas un seul abri pour triompher de Wildcat. Unissons nos confrères, agissons d'une seule voix. Nous ne manquons pas d'alliés. Parlons du Tibet, mais pas de la guerre pour ne pas inquiéter Thomson, et servons-nous de la raison pour tuer dans l'œuf ce projet odieux.

— Compte tenu de mes liens avec Peter, grimaça le rédacteur en chef du *Times*, je ne peux pas écrire le premier. En revanche, mon droit est de soutenir ce qu'affirmera la presse. Ainsi, je démontrerai l'absurdité de la thèse : aucune région, aucun coin du monde n'est à l'abri.

— Cela suffira-t-il pour prouver qu'une guerre serait inutile ?

— Nous n'empêcherons pas une partie de l'opinion de s'accrocher à l'espoir de la Terre promise, ajouta tristement Marinoni.

— À nous d'être convaincants, assena Lefranc, le plus décidé.

— Des plumes contre des baïonnettes, soupira Marinoni. Eh bien, rentrons au bureau et mettons-nous au travail (mais il n'y croyait pas).

*

En arrivant, le concierge du *Petit Journal* fit un signe à Lefranc. Une jeune femme l'attendait. Elle tenait l'article dans lequel il demandait à l'homme de « se servir de son courage et de ses dons pour que la vie ne s'éteigne pas ».

— Il se peut que j'aie une idée, dit-elle, comme un ange venant au secours de l'homme en train de perdre la foi.

— Une Terre promise ? murmura le journaliste.

— Je n'y avais pas pensé ainsi, sourit-elle, mais ça y ressemble fort.

12

Elle s'appelait Elizabeth Storm, était anglaise et, ce qui ajoutait à son charme, elle prononçait chaque mot avec un petit rien d'accent qui enchantait la langue de Molière. Son ensemble jaune pâle lui allait à ravir, autant que son chapeau rond et plat qu'une femme britannique pouvait afficher sans prêter à sourire. Lefranc le faisait, il souriait, conquis par le personnage, sans décider encore s'il préférait les yeux verts illuminant le tableau ou les cheveux longs et blonds brodant son visage. À l'inverse, son regard à elle était grave et sa bouche s'était peu desserrée lorsqu'elle s'était présentée, déclarant qu'elle arrivait d'Oxford et avait gagné Paris la veille du lundi où elle s'était annoncée au *Petit Journal*, voyageant donc un dimanche car le prix des billets du ferry était moins élevé les jours chômés. La première escapade hors de son pays natal… Le plus long trajet de sa courte vie – et Lefranc estima qu'elle n'avait pas trente ans. Elle logeait dans une petite chambre à la Maison Favart, rue de Marivaux, près de l'Opéra-Comique. C'était charmant, mais cher. Miss Storm avait abandonné dans cette expédition la grosse partie de ses économies. Mais tout cela, Pierre Lefranc ne l'apprit que peu à peu. Ce 24 septembre, il s'interrogeait. Quelle idée trottait dans une si jolie cervelle ?

— Miss Storm, j'aurai grand plaisir à vous entendre (il disait vrai), mais il faudra patienter. Je reçois actuellement un confrère (sans préciser qu'il était anglais lui aussi et patron du *Times*) et…

— Je ne vous réclame qu'un instant, le coupa-t-elle.
— Peut-être en fin de journée.
— Je serai repartie.
Elle brandit de nouveau l'article de Lefranc :
— Je vous cite, monsieur. Est-ce en décourageant ceux qui ne sont pas résignés que vous espérez triompher ?
— On vous attend, Pierre ! lança de loin Marinoni.
Elizabeth Storm replia l'article, amorça un mouvement d'épaules. Elle allait partir.
— Donnez-moi cinq minutes, répondit-il à Marinoni.
Il rattrapa de justesse la visiteuse par la manche, un geste quelque peu hardi auquel elle répondit par un froncement des sourcils.
— Suivez-moi, ordonna-t-il sans y mettre plus de forme.

*

Il en fallait davantage pour effrayer cette jeune femme qui, malgré les apparences, était loin d'être une fleur délicate. On l'imaginait dirigeant sagement un foyer, mariée à un époux loyal. On se trompait. Surnommée « la Tempête », elle faisait partie de celles qui avaient réussi à forcer le barrage misogyne d'Oxford. Le combat avait débuté en 1877 lorsque vingt et une demoiselles fort déterminées s'étaient installées dans des chambres sans confort, au-dessus d'une boulangerie, afin de suivre le premier cours réservé au sexe dit faible. Faible ? L'adjectif ne convenait pas. Elizabeth Wordsworth, descendante de l'évêque anglican de Lincoln et parente du poète William Wordsworth, avait obtenu en 1878 l'ouverture du collège *Lady Margaret Hall* destiné aux jeunes filles et appelé ainsi en souvenir de lady Margaret Beaufort, une lettrée amoureuse des arts et mère de Henri VII, fondateur de la dynastie Tudor. Les origines étaient donc solides, les étudiantes assidues. Le collège, installé près de la rivière Cherwell, au nord d'Oxford, n'avait pas tardé à gagner ses lettres de noblesse, se mesurant bientôt aux voisins réservés au sexe masculin. La femme entrait enfin à Oxford, y apprenait les arts, les sciences, le français (la devise du collège, « Souvent me souviens », était rédigée dans cette langue). Malgré tout, le genre féminin se battait pour accéder aux postes dignes de son intelligence ; et ce face-à-face, hommes et femmes inégaux, ne semblait pas près de finir.

Après un combat emporté de haute lutte, Elizabeth Storm avait obtenu un poste au muséum d'histoire naturelle de l'université d'Oxford et travaillait sur les fossiles d'archosauriens, apparus voilà deux cent trente millions d'années, disparus cent cinquante millions d'années plus tard, ces chiffres dépassant l'entendement. Pour faire court, « Miss Tempête » s'intéressait aux dinosaures. Appréciée par la direction, elle écrivait l'histoire ancienne de ces animaux démesurés à corne, à plaque ou à plume, parfois équipés des trois, mesurant, dessinant, classant les griffes, les dents, les écailles, les os des spécimens dont l'établissement regorgeait. De l'avis de tous, elle était incollable sur l'origine du monde.

Installé en 1855 dans une bâtisse au style néogothique si singulier à l'université, le musée bénéficiait d'un prestige international. Darwin y avait tenu en 1860 une conférence sur *L'Origine des espèces*, son œuvre la plus célèbre, en présence des partisans et des détracteurs de la théorie de l'évolution. L'immense verrière encadrée de piliers de fer sous laquelle étaient réunis les monstres préhistoriques se souvenait des éclats de voix, parfois des noms d'oiseau, qui avaient troublé la sérénité implacable des lieux. Tous avaient au moins reconnu que ces vestiges d'animaux disparus illustraient parfaitement la controverse divisant le monde scientifique : l'homme était-il la synthèse de l'évolution, en quelque sorte le descendant éloigné, de ces bêtes à peau dure et au faciès de monstre ?

Si chacun avait son opinion, Wildcat occupait désormais trop les esprits pour que le débat s'anime de nouveau. Depuis peu, tout semblait aussi mort que le thyréophore de 6 mètres de haut qui occupait le centre de la salle principale d'exposition. Mais ce dinosaure quadrupède donnait lieu à réflexion. En dépit de ses piques et d'une armure osseuse, il n'avait pu survivre. Ainsi, Elizabeth Storm passait devant ce colosse de la Création, se répétant que l'*Homo sapiens* connaîtrait le même destin. Il disparaîtrait. Et, peu à peu, elle semblait s'y résoudre.

C'est en rangeant les fragments précieux de l'œuf d'un sauropode qui, s'il avait été à son terme, aurait mesuré 60 pieds de long, soit quelque 18 mètres, que la première idée jaillit dans la tête bien faite de miss Storm. L'œuf était le premier maillon de l'existence, cette suite infinie sans laquelle les dinosaures n'auraient pu s'épanouir. La vie n'avait donc été possible que grâce à cette carapace et, si l'on généralisait, c'était vrai pour toutes les espèces. Exister, simplement naître, exigeait d'abord une armure. Elle protégeait des dangers, et la nature avait conçu les plus variées. Le ventre du mammifère, l'œuf de l'oiseau, des monotrèmes, des reptiles, le calice des fleurs, chaque fois, la Création avait inventé une protection, un bouclier pour écarter les périls. Wildcat trottait dans la tête de « Miss Tempête » comme dans celles de tous ses semblables menacés d'extinction. Un bouclier bien plus solide qu'un œuf pouvait-il sauver les hommes ? La question une fois formulée, elle laissa germer. Rien ne vint.

Il lui manquait un élément, et elle comprit lequel en cherchant pourquoi les dinosaures avaient disparu. Il n'était pas inutile d'y réfléchir puisque la même mésaventure risquait d'arriver aux hommes. La force, le poids, la taille, les défenses naturelles ne pouvaient être mis en cause. Et de nouveau, rien ne vint. Du moins, jusqu'à reprendre l'œuf du sauropode et d'en briser involontairement un morceau. Cette carapace sans laquelle la vie était impossible n'avait pas résisté à la pression d'un doigt. Le point faible se situait là. Dans un monde hostile où apparaissaient sans cesse de nouveaux concurrents, le dinosaure, sûr de sa supériorité, n'avait pas su évoluer, et des concurrents, tel le mammifère doté d'une meilleure défense, avaient pris le dessus. L'hypothèse, encore incertaine, rejoignait la théorie de Charles Darwin qui avait tant marqué les lieux. L'évolution était nécessairement liée à la vie.

*

— L'œuf des dinosaures était trop fragile. Comprenez-vous, Pierre Lefranc ?

— Parfaitement, mademoiselle Storm, mais en quoi cela aurait-il un effet sur notre avenir ?

— Aujourd'hui, l'homme est le maître de la Terre comme l'était le dinosaure aux temps anciens mais, s'il ne change pas, il s'effacera à son tour. Pour échapper à Wildcat, il doit donc modifier sa manière de vivre.

— Je ne vois pas comment s'adapter en trente ans à un péril aussi grave…

— Trente misérables années, c'est effectivement très court… Pourtant, il existe une solution.

— Et nous devrions la chercher dans quelle direction ?

— La carapace qui défend la vie, monsieur Lefranc. Face à Wildcat, la nôtre n'est pas assez résistante. Si bien que nous mourrons comme les dinosaures.

— Lefranc !

Marinoni était entré dans le bureau du journaliste sans frapper.

— Encore une minute. J'arrive…

Le patron du *Petit Journal* jeta un regard furieux en direction de la visiteuse. Qui fit mine de ne rien voir.

— Bon sang ! Vous souvenez-vous de ce qui nous attend ?

— Contrairement à ce que vous pourriez croire, j'y travaille.

Marinoni sortit en claquant la porte, marmonnant des mots sans suite d'où s'échappèrent quand même « joli cœur » et « conter fleurette », ce qui lui semblait manifestement un comble, compte tenu des circonstances.

— Permettez-moi de résumer, mademoiselle Storm. Vous affirmez que l'homme est le dinosaure des temps modernes et…

— Vous écoutez mal ! Je ne dis pas que l'homme est un dinosaure. Je compare deux natures dominantes confrontées au même problème : leur mort. Et je maintiens que, n'ayant pas su s'adapter aux dangers qui le menaçaient, l'ovipare a disparu au profit du mammifère. Comprenez que c'est toujours un œuf qui donne la vie, mais la nature a compris qu'elle serait plus forte en prospérant dans un ventre. Ne nous en plaignons pas. Nous aurions sans doute perdu le combat s'il avait fallu lutter contre des monstres à corne. Mais un danger plus grand menace désormais l'espèce supérieure qui a su s'imposer. Wildcat ou l'homme, l'un des deux périra. Et le second, assurément, s'il n'évolue pas.

— D'accord, s'emporta Lefranc, la nature, ou que sais-je, a agi afin de mieux protéger notre vie des menaces extérieures. Mais qu'y aurait-il de mieux que le ventre d'une mère ?

— Vous progressez, Pierre Lefranc, et je vous félicite, sourit-elle pour la première fois. Nous avons donc besoin d'un cocon assez robuste pour nous sauver de Wildcat… Mais lequel ?

— Je n'ai pas la moindre idée de ce qu'il faudrait chercher…

— D'abord, il y a une différence entre la fin du dinosaure et celle de l'homme. Étant prévenu, le second peut s'y préparer.

— C'est une souffrance supplémentaire que de connaître l'heure de sa mort, et vous me torturez davantage, miss Storm, en ne m'expliquant toujours pas comment, selon vous, l'éviter.

— Un lieu protégé et assez résistant pour vaincre Wildcat existe.

— Au point de se moquer des assauts de l'enfer ?

La voix était-elle moqueuse ou simplement dubitative ?

— Monsieur Lefranc, faites-vous partie des hommes qui pensent que le cerveau de la femme ne lui sert qu'à cuisiner ?

— Nullement, je vous l'assure, mais enfin…

— Alors écoutez-moi attentivement, car je ne me répéterai pas.

Lefranc le fit patiemment pendant cinq minutes, hochant de plus en plus souvent la tête pour signifier son approbation. Et quand elle eut fini, il ne prononça toujours pas un mot, mais se précipita dans le bureau de Marinoni où lui et Buckle travaillaient sur un article dont le titre était déjà trouvé.

« L'utopie du Tibet : la Terre promise n'existe pas ! »

— Oubliez tout, rugit-il. Elle existe…
— Vous parlez de quoi, Lefranc ? s'emporta Marinoni.
— De ceci !
Et il montra le titre de l'article qu'ils étaient en train d'écrire.
— La Terre promise… Mademoiselle Storm l'a trouvée.

13

Elizabeth Storm avait lu attentivement le papier de Pierre Lefranc et croyait au génie des hommes qui seul les sauverait. Elle ne l'avait pas encore avoué, mais ses mots puissants avaient servi de déclic. *Combat. Courage…* Et elle ajoutait *collectif.* Ainsi, ce n'était pas le plus fort qui l'emportait, mais l'entraide, un principe rejoignant la thèse de Kropotkine pour qui la vie reposait sur le soutien aux membres de son espèce. En somme, la seule façon de s'en sortir était de chercher *une solution d'ensemble*, un lieu où tous pourraient s'abriter, de trouver un cocon aussi grand qu'une planète, elle-même aussi ronde que le ventre d'une mère protectrice. Et l'idée avait enfin jailli. La solution ne se situait pas au Tibet ou sur n'importe quel autre sommet, mais dans les entrailles de la Terre, car aucune protection ne pouvait mieux résister à Wildcat. Le refuge nichait donc aux pieds des hommes qui, après avoir colonisé le sol, devaient s'intéresser à ce qui se trouvait dessous. Et ne savait-on pas creuser des mines ? Méthode, outils, technique, tout était disponible. Si l'entreprise était monumentale, on disposait de quelque trente ans. C'est un changement d'échelle, d'état d'esprit. L'évolution nécessaire qui épargnerait l'humanité.

*

En l'écoutant raconter passionnément sa théorie, Lefranc avait cru comprendre pourquoi elle s'était adressée à lui et non au cercle des savants. On aurait peut-être écouté, puis, les avis se partageant, discuté sans fin, les palabres étant l'hypothèse optimiste, et le refus la plus vraisemblable. Et pendant tout ce temps perdu, *Willcat* se serait rapproché. Elle n'oubliait pas qu'elle était une femme, handicap supplémentaire dans un univers trop masculin. Sa volonté était donc de s'adresser directement à l'opinion, sans hiérarques, sans relais, la presse seule lui en donnant les moyens. Ainsi, nul ne pourrait « enterrer » ce dont l'homme déciderait de s'emparer ou non.

L'article de Pierre Lefranc avait fait grand bruit, y compris en Angleterre grâce à l'autorité du *Times* qui, en le publiant, lui avait donné plus de poids. Un journal populaire tirant à des millions d'exemplaires… Un journal qui avait été le seul à parler d'espoir et croyait au meilleur de l'humain. Miss Storm s'était présentée à Lefranc le lundi 24 septembre, et la première impression la laissait hésitante. Cet homme élégant aux yeux bleus – et non dénué de charme – avait-il assez d'esprit pour entendre sa thèse et assez de sérieux pour la comprendre ? Elle en doutait jusque-là. Mais son avis changea lorsque, se décidant à prendre le taureau par les cornes, il bondit de son fauteuil, ouvrit la porte à toute volée et, la saisissant de nouveau par le bras, la conduisit jusqu'au bureau de Marinoni où se trouvait… « George Earle Buckle », entendit-elle lorsqu'il lui fut présenté, et il n'en existait qu'un à sa connaissance. Elle lisait ses éditoriaux dans le *Times*. Fichtre, pensa-t-elle, tout était perdu, il la prendrait à la légère. Or, étonnamment, le rédacteur en chef l'écouta attentivement sans l'interrompre. Et, quand elle eut fini, il se tourna vers Marinoni et Lefranc :

— Voilà exactement ce qu'il nous faut pour nous défaire du Tibet.

Il se frottait les mains. Étrange chez un Anglais, remarqua-t-elle, s'interrogeant autant sur cette phrase mystérieuse : « nous défaire du Tibet ». Mais comment deviner que, en se rendant ce jour-là à Paris, elle troublerait la réunion destinée à barrer le projet guerrier de Hobbs ? Sans cet heureux concours de circonstances, Buckle l'aurait probablement moins écoutée – ce qui n'aurait pas été sans conséquences pour l'humanité.

— Miss Storm, reprit-il, je voudrais savoir pourquoi vous n'avez pas songé à contacter le *Times*.

— Je doutais de votre ouverture d'esprit, dit-elle sans faiblir.

— Détrompez-vous ! Je vois les choses ainsi, enchaîna-t-il aussitôt en s'adressant aux deux Français. Premier article, nous démontrons qu'il est impossible d'espérer dans les terres en altitude. Second article, nous livrons la solution imaginée par miss Storm.

Il semblait furieusement décidé à agir.

— Nous devons y réfléchir, modéra Marinoni. Et vérifier.

Elizabeth se crut perdue, son voyage n'aurait servi à rien. Ils étaient tous pareils, scientifiques ou journalistes, aucun n'avait le courage d'oser.

— Vous mourrez, monsieur, dit-elle au directeur du *Petit Journal*, pour avoir refusé mon offre, et que ferez-vous avant que Wildcat ne nous dévaste ? Répéter que rien n'est possible, qu'il n'existe aucune solution ? Votre fin à vous sera horrible. Les hommes auront les yeux tournés vers le ciel, attendant jour et nuit l'arrivée de l'astéroïde. Ils deviendront des bêtes, s'entre-tueront, détruiront ce qui a été bâti au fil des millénaires. Et pas un ne survivra à notre histoire commune. Eh bien moi, je me battrai jusqu'au bout contre votre défaitisme.

— Nous sommes trois à décider, répondit calmement Marinoni. Et si Buckle semble d'accord, il faut encore entendre Lefranc.

— La solution imaginée par miss Storm est à la mesure de ce qui nous menace, débuta-t-il. Et je la prends avec gravité. Grand péril, grand remède, ce serait l'axe de mon article. Je n'écrirai pas que c'est possible, mais lancerai l'idée afin qu'elle mûrisse, et puis j'y vois un autre avantage. S'il s'agit aussi d'une utopie, elle sera toujours meilleure que la guerre – et la défendre affaiblira le parti de ceux qui voudraient que le monde cède à la barbarie. Mademoiselle, conclut-il, pouvez-vous rassembler vos idées par écrit ?

— Avant, j'ajouterai ceci : dois-je comprendre que vous craignez la guerre et que vous vous servez de moi pour empêcher ce projet morbide ?

— C'est un peu ça, murmura Lefranc, impressionné par son calme.

— Je n'y vois pas d'inconvénient. À un détail près. Il ne s'agit pas d'une utopie, et n'en parlez jamais plus ainsi. La Terre nous sauvera, j'en suis certaine.

— Vous imaginez que les hommes accepteront de se cacher sous la Terre en attendant qu'elle redevienne féconde ? Mais elle sera inhabitable à jamais ! Pourquoi donc prolonger le calvaire si la fin ne varie pas ?

— Eh bien, monsieur Marinoni, parce que je n'ai pas tout dit.

Elle annonça la suite. Et Marinoni lui demanda poliment si elle n'avait pas perdu la raison. Lefranc, lui, sourit :

— Méfiez-vous de votre jugement, dit-il à son rédacteur en chef. Ce que propose mademoiselle Storm n'est pas aussi audacieux que vous pourriez le penser. À moins d'en conclure que *Le Petit Journal* publie des fadaises…

— Cela m'étonnerait fort, se braqua son patron.

— Pourtant, votre journal a traité du même sujet, sans conclure qu'il s'agissait d'inepties, cingla-t-elle.

— Et qui en était l'auteur ? s'insurgea Marinoni puisqu'il se faisait fort de ne rien laisser passer.

— Moi, répondit Lefranc aussi calmement. Dans un article qui, je crois me souvenir, vous avait bien plu…

14

La nouvelle avait fait fureur. S'abriter sous la Terre… Les avis les plus contraires s'étaient multipliés. *Le Petit Journal*, relayé par le *Times*, avait fait des émules. La presse du monde entier reprenait l'information, la commentait, l'illustrait, montrant des bataillons d'hommes devenus les parias de la Terre s'enfoncer dans ses abysses à seule fin de survivre. La lumière, rien qu'elle, comment la produiraient-ils ? Manger, se déplacer, s'oxygéner ? Et ce n'étaient là que les premières interrogations. Mais, au moins, il y avait toujours une voix pour répondre que cela devait être possible. Les galeries creusées pour extraire les richesses du sous-sol serviraient d'entrées. Bien sûr, il faudrait en créer de nouvelles, beaucoup d'autres, sur tous les continents, mais on savait s'y prendre. L'industrie minière disposait d'un savoir-faire, le *know how*, écrivaient le *New York Herald*, le *Daily Chronicle*, le *Daily News*. *L'experiencia*, répétait l'espagnol l'*Almanaque*, un journal pourtant satirique. *Le competenze,* assurait à Milan le *Corriere della Sera*. Le berlinois *Fliegende Blätter*, comme ses confrères germaniques, n'avait en revanche nul besoin d'expliquer aux lecteurs l'habileté de son industrie à déterrer le charbon et retourner la terre.

C'était une traînée de poudre, mais pas uniquement cela, comme si l'on redressait la tête, bombait le torse, respirait mieux que la veille. On se remettait à espérer. La première partie du combat engagé par *Le Petit Journal* et le *Times* réussissait. L'empereur, le Tibet, ce royaume éphémère, étaient oubliés. Hobbs et Cie devaient enrager, et Peter Thomson n'avait pas été inquiété, pas même suspecté.

*

Le cocon de « Miss Tempête » semblait tout emporter sur son passage. En quelques jours, le monde s'était emparé d'une affaire qui repousserait peut-être à Mathusalem la date de la fin de l'humanité. Mais pour que cet espoir ne demeure pas vain, il fallait répondre expressément et trancher sans appel : pouvait-on vraiment échapper au désastre en se calfeutrant au fond de la Terre, cette partie de la planète dont on ignorait à peu près tout, n'eût été l'aventure d'Otto Lidenbrock rapportée par Jules Verne dans *Voyage au centre de la Terre* ?

Les débats débutèrent donc à l'automne 1894, la presse relayant les épisodes quotidiens d'un feuilleton international qui déchaînait les passions. « La Tempête » ou « le Fauve », qui l'emporterait ?

À l'exception de ceux qui renonçaient avant d'y réfléchir, les avis variaient, la nouveauté étant qu'à chaque catastrophiste répondait désormais un optimiste. On refusait de se laisser dicter le futur. On désirait y croire, et c'était réjouissant de voir l'ingéniosité dont chacun, selon son expertise, faisait preuve pour trouver des solutions. Lefranc publiait chaque jour les « bonnes nouvelles ». Il les classait par thème, les enrichissait au fil des contributions de spécialistes et d'anonymes avertis dont le génie méritait bien le titre d'inventeur. *Le Petit Journal* relayait les informations de ses confrères qui eux éclairaient leurs lecteurs avec ce qui se savait ailleurs. Des pages entières étaient consacrées au défi que se lançaient les Terriens. Lefranc et d'autres informaient et instruisaient, imitant le *Magasin d'éducation et de récréation,* la revue de l'éditeur Hetzel dans laquelle étaient publiés les *Voyages extraordinaires* de Jules Verne qui avait aussi entraîné les lecteurs sous les mers et jusqu'à la lisière de la Lune. Comme dans ces romans, tout deviendrait-il possible ? Une chose était certaine. Les premiers jours d'octobre, la tempête déclenchée par miss Storm fit reculer la peur, le progrès l'emportait. En voici la preuve.

1. L'électricité : elle résulterait de centrales alimentées au charbon dont la Terre était pourvue en abondance. Les réserves couvriraient quatre cents années. Avec ce combustible, on produirait de la vapeur qui, elle-même, donnerait l'électricité. Le 4 septembre 1882, l'Edison Illuminating Company avait inauguré la première centrale à charbon du monde, la *Pearl Street Station*. Ce générateur, appelé *Jumbo*, avait fourni en courant continu de quoi alimenter mille deux cents lampes, soit l'éclairage de quatre-vingt-cinq maisons de Wall Street. Mais les nouvelles centrales fournissaient à présent de l'énergie à dix mille ampoules, ce qui équivalait à l'alimentation de quatre cents immeubles de Manhattan. Contrairement aux dinosaures, *Jumbo* avait su évoluer. En 1888, Nikola Tesla, inventeur du courant alternatif, avait révolutionné le secteur. L'électricité se transportait à des distances de plus en plus élevées, réduisant ainsi le nombre de centrales. S'y ajoutait l'amélioration du rendement de l'énergie du charbon, bien supérieure aux 3 à 4 % des débuts. Enfin, le progrès bénéficiait de la concurrence entre Edison et Westinghouse, deux brillants entrepreneurs américains. On pouvait donc considérer comme acquis que l'électricité transformerait la vie sous terre et la rendrait acceptable.

   La localisation des centrales restait à étudier. Il existait des cavités naturelles assez profondes pour les installer dans des zones déclarées internationales afin d'éviter toute appropriation privée. Des juristes de renommée mondiale avaient posé en deux jours seulement les bases d'un traité sur la production et la diffusion de l'énergie, déclarée ressource collective et inaliénable. Les centrales pouvaient aussi être construites en surface en des lieux excentrés des océans afin d'éviter l'engloutissement lors du maelström engendré par Wildcat. Le choc passé, elles seraient entretenues par des agents publics à qui rien n'interdirait de mener des excursions à la surface. L'électricité serait distribuée équitablement sur la base de la consommation de quatre-vingt-dix-neuf ampoules pour dix personnes.

2. Communication : les Terriens disposeraient du télégraphe, ce qui nécessitait l'extension et le passage du réseau existant à la dimension planétaire, mais la technique le permettait. On reliait déjà les continents par des câbles souterrains et, pareillement, Hong Kong ou Bombay à Londres, le dispositif télégraphique britannique ayant à lui seul atteint la stupéfiante longueur de 103 068 kilomètres en 1877.

   La transmission électrique de la parole par téléphone serait également possible grâce à ce système câblé. L'invention en 1891 du téléphone automatique par Almon Strowger rendrait inutile l'emploi de coûteux opérateurs. Il suffirait de composer un numéro. En y ajoutant des lettres, on dépasserait le chiffre impressionnant de plusieurs millions de combinaisons. Ce n'était donc qu'un problème d'équipement, et l'on disposait d'une trentaine d'années pour organiser une industrie susceptible de fournir et d'installer ce dispositif. Ainsi, quelle que soit leur localisation, même à des distances approchant la circonférence de la Terre, soit 40 000 kilomètres, mesure connue depuis le IIIe siècle avant J.-C. grâce au génie d'Ératosthène de Cyrène, les hommes resteraient en contact après le premier choc provoqué par Wildcat.

3. Habitat sous la Terre : une liste provisoire, et incomplète, des cavités souterraines naturelles avait été établie en six jours. On y mettait les gouffres, les grottes, les cavernes,

les salles souterraines et les puits naturels. Le résultat était surprenant. Les géographes avaient établi qu'il existait au moins quarante grandes salles souterraines d'une surface supérieure à 25 000 mètres carrés. La Chine, qui se cherchait un toit en altitude, était la mieux lotie. L'un des abris mesurait 140 000 mètres carrés. Mais la Malaisie faisait mieux en offrant, avec seulement trois salles, près de 300 000 mètres carrés. Le Mexique était bien pourvu, mais aussi la Roumanie, l'Italie… même la France, dans les Pyrénées. Si bien qu'il y avait urgence à établir le relevé, pays par pays, de toutes les cavités susceptibles d'accueillir des populations et de fixer la nature et l'ampleur des travaux d'aménagement pour les rendre accueillantes. Aux 60 millions de mètres cubes estimés de refuges potentiels, sans compter les méga-dolines, ces dépressions circulaires dont le diamètre dépassait parfois plusieurs centaines de mètres, il fallait ajouter les grottes dont l'exemple le plus significatif était *Mammoth Cave System* dans le Kentucky, un réseau de galeries souterraines long d'au moins 600 kilomètres explorées depuis 1838. Le guide Stephen Bishop avait établi une carte assez précise, bien que le gouffre de Bottomless n'ait pas livré tous ses secrets. Ne trouverait-on pas mieux, plus grand et plus profond ? Ces signes étaient donc si encourageants qu'on les prenait pour argent comptant. La liste des lieux d'accueil ne cessait de s'enrichir, et l'inflation quotidienne de chiffres réconfortants exaltait les résignés de la veille.

Bien sûr, la nature n'avait pas façonné assez de logis troglodytes pour tous, mais elle montrait la voie à suivre. Aux hommes, maintenant, d'évider les montagnes, de les soulever, s'il le fallait ! N'avaient-ils pas prouvé leur ingéniosité en apprenant à forer d'immenses et profondes galeries afin d'exploiter les ressources minières ? On descendait à 200 mètres – assez pour résister à Wildcat le temps qu'il accomplisse sa besogne immonde. Le mineur, il en existait des dizaines de milliers en Angleterre, en

France, en Pologne, en Allemagne… savait piquer la roche, étayer les galeries, évacuer la pierre. Ce bâtisseur-architecte ne rechignait pas. On disposait de trente années pour en former des millions d'autres qui agrandiraient les refuges naturels, en creuseraient de nouveaux, réformeraient des grottes humides en casemates confortables bénéficiant des inventions à venir de la science et des techniques puisque l'esprit humain, si inventif, serait tendu vers cet objectif. En huit jours – combien la nature humaine est versatile ! –, nombre n'en doutaient plus, leur cocon terrestre saurait se montrer généreux. Si bien que les autres sujets liés à la survie des espèces humaines semblaient déjà presque réglés.

4. L'eau : le sous-sol n'en manquait pas. Il suffirait de construire un réseau de canalisation qui évacuerait également les eaux usées.
5. L'air : une fois le choc passé, on récupérerait l'air frais filtré *via* les évacuations prévues pour alimenter les centrales à charbon construites à proximité des milliers d'asiles établis sous le sol. La circulation se ferait par l'aérage, un nom savant désignant la ventilation et l'alimentation en air frais d'un lieu. La technique était parfaitement maîtrisée par l'exploitation minière et, grâce à la machine à vapeur, on gérerait bientôt cette question mécaniquement, faisant là encore l'économie d'une main-d'œuvre coûteuse.

*

Qu'avait-on oublié, qu'y avait-il d'autre à faire ? Beaucoup, hélas. Énormément. Et malgré les apparences, tout cela manquait d'ordre et de priorités. Après quelques jours euphoriques, la réalité s'imposa, et le réveil fut dur. Intraitable. Il persistait des problèmes insurmontables.

1. Quel traitement accorderait-on aux animaux ? Et comment les nourrirait-on ? Le chaos engendré par Wildcat serait tel que la Terre serait dévastée. Aucune espèce vivante ne survivrait si elle n'était à l'abri lors de l'impact. Sauver les espèces en sélectionnant quelques représentants telle l'Arche de Noé ? *Quid* des plantes, des arbres, des graminées, du blé, de l'orge, du lin, du riz qui nourrissaient l'homme ? Insurmontable, oui, si la planète devenait stérile après le fracassement de l'astéroïde.
2. Combien de temps dureraient les effets dévastateurs de Wildcat ? On calculait en siècle, un au moins, peut-être plusieurs, ce qui revenait à l'éternité, et il était inconcevable de constituer des réserves de nourriture pour une si longue période.

Le 1) et le 2) s'additionnaient. Si elle n'évitait pas Wildcat, la Terre était perdue.

Dès le 6 octobre, le reflux débuta. Les voix qui avaient dénoncé au départ la vacuité du projet se faisaient de nouveau entendre, et de plus en plus fort. Les vaticinations prophétiques des rêveurs relayées par les journalistes étaient irréalistes. En surface comme en profondeur, la Terre serait bientôt inhabitable.

3. Et ce point-ci, le dernier, tenait lieu de conclusion : le combat était perdu.

*

— Dévoilons la seconde partie du plan de mademoiselle Storm, s'impatientait Marinoni.

— Pas encore, répondait Lefranc.

— Est-il nécessaire de faire souffrir ceux qui désespèrent ?

— Nous n'aurons qu'une occasion pour convaincre qu'il n'y a pas d'autre solution. Il faut attendre le moment où tous se verront perdus…

— C'est fait. Il est temps de choisir entre la peste et le choléra, ronchonnait le patron du *Petit Journal*, toujours peu convaincu par la suite du programme.

— Ce n'est heureusement pas ainsi que j'envisage le futur, souriait Pierre Lefranc. Aussi, je vous le promets. Bientôt, nous le confierons au meilleur de l'homme.

15

Le muséum d'histoire naturelle d'Oxford avait accordé à Elizabeth Storm un congé sans solde d'un mois, renouvelable si nécessaire, ce qui était probable. À Paris, les événements l'exigeaient. *Le Petit Journal* était le point névralgique de l'opération « Tempête ». Lefranc, désigné coordinateur, centralisait les informations et surtout se préparait à faire face au procès de ses détracteurs qui, chaque jour, se montraient plus féroces. Première accusation : on disposait d'assez de preuves accablantes pour estimer que *Le Petit Journal* avait profité de la crédulité du peuple pour augmenter son tirage. Les journalistes mentaient en affirmant que la Terre elle-même pouvait sauver ses habitants. Ce cocon, naïve invention d'une archiviste anglaise, n'avait qu'un dessein, faire du sensationnel, et le seul résultat patent était un surplus de papier dont les premières victimes étaient les arbres, abattus en grande quantité afin de produire l'exécrable copie de ces apprentis sorciers. L'argument était bas, mais les ventes avaient effectivement doublé depuis la sortie de la tribune de Lefranc appelant au courage et à la volonté des hommes. Seconde accusation : l'affligeant projet d'une vie souterraine à même de sauver les hommes était cruel puisqu'il ne servait à rien. Laisser espérer et tromper était un crime parce que le réveil serait si désespérant qu'il engendrerait une colère immense menaçant la société humaine des pires ravages. En somme, la fumisterie du *Petit Journal* et de ses alliés, puisque la presse dans son entier était complice, se comparait aux dégâts que produirait supposément Wildcat. Et, pour cette faute grave, ils devaient être condamnés.

Après ce réquisitoire, risquaient-ils le pilori ? L'opprobre, à coup sûr. En prévision de quoi Lefranc organisait sa défense. Le moment venu, il répliquerait en se servant d'un atout majeur dont Elizabeth Storm et lui se gardaient toujours bien de parler.

*

La jolie Anglaise, aussi courageuse qu'intrépide, avait été recrutée par Marinoni en vertu d'un adage qui faisait office de règle d'or chez un entrepreneur loyal : tout travail méritait un salaire. Elle faisait équipe avec Lefranc, réunissait les preuves démontrant que l'espoir perdurait, maintenait les contacts avec la presse anglo-saxonne, notamment le *Times* de Buckle qui ne lâchait pas ses deux amis français. Le lendemain de son apparition à Paris, elle avait quitté la chambre de la Maison Favart pour un deux pièces confortable fourni par *Le Petit Journal* auquel s'ajoutait la coquette rétribution d'un chef de rubrique, ce qui était plus qu'équitable pour une apprentie journaliste. Mais à quoi bon mettre de côté, soupirait le directeur du quotidien, si tout devait partir en fumée ?… Elizabeth avait montré sa gratitude en se mettant au travail d'arrache-pied, sans compter ses heures. Lefranc et elle finissaient si tard qu'ils soupaient souvent chez Lipp, et lui se défendait de l'inviter en assurant que la consigne avait été donnée d'être moins regardant sur les notes de frais depuis la révélation de Wildcat… En remerciement, elle avait organisé un dîner chez elle le 12 octobre, un vendredi, sans oublier d'inviter Hippolyte Auguste Marinoni, démontrant qu'elle méritait sans égale le titre de maîtresse de maison.

Pierre et elle s'entendaient à la perfection. Peu de mots suffisaient pour qu'ils se comprennent et, si lui en réclamait davantage, c'était pour entendre l'accent délicieux qui l'avait séduit dès les premiers instants. De l'avis de ceux qui les croisaient, ils s'accordaient autrement mieux que professionnellement. Dans les rares moments où ils n'étaient pas au travail, parfois le dimanche, Pierre lui présentait Paris. L'automne était beau, le temps clément. Ils remontaient les Champs-Élysées jusqu'à l'Arc de triomphe, visitant au passage le palais de l'Industrie. Arrivés en haut, ils faisaient signe à un fiacre qui les conduisait au lac inférieur du bois de Boulogne où, après une paisible croisière en barque, ils déjeunaient au Chalet des îles, un charmant refuge arrivé de Berne en pièces détachées et remonté ici, dans ce paradis, à la demande de l'impératrice Eugénie. Ces récréations ne les empêchaient pas d'évoquer Wildcat. Réussiraient-ils à convaincre les hommes, tous les hommes, du projet d'avenir qu'ils concevaient en secret ? L'idée ne les lâchait pas, n'eût été dans ces rares moments sereins, s'étonnant en leur for intérieur, chaque fois davantage, d'être aussi bien ensemble, et autrement qu'entre amis.

Le lundi 15 octobre, ils ne pensaient pourtant qu'à leur tâche. On les avait vus prendre le train matinal de six heures dix-huit pour Amiens, et leur voyage était crucial, sa réussite nécessaire. La voiture de l'homme à qui ils rendaient visite les attendait devant la gare. C'était l'atout majeur auquel les deux songeaient et la validation de la seconde partie de leur plan. Ils n'avaient échangé aucun mot avec le cocher, leur énergie était tournée vers la maison qui se montrait au 44, boulevard Longueville, une bâtisse bourgeoise, mais sans ostentation. Ils frappèrent, on leur ouvrit, ils se présentèrent, un serviteur peu disert répondit que « Monsieur les attendait ». Ils entrèrent alors qu'une pluie fine commençait à tomber. L'intérieur était fortement éclairé, et quelqu'un se montrait dans le couloir faisant face au vestibule. Une blessure ancienne à la jambe expliquait son pas lourd. Le coup de feu d'un proche, un neveu accusé de folie. Leur hôte approchait. Soixante-cinq ans, peut-être plus, une barbe à la

Hugo, une veste noire qu'égayait une chemise blanche fermée au col par un petit foulard noué en papillon. À l'arrêt, il campait solidement sur ses membres.

— Soyez les bienvenus.

La voix était douce, le regard sincèrement accueillant.

— Suivez-moi.

Ils pénétrèrent dans le bureau après avoir traversé une imposante bibliothèque où était rassemblée la somme des mémoires, des thèses, des grimoires, des recherches, des études ayant nourri son œuvre, soit plus de soixante romans et, ce qu'on connaissait moins, des pièces de théâtre, des essais, articles, poèmes, chansons, nouvelles, ouvrages historiques… Sur le meuble lui servant de table de travail se trouvait un roman publié par l'auteur quelques années auparavant : *Sans dessus dessous*. C'était pour lui qu'ils s'étaient rendus à Amiens.

*

— Prendrez-vous du thé ou du café ?

Le choix d'Elizabeth fut immédiat. Pierre opta pour le café.

Jules Verne, car il s'agissait de lui, se contenta d'un verre d'eau.

— Monsieur, débuta posément Lefranc, je voudrais tout d'abord vous remercier de nous accueillir et…

— Ce plaisir est partagé, coupa l'écrivain. Je lis avec attention vos efforts pour nous convaincre que rien n'est jamais perdu. Mais le monde manque d'ambition, et je regrette les critiques dont vous êtes les victimes.

Il se tourna vers Elizabeth Storm.

— Une Terre maternelle et protectrice ! Votre idée reste excellente. Ne cédez pas. Cherchez encore…

— Et vous, murmura-t-elle. Auriez-vous renoncé à vous battre ?

— Que pourrait faire un écrivain fatigué et sans forces ?

— Renoncer aux apparences, repousser encore les limites du réel… N'est-ce pas ce que vous avez toujours fait ?

— Eh bien, je confesse que « le Fauve » ne m'inspire que du mal.

— Et si nous vous proposions un nouveau voyage…

Les yeux de l'écrivain se mirent à briller.

— En matière d'excursion, je croyais avoir fait le tour…

— Quelque chose de très… différent, ajouta Lefranc.

Jules Verne posa son verre d'eau, se cala dans son fauteuil.

— Vous ne venez donc pas les mains vides, murmura-t-il. Eh bien, je vous écoute.

— Vous avez démontré que *Le Tour du monde en quatre-vingts jours* était possible, que le *Nautilus* avait parcouru *Vingt Mille Lieues sous les mers*, qu'on pouvait vivre sous les océans, se nourrir de ses fruits, respirer et dormir confortablement grâce au génie de Nemo. N'est-ce pas vrai ?

— Il me semble avoir eu de bonnes idées, sourit Jules Verne.

— En envoyant les artilleurs du Gun Club de Baltimore faire le tour de la Lune, par exemple…

Non sans audace, Lefranc prit l'exemplaire de *Sans dessus dessous*.

— Mais votre récit le plus… fracassant est peut-être celui-ci.

Pierre Lefranc reposa le livre.

— Miss Storm et moi l'avons lu…

— Je me souviens qu'à sa sortie, reprit son auteur, *Le Petit Journal* avait publié un article assez élogieux… N'en étiez-vous pas l'instigateur ?

— Absolument. Et je n'ai pas oublié l'intrigue : ceux du Gun Club de Baltimore ayant réussi à survoler la Lune décident de s'emparer des richesses de l'Arctique en faisant fondre la banquise.

— Soyez plus précis, monsieur Lefranc. Pour que la couverture de glace disparaisse, ils décident de changer l'axe de la Terre à l'aide d'un formidable coup de canon, provoquant un cataclysme. Mon propos était donc de dénoncer les dérives de la science. Mais vous, où voulez-vous en venir ?

— Aidez-nous à démontrer que les artilleurs auraient pu réussir.

— Je devrais me renier puisque, dans *Sans dessus dessous*, vous aurez noté que, heureusement, mes personnages échouent.

— Une simple erreur de calcul que vous corrigez à la fin…

— Votre bienveillance me touche, sourit-il enfin. Mais je crains d'avoir été un peu trop ambitieux. D'ailleurs, rien ne change sur le fond. Si un fou réalisait ce… prodige diabolique, les désastres subis par notre planète seraient considérables.

— Mais bien moindres que ceux engendrés par Wildcat, intervint Elizabeth, toujours aussi calmement.

— À force, me direz-vous ce que vous attendez de moi ?

— Un récit dans la veine de *Sans dessus dessous*, se lança Pierre… Où, cette fois, la science surmonte toutes les embûches.

— Comment parviendrais-je à résoudre une difficulté dont je sais de façon presque certaine qu'elle est insurmontable ?

— Parce que le problème a été mal posé, prétendit miss Storm non sans aplomb.

L'œil de l'écrivain s'alluma, cette femme décidée l'impressionnait.

— D'excellents mathématiciens et physiciens amis ont renoncé à trouver la solution. Quelle serait la vôtre ?

— En nous intéressant uniquement au résultat : comment sauver le monde ?

— Et selon vous, il suffirait de changer l'axe de la Terre ?

— Pas seulement. Peut-être pas le moment venu… Et, qu'il faille ou non s'engager dans cette voie pour donner une chance au futur, le vrai sujet est Wildcat, dont nous ne triompherons qu'au prix d'un effort sans commune mesure avec les entreprises humaines passées. La construction des cités souterraines est un défi planétaire qui exigera de se rassembler, de renoncer à l'égoïsme, de croire aux vertus de l'abnégation. Or, nous n'entraînerons les Terriens, je dis bien tous les Terriens, qu'à la seule condition de les convaincre que l'avenir existe. Et s'ils doivent pour cela déplacer leur planète, eh bien, nous nous y essaierons.

— Essayer, dites-vous ? Mais ce n'est pas réussir…

— L'espoir d'y arriver nous aidera à rester en vie pendant les années à venir. L'espoir, raconté par vous, pourrait décider les hommes à croire aux promesses du futur et les décider alors à s'unir et, surtout, à ne pas céder à la fatalité. Voilà ce qu'il faudrait écrire, monsieur Verne.

Il dévisagea un long moment Elizabeth sans qu'on puisse deviner ce qu'il pensait d'elle et, soudain, son regard s'adoucit.

— Aimez-vous les fruits de mer… Oui ? Parfait ! Ils attendent.

*

Le repas fut délicieux. Et studieux. Jules Verne les écouta sans broncher. Pourtant, les sujets de désaccord ne manquaient pas.

— Nombre des questions que vous soulevez ont déjà été abordées dans mes récits, finit-il par soupirer. Toutefois, il reste une complication insurmontable. Ces canons… Je m'y suis heurté dans *Sans dessus dessous*…

— Nous disposons de temps pour surmonter cet obstacle, se défendit Lefranc.

— Je suis hélas trop vieux pour connaître la fin, mais je doute que vous y parveniez.

— Même si nous nous trompions, cela n'a guère d'importance.

— Puis-je savoir pourquoi ? demanda l'écrivain en écarquillant les yeux.

Pierre s'expliqua. Désormais, ils étaient trois à partager une idée – un pari fou – qui, selon Elizabeth et Pierre, permettrait de s'en sortir.

— Ce que vous proposez repose sur une hypothèse discutable. Les chances de réussite sont faibles, pour ne pas dire infimes.

— C'est le cas de tous les défis jugés irréalisables par les sceptiques, s'entêta Elizabeth.

— Trop d'incertitudes… répliqua Jules Verne.

— Existe-t-il un autre moyen de s'en sortir ?

— Je n'en vois aucun, reconnut le vieil homme à qui l'imagination n'avait pourtant jamais fait défaut. Mais ce que vous envisagez ne suffira pas à convaincre les Terriens. Le résultat est indécis… De plus, il repose sur un postulat que nous ne pouvons pas encore vérifier.

— Est-ce une raison suffisante pour ne rien tenter ?

— Certes non, mademoiselle Storm, mais je ne vois pas comment défendre votre cause.

— En rendant vraisemblable ce qui est impossible… *Labor omnia vincit improbus*. Oui, le travail triomphe de tout. Et qui d'autre que l'auteur des *Voyages extraordinaires* pourrait être meilleur avocat de cette noble cause ?

— Laissez-moi y réfléchir… murmura Jules Verne.

Il saisit son stylo-plume, ôta lentement le capuchon, commença à écrire et, en prenant des notes, marmonna des « Peut-être … », « À moins que ? », relevant parfois la tête, mais ignorant toujours ses visiteurs, mettant sans doute ainsi de l'ordre dans ses pensées, jusqu'à finir son soliloque par ces quelques mots lâchés à mi-voix : « Ne pas écrire le dénouement puisqu'il nous échappera. » Une sentence qu'il coucha sur le papier, puis souligna d'un trait nerveux tant il semblait convaincu.

— Ces canons, soupira-t-il enfin. Je n'y crois décidément pas. Mais ce sur quoi vous pariez… oui, pourquoi pas ? Pour autant, je n'en dirai rien dans l'immédiat. Lorsque Wildcat sera proche, et si les cités ont pu naître, il sera temps d'expliquer au monde ce que vous espérez. Mais d'ici là, et je le crains comme vous, les hommes n'auront-ils pas cédé à la tentation du chaos ?

— Si vous leur proposez un futur, ils ne s'y abandonneront pas, martela Pierre.

Elizabeth, plus adroite que le fougueux Lefranc, devina que Jules Verne était sur le point de donner son accord. Plutôt que de discuter sur qui aurait raison ou tort à la fin, elle s'engouffra dans la brèche comme si leur hôte s'était rangé déjà dans leur camp.

— Vous proposez donc de ne pas révéler le dénouement ?

— Il s'agira d'une… omission. D'ailleurs, pourquoi écrire l'épilogue puisque nous ne le découvrirons qu'au dernier jour ?

— Dois-je comprendre que vous rejoignez notre cause ? osa-t-elle alors, le cœur battant.

— Je la défendrai, soyez-en certains, répondit-il sans hésiter.

La nuit était tombée. L'écrivain consulta sa montre gousset.

— Il vous reste assez de temps pour attraper le train de dix-huit heures cinquante-quatre. Je vous rejoindrai demain à Paris.

Les au revoir furent rapides, la voiture attendait.

— Je n'ai qu'un regret, glissa Jules Verne sur le pas de la porte.

Lefranc se tendit. Allait-il renoncer ?

— La vieillesse m'empêchera de connaître la conclusion. Voici une histoire que j'aurais pourtant aimé vivre jusqu'au bout… À demain.

Et il salua encore la jeune Anglaise d'un sourire.

16

Le 18 octobre, soit trois jours après la visite d'Elizabeth Storm et de Pierre Lefranc, *Le Petit Journal* publia une lettre ouverte de l'écrivain :

Aux hommes de bonne volonté

Après avoir exploré les océans et les entrailles de la Terre, parcouru le monde en quatre-vingts jours, survolé la Lune, entraînant mes personnages dans des voyages exaltant l'audace et le courage des intrépides, je crus avoir sondé tous les méandres de l'esprit. Mais aujourd'hui, la réalité dépasse la fiction. La collision entre un astéroïde de taille phénoménale et notre planète risque de se produire, décidant de notre sort puisque nous ne saurions agir.

Je n'avais jamais envisagé d'écrire en partant d'une telle hypothèse pour une raison simple et désespérante. Ceux qui se sont essayés à ce sujet en sont arrivés à la même conclusion : si la plus apocalyptique des catastrophes se produisait, l'homme ne pourrait s'y opposer ; seuls le hasard ou le destin se chargeraient ou non de mettre fin à notre existence. Écrire sur la fin du monde me semblait donc vain et stérile puisqu'il ne pouvait y avoir d'autre aboutissement que l'anéantissement. Écrire que nous étions fatalement d'infimes particules de l'univers vouées à s'éteindre ? Sans façon.

À moins d'imaginer que les promesses du progrès et l'alliance de tous nos esprits, de toutes nos forces, ne parviennent à triompher de ce danger mortel pour la Terre. Pour cela, il faudrait être unis et renoncer à nos préjugés. À ces conditions, je sais comment nous débarrasser de l'astéroïde. Et ma promesse est si immense qu'elle m'oblige à plaider ma propre cause.

Sans forfanterie, j'ai consacré ma vie à combattre le scepticisme de « ceux qui doutaient de tout ». Ce que j'ai écrit, était-ce vraisemblable ? Prenons l'exemple du Nautilus. *Robert Fulton conçut en 1800 un sous-marin à propulsion humaine que le pessimisme condamna, le projet étant jugé irréaliste. Faisant fi de l'avis des défaitistes, je fis renaître le* Nautilus, *confiant son avenir à Nemo avec qui il parcourut 20 000 lieues sous les mers. Cette machine était-elle chimérique ? Le sous-marin torpilleur,* Gymnote, *imaginé par Dupuy de Lôme et Zédé, devint réalité en 1888. Propulsé par un moteur électrique, sa vitesse est de 8 nœuds en surface et de 4 en plongée, prouvant aux hommes qu'ils pouvaient eux-mêmes surmonter leur incrédulité.*

J'ai conçu un canon et un boulet creux pour que des hommes frôlent la Lune. On a crié au fou ! Pourtant, l'ingénieur suédois Gustaf de Laval vient de mettre au point une tuyère en forme de sablier qui convertit la chaleur d'un gaz en énergie cinétique, soit en force d'action. Les premiers résultats sont stupéfiants. La propulsion obtenue est si importante qu'elle permettra bientôt à l'homme d'échapper à l'attraction de la Terre. Et, dans trente ans – un tiers de siècle –, de quoi d'autre serons-nous capables ?

S'en tenir à ce que l'on sait aujourd'hui, ne rien imaginer, négliger le pouvoir d'invention de notre génie collectif revient à capituler avant d'avoir engagé le combat. Celui qui condamne fatalement la Terre, ce cocon protecteur de la vie, n'est pas digne de connaître l'avenir. Je dis, moi, que nous réussirons. C'est la promesse que je fais à ceux qui ne s'avoueront pas vaincus d'avance.

Ma conclusion est donc sans appel. L'avenir n'échappera au pire que si nous décidons de nous sauver de nous-mêmes en trouvant en chacun de nous le meilleur de l'homme. Cela s'apparente à une révolution, et il la faut.

*

Le même jour, *Le Petit Journal* commença la publication du *Meilleur de l'homme*, un récit inédit de Jules Verne à raison d'un chapitre par jour. Les premières scènes résumaient ce qu'il s'était produit depuis la découverte de Wildcat. Après la détresse et le découragement s'était ensuivi l'espoir de s'abriter sous la Terre, avant que les Cassandres ne triomphent. *Mais n'y avait-il pas d'autre aboutissement que l'anéantissement ?* L'écrivain livrait sa réponse peu à peu, au fil des pages, et la fin était si attendue, si espérée, que *Le Meilleur de l'homme* fut repris par tous les journaux de France, puis ceux d'Europe, le *Times* en tête, l'Amérique prenant le relais.

Puisant dans ce qu'il avait écrit dans *Voyage au centre de la Terre* et se servant aussi des dernières découvertes de la science, il soutenait que l'on pouvait vivre sous la Terre. Le propos se voulait sérieux, parfois professoral, le style était concis, nerveux mais, sur un sujet si grave, il était nécessaire de se montrer optimiste, et rien n'interdisait de faire appel à l'humour car le mode de vie proposé, prévenait-il, nécessiterait « quelques concessions radicales ». Une révolution ? Eh bien, soit, pourvu qu'elle soit plus forte que Wildcat. Jules Verne avait promis d'éclairer les lecteurs dans l'ultime chapitre prévu pour le 3 novembre, et lui seul comptait : se libérait-on de l'astéroïde, survivait-on sur une Terre stérile ? L'impatience montait. *Nous réussirons…*

Si la promesse faite *à ceux qui ne s'avouaient pas vaincus* tardait, l'écrivain ne changeait pas de méthode. Pour démontrer que l'installation des hommes au cœur de la Terre était possible, il fallait d'abord expliquer et décrire ce changement radical, à commencer par l'édification de cités souterraines spacieuses, éclairées, végétalisées, aérées, organisées de telle sorte qu'une vie harmonieuse – « et très nouvelle » – s'épanouisse 200 mètres sous terre. Et ce que *Le Petit Journal* avait publié sur le sujet avec passion, mais sans cap précis et sans assez de recul pour résister aux critiques, était parachevé par l'inventeur des *Voyages extraordinaires*.

Sous sa plume, la science, l'industrie et l'argent se mettaient au service de ce projet immense. En trente années, cent mégapoles voyaient le jour, chacune abritant quinze millions d'habitants répartis dans des logements fonctionnels. La visite de l'une d'elles s'imposait. Jules Verne servait de guide. *Agora 1* se situait à 150 kilomètres de Paris, au cœur de la Sologne. La carte géologique du Bassin parisien établie par le géographe Franz Schrader avait décidé de son implantation sur un sol sédimentaire formé en grande partie de calcaire, et de craie en particulier, une roche tendre, facile à tailler et dont l'autre usage était la fabrication du ciment, essentiel pour la construction des habitations. La proximité d'un réseau fluvial ordonné par la Loire permettait de puiser dans une immense nappe phréatique débitant assez d'eau pour produire la vapeur nécessaire à l'électricité et satisfaire les besoins de la population. *Agora 2*, sa sœur jumelle, était créée plus au nord, en lisière du bassin de Flandre, à proximité des mines de charbon. Un réseau ferré souterrain devait les réunir afin de fournir à l'une son charbon et à l'autre son eau.

Dès l'aube, artificiers, mineurs, maçons, charpentiers, couvreurs, accompagnés d'attelages chargés de matériel, accédaient à l'ouvrage par une méga-doline de 100 mètres de diamètre creusée dans la roche friable et descendant en pente douce jusqu'aux fondations. À terme, un dôme en acier serait construit afin de fermer l'accès aux villes souterraines. En bas, le chantier battait son plein. En haut, des convois monumentaux de matières premières arrivaient sans cesse par une voie ferrée construite en un temps record afin de relier *Agora 1* et *2* aux entrepôts et ports. Sur place, on assemblait les composants, usinait à tour de bras, les mêmes scènes se répétaient au sud-est de l'Angleterre, en Posnanie, l'ancienne province Prusse baignée par les fleuves Netze et Warthe, dans les plaines céréalières de la Russie, au cœur de l'Arkansas et du Missouri, les eaux souterraines de la rivière Saint Francis et du Missouri servant aux *Agoras 10*, *11*, *12* en train d'être bâties. Après dix années de travaux, anticipait Jules Verne dans son récit, chaque mégapole s'étalerait sur 3 lieues de côté, dans vingt sur 400 kilomètres carrés, soit quatre fois la superficie de Paris, parcs, jardins et bois compris, où vivaient près de trois millions d'habitants.

Tous les pays ne disposant pas d'un sous-sol si malléable, chaque *Agora* était conçue pour accueillir plus que les besoins indigènes, si bien que les populations ouvrières d'Italie, dont la roche était trop granitique, d'Australie, des îles asiatiques, d'une partie des Indes avaient rejoint les chantiers d'Europe et d'Amérique. La transhumance s'était faite sans heurts, les migrants avaient été accueillis tels les orphelins de la Terre, et puisque tous l'étaient, ils se battaient pour le bien indivis. De plus, on manquait de bras. Les gouvernements, à l'exemple des peuples, renonçant à défendre des causes nationales perdues d'avance, s'étaient accordés pour faire face à l'ennemi collectif. Un traité universel, le premier du genre, accordait un droit d'entrée aux travailleurs et à leurs familles logées à proximité des futures *Agoras*, et combien le savoir-faire de chacun – *experiencia*, *know how*, *competenze* – profitait à l'ensemble. Au fil des pages de ce feuilleton suivi avec passion, l'auteur répétait que l'avenir échapperait au pire *si chacun trouvait en lui le meilleur de l'homme*, mais il ne proposait qu'un cadre, laissant le choix à ses condisciples de combler les vides et d'écrire leur avenir en trente années : s'entendre ou disparaître. Et, dans *Le Meilleur de l'homme*, ils décidaient de vivre. Ainsi, la Terre allait en paix, les projets de guerre s'éloignaient… Si le *field marshal* Hobbs n'apparaissait pas dans le récit, on imaginait qu'il enrageait.

Le brassage des cultures et des mœurs auquel l'homme s'obligeait dans la cité *Agora* avait un autre immense avantage. Non sans audace, la question alimentaire s'en trouvait réglée. Après avoir rappelé combien la situation serait apocalyptique après l'explosion de Wildcat, Jules Verne consacrait un chapitre à la nourriture, sujet vital. Et son remède méritait un peu d'attention car le régime du futur était composé de légumes et... d'insectes – ce qui ne choquait nullement les Asiatiques et les Africains. C'était l'une des concessions radicales qu'il avait annoncées... Persuader l'Européen de changer ses goûts culinaires n'était pas une mince affaire, mais le maître queux Verne s'y essayait avec malice... Il commençait par rappeler que les Grecs antiques appréciaient ces mets délicieux. Aristote avait décrit avec gourmandise des festins de nymphes et de cigales, Pline élevait les vers des arbres « au rang des plus délicates viandes »... Guêpes, criquets, fourmis, termites, grillons, sauterelles ou chenilles étaient des aliments fins pour l'Asie, l'Afrique, l'Amérique du Sud. La plupart des invertébrés étaient comestibles, nourrissants, faciles à élever. Ils vivaient en colonie, dans le sol, et leur nombre était suffisant pour satisfaire les besoins humains, d'autant qu'ils se reproduisaient vite. Les fines bouches apprenaient qu'il existait de multiples recettes savoureuses. Herbes, plantes et légumes-racines poussant en terre – pommes de terre, carottes, navets, topinambours, gingembre, rutabagas, ginseng, betteraves, panais, céleri, choux, patates douce, manioc, galanga... –, même faiblement éclairés, mais plus au chaud, compléteraient la carte des *Agoriens*. Que manquait-il ? L'alcool, évidemment ! L'eau-de-vie, sous toutes ses formes – whisky, cognac, armagnac, vodka, rhum, aquavit, kirch, tequila, calvados, genièvre, schnaps, auxquels s'ajoutaient le saké, un vin de riz, l'hydromel et le chouchen –, se conservait des siècles dans des tonneaux. Le sel ? Il se trouvait dans les mines. Ainsi, le sujet de l'alimentation avait été traité, non sans esprit, dans le chapitre 16, et les lecteurs des quatre cent vingt journaux diffusant ce texte dans le monde disposaient de la nuit pour digérer le menu, en attendant la suite.

*

Le 2 novembre, veille du dénouement si espéré, Jules Verne avait aussi fait un point sur la situation en se projetant en 1920, cinq ans avant le désastre produit par Wildcat. La société avait extraordinairement changé, et parler de révolution n'était pas excessif. En prévision du futur, les relations entre les hommes s'organisaient de façon plus fraternelle et, puisqu'il fallait partager des ressources limitées, on décidait de limiter les habitations à une pièce par membre d'une même famille (ce qui, pour la plupart, était synonyme de confort), l'éducation était généralisée sans distinction d'origine, la nourriture justement répartie. En somme, la vie se voulait plus équitable, au point de s'interroger sur le sort de l'argent. À quoi servirait-il, lançait Jules Verne, puisque la propriété privée avait de moins en moins sa place ? De sorte que le monde nouveau, malgré ses incertitudes, séduisait l'immensité pour qui il n'était pas pire que l'ancien et, pour beaucoup, bien mieux qu'avant.

Oui, la Terre avait changé. Les querelles avaient cessé, même les frontières n'avaient plus de sens, le bien commun triomphait. On avait renoncé à construire des armes, les moyens industriels se concentraient sur la construction des *Agoras*. Les techniques évoluaient, les outils, les machines étaient plus efficaces, plus rapides, les centrales fournissaient assez d'électricité, les forages se perfectionnaient au point d'agrandir les cités afin d'accueillir une sélection d'espèces animales. Les arbres et les plantes n'étaient pas oubliés et, pour leur offrir la lumière, le dôme d'acier des méga-dolines avait été doublé d'un verre résistant qui laisserait passer la lumière et permettrait d'observer le monde d'avant… Mais surtout, comment Jules Verne évitait-il Wildcat, puisqu'il l'avait promis ? La réponse vint le 3 novembre 1894, dans le chapitre 17.

17

Dans *Le Meilleur de l'homme*, les prédictions pessimistes avaient aussi été confirmées en 1920. L'astéroïde approchait irréversiblement de la Terre. Lors de l'orbite suivante, la collision serait inévitable. En 1923, les États se décidaient à déclencher le plan *Agora*, dernier acte d'autorité. Le temps de l'exode irréversible venait. Villes et campagnes se vidaient, on abandonnait le passé et le présent – maison, travail, clochers, paysages familiers, cheptel rendu à la liberté, moissons et vendanges –, non sans chagrin et tristesse, encore que nombre n'y perdaient pas grand-chose. Bien sûr, il y avait des résistances, mais moins qu'on ne l'eût craint. Un centième de la population refusait de migrer, des entêtés s'accrochant à leurs terres, des sectaires espérant la fin du monde pour rendre compte à Dieu, des pilleurs, des fous qui, ne croyant pas à Wildcat, soupçonnaient un complot mondial dont le dessein restait imprécis, mais, chacun étant libre de choisir, ceux-là étaient livrés à leur sort. S'y ajoutait le sacrifice de quelques peuplades vivant dans des coins reculés et inaccessibles ; c'était l'offrande détestable versée à l'astéroïde et au cortège des dieux païens qui l'accompagnaient. Le mois précédent la déflagration finale, estimée au 12 décembre, les dernières forces armées étaient appelées à rejoindre les *Agoras* où s'étaient rassemblés peu à peu quatorze cents millions de Terriens.

Le déplacement vers les mégapoles souterraines avait débuté en mai 1924. D'immenses convois s'étaient formés pour rejoindre les ports et les gares. L'Europe accueillait quatre cents millions de personnes, plus du quart de la population totale, réparties dans quinze *Agoras*, dont cinq se situaient en France, quatre en Russie, trois en Angleterre, trois autres en Pologne. Le continent africain hébergeait un autre quart du monde dans quinze *Agoras* enfouies au cœur du Sahara. Les autochtones étant bien moins nombreux, les natifs d'Asie et d'Océanie s'y installaient pour une part, le solde migrant en Amérique du Nord où les rejoindraient les habitants des pays latins de l'hémisphère Sud. Jules Verne ne détaillait pas l'humeur des *Agoriens* ni la façon dont ils vivaient le rapprochement de peuples qui s'ignoraient ou se méfiaient depuis des millénaires. C'était à eux, répétait-il, d'écrire le futur, même s'il ne doutait pas de l'excitation et de l'espoir que tous ressentaient. Mais à quoi bon se réunir, si Wildcat détruisait la Terre ? Le 3 novembre, le dernier chapitre s'ouvrait, et celui-ci était encore plus révolutionnaire…

*

Dans la lettre ouverte qui avait précédé la diffusion du *Meilleur de l'homme*, Jules Verne avait évoqué l'invention de l'ingénieur suédois Gustaf de Laval : la conversion de la chaleur d'un gaz en énergie cinétique grâce à une tuyère. Les premiers résultats étaient stupéfiants. *La propulsion obtenue*, écrivait-il, *est si importante qu'elle permettra bientôt à l'homme d'échapper à l'attraction de la Terre. Et, dans trente ans […], de quoi d'autre serons-nous capables ?* De sauver la Terre, répondait-il au chapitre 17. Et pour s'en expliquer, il reprenait l'idée saisissante de son roman *Sans dessus dessous*, dans lequel les artilleurs du Gun Club de Baltimore étaient de nouveau à l'ouvrage après avoir envoyé le capitaine Nicholl, Impey Barbicane et le Français Michel Ardan tourner autour de la Lune dans un projectile cylindro-conique.

L'un des leurs, J.-T. Maston, calculateur de génie, avait élaboré la formule permettant de redresser l'axe de la Terre à l'aide d'un formidable coup de canon tiré d'un engin de 180 000 tonnes, de sorte que l'Arctique, exposé alors à l'action régulière du Soleil, se réchauffait, la glace fondait, le sous-sol devenait exploitable, et, puisque l'on supposait qu'il regorgeait de charbon, ceux qui le posséderaient deviendraient riches à foison, moyennant un immense bouleversement. L'Atlantique se vidait, les archipels des Açores et des Bermudes s'élevaient à la hauteur de l'Himalaya, les eaux entourant l'Afrique du Sud montaient à 8 000 mètres, engloutissant les terres, l'Amérique latine, la Sibérie, l'Extrême-Orient subissant le même sort. Mais l'expérience échouait – un bienfait pour l'humanité –, à cause d'une erreur de calcul que le scientifique Albert Badoureau corrigeait en livrant la solution à la fin du roman de Jules Verne. En somme, c'était théoriquement possible, à condition de construire un canon d'une puissance supérieure à celle du Gun Club de Baltimore et d'utiliser un explosif plus redoutable encore que la méli-mélonite inventée pour l'occasion. Et l'on devait commencer par là.

*

Eh bien, Jules Verne songeait-il à parachever l'œuvre destructrice de Wildcat ? Au contraire, il offrait le salut aux hommes en demandant à la Terre d'être plus que l'abri protecteur des *Agoras* et d'imiter pour cela la chrysalide, prisonnière de son enveloppe jusqu'à se métamorphoser en papillon. La Terre, elle aussi, devait se transformer. En quoi ?

Répondre, c'était revenir sur la genèse de la vie dont le long périple débutait dans un cocon. Miss Storm l'avait fait. La Terre accueillait l'existence depuis l'origine, mais son rôle s'achevait ou, plutôt, il devait muter, sinon, la paisible croisière autour du Soleil prendrait fin. Un cap idéal avait permis à la création de se développer, désormais, l'astéroïde croisait sa route, et l'homme le sachant, le juste retour des choses, sa mission, était d'aider la Terre à s'en détourner afin de naviguer encore longtemps – sauf à subir le sort des dinosaures. Et ce raisonnement était la parfaite démonstration de ce à quoi servait l'intelligence, quintessence de l'évolution. De sorte que Elizabeth Storm et Pierre Lefranc s'étaient rendus à Amiens pour demander à Jules Verne d'imaginer cet espoir – ou ce rêve : dévier la course immuable de la Terre afin d'éviter l'astéroïde. De quitter son port d'attache puisque la vie le réclamait. En somme, de convaincre les hommes que tout était possible parce que la réalité rattrapait et dépassait souvent l'imagination comme l'attestaient nombre de *Voyages extraordinaires* prémonitoires et simplement en avance sur le siècle. Défendre l'idée que même ce qui semblait *a priori* irréalisable ne devait pas freiner l'esprit humain était donc le postulat de départ. Sans lui, le pari secret qu'ils avaient fait n'avait aucune chance de réussir. Et se déplacer dans l'espace, était-ce irréversiblement utopique ?

L'auteur du roman *De la Terre à la Lune* ne pouvant renier sa création, il avait écouté Elizabeth et Pierre plaider leur cause qui revenait à couper le cordon ombilical reliant la Terre au Soleil. Ce projet fort singulier et, à vrai dire, excitant, était-il pour autant réaliste ? Il n'avait rien d'utopique, soutenaient-ils avec aplomb. Il s'agissait *simplement* de copier la nature, à commencer par Wildcat et ces astéroïdes qui, eux, ne se privaient pas de frôler la Terre. La meilleure façon de les éviter était donc de les imiter – en somme, de prendre le large tel un vaisseau fuyant Charybde et Scylla. Verne avait écrit *Sans dessus dessous*, il connaissait la gageure – prouesse ou exploit auraient été plus justes –, mais une « Miss Tempête » enflammée n'avait rien cédé. Son hôte et le mathématicien Badoureau ayant démontré que l'on pouvait, en théorie, redresser l'axe de la Terre, changer son orbite, n'était-ce pas le même principe ?

*

L'écrivain s'était redressé. Le repas s'achevait. Il avait proposé de retourner dans son bureau.

— Nombre de questions que vous soulevez ont déjà été abordées dans mes livres, avait-il fini par soupirer, et il est une difficulté insurmontable. Ces canons… Eh bien, je m'y suis heurté dans le roman dont vous parlez.

Lefranc était intervenu. Si le Gun Club de Baltimore avait échoué, il restait trente ans pour réussir, avait-il répété… Jules Verne ne réagissait toujours pas, mais il songeait à l'ingénieur Gustaf de Laval. Était-il possible de construire une tuyère produisant assez d'énergie cinétique pour s'arracher à l'attraction solaire, déviant ainsi la Terre de la trajectoire de l'astéroïde ? Un *bond* en avant ou en arrière, 10 ou 20 000 kilomètres, assez pour échapper au fauve et profiter encore des bienfaits du Soleil ? Dans *Sans dessus dessous*, avait-il rappelé pour finir, les calculs de J.-T. Maston menaient aux plus effroyables prévisions. Le monde était dénaturé.

— Considérablement changé, avait corrigé Lefranc, mais, vaille que vaille, il survivait. Wildcat ne nous offrira pas cette chance. La Terre sera totalement détruite. Ce qui ne sera pas le cas si elle évite l'astéroïde. Les hommes le savent et, pour ne pas céder au découragement, ils ont besoin de croire qu'il existe un moyen d'échapper à la tragédie.

Hélas, même en se voilant la face, même en minorant ses effets, le canon des artilleurs installé dans le revers méridional du Kilimandjaro avait montré ses limites. Un trillion d'engins de sa taille étaient nécessaires pour déplacer l'axe de la Terre. Eh bien, faudrait-il doubler ce chiffre, miss Storm et Pierre Lefranc ne lâcheraient pas ! Le nombre serait divisé par cent, mille, cent mille, s'ils étaient plus grands, donc plus puissants, rétorquaient-ils. Et la Terre ne manquait pas de massifs pour les enfouir. On creuserait les Alpes, les Pyrénées, le Jura, les Appalaches, l'Oural, la cordillère des Andes, les Laurentides, la Sierra Nevada, la chaîne de l'Alaska, les monts Horlick, les

Carpates, le Grand Caucase, le Karakoram, les monts Stanovoï, les montagnes Rocheuses, le Piton de la Fournaise, le Fuji, etc., conjuguant les efforts de tous, déclenchant la salve au jour dit, à l'heure, à la seconde près... Et devant l'entêtement et l'audace de ses invités, Jules Verne n'avait pu s'empêcher d'y réfléchir *in petto*. Rien ne l'empêchait d'imaginer, de spéculer... Comme détonateur, on trouverait forcément mieux que la méli-mélonite. Avec le temps, et la science pour alliée, il anticipait la découverte d'un explosif aux effets cyclopéens. Pour n'en citer que quatre, les travaux sur l'atome des physiciens Rudolf Clausius, Ludwig Eduard Boltzmann, Stanislao Cannizzaro, James Clerk Maxwell étaient prometteurs. Les pistes ne manquaient pas, et qu'il était dur de se raisonner et fichtrement tentant de se laisser porter par l'enthousiasme communicatif de ces jeunes visiteurs. *Peut-être... À moins que...* Simple supposition, avait-il cédé à lui-même sans rien laisser paraître : la Terre parvient à changer d'orbite. Ne risque-t-elle alors d'entrer dans un cercle infernal ? Si tout se calculait, rien n'assurait que le mouvement initié ne produise des effets pervers. Le sphéroïde, libéré de ses liens, filait vers Mars puisque l'on pouvait sûrement orienter le tir afin de l'éloigner du Soleil. Jusqu'où ? Aux confins du système, avant de rencontrer un obstacle qui le détruirait, lui et le milliard et demi d'êtres humains peuplant ses entrailles ? Sinon, la Terre voguerait au hasard tel un vaisseau-fantôme, imitant le destin de Wildcat qui la menaçait. Et ce n'était que reculer pour mieux sauter. La fin, aussi tragique, s'achevait par la mort. Ainsi, Elizabeth Storm et Pierre Lefranc, entêtés et passionnés, ne pouvaient réussir. Alors, pour ne pas les décevoir davantage, il n'avait répondu que ceci :

— Je doute que vous y parveniez.

— Nous le savons, avaient-ils répondu. Et c'est sans importance...

Jules Verne les avait encore écoutés, mais cette fois, il hochait de la tête, adhérant même peu à peu, au point d'ajouter sa part d'inventivité. Il avait dit vrai en affirmant qu'il regrettait de ne pas y avoir pensé plutôt, promettant alors de faire sienne *cette idée*, ou plutôt ce pari fou, puisqu'il n'existait pas d'autre remède pour se guérir de Wildcat. Mais pour qu'il réussisse, il avait ajouté une condition : à aucun prix il ne fallait révéler la nature de ce « quitte ou double ». Trop d'aléas, trop d'incertitudes...

*

Ainsi, dans l'ultime chapitre du *Meilleur de l'homme*, Jules Verne révélait ce qui semblait être son projet : modifier l'orbite de la Terre pour échapper à Wildcat en pariant sur les progrès de la science. Il rappelait les travaux des chercheurs sur l'atome, exposait les promesses de l'ingénieur Laval, établissait la liste des lieux où seraient installés les canons. Si bien que, le 12 décembre 1924, puisqu'il fallait bien fixer un jour, la Terre *décollait* et, jusqu'à ce que le sphéroïde se stabilise, les *Agoras* étaient l'asile des hommes. Voici pourquoi il les avait conçues pour durer des siècles et, pour ne rien oublier, il expliquait comment produire l'oxygène par électrolyse en dissociant les molécules d'eau en oxygène et en hydrogène. Pourtant, les *Agoras*, étayées par la protection du cocon terrestre, ne rendaient pas moins incertain le *voyage*. Mais, prétendait-il, mentant par omission, existait-il une autre façon de sauver l'humanité ? Il ne s'agissait plus d'envoyer trois petits hommes dans l'espace à bord d'un obus creux. Et si quelqu'un trouvait mieux... Verne en restait là, c'est-à-dire qu'il ne révélait pas ce que « Miss Tempête », Lefranc et lui espéraient secrètement, laissant aux hommes le choix de bâtir leur futur. Mais derrière ces mots – *peut-être, à moins que...* – se cachait ce pari dont ni lui, ni Elizabeth, ni Pierre ne parleraient jamais.

En quelques lignes, il évoquait toutefois – *survolait...* – l'hypothèse d'un périple lointain jusqu'à trouver une Terre promise. Jules Verne se gardait de dire si l'aventure réussissait et comment l'entreprendre, mais, en trente ans, en un siècle et, surtout, en réunissant le meilleur de l'homme... Il finissait son récit en confiant à son ami, le caricaturiste Nadar, le soin de croquer à la manière d'Édouard Riou ou Léon Benett, ses fidèles illustrateurs, l'épopée des voyageurs de l'infini scrutant l'univers à travers d'immenses verrières construites au-dessus des dômes des *Agoras* ou au sommet des cratères éteints, regrettant dans une dernière phrase bien tournée de ne pouvoir être l'un des leurs, l'âge lui interdisant ce rêve immense.

*

Le Meilleur de l'homme terminait donc sur l'espoir. Et qu'en feraient ceux à qui il s'adressait ?

D'abord, il fallait s'intéresser à ce 3 novembre 1894, marqué d'une pierre blanche : le tirage exceptionnel du *Petit Journal* à six millions d'exemplaires. Hippolyte Auguste Marinoni avait vu grand non sans raison. Les réactions fusaient de toutes parts ce samedi, choisi nullement par hasard. C'était un jour à manifester.

TROISIÈME PARTIE

L'Entreprise pacifique

18

Aux lecteurs du *Petit Journal* s'ajoutaient les millions d'autres qui, à travers le monde, suivaient passionnément le *voyage extraordinaire* de Jules Verne car, en accord avec l'auteur, Marinoni avait partagé ce récit avec les principaux journaux d'Europe, des États-Unis, d'Asie, d'Orient, à l'exception de la Perse, du Monténégro, des contrées reculées du Siam, des Indes, de la Tasmanie, des îles Wallis, Futuna et Sandwich ou du Cap-Vert, et quelques autres – l'immensité australe peuplée d'aborigènes, les tribus pygméennes d'Afrique, celles d'Amazonie et les rares habitants des plateaux latino-américains de la cordillère des Andes ou du Tibet ayant été également peu informés. Ailleurs, où la presse circulait, on réagissait et, de jour en jour, de chapitre en chapitre, le phénomène s'amplifiait. Le mouvement était incoercible – une vague de fond aux allures de tempête.

Chaque soir, à Paris, une foule de plus en plus dense s'emparait de la Bastille. On venait en famille, les enfants sur les épaules, une torche en main, quand d'autres chantaient, tambourinaient, battaient des pieds, jouaient de la musique, scandaient sans relâche le nom de Jules Verne. C'était vrai aussi à Piccadilly Circus à Londres, au Washington Square de New York, au St Stephen's Green de Dublin, sur la place Saint-Pierre de Rome ou la Piazza del Campo à Sienne, devant la porte de Brandebourg à Berlin, dans les jardins du Belvédère de Vienne, aux jardins de Tivoli à Copenhague, place du Palais à Saint-Pétersbourg, au Lafayette Square de Washington et même, se racontait-il, sur la place des Héros à Budapest, bien qu'elle fût en construction. Des jeunes, des femmes, des vieillards montaient sur des chaises, s'improvisaient tribuns. Mais que voulait-il, ce peuple ? Selon les dires d'indicateurs mêlés à la masse, des Parisiens par milliers, soudés tels les doigts de la main, scandaient : « Au Panthéon ! », en parlant de l'auteur des *Voyages extraordinaires* – qui pourtant était encore bien vivant ! –, tandis qu'à Londres d'autres, aussi nombreux, exigeaient que son nom figurât à l'abbaye de Westminster dans le coin des grands hommes. Les édiles s'étonnaient de tant d'enthousiasme. Jules Verne ne proposant que d'enterrer le monde, c'était à n'y rien comprendre. Quand d'autres croyaient savoir ce qui agitait le *vulgum pecus*. Le *field marshal* Frederick Hobbs était de ceux-là. Associé à une réunion secrète de personnes puissantes et fortunées, il livrait son point de vue de militaire.

*

Non seulement les inventions de Jules Verne ne sauveraient pas la Terre, mais elles produiraient le chaos avant même que Wildcat ne s'en charge. Le propos du feuilletoniste, grondait-il, était limpide. Il s'inspirait du bouleversement économique, social et politique voulu par un certain Karl Marx, pourfendeur du capitalisme, et mort, grâce au Ciel, en 1883. Le maudit plumitif copiait les idées du mentor du socialisme car, si on lisait entre ses lignes, propriété, production, travail, argent, tout devenait collectif. Ceux qui écoutaient gravement Hobbs pester devaient donc réaliser qu'ils seraient ruinés avant même que le cycle fatidique des trente prochaines années ne s'achève, et, pour enfoncer le clou, l'officier bardé de médailles enfourcha son dada – la guerre –, seul remède qui avait fait ses preuves. Et qu'elle s'organisât au sommet du Tibet, sur les rivages de l'Adriatique, dans les vertes plaines de la Ruthénie austro-hongroise, le résultat serait le même : mater ce peuple qui n'en faisait qu'à sa tête, et aucun plan ne lui semblait plus irrésistible. *Primo*, détruire le brûlot du Français de malheur, *secundo*, dénoncer sa théorie, la jeter avec l'auteur au bûcher, *tertio*, user sans limites de la guerre pour contenir la bourrasque populaire – et tenir... Tenir le plus longtemps possible, tenir le monde en joue, au bout du fusil, afin qu'il ne s'écroule pas. Tenir jusqu'à la fin en espérant qu'elle n'arrive pas. La guerre, répétait-il, générale, absolue, à laquelle nul n'échapperait. Et quand il se tut, on entendit les cris d'allégresse de la rue. La réunion de Hobbs se tenait aussi le 3 novembre, à deux pas de Piccadilly Circus, au 12, New Bond Street.

— Puis-je intervenir ?

Une main s'était levée, celle d'Edward Pearson, qu'il ne fallait pas confondre avec le théologien du Sidney Sussex College de Cambridge, son homonyme. Moins honorable, usant d'ailleurs d'un nom d'emprunt, le faux Pearson, médiateur officieux d'un conglomérat de banques ayant ses attaches sur la place européenne, avait demandé la parole. Les vingt têtes argentées se trouvant autour de la table se tournèrent vers lui. Le plus naturellement du monde, il croisa les jambes, posa le bras droit sur l'accoudoir de son fauteuil ourlé de soie rouge, contempla l'assemblée où se reconnaissaient quelques-uns de ses fidèles clients, prit encore le temps de s'éclaircir la voix et dit alors ce qu'il pensait :

— Sur un point, monsieur Hobbs ne se trompe pas. Le bon sens populaire n'applaudit pas l'écrivain français pour avoir annoncé que nous irions vivre sous la Terre et, moins encore, que nous voyagerions un jour du siècle prochain ou d'un autre dans le vide sidéral...

— Vous le reconnaissez, c'est un fou ! hurla Hobbs.

D'un simple regard, Edward Pearson le fit taire, il n'avait pas fini.

— Il y a fort à parier, poursuivit-il, que la masse applaudit en effet la promesse d'une société juste. Avouons donc que Jules Verne a réussi ce pari : l'espoir l'emporte sur la peur. Et vous, Hobbs, vous avez échoué puisque vous nous promettiez la guerre et qu'elle n'a pas eu lieu…

— Comment ça ? éructa le militaire. Je ne vous permets pas…

— Taisez-vous, *field marshal*, ordonna le plus âgé des présents, un lord que sa proximité avec la reine Victoria interdisait de nommer. Et vous, Pearson, poursuivez, je vous prie.

Le banquier remercia le doyen d'un court mouvement du menton et, ignorant parfaitement son détracteur, reprit la pose :

— Un monde où l'on mange à sa faim, où l'éducation et la santé sont un bienfait partagé, où l'égalité domine, encore qu'il faille désormais oublier ce dernier mot, s'amusa-t-il, voilà ce qu'ont retenu les affidés du… – quel est le titre ? – … *Meilleur de l'homme*. Au point que Jules Verne a écrit le plus réussi de ces *Voyages extraordinaires* dont l'autre nom pourrait être : bienvenue au pays de cocagne…

— Comme nous tous, vous ne gobez donc pas ces sornettes, ne put s'empêcher de marmonner le bouillant Hobbs.

— Dans un monde… normal, absolument pas.

— Dieu soit loué !

— Mais qu'y a-t-il encore de normal ici-bas ? Aussi, tentons de voir où se situent nos intérêts. Ce peuple que vous connaissez mal, monsieur Hobbs, s'est assagi depuis que le feuilleton paraît. Avez-vous aperçu des barricades ? Jure-t-on de pendre les profiteurs ? Revendique-t-on ? Rien. Le peuple espère de nouveau en l'avenir. Ce sentiment est imprécis, fragile et incertain, mais n'est-ce pas cela, un rêve ? Cela manquait tant. Alors, la fête bat son plein mais demain, après-demain, le peuple se réveillera la tête enfarinée. Rien ne change. Wildcat se rapproche. Qu'y avait-il de vrai, de sincère dans *Le Meilleur de l'homme* ? Et si personne ne relève le défi, n'ose au nom de l'espérance, l'humeur de ceux que nous employons s'en ressentira gravement. La colère resurgira. La contestation de l'autorité, les abandons de poste, les dégradations, le délitement de la société, les obstructions, les vols de toutes sortes reprendront de plus belle. Comment contenir le chaos ? Et tenir, en effet. Je parle pour vous, Charles, pour vos mines qui emploient quatre-vingt-dix mille personnes, pour vous, William, et pour vos usines où pointent cent soixante mille ouvriers, pour vous, John, et pour vos milliers de wagons qui sillonnent l'Amérique, pour vous, Helmut, pour vos fonderies de Milan, de la Ruhr et d'Anvers, pour vous, Konstantinos, dont les navires de commerce restent à quai depuis des mois puisque les échanges sont à l'arrêt. Je n'oublie pas les places de Londres, de Paris, de New York, où 47 % de nos valeurs sont partis en fumée depuis l'apparition de ce damné astéroïde. Alors, oui, je pense à ces ouvriers, ces contremaîtres, ces paysans qui traînent de plus en plus les pieds, ceux par qui l'économie tourne et qui nous enrichissent, mais cesseront de le faire si rien ne se passe. Si personne ne s'empare de la promesse de Verne.

Pearson se tut. Hobbs fulminait. Les autres réfléchissaient. Ce fut le doyen de tous qui prit de nouveau la parole :

— Vous y croyez, Edward ? insista-t-il.

— Pas une seconde, répondit sans détour le banquier. Jules Verne non plus, j'en prends le pari, du moins, aujourd'hui. Encore qu'il faudrait nuancer. Les *Agoras* sont une belle invention. Elles occupent les esprits, procureront du travail lorsqu'il sera décidé de les bâtir… Et rempliront nos bons de commande. En revanche, je crois moins au voyage astral de la Terre dans l'espace, et bon nombre non plus. Mais qu'en sera-t-il dans trente ans, où en sera le progrès ? Voilà ce à quoi tous s'accrochent.

— Autrement dit, vous conseillez de prendre le train en marche.

— Je crains qu'il n'y ait pas d'autres solutions, John. En faisant preuve d'enthousiasme, nous montrerons… la voie, pour reprendre votre image, et renforcerons l'espoir des humbles. Je propose donc aujourd'hui même un communiqué dans lequel le cartel de nos industries engage son savoir, sa puissance et ses moyens financiers pour la réussite du projet.

— Mais quel serait notre client ? Qui nous paierait ?

— L'emprunt… Qui lui-même sera financé en levant les économies de ceux que nous employons. Un cercle vertueux… C'est mon affaire.

— De fait, les usines se remettraient à tourner, intervint celui qui se prénommait William.

— Ne pas céder au désespoir… N'est-ce pas le message que nous envoie Jules Verne ? Son idée est excellente. Elle garantit la paix sociale pendant trente années. Jamais nous n'avons connu mieux…

— Vu sous cet angle, murmura Konstantinos O.

— Et si, dans trente ans, rien ne marche ? demanda Charles M.

— J'ai aussi mon idée. Voilà ce qu'il se passera.

Pearson se tourna vers le *field marshal* qui fulminait toujours en silence.

— Patience, monsieur Hobbs, j'ai aussi du travail pour vous.

19

Y aurait-il eu cent mille voix d'experts pour s'opposer aux idées de Jules Verne qu'aucune n'aurait porté. On refusait de prêter attention aux briseurs de rêves. Il était donc inutile de critiquer les *Agoras* souterraines, de s'interroger sur la façon de nourrir, matin, midi et soir, un milliard quatre cents millions de bouches affamées, de se préoccuper de l'eau, de l'air ou de l'explosif encore inconnu qui devait déplacer la Terre, même si les premiers calculs confirmaient que, en l'état des connaissances, la probabilité de modifier l'axe du sphéroïde de 1° ne dépassait pas 0,001 %. Pas question de renoncer ! Un millième, c'était mieux que rien, et l'espoir ne se fractionnait pas. De sorte que, à ceux dont le triste métier était de raisonner, à ces oiseaux de mauvais augure, on répondait que ce qui n'était pas concevable aujourd'hui le serait *forcément* demain. L'effronterie suprême du pseudo-savant était d'injurier le futur en prétendant le connaître d'avance, et puisque d'obscurs prédicateurs s'y essayaient, chacun avait le droit d'imaginer demain comme il l'espérait. Trente ans, ce n'était rien ! Se souvenait-on du monde de 1860 ? La rage tuait, le premier Congrès international des électriciens se tenait à Paris en 1881, le téléphone n'existait pas ; trente ans avant, la photo en était à ses balbutiements. Qui aurait pensé que les frères Lumière réussiraient à projeter dans le noir des images animées sur une toile blanche ? Désormais, c'était fait. Ainsi, la réalité se réinventait chaque matin, enfantant ce que, la veille, la fiction jugeait invraisemblable. En dépit des esprits rétrogrades, l'homme élevait sans cesse sa condition. La science devait donc se méfier d'elle-même et de ses certitudes éphémères. Tant que l'irréalisable n'était pas démontré, il restait toujours possible. Probable, ajoutaient les optimistes.

Les gouvernements de tous bords, qu'ils fussent parlementaires, tyranniques ou monarchiques, du sud, du nord, de l'est, de l'ouest, s'étaient inquiétés de ces manifestations spontanées allant *crescendo* jusqu'au paroxysme du 3 novembre, mais que pouvaient-ils reprocher à la foule ? Ni violence ni dégradations et, même dans les régimes autoritaires, pas une arrestation. À l'inverse, l'Union sacrée, qui soude et réconforte dans les moments extrêmes, ne cessait de grossir. Les mots faisaient barrage à la peur. Affronter l'avenir avec courage valait mieux que le haïr.

*

Ce moment de grâce ne pouvait hélas durer, la raison finirait par l'emporter, car Jules Verne n'avait que montré la voie, laissant *aux hommes le choix de bâtir leur futur*. Et qui avait assez d'ascendant pour qu'on passe à l'action ? Qui entretiendrait la flamme ? Les États, incrédules et méfiants, restaient muets. Les *Agoras* menaçaient leur existence. La légitimité d'une nation se fondait sur des frontières. Le brassage engendré par ces villes souterraines remettrait en cause les lois, la société, son organisation. Les gouvernements se regardaient de travers, prêts à mordre s'il prenait l'envie à l'un d'eux de se déclarer général en chef de ces cités nouvelles. Aucun ne serait *leader*, *capo*, *líder*, *ductor* ou *лидер*, ce qui, y compris en cyrillique, revenait à refuser de faire cause commune. Les pays, ces agrégats de chair et de sang, de batailles et de morts, frappaient monnaie, levaient l'impôt, possédaient des armées dont la vocation était de défendre la patrie. Et rien ne mettrait fin à leurs histoires millénaires, même si elles devaient s'achever dans trente ans.

Edward Pearson ne se trompait pas. Si personne ne s'emparait de la promesse de Verne, déclarait que le futur réclamait de nouvelles règles, l'espérance s'éteindrait. Mais rien ne se produisait, les États ne cédaient rien. Si Wildcat était une menace planétaire, aucun n'accepterait un ordre mondial diluant la souveraineté nationale, une affaire trop sérieuse pour la soumettre aux fantasmagories d'un romancier, aussi doué fût-il.

Et le sujet semblait clos quand, le 12 novembre, soit neuf jours après la parution du dernier chapitre du *Meilleur de l'homme*, la presse d'Europe, des États-Unis, du Royaume-Uni et, en bref, de tous les pays accueillant une industrie florissante reçut – avec un *prière d'insérer* – une déclaration au titre volontaire : « Notre réponse aux hommes de bonne volonté ». Elle émanait du fleuron du capitalisme, réuni dans un Cartel dont la plupart ignoraient jusqu'alors l'existence. On y retrouvait des représentants du ferroviaire, de l'électricité, de l'armement, dont aucun État ne pouvait se passer, du papier, si utile à la presse, de l'alimentation, indispensable à la vie, de la chimie, de la métallurgie, de la mécanique, des mines, de l'habillement, de la construction, et cet agrégat concentrant la quasi-totalité des biens matériels proposait un plan, l'Entreprise pacifique, qui se résumait en trois points :

1. La concurrence prenait fin, la guerre commerciale s'achevait.
2. L'intérêt général l'emportait sur l'intérêt privé.
3. La loi du marché disparaissait.

La situation l'exigeant, labeur et capital devaient travailler main dans la main. Une seule cause dominait, triompher de Wildcat – et Karl Marx n'aurait pu trouver mieux pour mettre fin à la lutte des classes.

*

Le Cartel de l'Entreprise pacifique avait déjà travaillé. Les premiers échanges avec les industries concernées indiquaient que la construction d'*Agoras* était réalisable. Elles seraient même agrandies afin d'y accueillir les entreprises indispensables. En s'y mettant tous, sans perdre plus de temps, l'objectif de cent serait atteint en moins de trente ans. Le Cartel avait demandé à l'industrie ferroviaire d'imaginer comment les relier entre elles, ce qui exigeait sans doute de les regrouper davantage – une étude géologique planétaire s'imposant. Mais rien n'était impossible. Les canons, outre l'explosif qui les actionnerait, nécessitaient de s'intéresser à leur emplacement. Selon quoi les États devaient ouvrir leur territoire à des contingents d'experts chargés de trouver la meilleure localisation, ce qui incluait d'accéder librement aux plaines, montagnes, sol et sous-sol afin de creuser, bâtir, aménager sans réserve. Les États, en déduisait l'Entreprise pacifique, avaient donc le devoir de se plier au droit international, les zones inhérentes au projet (cavités souterraines, usines à canons, *Agoras*, etc.) étant déclarées libres, à l'exemple des océans. Pour autant, les missions régaliennes des États ne disparaîtraient pas. Outre le maintien de l'ordre, ils devraient accueillir les entreprises opérant sur les futurs chantiers, héberger les travailleurs de toutes nationalités, subvenir à leurs besoins – le tout étant financé par la levée de nouveaux impôts, nonobstant l'émission d'emprunts publics aux montants jamais atteints. Le Cartel s'était donc penché sur la question pécuniaire et proposait une contribution à proportion de la production intérieure des États puisqu'il n'existait de répartition plus juste. Selon ce calcul, l'Allemagne réunirait cent trente milliards de marks-or, quand la France, dotée d'une monnaie solide, collecterait cinquante milliards de francs-or. L'empire du Japon ajouterait trois milliards de yens, soit trente fois son budget annuel. La Chine, renonçant à son funeste projet tibétain, fournirait deux milliards de taels d'argent, les États-Unis cinq milliards de dollars US, encore que ce chiffre serait nécessairement révisé à la hausse compte tenu de la croissance foudroyante du continent nord-américain. Un tel pactole méritant quelques précautions, il serait déposé dans une Banque centrale créée pour l'occasion. Les sommes seraient réparties entre les entreprises du Cartel selon ce qu'elles produiraient afin de rémunérer les employés qui, à l'exception des tâches domestiques, des récoltes et de l'entretien du bétail, seraient alloués à l'Entreprise pacifique puisqu'il n'y avait désormais aucune autre priorité que la survie du monde.

Tout semblait donc net et précis, n'eût été un oubli. Il n'était rien dit, encore moins promis, sur les profits du Cartel…

En conclusion, et pour démontrer combien l'affaire était sérieuse, le Cartel fournissait la liste des industries ayant rejoint l'Entreprise pacifique à la date du 12 novembre, et c'était impressionnant : le géant allemand de la construction Bilfinger, les automobiles Adler, les véhicules Townsend, les pneumatiques Goodrich, les ascenseurs EMCH, les machines-outils Werkzeugmaschinenfabrik Gildemeister & Comp, les chemins de fer New Jersey & New York Railroad, la Pennsylvania Company, le Chicago, St. Paul, Minneapolis and Omaha Railway, les chemins de fer roumains, la Société lyonnaise des eaux et de l'éclairage, le Crédit foncier égyptien, le Credito Italiano, la Banco di Roma, la société Le Nickel, la Compagnie universelle du canal interocéanique de Panama, l'entreprise de génie civil et de travaux souterrains Razel, la compagnie d'extraction Imerys, la Société industrielle des téléphones, les transports maritimes Mitsubishi, le constructeur naval britannique Swan Hunter & Wigham Richardson, Kawasaki Shipbuilding Corporation, la compagnie de commerce Nieuwe Afrikaanse Handels-Vennootschap, la fabrique de peinture allemande Keimfarben, la Société générale pour la fabrication de la dynamite… Il y en avait plus de mille, toutes étaient jeunes, portées par le désir loyal de servir, aucune n'ayant participé à la réunion du Cartel du 3 novembre au 12, New Bond Street. Elles ignoraient donc la nature du projet secret d'Edward Pearson. Et chaque jour d'autres s'associaient à l'Entreprise pacifique aussi sincèrement, avec pour seul désir de triompher de l'astéroïde.

*

La même énergie avait gagné le monde laborieux. On se rendait dans les entreprises qui s'étaient engagées, demandant à travailler, même au prix d'un sacrifice. À l'embauche, des files immenses se présentaient devant les grilles du Chesapeake & Ohio Railway, d'American LaFrance, de la NSU Motorenwerke AG à Riedlingen, au bord du Danube, du fondeur de canons suédois Bofors, propriété d'Alfred Nobel, du minier Rio Tinto, de la Singapore Telecommunications, de la Compagnie des horloges pneumatiques, fabricant d'air comprimé à l'aide de machines à vapeur, de Linde AG, spécialiste du gaz et de l'oxygène… Partout, les bonnes volontés se multipliaient.

Et puisque tout allait vite, le dimanche 18 novembre, l'Église prit position. Depuis le Vatican, le pape Léon XIII prononça un sermon sur la pauvreté et la misère. L'Entreprise pacifique ne résolvait pas le mystère auquel Dieu soumettait Ses enfants en expédiant Wildcat, mais elle contribuait à leur réconciliation avec l'appel au partage de Jésus, humble parmi les humbles. C'était le ton de l'encyclique «*Rerum novarum*», consacrée à la condition ouvrière. Si bien que, Dieu en était témoin, la pire menace à laquelle les hommes devaient faire face semblait les avoir réconciliés.

*

Au *Petit Journal*, l'humeur était au beau fixe. Le plan concocté par Elizabeth Storm, Pierre Lefranc et Jules Verne, sans oublier Buckle du *Times*, fonctionnait. La Terre organisait son destin. Tout cela demandait encore un ordonnancement matériel car, l'esprit, même saint, ne pouvait seul s'en charger. Il fut donc décidé de convier du 12 au 15 décembre *les Hommes de bonne volonté* aux assises de l'Entreprise pacifique.

En l'honneur de Jules Verne et parce que *Le Petit Journal* était aussi à l'origine de l'élan collectif, Paris accueillait le rassemblement. Marinoni avait lui-même vu les choses en grand, recevant personnellement et chez lui les envoyés spéciaux des journaux de l'Ancien et du Nouveau Monde, Buckle y ayant, bien sûr, sa chambre attitrée. Toute l'équipe du *Petit Journal* était mobilisée, guidant les confrères étrangers, leur faisant autant visiter Paris que les coulisses des assises. Pierre Lefranc se donnait sans compter, s'attardant des heures dans la galerie des Machines, immense bâtiment construit à l'occasion de l'Exposition universelle de 1889 et réquisitionné pour l'événement. Le journaliste français était impressionné par l'enthousiasme qui gagnait les centaines d'industriels débarqués des quatre coins de la planète et qui, eux aussi, se rendaient au congrès chaque jour. Pierre avait écrit un papier vivant et coloré sur la journée type d'un participant. Dans cette Babel où toutes les langues se retrouvaient présidait l'entraide. Celui arrivé la veille guidait l'aspirant, lui indiquait où se rendre pour découvrir et s'associer à l'Entreprise pacifique. Il fallait d'abord s'inscrire selon son secteur d'activité et signer le pacte édifiant la primauté de l'intérêt général. Les volontaires étaient alors assemblés par un délégué du Cartel choisi sur la base de critères dits incontestables – la taille, l'excellence, la notoriété de sa firme –, si bien qu'il dirigeait, *primus inter pares*, premier parmi ses pairs, sans plus de préséance, l'expertise professionnelle et la maîtrise du français, langue officielle, constituant les seuls critères de sélection. L'Entreprise pacifique était ensuite expliquée en détail. Ses méthodes, son organisation s'inspiraient de ce que connaissaient les dirigeants : être efficace, produire bien et au moindre coût, innover, ce dernier point étant essentiel. Les découvertes, apprenait-on, seraient mises en commun sans en tirer de profit personnel ou privé. À l'inverse, tous bénéficieraient du progrès des uns et des autres afin d'améliorer le résultat collectif. Un entrepreneur de Turin, Angelo Farigu, chaudronnier de son état, annonça qu'il venait d'inventer une presse révolutionnaire permettant de mouler l'acier de 6 pouces. Et il offrait sa découverte aux futures *Agoras*. On applaudit, mais ce n'était qu'un exemple de la prodigalité animant tous ces cœurs entreprenants. Et déjà, après un repas pris sur le pouce, la réunion suivante s'enchaînait. Celle-ci s'attardait sur la répartition de la future production, fixée selon des objectifs de rendement, la spécialisation devenant la règle première. Si Goodrich, choisie pour illustrer la règle, façonnait les meilleurs pneumatiques, le Cartel lui confierait le contrôle de l'activité. En échange, Goodrich agirait de manière à garantir du travail à tous et faciliterait, avec les capitaux levés par les emprunts, la création de nouveaux centres de fabrication, au cas où cela se révèlerait nécessaire. Les entreprises adhérentes à la branche « véhicules et pièces » devaient donc se mettre en rapport avec le représentant désigné qui, s'il ne respectait pas les lois de l'Entreprise pacifique – intérêt général, bien commun, probité –, serait remplacé, promettait-on, sans appel. Et tout se voulait ainsi, décrit, organisé dans les moindres détails, chacun s'y retrouvant car c'étaient les codes familiers du monde de l'entreprise.

Les contours d'une planète internationalisée échappant aux États se dessinaient donc pour le plus grand bonheur des partisans de l'Entreprise pacifique – et sous le regard perplexe et inquiet de maigrelettes délégations gouvernementales qu'on apercevait dans la galerie des Machines, ouvrant l'œil, tendant l'oreille, prenant des notes et mesurant que s'effondrait peu à peu la raison d'être de ce qu'elles représentaient.

*

Pierre Lefranc avait pris *de facto* la tête du secteur de la presse afin de coordonner les informations et les diffuser à ses confrères,

Le Petit Journal étant imprimé deux fois par jour pour rendre compte des assises. Le 13 décembre, une nouvelle liste, toujours provisoire, des entreprises adhérant au projet fut publiée, pays par pays et secteur par secteur. Un résultat triomphal : un quart de l'économie mondiale était déjà enrôlé. Le 14 décembre, un calendrier ambitieux fut présenté. L'année 1895 serait consacrée à la recherche des emplacements des *Agoras*. Compte tenu de leur savoir-faire, la compagnie d'extraction Imerys et l'entreprise de génie civil et de travaux souterrains Razel, associés à vingt autres partenaires, initieraient les travaux. Le budget alloué serait d'un million de francs-or, et l'on attendait que les États s'engagent à les financer par l'emprunt. Pierre Lefranc, lui aussi, était porté par l'enthousiasme de ces journées exceptionnelles. Dans ses éditoriaux, il se moquait du manque d'audace des autorités gouvernementales. Avant que Wildcat ne pointe son nez, se décideraient-elles à délier leur bourse, qui n'était autrement remplie que par l'argent du peuple ? Si la réponse tardait, dans l'Entreprise pacifique, on avançait. Parallèlement aux travaux d'excavation, le fondeur de canons Bofors, le constructeur de hauts-fourneaux Wurth et la Société générale pour la fabrication de la dynamite s'engageaient à unir leurs efforts pour explorer les pistes d'un nouvel explosif, les industries de l'armement et de la chimie se joignant à eux. La nourriture faisant partie des priorités, la coopérative californienne Sunkist Growers annonçait qu'elle s'attaquerait au recensement des insectes consommables. De leur côté, la Compagnie des horloges pneumatiques et Linde AG s'attelleraient à la question de la production à grande échelle d'oxygène. Fake, le spécialiste allemand du tricotage, proposerait des solutions pour produire massivement bonnets, vestes, collants, robes, chaussettes, blouses… En quatre jours, le monde n'avait jamais autant avancé dans le même sens, et il mettait les États au pied du mur.

Encore un peu, et l'on se passerait d'eux, les banques évoquant l'idée de lever elles-mêmes l'emprunt qui financerait le premier exercice de l'Entreprise pacifique. Mais ce n'était qu'une menace, ou une façon de les impressionner, car des tractations s'organisaient entre les gouvernements et le Cartel, et ce qui s'était échangé secrètement le 3 novembre au soir sous l'égide du banquier Edward Pearson ressemblait à un pacte dont ni les journalistes ni les entreprises enthousiasmées par l'aventure n'étaient informés.

*

— À quoi bon lutter ? avait plaidé Pearson. L'Entreprise pacifique est déjà un immense succès.

Il avait réuni à l'hôtel Meurice le gratin des cabinets ministériels français et allemands, un membre de la Chambre des lords, un conseiller du roi Humbert Ier d'Italie, des représentants des cantons suisses de Fribourg, Genève, Zurich et Berne, un officier supérieur japonais attaché à l'empereur Mutsuhito, un juge de la Cour suprême des États-Unis assisté de deux gouverneurs, l'un démocrate, l'autre républicain, et d'autres encore pour atteindre le chiffre de vingt, lui compris, et c'était assez pour prétendre que, dans ce salon de conversation, les puissants du monde étaient représentés. Le palace parisien était un endroit discret où tous logeaient. Ils y retrouvaient le luxe des privilégiés : valets de place, linge blanchi au savon et battu à la main, personnel anglais et, *obviously*, un bureau de change.

Le banquier avait donc débuté ainsi – « À quoi bon lutter ? » –, puis livré un message clair : rejoindre le mouvement était la seule façon d'en profiter, le prix à payer pour les États étant mineur. Il suffisait de céder sur certains symboles sans effets sur le véritable pouvoir. À l'inverse, s'opposer à l'Entreprise pacifique, c'était jouer avec le feu. La rue, et à présent l'économie avaient décidé à la place des gouvernants. Pour survivre, ceux-ci devaient désormais accompagner le mouvement – du moins en apparence…

— Qu'entendez-vous par… apparence ? s'était étonné un délégué d'Oscar II, roi de Suède et de Norvège.

Edward Pearson avait alors dévoilé le plan confidentiel établi par le Cartel le 3 novembre. Et cela avait été suffisant pour que l'attitude des présents change. Si bien que, rassurés, ils s'étaient retirés rapidement, non sans s'être échangé de franches poignées de main qui valaient tous les traités écrits.

20

De la galerie des Machines au Champ-de-Mars, il n'y avait qu'un pas. Le bâtiment de l'Exposition universelle de 1889 avait été construit devant l'École militaire située au sud-est de l'esplanade, la tour Eiffel trônant à l'opposé. Depuis la fête de la Fédération du 14 juillet 1790, les lieux avaient accueilli d'innombrables événements, mais la ferveur qui y régnait le 15 décembre 1894 était incomparable. Vingt mille personnes, indivisibles, participaient au banquet de clôture des assises de l'Entreprise pacifique. 7 000 mètres de tables nappées serpentaient de la tour Eiffel jusqu'à la galerie des Machines. Posés dessus, soixante mille assiettes, cent quatre-vingt mille couteaux, fourchettes et cuillères, soixante mille verres. Des trouées avaient été aménagées dans ce méli-mélo soudé comme un seul homme afin que passent les maîtres d'hôtel auxquels s'ajoutait le personnel des cuisines, soit trois mille employés au total, dont une centaine entretenaient les braseros installés tous les 100 pieds afin de réchauffer les convives. Mais avait-on besoin de chaleur ? Les rires fusaient, on trinquait, faisait corps, il faisait doux, il ne pleuvait pas, l'alcool coulait à flots : trente-neuf mille bouteilles de vin et de champagne, et mille cinq cents flacons de cognac, le tout calculé pour faire passer le menu composé de hors-d'œuvre, de saumon, de bœuf, de poulardes, de faisans, de salades, de glaces… et d'un dessert accompagné de 3 000 litres de café, soit la quantité de vin servi au personnel. N'étaient-ce pas les dernières grandes réjouissances de l'humanité ? Les ventres se régalaient, les têtes n'oubliaient pas ce qui les attendait quand les effluves seraient dissipés. Trente années d'efforts acharnés, et l'espoir, peut-être, au bout…

Ce soir, on remerciait le Cartel qui avait généreusement convié les volontaires de l'Entreprise pacifique sans accorder plus de place à l'un qu'à l'autre. Ainsi, on ne trouvait pas de table officielle, de tribune pour parader, chacun s'étant regroupé naturellement par secteur d'activité afin de faire mieux connaissance, de se rapprocher du *primus inter pares* et déjà de se répartir les tâches. On piaffait d'impatience, voulait s'y mettre tout de suite, d'autant que les bonnes nouvelles ne cessaient de se multiplier.

*

Le Petit Journal avait réalisé une dernière édition spéciale, et c'était aussi une sorte de mode d'emploi et de rappel des points clé à l'usage des présents. On y trouvait la déclaration initiale du Cartel présentant le fonctionnement et la philosophie de l'Entreprise pacifique, la répartition des secteurs, le nom des inscrits, leur localisation, l'état civil des référents. S'y ajoutait la liste des travaux à engager dès le mois de janvier.

Mais il y avait du nouveau. Pierre Lefranc avait interrogé différents responsables politiques, et ils se déclaraient finalement favorables à la levée d'emprunts d'État afin de financer l'ambitieux projet destiné à triompher de Wildcat. Ce qui les avait décidés ? La ferveur du peuple dont ils n'étaient que les mandataires, la volonté inébranlable des entrepreneurs, le sérieux et la solidité du Cartel… Et l'absence d'autre solution, auraient-ils pu ajouter… Non sans prudence, et sous réserve d'un accord international dont ils espéraient la rapide conclusion, Européens et Américains se déclaraient prêts à étudier l'abaissement progressif de leurs dépenses militaires, et même, si les grandes puissances s'accordaient sans ruse, à les supprimer rapidement afin d'investir les sommes économisées dans la recherche avec pour objectif de réduire *a minima* les effets engendrés par l'astéroïde et, hypothèse encore très incertaine, d'éradiquer le danger.

En quelques jours, le vent avait tourné. À propos du « Meilleur de l'homme », les caciques ne parlaient plus de fiction chimérique à la manière de Ponson du Terrail, l'écrivain qui avait publié les aventures fantaisistes de Rocambole. De même, l'hypothèse d'un changement de trajectoire de la Terre ne soulevait plus de critiques ouvertes, du moins chez les politiques, et la nécessité d'un effort mondial faisant abstraction des frontières était, sur le principe, consacrée. À demi-mot, sans céder encore totalement, les *Agoras* étaient donc légitimées, ce qui revenait à accepter l'existence de zones internationales placées à terme hors de la juridiction des États. Pierre Lefranc annonçait même la tenue, le 30 janvier 1895, d'une conférence internationale dans la galerie des Machines afin d'étudier la création d'une Assemblée des peuples et d'une Cour du même nom, formées de dignitaires élevés au rang d'ambassadeurs du monde et choisis par les États au prorata de leur population. Leur rôle serait alors d'administrer les nouveaux territoires et d'anticiper, si possible, les querelles nationales.

Ainsi, huit mois après la révélation de l'existence de Wildcat par *Le Petit Journal* et le *Times* grâce à la sagacité du jeune William Thomson et l'heureuse étourderie des astronomes réunis à Oxford, rien ne semblait résister à l'euphorie générale. Si l'on mettait de côté les dissensions qui se montraient çà et là et annonçaient sans doute quelques revers, la réunion de Paris était un succès formidable, bien que ce dernier mot fût mal choisi, formidable signifiant, en vérité, redoutable, terrible, épouvantable – ce que n'était pas loin de penser Jules Verne, fort discret jusque-là…

*

Elizabeth Storm et Pierre Lefranc lui avaient rendu visite avant que ne débutent les assises de Paris. Sa présence, défendaient-ils, serait un symbole fort. L'écrivain avait pourtant refusé de s'y rendre, le remue-ménage ne lui allait pas. Il se méfiait des humeurs de la foule. Le Panthéon ! Pour y porter ses cendres ? Mais autre chose le dérangeait. La divine apparition de ce Cartel jusque-là inconnu lui semblait suspecte.

— Vous et moi savons ce que *Le Meilleur de l'homme* a de juste et aussi d'hypothétique. Serions-nous les seuls au monde à être lucides ?

— L'orgueil serait de le croire, et une femme y cède rarement, avait répondu Elizabeth Storm. Pourquoi faire la fine bouche ? L'optimisme règne, eh bien, tant mieux ! Tout est si prometteur et tout va si vite…

— Trop vite, avait corrigé Jules Verne. Nous devons nous méfier.

— Que craignez-vous ? s'était inquiété Lefranc.

Et l'écrivain n'aurait pu expliquer davantage son malaise.

21

L'honnêteté obligeait à reconnaître que, derrière l'unité de façade, perduraient de multiples résistances – et il fallait en tenir compte. Les astronomes qui s'étaient réunis à Oxford en faisaient partie, leur rage ne faiblissait pas, et comme ils regrettaient la bévue du vice-chancelier. Sans ce maudit détail, l'engagement non signé de leur confrère Achintya Ashvatthama malencontreusement oublié dans la *Divinity School*, aucun bouleversement ne se serait produit. Il suffisait de relire les promesses que ces savants s'étaient à l'époque engagés à tenir. Dominaient la prudence et la circonspection. N'avaient-ils pas juré d'alerter qui de droit, mais *seulement si* l'astéroïde était de nouveau visible et *seulement si* les plus sombres prévisions se confirmaient ? N'étaient-ce pas encore eux, les astronomes, qui avaient prévu de se réunir chaque année afin d'étudier la manière de répondre scientifiquement à ce défi inouï ? Autant de choix responsables qu'une poignée d'industriels ignorant tout du ciel avait balayés d'un revers de la main. Sans la moindre certitude, sans peser le pour et le contre, l'Entreprise pacifique avait provoqué des désordres aux conséquences incalculables, imposant un avenir qui n'aurait nullement lieu d'être *si*, au passage suivant, Wildcat s'était éloigné. Les astronomes donc tentaient de faire entendre leur voix, répétant qu'il fallait patienter quatre ans avant de détruire ce que la civilisation avait mis des millénaires à bâtir…

— Ce qui revient à ne rien faire, répliquaient leurs détracteurs. Il était hors de question d'accueillir, bras ballants, la fatalité.

— Que les savants observent, ajoutaient-ils. Et qu'ils laissent les autres agir…

La messe était dite. De ce côté-ci, le Cartel n'avait rien à craindre, du moins pour les trois ou quatre années à venir. Et qu'en était-il des États ?

*

Si certains s'adaptaient étonnamment aux événements, d'autres ne parvenaient pas à se défaire de réflexes nationaux et s'accrochaient à des symboles qui avaient peu d'intérêt compte tenu des enjeux, mais il fallait bien les écouter gémir pour avancer.

Ainsi, lors de la conférence internationale de janvier 1895, il fut âprement débattu des monuments emblématiques des civilisations ayant dominé l'ancien monde. Devait-on les laisser à l'air libre, martyrisés par les effets de l'astéroïde ? Certes non, on les démonterait et les enterrerait aux côtés des hommes. Les traces du passé, insignes de feu la souveraineté des États, devaient figurer dans les *Agoras*. C'était à prendre ou à laisser, martelaient fièrement les résistants en brandissant la liste infinie des richesses intemporelles et universelles de l'humanité. On trouvait pêle-mêle le Colisée, la tour Eiffel, celle de Pise, l'Acropole, Big Ben de Londres, Sainte-Sophie de Constantinople… Et l'on défendait le caractère exceptionnel des œuvres tant qu'il s'agissait des siennes. Le seul résultat tangible fut de réveiller la fibre patriotique à peine assoupie, les délégués prenant un malin plaisir à ajouter chacun un nom, et, forcément, celui d'un trésor national. Bientôt on évoqua le Taj Mahal, le Chichén Itzá. Pourquoi pas Cordoue en entier, la basilique Saint-Pierre de Rome, la muraille de Chine ou la cathédrale Saint-Sauveur-sur-le-Sang-Versé de Saint-Pétersbourg, bien qu'inachevée ?

L'orgueil rivalisait avec le ridicule et mettait en péril la conférence. Quand l'un de ceux que l'on avait aperçus à Paris aux côtés d'Edward Pearson quelques semaines plus tôt mit fin aux débats. Se présentant comme le plus raisonnable de tous, il rappela que les cités souterraines ne pouvaient être agrandies à l'infini. Dès lors, ce qui venait du passé lui appartenait à jamais. En revanche, rien n'interdisait d'emporter dans les *Agoras* une pierre, un vitrail, une arche romane ou gothique, le mausolée d'un empereur, autant de témoignages de l'Histoire et de la création humaine, le sujet s'étudiant pareillement pour les musées. Les tableaux, les joyaux, les statues, il fallait les ajouter. Une sous-commission *ad hoc* fut désignée pour établir l'état exhaustif des chefs-d'œuvre qui seraient sauvés. Voilà bien un sujet qui occuperait les représentants de l'ordre national. Et la séance s'acheva sur cette décision prise à l'unanimité.

Bien sûr, il y eut des fuites. La presse se gaussait, ridiculisait les participants et livrait l'énoncé abracadabrant des mémoriaux qui auraient pu aussi figurer. On trouvait la pomme de Newton, l'authenticité restant discutable, Veillantif, le cheval empaillé de Roland, mort à Roncevaux, le Rubicon, qui avait si bien décidé de l'avenir de César, le colosse de Rhodes et le phare d'Alexandrie, ce qui nécessitait de les reconstruire *in extenso*. On fit même courir la (fausse) rumeur selon laquelle les délégués italiens envisageaient d'imposer le latin comme langue commune dans les *Agoras*… Autant de flèches orchestrées et programmées, affaiblissant un peu plus des États qui découvraient l'inconfort des sables mouvants. Les fondations sur lesquelles ils reposaient disparaissaient, si bien que la seule façon de sauver un rien de leur ancienne splendeur était de les obliger à répondre clairement et rapidement à la question qui ne cessait de leur être posée : aideraient-ils le monde en sacrifiant un peu d'eux-mêmes ?

*

Le 1er février 1895, l'humanité franchit une étape essentielle. Les États cédaient sur le principal, la création d'une Assemblée des peuples et d'une Cour du même nom fut actée, sonnant le glas de leur supériorité. Dans la foulée, on désigna les membres de ces assemblées, élevés au rang d'ambassadeurs terrestriens, leur mission étant de concourir au succès de l'Entreprise pacifique, administrateur exclusif des territoires *agoriens*, hors de toute juridiction nationale, ayant dès lors autorité sur le sol et le sous-sol et, pour asseoir l'autorité de cette organisation philanthropique, les États leur octroieraient des troupes armées ou, mieux, le droit d'en constituer. Si bien que le rôle des anciens souverains se cantonnait à présent à lever les emprunts que réclamait l'ouverture des premiers chantiers.

*

Au cours de ces journées historiques, les journalistes couvrant la conférence internationale saluèrent la célérité et l'abnégation de certains délégués qui avaient œuvré sans relâche pour convaincre leurs pairs. Grâce à eux, les travaux avaient avancé de manière spectaculaire. C'étaient toujours les mêmes, soudés et solidaires. Mais qui aurait pu deviner que, là encore, on trouvait dans ce groupe acharné ceux que recevait Edward Pearson au Meurice, un mois et demi plus tôt ?

Pierre Lefranc s'était particulièrement intéressé à eux. Parce que Jules Verne lui conseillait d'être méfiant, il avait constaté qu'ils arrivaient ensemble, déjeunaient de concert, repartaient pareillement et logeaient dans le même palace. Et l'air de mystère dont ils se défaisaient rarement avait picoté le nez du limier. Aussi se promit-il de rendre visite au concierge du Meurice puisque tous ceux-là y étaient. De plus, Ferdinand Molestrat, l'homme aux clefs d'or du palace, était un ami.

*

Pendant que les États s'accordaient peu ou prou, qu'en pensaient les peuples ? Pour les plus isolés, rien n'avait changé puisqu'ils ignoraient tout de la situation. L'enthousiasme des autres, de ceux qui se croyaient mieux informés, ne faiblissait pas. L'immensité espérait en la promesse du Cartel : en modifiant les règles de l'économie, la condition humaine se verrait améliorée – en plus du fait de sauver la Terre. Désormais, la concurrence, qui imposait jusque-là des coûts bas et par conséquent des salaires rarement tirés vers le haut, disparaissait. Tout fonctionnerait à l'inverse de la compétition. Les commandes arriveraient du sommet – de l'acier, du ciment, du câble, des palissades, des poutres, du verre, du cuir, de la paille et du foin pour les animaux, du lait, des œufs, de la viande, des vêtements pour les hommes… – et elles seraient monumentales puisqu'il fallait construire un nouveau monde. Une fois l'ordre passé, il serait payé quoi qu'il arrive, les États le garantissant et le finançant grâce à l'impôt et à l'emprunt – et il n'y avait pas de meilleur placement pour faire fructifier l'épargne. L'exécution suivrait, de manière pyramidale, du général aux sous-traitants, qui eux-mêmes abonderaient tous les maillons de la chaîne formée de milliers d'unités de production dont on aurait besoin pour bâtir les *Agoras*, fondre les canons ou encore pour nourrir, vêtir, abriter, divertir les masses laborieuses. Il faudrait usiner, façonner, transporter, la commande initiale se divisant alors en une infinité d'exécutants et se répandant même jusqu'à l'atelier des frères Kadjian, ferronniers de père en fils à Bigorre, en Haute-Loire, qui avaient expliqué à leurs six compagnons et apprentis qu'ils profiteraient eux aussi de la fontaine nourricière. La corne d'abondance, il n'y avait pas de meilleure image. L'argent coulerait à flots. C'étaient des emplois assurés et l'espoir de s'en sortir à terme. Que pouvait-il y avoir de mieux ? Il fallait admettre que le *credo* propagé *urbi et orbi* par les référents du Cartel était séduisant. Les résistances n'étaient donc pas à chercher de ce côté-ci.

Les oisifs et les rentiers, conscients de ce qu'ils perdraient avec la disparition de l'ancien monde, avaient, en revanche, de bonnes raisons de se plaindre. Le nouveau ne leur offrait rien, sauf le mépris de ceux qui avaient décidé de se relever les manches. S'y ajoutaient les âmes perdues ou désemparées, prêtes à céder aux incantations de mentors missionnés par des forces surnaturelles. Leurs arguments étaient de l'ordre du spirituel, de l'insondable, du divin, donc de l'inexplicable. Croire était une affaire dogmatique qui, parce qu'elle ne s'expliquait pas, faisait toujours recette. Du *Bombay Evening Standard* au *New York Tribune* en passant par *Le Figaro*, les témoignages se multipliaient. Des gourous en tenue noire ou blanche, le visage parfois couvert d'un masque ou d'une cagoule, souvent pieds nus, rassemblaient des foules hystériques qui se joignaient aux prières de ces prophètes parlant au nom du Dieu insécable et, puisqu'il n'y en avait qu'un, chacun prétendait être l'Envoyé. Mais aucun ne tenait le même discours. Tantôt, l'astéroïde était expédié par Dieu, tantôt par le diable. En revanche, sur un point, tous s'entendaient. Wildcat étant la décision immanente de forces supérieures, personne ne devait chercher à résister. Attendre et mourir, c'était le mot d'ordre. Ainsi, les *Agoras* ne seraient jamais construites. L'affaire devint si sérieuse que, en février de la même année, le Cartel demanda aux États de faire preuve d'autorité, et comme cela leur manquait, un accord général fut donc trouvé. Les rassemblements et les manifestations seraient interdits jusqu'à nouvel ordre et, pour montrer l'engagement dorénavant indéfectible des États dans l'Entreprise pacifique, il fut publié ce texte solennel :

Déclaration commune des États du monde

La responsabilité de l'homme dans l'univers

Que l'homme soit contraint d'affronter le pire des périls autorise certains à prétendre qu'il serait condamné et devrait renoncer. Ainsi, après avoir reçu la vie, il serait décidé de la lui reprendre. Mais c'est oublier que le futur ne se prédit pas. Et la Création – ce que d'autres appellent Dieu – a donné à l'homme assez de génie pour se défendre. Son rôle est de se servir de ce qu'il sait, de son courage et de ses dons afin d'assurer sa survie et celle de toutes les espèces qui l'accompagnent. Voici notre message : l'homme ne sera pas exterminé. Wildcat, qui n'est pas une fatalité, nous oblige à résister.

Ainsi, les États du monde déclarent :

Sont condamnés à mort ceux ayant fait le vœu de s'opposer à l'Entreprise pacifique.

Pour application immédiate, par toutes les autoritées armées.

Ce n'était pas l'état de guerre dont rêvait le *field marshal* Hobbs, mais on s'en rapprochait sérieusement. Et pendant que l'on s'écharpait sur les bienfaits ou les malheurs à venir, Edward Pearson avait pris soin de rassurer le précieux *field marshal.*

— Voyez-vous, lui avait-il dit, l'état d'urgence que vous espériez se met peu à peu en place sans même avoir eu besoin de tirer un coup de feu. Bientôt, nous aurons les mains libres car personne ne s'inquiète de la mainmise progressive sur la Terre de l'Entreprise pacifique. Bientôt, oui, il sera temps de passer à l'étape suivante. Et ce que je vous ai promis, vous l'aurez.

Hobbs s'était redressé, plus aiguisé que l'as de pique.

— Pour protéger nos intérêts, avait poursuivi Pearson, nous allons avoir besoin d'hommes disciplinés et décidés à se couper la langue plutôt que de parler.

— Ils attendent mes ordres, avait grommelé Hobbs… Croyez-moi, ils ont des fourmis dans les pieds.

— Très bien.

Pearson n'avait rien ajouté. Si Hobbs lui était utile, il n'aimait pas le ton cavalier, trop familier, du soldat – et surtout, il détestait cet Anglais, autant d'ailleurs que les autres sujets de la reine, même s'il n'en montrait rien… Et quelle importance ? Son plan avançait.

22

La réunion mensuelle se tenait alternativement au *Petit Journal* ou au *Times*, à Paris ou à Londres. La coutume avait été instaurée en février, soit depuis dix-huit mois. Mars 1896 débutait. Au trio formé d'Elizabeth Storm, Buckle et Lefranc se joignait parfois un correspondant étranger afin de rendre compte au monde des progrès de l'Entreprise pacifique. George Earle Buckle recevait chez lui, à St James's Street, la cuisinière, madame Bowley, s'efforçant d'accommoder sa cuisine au goût renversant de ses invités. Lorsque le rassemblement se tenait à Paris, Marinoni se joignait à eux à la Brasserie des bords du Rhin de Léonard et Pétronille Lipp et, si l'agenda le permettait, on s'accordait, des deux côtés de la Manche, une permission afin de rendre visite aux tailleurs de Savile Row ou au sellier Hermès, rue du Faubourg-Saint-Honoré.

Pierre Lefranc et Elizabeth Storm assuraient la coordination des informations concernant l'Entreprise pacifique. Le fait qu'ils fussent fiancés depuis juin n'expliquait pas seulement leur duo. La jeune femme anglaise avait toute sa place dans le dispositif. Son ingénieuse idée – transformer la Terre en cocon – avait changé la donne et évité le chaos. Grâce à « Miss Tempête », la paix l'avait emporté jusque-là. Même Hobbs ne bronchait pas. Le *major* Peter Thomson, beau-frère de George Earle Buckle, en témoignait. Le *field marshal* plaidait désormais pour le succès de l'Entreprise pacifique. Ses visées guerrières semblaient donc remises à plus tard. Mais ce radical et soudain revirement n'avait rien de rassurant, comme en témoignait la brutalité dont il avait fait preuve à l'égard de Thomson.

La parution dans *Le Petit Journal* et le *Times* de l'appel à se révolter contre l'astéroïde n'avait provoqué sur-le-champ aucune réaction chez Hobbs. Mais quelques semaines plus tard, le *field marshal* avait convoqué le *major*.

— Ne vous avais-je pas promis une belle carrière ? avait-il débuté sur un ton menaçant.

— Pardonnez-moi… marmonna Thomson.

— Auriez-vous la mémoire courte ? Après avoir entendu votre rapport sur le Tibet, j'ai affirmé, et vous sembliez d'accord, qu'il fallait confier à l'armée la gestion de la situation créée par Wildcat, ajoutant que vous étiez un bon élément à qui le futur réserverait le meilleur, à condition de rester fidèle à l'armée.

— Oui, se reprit Thomson, soudain sur ses gardes, vous montriez, ce jour-là, beaucoup d'indulgence à mon égard…

— Je n'ai pas varié. Intelligent, vous l'êtes, et un peu trop rusé…

— Qu'est-ce qui vous permet de l'affirmer ?

— Un étrange concours de circonstances… À peine vous avais-je confié mes projets que le *Times*, dont je crois savoir que votre beau-frère est le rédacteur en chef, reprenait une tribune du français Pierre Lefranc, et le tout a sans doute été pour beaucoup dans… le changement de l'opinion.

— Je n'y vois que le fruit du hasard, répondit Thomson sans lâcher des yeux son accusateur.

— Parfait ! Mais encore un mot, n'avait pu s'empêcher d'ajouter l'impulsif Hobbs. Même si quelqu'un cherchait à me nuire, sachez que mes idées triompheront, quoi qu'il arrive. N'en doutez pas !

Depuis, Hobbs était de ceux que Buckle surveillait de loin. Mais il y avait tant à faire pour suivre les développements de l'Entreprise pacifique.

*

Portés par le souffle vivifiant des assises de Paris, lui et Lefranc avaient beaucoup œuvré pour que les États se mobilisent, soutenant la décision du Cartel d'agir sans attendre le bon vouloir de gouvernements tardant à verser l'argent nécessaire au commencement des travaux et noyant les décisions dans d'innombrables procédures, au risque que retombe l'ardeur des peuples. Le Cartel avait pris le taureau par les cornes abondant de son propre chef le financement de la recherche des *Agoras* en versant un million de francs-or. Pour que l'opération se fasse, une société anonyme de droit international dont le siège se situait à Zurich avait été créée, les mécènes décidant de reprendre le nom de l'Entreprise pacifique, fusionnant dans une seule entité l'objectif et les moyens d'y parvenir, le principe et l'action, et personne n'avait trouvé à redire puisque tout depuis avançait à grands pas. Le Cartel n'avait pas non plus oublié le soutien de Lefranc. Il était l'un des premiers informés des résultats obtenus par l'Entreprise pacifique.

*

Le 3 mars 1896, la réunion des trois amis se tenait à Londres, et le programme était chargé. Le premier site *Agora*, situé dans le Kentucky aux États-Unis au *Mammoth Cave*, était prometteur. Les travaux avançaient vite dans cet enchevêtrement de galeries et de grottes étalées sur des centaines de kilomètres.

— En remerciement de notre soutien, l'Entreprise pacifique organise une visite privée. C'est l'occasion de vérifier ce qu'il en est.

— J'ai aussi reçu l'invitation, soupira Buckle, mais le voyage dure trois semaines. Impossible pour moi, le *Times* me prend trop de temps.

— Marinoni m'a donné le feu vert. Nous partirons le 12 mars.

Buckle se tourna vers Elizabeth.

— Êtes-vous prête à partager un si long moment avec Pierre ? plaisanta-t-il

— Je me crois même capable de m'engager davantage…

— Lefranc, qu'attendez-vous pour rentrer faire vos malles ?

— Je dois d'abord rencontrer quelqu'un à Londres.

— Est-il impossible de savoir qui ? s'intéressa Buckle.

— Edward Pearson. Il sera notre guide à *Mammoth Cave.*

— Sur place, vous aurez tout le temps d'apprendre à le connaître.

— Je pense que son rôle mérite d'être éclairci avant.

— Pourquoi employer ce ton grave ? demanda Elizabeth.

— Un détail troublant remontant aux assises…

— C'est maintenant que vous y songez ?

— J'ai simplement oublié de vous en faire part.

— Mes amis anglais m'avaient mise en garde sur les Français…

— Elizabeth, je vous prie. Sur le moment, cela semblait important. Puis il y eut d'autres priorités. Mais aujourd'hui, Pearson réapparaît.

— En quoi cela vous gêne-t-il, Pierre ?

— À Paris, j'avais remarqué que certains représentants des États se concertaient avant de prendre une décision.

— Qu'y avait-il d'étrange à cela ? s'étonna-t-elle.

— Les positions qu'ils défendaient allaient souvent à l'inverse de l'intérêt de leurs gouvernements.

— Ils comprenaient mieux que d'autres ce qu'imposait l'évolution.

— Leur comportement était étrange, poursuivit-il. Ils s'isolaient à chaque pause et, de retour en séance, ils se prononçaient à l'unisson et…

— Qu'ils aient voté oui ou non de manière harmonieuse n'en fait pas des comploteurs, le coupa « Miss Tempête ».

— Je dirai plutôt des conjurés. Ils ne se quittaient jamais et, le soir, retournaient ensemble à leur hôtel.

— Logeaient-ils dans le même ? intervint Buckle, soudain attentif.

— Oui. Au Meurice.

— Auriez-vous mené votre enquête ?

— Je connais le concierge. C'est un ami.

— Un ami ! Vous ne m'en avez pas parlé. Une nouvelle cachotterie, Pierre… Auriez-vous d'autres aveux à me faire ?

— Rien, je vous le promets, Elizabeth.

— Vous réglerez vos chamailleries pendant le voyage, s'impatienta Buckle. Finissez, Lefranc.

— Pearson cantonnait également au Meurice. Et voici le meilleur… Peu avant les assises, il y avait réuni les mêmes représentants des États et, de ce que je sais, la réunion fut très discrète.

— Comment en êtes-vous certain ?

— Ferdinand Molestrat.

— Pardon ?

— Le concierge du Meurice.

Pierre se tourna vers Elizabeth.

— Oui, un ami. Pour me faire pardonner de vous l'avoir caché, je vous emmènerai dîner dans ce palace. Vous adorerez, j'en suis certain.

— Ils recommencent, bougonna Buckle. Faites-nous plutôt part de vos conclusions…

— Sur le moment, j'ai imaginé que Pearson était un homme adroit, défendant les intérêts du Cartel. Il exerçait des pressions sur le politique. Ce n'était pas nouveau…

— L'Anglo-Saxon préfère *lobbying*. Le mot est plus *soft*…

— Quoi qu'il en soit, sa démarche allait dans le sens de nos idées. Plus nous étions efficaces, plus les chances de réussir augmentaient, et j'ai mis l'affaire de côté. Puis, Pearson est réapparu au nom du Cartel lorsque l'Entreprise pacifique a muté en société privée, prenant le poste de délégué général. Et le voici encore, toujours présent, toujours là, se dépensant sans compter. À la fin, qui est-il ? Que veut-il ?

— Eh bien, soupira Buckle, je me dois de vous faire à mon tour un aveu. Je me suis aussi intéressé à ce personnage…

— À la bonne heure ! s'exclama Pierre. Voilà qui met à l'honneur la qualité première du bon journaliste : la curiosité… Et vous, Elizabeth, trouveriez-vous à redire aux faits et gestes de notre ami George ?

Elle haussa les épaules :

— Votre espionnage vous a-t-il permis d'apprendre quelque chose de… surprenant ?

Buckle se cala dans son fauteuil :

— Figurez-vous que oui, ma chère Elizabeth…

— Et quand comptiez-vous en parler ?

— En toute logique, aujourd'hui, répondit-il, puisque mon enquête remonte à la semaine dernière…

— Dans ce cas, céda-t-elle à contrecœur, nous vous écoutons…

— Apprenez tout d'abord qu'Edward Pearson a fréquenté Oxford comme vous et moi… Mais nous avions peu de chances de le croiser…

— Pour quelle raison ?

— Les années. Pearson a quarante-trois ans, ce qui le place loin de vous, beaucoup moins de moi, mais trop encore pour que nous ayons fréquenté les mêmes bancs. Brillant élève… Lettres classiques, mais aussi excellent mathématicien. La maîtrise des chiffres, quoi de mieux pour le métier de financier ?… J'ajoute qu'il a pratiqué l'escrime avec une certaine réussite. Une fine lame qui, selon la rumeur, l'aurait conduit à provoquer en duel et blesser gravement un étudiant de sa promotion.

— Qui vous a renseigné ainsi ? s'étonna Elizabeth.

— Le bureau des anciens, répondit-il sobrement. Mais l'histoire fut sans suite. En l'absence de plainte, il n'y eut nulle sanction.

— Ce duel, en connaissez-vous le motif ? reprit Lefranc.

— Si ce qu'on prétend est vrai, il s'agirait des Indes…

— Mais encore ?

— Pearson n'aurait pas supporté les sarcasmes d'un fat affirmant que le peuple indien était faible et que cent soldats britanniques auraient suffi pour en venir à bout.

— Est-ce que cela mérite de se battre et de risquer sa vie ?

— Accepteriez-vous que l'on traite les Français de lâches ?…

— Voulez-vous dire que Pearson est…

— De souche indienne… Pour comprendre encore mieux pourquoi il a voulu faire ravaler ses injures au poseur, il faut savoir que sa mère fut assassinée par des soldats anglais. Et je comprends sa rancune…

— Avez-vous creusé davantage du côté de ses origines ?

— Sa famille fut décimée.

— Le père ?

— Il serait le petit-fils d'un raja apparenté à Tipû Sâhib, ancien sultan de Mysore dans l'État indien du Karnataka et, sans savoir pourquoi, ces noms ne me sont pas inconnus… Mais je finirai par trouver… Une chose est sûre : Edward Pearson ne manque de rien. Son père, ou quiconque, lui a légué assez de biens pour qu'il tienne son rang dans le monde exclusif de la finance.

— Savez-vous si Pearson est un nom d'adoption ?

— Je n'en sais rien, Pierre, et, tout cela étant très imprécis, gardons ces informations pour nous. Pas un mot. À personne. Pour le reste, vous aurez le loisir de lui poser toutes sortes de questions lorsque vous serez à bord du *Lucania*. Un navire splendide… N'oubliez pas de prendre votre smoking…

— Je n'attendrai pas jusque-là. George, je suis sérieux. Croyez-vous possible de m'organiser un rendez-vous avec lui pendant que nous sommes à Londres ?

— Le *Times* ouvre beaucoup de portes. Je m'en occupe à l'instant. Quel prétexte utiliserez-vous pour justifier l'entretien ?

— *Mammoth Cave*. Lui et nous étant du voyage, quoi de plus normal que de faire connaissance ?…

Pierre Lefranc se tourna vers sa jolie fiancée anglaise.

— Accepteriez-vous de vous joindre à moi ?

— Les hommes ne se méfient pas des femmes, si adroites dès qu'il s'agit de leur tirer les vers du nez. Je réponds oui… Et plutôt deux fois qu'une.

*

Le même jour, peu avant quatre heures de l'après-midi, le jeune couple franchissait les portes de la Royal Bank of the Commonwealth dont le siège était situé au cœur du quartier financier de la City, non loin de la cathédrale Saint-Paul. Pearson y avait son bureau, une vaste pièce dont les quatre grandes fenêtres donnaient sur l'édifice religieux. Au loin, la Tamise déroulait son cours lent et puissant. La rue grouillait de gens affairés semblant ignorer Wildcat. La force, la foi inébranlable de l'impérial Royaume-Uni se contemplaient ici, et mieux, d'en haut, dans le somptueux cabinet du délégué général de l'Entreprise pacifique, décoré de meubles provenant des colonies indiennes de Victoria, la reine. Ce refuge très privé était parsemé d'indices confirmant ses origines. Des meubles d'acajou lustrés par la main invisible d'un serviteur, des sièges recouverts de tissus fins aux couleurs chatoyantes jurant avec la sévérité d'usage à la City. Mais ce qui étonnait le plus, et donnait l'impression de se retrouver à des milliers de lieues de Londres, nichait dans les sculptures, les objets, les tableaux ornant la pièce. Une série de statuettes en ivoire exposées çà et là tenaient compagnie à un couple de tigres en bronze dressés sur leurs membres postérieurs, gueules ouvertes, griffes sorties, prêts à charger. Et saisissants de vérité. Bien que réduits au quart de leur taille, ils devaient peser chacun plusieurs quintaux. Lefranc se demanda par quel sortilège on avait pu les hisser jusqu'à cet étage. Aux murs, le spectacle changeait. Les tableaux consacraient l'œuvre des océans – et les éléments, déchaînés ou apaisants, étaient à l'honneur. Aux tempêtes scélérates succédait un soleil arctique cisaillant la ligne infinie et glacée de l'horizon, quand le tableau voisin cédait au calme plat, et si traître, de l'océan Indien. Plus loin, un artiste inconnu (les tableaux n'étaient pas signés) passait au large d'une île volcanique mystérieuse… Cette stupéfiante galerie consacrée à la mer s'achevait par un bestiaire de créatures marines aussi colossales que terrifiantes, inspiré sans doute des récits des vieux loups de mer retirés dans les ports exotiques qui échangeaient avec les crédules un moment de leur histoire imaginaire contre un pot de rhum.

Pearson savait l'effet que produisait la découverte de son antre sur ses visiteurs. Tous écarquillaient les yeux comme des enfants conviés au spectacle d'un illusionniste. Il leur offrait toujours un peu de temps afin de se laisser impressionner. Puis il prenait la main…

— N'en doutez pas, les krakens existent, miss Storm, murmura-t-il alors qu'Elizabeth s'était immobilisée devant un tableau représentant un calmar géant livrant un combat contre un rorqual de 50 pieds au moins.

Comment pouvait-il l'assurer avec autant d'aplomb ? s'interrogea Pierre. Quel témoin digne de foi avait-il pu observer un céphalopode de cette taille ? Sournoisement, il lui vint l'idée que leur hôte cherchait à impressionner son invitée, et la jalousie fit le reste. Sa méfiance augmenta.

— J'étais impatient de vous rencontrer, poursuivit-il en s'adressant toujours à Elizabeth. Je crains que l'on n'ait assez répété ce que le monde vous devait. Son sursaut est votre réussite. Je me sens honoré de vous conduire à *Mammoth Cave*… Ce cocon, diriez-vous, où, croyez-moi, les surprises ne manqueront pas.

Mais pourquoi douter de cet homme élégant, séduisant, racé ? jugeait-elle autrement au même instant. La poignée de main était ferme, le regard franc de ses yeux vert foncé se mariait à ravir avec le hâle naturel de son visage. À moins, pondérait-elle, que ces signes encourageants ne fussent autant de raisons supplémentaires de se tenir sur ses gardes. Pearson affichait l'assurance impassible de l'élite éduquée sans faille dans les grandes universités britanniques. S'y ajoutait un choix vestimentaire indiscutable – tweed pour la veste, soie pour la chemise, souliers sur mesure de John Lobb. En somme, le détachement des gens bien nés, se sachant épargnés des basses contingences, de la naissance à la mort. Pur produit de la City de Londres, gardien de ses us, qu'y avait-il à craindre de cet homme solidement installé dans la force de l'âge qui les avait invités à rejoindre les profonds canapés de son coin salon ?

— Thé nature ? Une larme de lait ? Citron ? Vert ou noir ?

Elizabeth opta pour ce dernier, précisant qu'elle le désirait infusé dans une eau non bouillie, sans adjonction, pas même du sucre. Prudent, Pierre l'imita.

— Excellent choix, décida Pearson. Je ne désespère pas de cultiver du thé noir à *Mammoth Cave*…

Et pendant qu'un majordome aussi muet que raide apparaissait un plateau en main, garni de ce que réclamaient les hôtes, sans que nulle sonnette l'eût averti, Edward Pearson se lança dans une explication sur l'origine du thé noir, une légende racontant qu'au XVIIe siècle un navire chargé de thé vert de Chine avait accosté sur un quai de la Tamise après un périple si long que le thé avait moisi. Faisant fi du risque, un Anglais avait testé la plante d'une teinte étrange, l'expérience courageuse ayant permis une merveilleuse découverte. Ce thé noir était excellent.

— Nous renouvellerons l'exploit à *Mammoth Cave*. L'air humide et l'obscurité, voilà l'un des bienfaits des futures *Agoras*…

Lefranc sonda sa tasse. Moisissure ? Elizabeth semblait apprécier.

— Eh bien, monsieur Lefranc, brisa Pearson après cette « mise en bouche », que puis-je pour votre service ?

— Je souhaiterais apaiser l'impatience et la curiosité des lecteurs…

— C'est votre métier. Interrogez-moi.

Lefranc avait décidé de ne pas l'attaquer de front. Pour débuter, pas de sujets personnels. Il y viendrait plus tard.

— *Mammoth Cave* est un premier pas. Un… avant-goût des *Agoras*, ajouta-t-il en reposant sa tasse de thé fermenté. Mais qu'en est-il des autres ? Où en sont les recherches ?

Le banquier fit la moue.

— La prudence prévaut. Les lieux stratégiques sont rares, et notre objectif qui était de grouper les *Agoras* pour rapprocher les populations sera difficile à atteindre. Pour l'heure, je vous remercie de ne pas en faire état.

— Afin que l'espoir ne faiblisse pas ?

— C'est exactement ça. Rassurez-vous, l'Entreprise pacifique est loin d'avoir dit son dernier mot. Il nous reste presque trente ans. Aujourd'hui, parlons de ce qui est sûr, et c'est le cas de *Mammoth Cave*.

— Vous agissez comme les entreprises cherchant à rassurer leurs actionnaires et le marché. Vous préférez présenter le verre à moitié plein.

— Je connais l'expression, grimaça-t-il. C'est en effet le cas.

— Ce sont les méthodes de la City…

— Il s'agit de défendre l'humanité, se raidit-il. Au moindre faux pas, nous provoquerions la panique.

Et surtout, l'Entreprise pacifique serait affaiblie, songea Lefranc.

— Avez-vous au moins une piste, un lieu où pourrait s'implanter une autre *Agora* ? N'en doutez pas, les lecteurs réclament des nouvelles, et la meilleure façon de les inquiéter serait de ne pas leur en fournir.

Pearson croisa les jambes. Il commençait à regretter cet entretien.

— Nous devions parler de *Mammoth Cave*, tenta-t-il de nouveau.

— J'y viens dans un instant. D'abord, dites-moi ce que donnent les recherches. Trente années, oui… Et cent *Agoras* à construire…

— Un million de francs-or, monsieur Pearson, renchérit Elizabeth, ce n'est pas rien. Il faudra bien les justifier si vous en voulez un autre.

La voix était charmante, l'œil doux, rien de menaçant…

— Je connais Pierre Lefranc, ajouta-t-elle, ce diable de journaliste ne vous lâchera pas tant que vous ne lui aurez pas répondu.

« Les hommes ne se méfient pas des femmes, si adroites dès qu'il s'agit de leur tirer les vers du nez », prétendait-elle. Et qu'en pensait le banquier de la City ?

— Il est des lieux prometteurs, murmura-t-il. D'autres moins…

« Miss Tempête », toujours elle, fougue rentrée, ne lâchait rien.

— Où, précisément ? le tortura-t-elle davantage.

Edward Pearson commit une erreur. Il tourna la tête, guère plus d'une seconde, vers son bureau situé à quinze pas, comme si la solution à tous ses problèmes s'y trouvait. Un regard furtif. Qui n'échappa pas à sa concitoyenne.

— Permettez-moi de me taire encore… Je ne voudrais pas nourrir de fausses espérances.

— Je vous comprends, soupira-t-elle.

Lefranc se redressa. Il allait parler. Elle le coupa dans son élan :

— S'il vous plaît, interrogez monsieur Pearson sur *Mammoth Cave*.

Ses yeux le suppliaient de l'écouter.

— Dois-je comprendre que c'est votre souhait ?

— Vous ne sauriez mieux l'exaucer en m'étant agréable…

— Tout est dans le dossier, s'empressa d'ajouter le banquier. Je n'ai rien à ajouter puisque l'*Agora* ne cesse de grandir. Pour moi aussi, c'est, chaque fois, une découverte.

Lefranc se leva d'un bond.

— Dans ce cas, rendez-vous le 12, au Havre, lança-t-il furieusement.

Pearson se leva également. Miss Storm l'avait sorti du piège tendu par Pierre, et il lui en était infiniment reconnaissant. C'est pourquoi il ne s'en méfia pas.

Lefranc marchait vers la sortie, Pearson le précédait. Oui, dehors, vite, et bon débarras… Il ouvrit la porte, tendit la main.

— Mes gants !

Que disait miss Storm, attardée derrière ?

— J'ai dû les poser quelque part…

Sans attendre la permission, elle se dirigea vers le bureau, fit mine de chercher. Rien ici, rien là. Et pour cause, elle n'avait pas approché de l'endroit. Près des canapés ? Un mystère. Les gants avaient disparu.

— Suis-je étourdie ! cria-t-elle. Dans ma poche ! Monsieur Pearson, jurez de veiller sur moi lorsque nous serons à *Mammoth Cave*. Je redoute tant de m'égarer dans ce dédale…

— Ne craignez rien. Le Minotaure ne vous approchera pas.

*

Lefranc fulminait encore alors qu'ils marchaient dans la rue.

— Que vous a-t-il pris d'agir ainsi ?

— Restez calme, Pierre. Je sais où monsieur Pearson farfouille…

Elle enfila ses gants lentement, prolongeant sa torture.

— Hölloch… C'est en Suisse. Connaissez-vous ce lieu ?

— Aucunement… Mais comment l'avez-vous découvert ?

— Plus tard, dit-elle en passant son bras sous le sien.

23

— J'ai trouvé ! Regardez la carte. Zurich est là. Hölloch, ici. À une centaine de kilomètres. Là, sous mon doigt ! Dans le pli de la page…

Ils avaient rejoint le *Times* depuis une heure. La lumière faiblissait. Buckle avait finalement accepté de libérer d'un quart le gaz alimentant le lustre du bureau. Lefranc l'accusait de pratiquer des économies de bouts de chandelle… Mais surtout, il mourait d'envie de lui arracher des mains l'atlas poussiéreux des pays du monde comme si la vérité s'y trouvait.

— Je ne vois rien, s'agaça-t-il. Donnez-moi ça.

S'il prenait la tête des opérations, les réponses viendraient vite…

— Calmez-vous, Lefranc. Qu'apprendriez-vous de plus en scrutant des chemins de montagne dessinés par un topographe ?

Si la lumière manquait, l'ambiance était électrique…

— Pierre, murmura Elizabeth en posant tendrement une main sur celle de son fiancé, attendons le résultat des premières recherches.

— Pour patienter, permettez-moi de résumer ce que nous croyons savoir, proposa Buckle. Pearson a imprudemment avoué que l'Entreprise pacifique peinait à trouver les sites des futures *Agoras*. Craignant alors que cette nouvelle peu encourageante ne soit divulguée, il a voulu se racheter en ajoutant précipitamment que des recherches étaient engagées ici ou là, refusant cependant de s'expliquer davantage. C'est bien cela ?

— Oui, lâcha sobrement Lefranc.

— Et c'est ici que vous lui avez arraché le nom de Hölloch.

— Absolument pas. Il n'a rien dit.

Buckle écarquilla les yeux.

— Hölloch serait-il sorti de votre chapeau ?

— C'est plutôt une affaire de gants, intervint Elizabeth, un sourire malicieux au bord des lèvres.

George regarda Pierre. Qui confirma d'un hochement de tête.

— Accepteriez-vous de m'expliquer de quoi il retourne ?

— Eh bien, j'ai prétendu avoir égaré mes gants.

Fichtre ! Qu'il lui plaisait de torturer amicalement le rédacteur en chef du *Times*...

— Bien, Elizabeth... Et ensuite ? soupira sa victime.

— Je me suis dirigée vers son bureau, le dossier était dessus. Je n'ai eu qu'à jeter un coup d'œil, et Pearson n'y a vu que du feu...

Buckle observait la jeune Anglaise comme s'il la découvrait pour la première fois.

— Mais comment avez-vous compris que ce que vous cherchiez se trouvait sur ce meuble ?

Elle fit mine de s'étonner.

— Vous ne fumez plus, monsieur l'éditeur ?

Buckle pivota d'un quart. Son péché mignon se trouvait sur une table basse.

— Un jeu d'enfant... Interrogez innocemment un homme sur un sujet qu'il juge important, et le plus solide se trahira. Vous-même, vous n'avez pas résisté à l'envie de tourner la tête pour vérifier où vous aviez posé vos cigarettes, ce poison si précieux à vos yeux. Pearson a fait de même quand je l'ai interrogé. Ce qu'il cachait était à dix pas de nous. Restait à trouver comment s'en approcher. La suite est affaire de ruse. Trop d'hommes nous croient écervelées. Une paire de gants a suffi pour que je m'approche de son jardin secret... Le dossier se voyait comme le nez au milieu de la figure. Hölloch... Suisse... Projet *Agora*... C'était écrit. Chez lui, Pearson s'imaginait invulnérable – au point de se montrer très, très imprudent.

— Entrez !

Un assistant montra timidement sa tête sans avancer plus.

— J'ai trouvé quelques informations... Rien de capital, dit-il, certain de décevoir. Mais en une heure...

— Donnez. Merci. Ce sera tout.

Buckle survola la note et redressa triomphalement le buste.

— Vous avez vu juste, Elizabeth ! Hölloch est un réseau immense de grottes. Le site est localisé à 75 kilomètres de Zurich.

— Autre chose ? s'impatienta de nouveau le Français.

— Un fermier, Alois Ulrich, a mis au jour le réseau en 1875.

— Cela prend une ligne pour l'expliquer. Est-ce tout ?

— Avez-vous besoin que je vous lise la synthèse sur Zurich ?

— La ville où siège l'Entreprise pacifique, grommela Lefranc. Ce n'est pas une coïncidence, et je n'ai nul besoin d'autres bavardages...

— Après Londres, Zurich concentre d'énormes moyens financiers, renchérit Buckle. Sa réussite repose sur le secret. Les puissants du monde s'y retrouvent parce qu'ils savent que la confidentialité règne en maître.

Il reposa la synthèse maigrelette de son jeune employé.

— Au *Times*, la règle est de ne jamais céder à l'excitation. Pourtant, je reconnais qu'il existe assez d'indices pour engager une enquête.

— Je suis certain que la vérité se trouve à Hölloch, non à *Mammoth Cave*, martela le Français. À qui confierez-vous les investigations ?

— Le sujet est sensible. Je m'en chargerai moi-même pendant que vous serez en Amérique.

— Pearson dispose de moyens illimités, et s'il se sent en danger...

— Je fréquente les prédateurs de la City. J'ai le cuir endurci.

— N'oubliez pas qu'à Zurich on pratique l'allemand.

— Sans prétendre rivaliser avec Goethe, je me débrouille.

— Pendant mes études à Oxford, intervint Elizabeth, j'ai connu une Zurichoise. Elle parlait le *züritüütsch*, un dialecte où se mêlaient aussi le français, l'italien et un peu l'anglais…

— Me voilà sauvé ! sourit Buckle.

Il se frotta les mains. L'enthousiasme le gagnait.

— Je regrette de moins en moins de ne pas vous suivre à *Mammoth Cave*.

— N'ajoutez rien, supplia Elizabeth d'un air faussement tragique. Pierre est à deux doigts de renoncer à ce voyage…

— N'y pensez pas. Je ne vous laisserai jamais entre les pattes du Minotaure !

*

Les jours suivants filèrent à une vitesse folle. Elizabeth et Pierre rentrèrent à Paris le jeudi 5 mars, l'urgence étant d'informer au plus vite Marinoni des soupçons pesant sur l'Entreprise pacifique.

— Si nécessaire, je ferai le relais entre vous et Buckle, déclara ce dernier.

Il s'enfonça dans son fauteuil.

— Que se joue-t-il en Suisse ?

— Nous le saurons, n'en doutez pas, promit Lefranc.

— Mesurez-vous ce que cela signifie ?

— L'espoir d'une édition spéciale à dix millions d'exemplaires…

Le journaliste essayait de plaisanter, mais le cœur n'y était pas.

— S'il s'agit d'un mauvais tour, nous dévoilerons la vérité, ajouta-t-il aussitôt. Quelles qu'en soient les conséquences.

— Je suis évidemment d'accord, conclut Marinoni.

*

Le 11 mars, sans autres nouvelles de Buckle, ils prirent le train pour Le Havre, le départ étant prévu le lendemain, à marée haute. À onze heures, ils arrivèrent au port. Les trois cheminées du paquebot *Lucania* de la Cunard Line écrasaient les bâtiments voisins, crachant d'impatience d'épaisses volutes de fumées noires qui voilaient le ciel azur. L'élégance du paquebot n'ôtait rien aux qualités marines du plus grand coursier des mers, détenteur du Ruban bleu. Ses moteurs à triple expansion – jamais d'aussi gros n'avaient été construits – faisaient entendre leurs grondements. Les forges gorgées de charbon et de vapeur se préparaient à attaquer l'Océan, et la ligne effilée du *Lucania* triompherait à coup sûr de tout ce qui voudrait s'opposer à sa marche, assurait le chef steward qui les conduisait aux cabines, expliquant encore, et non sans fierté, que les moteurs animés par cinq cylindres s'élevaient sur 47 pieds, de la salle des machines au cinquième pont.

— Vos malles suivent, annonça leur cicérone en ouvrant la porte de leurs deux cabines qui communiquaient entre elles.

Elizabeth baissa les yeux et rougit. Pierre fit mine de n'avoir rien vu. Les chambres des premières classes disposaient de lits doubles recouverts de soie, les salles de bains étaient alimentées en eau chaude, les terrasses donnant sur la mer, immense. Chaque détail symbolisait le luxe. Les murs lambrissés d'acajou, les portes-fenêtres cintrées de lourds rideaux de velours ouvrant sur une pergola meublée de solides transats sur lesquels reposaient des couvertures d'angora et, pour qu'aucun bruit, aucun tremblement des machines ne troublent leur sommeil, le sol était recouvert d'épais tapis. Pearson leur offrait le meilleur.

— Voici la liste des passagers, annonça le steward à ses hôtes.

La tradition voulait qu'il en soit ainsi, et c'était une façon adroite de lier des relations d'affaires ou privées, car le temps ne manquerait pas pour faire connaissance, et un contrat ou un futur gendre argenté pour une jeune fille de bonne famille se trouverait bien au cours des prochains jours… Lefranc sonda la liste alphabétique. Pearson n'y apparaissait pas.

— Encore quelques mots.

Le steward ne décollait pas.

— La tenue de soirée n'est pas exigée, et même peu souhaitable, le premier soir. Il en est de même le dimanche. Le capitaine Huggh's serait heureux de vous voir à sa table demain. Dîner à dix-neuf heures. Notre arrivée est prévue vendredi 20 mars. Sonnez ici, l'équipage de *Lucania* fera tout pour résoudre vos moindres désirs. Nous lèverons l'ancre dans une heure. Le déjeuner se tiendra ensuite dans la salle à manger que vous rejoindrez en empruntant le couloir sur votre droite. N'ai-je rien oublié ? Ah oui, ceci…

Il sortit de la poche de sa veste bleu sombre, ourlée de galons et de boutons dorés, une enveloppe cachetée.

— De la part de monsieur Pearson. Elle est arrivée ce matin. Il me reste à vous souhaiter une bonne traversée.

Le steward sortit. Lefranc ouvrit le pli.

L'ENTREPRISE PACIFIQUE
Société anonyme au capital
de 1 000 000 000 de francs suisses, ZURICH

Londres, le 7 mars 1896

À mon grand regret, une réunion importante avec nos associés américains de la côte est m'a obligé à avancer mon départ. J'embarque aujourd'hui à Southampton à bord du New York *de l'American Line. Je vous retrouverai au pied de votre passerelle le 20 mars. Bonne traversée.*

Votre fidèle Edward Pearson

— Voyez-vous, Elizabeth, ces nouvelles m'inquiètent, et pourtant, elles ne me déplaisent pas…

— Expliquez-vous, Pierre ?

— N'êtes-vous pas heureuse de profiter de ce palace flottant en ma seule compagnie ?

« Miss Tempête » s'approcha, l'enlaça, l'embrassa amoureusement.

— À mon goût, c'est un peu trop grand…

D'un énergique coup de pied, elle repoussa la porte séparant les deux cabines. C'est ainsi qu'ils manquèrent leur premier déjeuner à bord du *Lucania*.

La vie sur ce monument des mers était comme suspendue. Ce monde-là allait hors du temps, insensible en apparence au combat mené par les hommes pour échapper à la mort. Le désœuvrement, élevé en art de vivre, commandait aux passagers d'effacer pendant quelques jours toutes les péripéties pouvant nuire à l'harmonie générale. Qu'il vente, qu'il pleuve, que la mer se soulève et menace, qu'il vienne à surgir un iceberg au large de Terre-Neuve, rien ne devait ternir la croisière et, d'une table à l'autre, d'un salon au fumoir, jusqu'à la proue, seuls les sujets légers escortés de politesse, de références culturelles et de bons mots avaient cours. N'était-ce pas aussi une façon d'oublier le réel, de retarder le moment du retour aux choses vraies et dures quand New York se montrerait ? La mer avait ceci de paradoxal et de miraculeux : l'existence y semblait infiniment moins périlleuse que sur la terre ferme. Ainsi, l'étiquette imposait une règle non écrite que tous les passagers appliquaient de bonne grâce : aucun imprévu, aucune inconstance ne devait remettre en cause la parenthèse ouverte au Havre et qui se poursuivrait tant que la *Fortuna* le voudrait. Les heures s'écoulaient donc selon une trame immuable – promenade dos au vent, changement de tenue (deux à trois fois par jour), repas suivi de parties de cartes (bridge, whist, poker) ou de *shuffleboard*, un jeu étonnamment enfantin auquel industriels, financiers et gens bien nés se prêtaient à l'arrière du paquebot transformé en champ de bataille, livrant des duels acharnés sous les vivats de leurs pairs qui pariaient des sommes extravagantes. Un balai en main, sir Erik Felshifield, opposé au milliardaire américain Wattson, de Philadelphie, tentait de faire glisser un palet de bois dans le carré gauche d'une sorte de marelle taillée dans le teck de la poupe, côté tribord, le tout s'effectuant sous la pluie. Mais le dignitaire de la Chambre des lords n'aurait capitulé sous aucun prétexte, l'honneur de la nation victorienne dépendant d'un adroit mouvement du bras – qu'il réussit au premier coup, gagnant au passage dix mille dollars au cours d'une seule manche.

À l'instar du *shuffleboard*, tout était prétexte au pari. La vitesse du *Lucania*, la distance parcourue en un jour, carré d'as ou paire de valets à la table de poker, la tenue du matin de la comtesse Ivaritch (soie ou laine ?), la couleur qu'elle choisirait pour le dîner, le nombre de rangs du collier de perles qu'elle porterait, le nom des invités à la table du capitaine...

*

Pierre et Elizabeth ne se plaignaient pas du spectacle. Ils avaient cédé aux charmes inexplicables du *Lucania*, oubliant parfois ce qui les attendait à New York. Et ce soir, c'était mardi, ils se rendaient à la salle à manger comme des habitués. Le menu, distribué avec le journal imprimé chaque jour pour livrer les dernières nouvelles du petit pays du *Lucania*, annonçait ceci : hors-d'œuvre variés, huîtres, assiette de saumon garnie de tranches de concombre, filet mignon ou viande rouge ou les deux pour l'affamé, foie gras pour l'acharné, *Waldorf pudding* pour finir, accompagné d'éclairs à la vanille, au chocolat, de crème glacée française. Le tout servi à partir de dix-neuf heures, le thé de l'après-midi, aussi généreusement garni, étant à peine digéré. La salle de réception de la première classe était le joyau du *Lucania*. Sur 10 pieds de haut, 98 de long et 63 de large s'étalait tout le luxe du transatlantique. La pièce était baignée de lumière par la grâce d'un puits percé dans les trois ponts supérieurs. Les murs d'acajou et d'ivoire étaient ornés de pilastres magnifiant le plafond d'or et de blanc. Dans ce monde fabuleux, Wildcat semblait loin...

Ce mardi, donc, le maître d'hôtel, un Français, avait placé miss Storm et monsieur Lefranc à la table d'un couple d'Américains.

C'était une façon habile de favoriser les relations fécondes entre gens supposés égaux et nécessairement de bonne compagnie. Invité par monsieur Pearson, le jeune couple franco-anglais appartenait forcément à la caste, et se désister aurait paru étrange, voire suspect. Leur souhait était bien sûr de rester seuls, mais, faisant contre mauvaise fortune bon cœur, ils s'étaient pliés aux usages du *Lucania* afin de ne pas se distinguer. Les présentations avaient été rapides. Pearson était une solide référence, une sorte de laissez-passer. Richard Jefferson, magnat de l'industrie textile de la côte ouest des États-Unis, le connaissait et l'appréciait. L'éloge appuyé qu'il avait fait de Pearson avait poussé Elizabeth et Pierre à se montrer encore plus prudents. Ils travaillaient, avaient-ils dit, en relation avec lui – ce qui était en partie vrai. C'était d'ailleurs l'objet de ce voyage puisqu'ils le rejoignaient à New York. Il y eut bien quelques échanges afin de vérifier leur « degré d'intimité », eux n'ayant aucun mal à décrire le bureau du banquier. L'industriel américain demanda alors comment diable Pearson faisait-il pour être si bien vêtu ? John Lobb pour les chaussures, répondit sans hésiter Elizabeth – et Savile Road pour les costumes, ajouta Pierre. Restait à savoir ce qu'ils comptaient faire en Amérique. Lefranc répondit sans hésiter qu'ils rejoignaient *Mammoth Cave*. Jefferson plissa les yeux.

— *Good idea, dear friends…*

Ils étaient entre amis – et pouvait-il en être autrement pour ceux qui partageaient le luxe de la première classe du *Lucania* ?

— Et vous, se lança Lefranc, comment connaissez-vous Edward ?

Jefferson, désormais en confiance, n'hésita pas :

— *Peaceful Enterprise.*

L'Entreprise pacifique… Lefranc mourait d'envie de poursuivre l'interrogatoire. Quel rôle jouait l'Américain ? Il ne fit que hocher la tête de haut en bas d'un air entendu. Une attaque trop directe risquait de briser le semblant de complicité que le journaliste français s'efforçait de créer. D'ailleurs, pourquoi en dire davantage puisque l'un et l'autre, des initiés, étaient censés parler le même langage. Plus tard, lorsque le dîner serait bien entamé, le vin ayant agi, il y reviendrait discrètement. Prudemment… Mais il n'eut pas besoin de plus de ruse pour tromper son vis-à-vis.

— Demain, le monde que nous préparons ressemblera au *Lucania*, lâcha soudainement Jefferson d'un ton triomphal.

Il leva son verre de champagne pour porter un toast, embrassant d'un geste circulaire la salle composée de nantis et de gens protégés.

— Ce qui s'organise nous garantit un bel avenir…

Mais la houle, soudain forte, mit fin à l'allégresse de Jefferson. Saisissant l'occasion, Pierre et Elizabeth désertèrent la table.

Pour d'autres raisons, eux aussi avaient le ventre noué.

24

La tempête s'était levée dans la nuit de mardi à mercredi et n'avait plus lâché prise. Le lendemain et les jours suivants, les passagers avaient vécu reclus, désertant ponts, coursives, salle à manger, jeu de *shuffleboard*, renonçant même à parier sur les tenues de la comtesse Anna Ivaritch. Grâce à quoi Elizabeth et Pierre n'avaient plus croisé Jefferson, mais ses paroles ne les quittaient pas : « Le monde que nous préparons ressemblera au *Lucania.* » Un tel avenir était aux antipodes des futures *Agoras*, austères et spartiates. La société égalitaire prônée par l'Entreprise pacifique n'existait pas en première classe. Jefferson, qui avait montré combien il aimait les plaisirs capiteux, était-il prêt à renoncer à l'opulence ? Lefranc n'y croyait pas. Les paroles sibyllines du milliardaire lui faisaient penser à celles d'un conspirateur maîtrisant d'avance les règles et se servant du pouvoir pour les tourner en sa faveur. Et puisqu'il n'avait pas la tête du philanthrope, que préparait-il ?

*

Le 20 mars, à dix heures du matin, la jeune statue de la Liberté se montra, symbole d'un pays qui savait ce qu'il devait à l'Ancien Monde. Le monument avait été sculpté par Bartholdi à l'initiative de la France, patrie des droits de l'homme. Qu'allaient offrir en retour Jefferson et ceux de sa caste ? Le richissime américain s'était affiché à la proue alors que le *Lucania* approchait des quais de Manhattan. Le capitaine avait fortement réduit la vitesse afin que les remorqueurs se jumellent à la manœuvre. La mer s'était calmée, l'excitation grandissait sur le pont supérieur. Le retour à terre était le dénouement d'une traversée contrariée en partie par la sarabande océanique des derniers jours. Les avis étaient partagés, on se plaignait de ne pas en avoir eu pour son argent, mais New York se présentait sous le soleil, et, tandis que les stewards invitaient les passagers à emprunter les passerelles, le débarquement des malles s'organisait sur le quai.

Pierre et Elizabeth observaient Jefferson allant en tête à grands pas, cherchant des yeux sa calèche. Pour les natifs, les formalités furent rapidement expédiées par les services d'immigration. La première classe bénéficia du même traitement. Lefranc répondit aux questions d'usage. Que venait-il faire, où logeait-il, qui rencontrerait-il ? L'Entreprise pacifique servit de sésame, la paperasserie fut tamponnée, *idem* pour Elizabeth. Ils foulèrent bientôt le sol américain.

Comme promis dans sa lettre, Pearson les attendait à la sortie du débarcadère de la Cunard Line, mais il n'était pas seul. Jefferson lui tenait compagnie, et leur conversation était agitée. Edward Pearson ne cachait pas sa contrariété. Il moulinait l'air avec les bras, parlait fort, tançait l'homme d'affaires… Dès qu'il aperçut ses invités, il recouvra son calme.

— Je ne vous présente pas monsieur Jefferson, je crois que vous le connaissez. Avez-vous fait bon voyage ?

Pearson s'efforçait de paraître serein, mais ce n'était pas le cas de Jefferson. Lui regardait méchamment Lefranc.

— Je vous ferai signe, brisa là le banquier.

Il serra la main de l'Américain, qui tourna sèchement les talons.

— Que lui arrive-t-il ? fit mine de s'étonner Elizabeth.

— Un malentendu, hésita Pearson.

— De quel ordre ? insista-t-elle.

— Sans importance, je vous dis.

Et puisque cela semblait l'être, elle haussa les épaules.

— Pierre, savez-vous où sont passés nos bagages ?

Pour elle, le sujet était clos. Pearson lui-même donna l'impression de s'en désintéresser.

— La croisière s'est-elle bien déroulée ?

— Excellemment, répondit Lefranc. À l'exception d'une tempête qui nous a justement obligés à quitter la table de monsieur Jefferson…

— Il me l'a dit. Oublions-le, à présent.

— Merci pour votre délicieuse attention, cher monsieur Pearson, roucoula miss Storm. La première classe, quel beau cadeau !

— Tout le plaisir fut pour moi, s'inclina-t-il.

Le charme d'Elizabeth agissait, ce qui avait le don d'agacer Pierre Lefranc.

— Un regret, cependant…

Pearson se raidit de nouveau.

— Vous nous avez manqué.

— Eh bien, j'en suis désolé. Et ravi, d'une certaine façon…

Il voulut prendre sa main.

— Une réunion importante, écriviez-vous, dit-elle en s'écartant. Et fut-elle profitable ?

Le regard appuyé de Lefranc fit comprendre à Pearson qu'il valait mieux en rester là.

— Oui, merci, répondit-il sobrement, renonçant aux idées qu'il se faisait.

Il héla un porteur et lui montra de loin sa voiture.

— Voici le programme. Nous prendrons le train pour Washington dans… (il consulta sa montre) une heure. Il ne faut donc pas s'attarder. Arrivés dans la capitale fédérale, il vous sera impossible de visiter car la correspondance pour Louisville dans le Kentucky part dans la foulée. Un souper sera servi. Ce train est confortable, les couchettes spacieuses, les cabines disposent de cabinets de toilette. Nous y camperons deux jours et deux nuits. Terminus le 23 mars, en fin de journée. 80 miles nous sépareront alors de *Mammoth Cave*. Une voiture nous y conduira le lendemain. Au soir du 24 mars, vous découvrirez à quoi ressemblera une *Agora* dans quelques années…

Pearson avait changé du tout au tout. Il se montrait enjoué, ravi, charmeur, comme excité par ce long périple. Jouer les guides avait l'air de lui plaire. Du moins, tant qu'il s'adressait à Elizabeth Storm.

— En route !

Les malles furent chargées dans une voiture tractée par un alezan. Une demi-heure les séparait de Grand Central Depot, la gare ferroviaire de New York. Le train 8793 de la Louisville & Nashville Railroad partit de la voie 3, à treize heures huit.

*

Le voyage jusqu'à Louisville devint vite un calvaire pour Pierre Lefranc. Pearson ne lâchait pas Elizabeth, la raccompagnant à sa cabine après les repas, veillant à ce qu'elle y soit enfermée à double tour, se glissant dans le rôle du chevalier servant – celui du goujat ! enrageait son rival, installé dans le wagon suivant quand l'autre voisinait avec sa chère et tendre… Qui ne s'était en aucune manière opposée à cet éloignement forcé. Ce sacrifice, prétendait-elle, était le prix à payer pour serrer au plus près Pearson afin d'enquêter. Sur quoi encore céderait-elle ? Excédé, Pierre avait obtenu une entrevue quasi secrète avec elle le samedi après le dîner. Et pour qu'il cesse de gratter à sa porte, elle avait entrouvert.

Lui s'était glissé d'autorité.

— Restez debout ! chuchota-t-elle.

— À quoi bon ces messes basses ?

— Moins fort, je vous dis. « Il » est à côté…

Pierre ferma les yeux dans l'espoir de chasser la scène crapuleuse qui se jouait dans sa tête et le hantait depuis le départ.

— Combien de temps dureront ces simagrées ?

— Le temps qu'il faudra.

— Vous ne saurez rien de plus. À moins de lui offrir ce qu'il veut !

— Pierre, je vous prie de cesser ces allusions déshonorantes !

— Ça crève les yeux ! « Il »...

Elizabeth s'approcha et l'embrassa tendrement.

— Je vous adore, mais votre jalousie est fatigante. Me voyez-vous en femme frivole ?

— Bien sûr que non, Elizabeth, mais...

— Que signifie ce « mais » ? C'est injustice de douter de moi. Je vais donc être claire... Accordez-moi votre confiance sans détour, et n'y revenons pas. Vous m'obligeriez sinon à revoir ma position à votre sujet. Sommes-nous d'accord ?

— Pearson me rend fou !

— Ce n'est pas une raison pour manquer de considération à mon égard. À moins de nous mettre, lui et moi, dans le même sac...

Un sac, avait-elle dit. Dans lequel leurs deux corps se pressaient ?

— Je vous en supplie. Renoncez à cette idée, la supplia-t-il.

— Cessez les enfantillages, Pierre. Écoutez plutôt ce que j'ai appris sans qu'il fût nécessaire de m'approcher de ce personnage détestable.

*

Avant le dîner, prenant pour prétexte que le repas était annoncé, Pearson s'était présenté à sa porte. Lui n'était pas entré, acceptant de parler de loin puisqu'elle lui en donnait l'ordre, et elle le torturant encore en le faisant attendre cinq bonnes minutes, délai qu'elle avait mis à profit pour soigner une dernière fois sa coiffure afin de paraître à son avantage – un détail qu'elle s'était gardée de partager avec Pierre. Resplendissante, elle avait surgi, refermant aussitôt la brèche entrebâillée afin de bien faire comprendre que la suite se tiendrait dans le couloir.

— Certains hommes que je connais auraient tenté de franchir le Rubicon, dit-elle d'une voix charmante, en sachant pertinemment qu'elle attisait la braise. Tous n'ont pas votre élégance.

— De grâce, avait-il rétorqué en bombant le torse, citez-en un que je lui fasse un sort…

— Jefferson. Sur le quai, il a tourné les talons sans même un salut.

Le banquier, si adroit, en était resté coi. À moins que l'apparition de la divine ne lui ait fait perdre une partie de ses moyens. Elle posait, fragile et désirable, les cheveux tirés en arrière, noués par un chignon exhaussant ses yeux verts. Sa taille fine était cintrée dans une robe aux reflets mauves. À l'évidence, se disait Pearson, quelle maladresse de ne pas avoir prêté attention à une jeune femme si attirante. Sans trop réfléchir, il répondit :

— Il faut pardonner son caractère. Le milliardaire américain pèche parfois par manque d'éducation. Je vous accorde qu'il fut un peu brutal.

— Mais enfin, implora-t-elle, que lui ai-je fait ?

Sa bouche pulpeuse, ses yeux innocents l'interrogeaient. Jefferson avait parlé de Lefranc, c'était lui le questionneur. Pas elle…

— Vous, rien, répondit-il en pensant plaire. Jefferson se méfie en revanche de la curiosité des journalistes.

— Grand Ciel, savez-vous pourquoi, monsieur Pearson ?

La candeur avec laquelle elle s'en étonnait le désarçonna. L'ange blond qui le dévisageait était forcément naïf et même innocent. Il en était soudainement si persuadé qu'il se crut capable de l'interroger à son tour – en somme, de prendre la main – afin d'en apprendre plus sur le Français. Et, convaincu d'agir avec finesse, il se lança d'un coup :

— Cet ami américain craint de s'être trop livré.

Lui-même ne venait-il pas de le faire ? Pris d'un doute, il durcit le regard afin de percer les pensées intimes de la tentatrice.

— Livré sur quoi ? Que voulez-vous savoir ?

La diablesse ne cédait rien. Pire, elle dirigeait les débats. Pearson décida de rester muet dans l'espoir qu'elle se trahisse.

— Qu'a-t-il donc de si important, ce monsieur Jefferson ? insista-t-elle. Moi, je n'en sais rien. Nous avons eu le temps de porter un toast et de dire tout le bien que nous pensions de vous. Puis la houle s'est levée, et nous avons quitté la table. Il n'y a rien à ajouter. Et c'est si vrai que je serais bien embarrassée si vous me demandiez ce qu'il… fabrique. Sont-ce des tricots ?

— Il habille surtout l'armée américaine, répondit-il à regret.

— Voilà qui est fort banal. Inutile d'en faire des mystères.

— Rien d'autre ne vous a étonnée, pas même lorsque Pierre Lefranc et lui ont échangé ? tenta-t-il de nouveau.

— Y a-t-il quelque chose que j'aurais oublié ?

Elle fit mine de chercher.

— Désolée, cher inspecteur, le témoin ne s'en souvient pas… Alors, qu'attendez-vous pour lui offrir votre bras ? Il meurt de faim…

Le repas s'était déroulé comme si rien ne s'était passé, elle n'avait fait aucune allusion à leur discussion, campant le rôle de la femme légère et insouciante pour qui les choses sans importance allaient et venaient puisqu'elle n'avait rien à cacher. Prétextant la fatigue, elle s'était retirée avant le dessert, non sans adresser un regard insistant à Pierre qui avait rongé son frein, s'obligeant à partager un brin de conversation avec Pearson avant de filer jusqu'au compartiment d'Elizabeth.

*

Pour que Pierre ne prenne pas ombrage, son compte rendu avait été édulcoré. Elle s'en était tenue à l'essentiel, passant sous silence ce qui aurait pu l'irriter. L'essentiel, c'était ceci, chuchotait-elle à présent à son oreille. Leurs craintes se confirmaient. Jefferson et Pearson étaient de mèche, complices à coup sûr. Mais quel secret partageaient-ils ?

— Hölloch ? proposa Lefranc dans un murmure.

— Il faudra patienter… Comme pour le reste, dit-elle en posant un baiser sur ses lèvres. Rentrez vite dans votre cabine.

Elle le poussa dehors. Rien n'aurait pu la faire changer d'avis.

Le voyage vers le Kentucky n'en finissait pas. Les paysages défilaient. Aux immenses forêts de Virginie succédaient les exploitations agricoles gouvernées par la culture de ce tabac qui avait tant joué dans la guerre de Sécession. La température ne cessait de monter. Le 22 mars, à midi, le *captain* du train, un ancien confédéré à qui il manquait le bras gauche perdu au siège de Vicksburg, annonça 73 degrés Fahrenheit, soit près de 23 degrés Celsius. Johnny Reb, on le surnommait ainsi comme ses coreligionnaires, annonça que cette poussée de chaleur ne durerait pas. À Cincinnati, dans l'Ohio, le thermomètre chuta en effet brutalement. Le trajet jusqu'à Indianapolis se fit même sous la neige, et ces changements brutaux de climat et de topographie étaient à l'image d'un pays de taille continentale. Pierre songeait que ce monde étourdissant de richesses et de contrastes risquait de disparaître dans trente années si l'Entreprise pacifique échouait. Vingt-neuf années, corrigea-t-il en grimaçant. Il avait hâte de parvenir à *Mammoth Cave*. Et, plus encore, de retrouver Buckle.

*

Le temps s'était remis au beau. La température avoisinait les 70 degrés Fahrenheit. Les trois voyageurs quittèrent sans regret le train de la Louisville & Nashville Railroad. Une voiture les attendait, tout était idéalement organisé. Le cocher, un homme sans âge portant un vieil uniforme gris des confédérés, les conduisit sans un mot jusqu'à leur hôtel, situé au centre de Louisville. On ne débarqua que le strict minimum. Un repas arrosé de bourbon – la boisson apparemment locale – fut servi dans un salon privé. Pearson était connu. Comme chez lui. Il commandait, on exécutait. Patron, serveurs, même certains clients, tous savaient à qui ils avaient affaire.

Le 24, peu avant l'aube, le cocher se présenta dans la même tenue poussiéreuse. Elizabeth ne tarda pas à comprendre pourquoi le gris était de rigueur. La route était un chemin desséché par le vent tourbillonnant en rafales. Le fleuve Ohio apporta un peu d'humidité jusqu'au village de West Point où l'on changea de chevaux et prit un en-cas frugal dans une auberge qui avait appartenu à James Young, un colon du siècle dernier. Ils reprirent la route vers le sud. Fort Knox, Radcliff, Elizabethtown… les escales se multipliaient. La nuit vint à hauteur d'Upton. Chacun était muré dans le silence. Pearson supportait mal de ne pas attirer l'attention d'Elizabeth qui, elle, prétendait être épuisée pour ne pas avoir à mentir. Pierre espérait le moment où il se libérerait de ce huis clos étouffant.

La route devint difficile. La suite reposait sur la confiance que le cocher accordait aux bêtes allant d'un pied ferme, contournant les pièges en suivant les traces faiblement éclairées par un croissant de lune d'un convoi précédent. Le chemin, perdu au milieu de rien, semblait ne mener nulle part, quand, en sortant d'une ligne droite, le sol se raffermit. Plus de bosses ni de trous. La chaussée était recouverte de pierres. Devant, la route brillait comme en plein jour et l'air se chargea de nuées noires de plus en plus épaisses. Soudain, un vacarme fit trembler la voiture. À 1 mile, on livrait une bataille acharnée. Le canon s'entendait, les armes croisaient le fer, la cavalerie chargeait. Qu'arrivait-il ? Pearson souriait, l'inquiétude de ses hôtes l'amusait.

— Patience, nous y sommes, dit-il sans mettre fin à leur tourment.

À la boucle suivante, en débouchant au sommet d'une colline, la scène se dévoila. Dans le creux d'une vallée infinie, se jouait un spectacle dantesque. Un volcan en fureur vomissait la lave et crachait le feu. Les éléments en fusion s'enroulaient et s'envolaient vers un ciel sans étoiles, les miasmes gorgés de suie exhalaient leur aigreur et, poussés par le vent, piquaient le nez, entraient dans la gorge, descendaient dans les poumons. Au milieu de cet enfer, des centaines, des milliers de fantômes humains, encerclés par la fumée, manœuvraient, les outils en main.

— Bienvenue à *Mammoth Cave*, déclara Pearson.

Ce qu'il contemplait, bras croisés sur le ventre, était le cœur à ciel ouvert d'*Agora 1*.

25

La route conduisant à *Mammoth Cave* s'achevait par une voie très longue bordée des deux côtés de baraquements en bois parfaitement semblables, encadrés de lampadaires fonctionnant à l'électricité. Pearson précisa que les ouvriers logeaient dans ces bâtiments, chacun accueillant quatre-vingt-seize hommes répartis dans huit chambres de douze lits auxquelles s'ajoutaient six douches et une pièce commune pour prendre les repas. Le morne alignement n'en finissait pas. Pierre Lefranc compta une centaine de blocs avant de renoncer. La traversée effectuée de nuit était lugubre. Pas une âme, pas un feu ; ne s'entendait au loin que le tumulte du chantier. Les espaces privés, poursuivait Pearson, se répartissaient dans un carré de 10 000 hectares. Des allées de 10 mètres de large, tracées d'un bout à l'autre, divisaient le territoire en dix quartiers de 1 000 hectares. Un quart du casernement était aménagé à ce jour, et il s'étendrait jusqu'à pouvoir héberger cent mille travailleurs.

Depuis qu'ils allaient dans la plaine, le brasier aperçu au sommet de la colline conduisant à *Mammoth Cave* se repérait grâce à son halo de lumières perçant la nuit d'encre, et il servait d'amer. Cette bouche de feu était l'entrée de l'immense réseau de grottes et de galeries enfouies sous la terre qui abriterait à terme douze millions de personnes. Trois équipes de cinq cents ouvriers s'y relayaient sans cesse. Non loin s'achevait la construction du haut-fourneau où 1 000 tonnes d'acier seraient fabriquées à la fin de l'année, avait précisé le représentant de l'Entreprise pacifique sur un ton où la fierté voisinait avec l'arrogance. L'impatience le gagnait, il frappa du poing sur le toit de la voiture pour presser le cocher. Le chantier se trouvait à 5 miles.

Depuis six mois, un contingent de mille cinq cents mineurs américains et européens œuvrait sans discontinuité, agrandissant les cavités naturelles de *Mammoth Cave*, les reliant entre elles, en creusant de nouvelles, ouvrant des voies qui seraient consolidées et charpentées par l'acier bientôt produit sur place. Pour l'heure, les poutrelles arrivaient par des barges halées sur la *Green river*, voisine de *Mammoth Cave*. Un convoi sans fin de chariots tirés chacun par huit chevaux prenait le relais à 1 lieue de l'*Agora*, apportant chaque jour sa manne de métal. D'ici peu, dix mille travailleurs rejoindraient la cité laborieuse et, pour leur fournir du travail, le haut-fourneau serait alimenté directement par les mines de charbon du sud-ouest du Kentucky. La Louisville & Nashville Railroad achevait la construction d'une voie de chemin de fer reliant Louisville à *Mammoth Cave*. Trois mille coolies des terres agricoles voisines du Bluegrass avaient été détachés. Ils terrassaient. 60 miles de rails étaient déjà posés. La ligne fonctionnerait dans trois mois.

— À votre prochaine visite, vous irez directement de Washington à Louisville sans changer de voiture, claironna Pearson.

En moins d'une heure, le temps de rejoindre le camp au plus près de l'entrée principale d'*Agora*, il avait partagé assez d'informations pour noircir dix pages du *Petit Journal*, abreuvant Lefranc et le noyant aussi. Mais, en dépit d'un récit décousu et piqué de superlatifs – la fatigue et le manque de repères topographiques aggravant le désordre des idées –, se dessinait un tableau épique et immense, une symphonie fracassante d'où émergeaient le génie et la colère des hommes d'*Agora 1* décidés à se battre pour conjurer le sort et triompher de Wildcat.

— Cette nuit, nous en resterons là...

*

Malgré l'impatience qui chassait l'épuisement, Elizabeth et Pierre ne purent en voir davantage. La voiture s'arrêta à la limite méridionale du cantonnement, dans le carré réservé aux membres de la direction et aux invités. Le seuil de l'*Agora* se trouvait à 500 mètres, barré par des grilles impressionnantes. Le bâtiment où ils logeraient était isolé, sans lien avec les autres, à la différence de l'organisation générale. Le cocher descendit les bagages, Pearson les accompagna jusqu'à leurs chambres, plutôt grandes, précisant qu'elles étaient identiques à celles qu'occupaient les responsables de chantier, les délégués des entreprises sous-traitantes, le personnel administratif, notamment les comptables et leurs commis chargés de payer les milliers d'employés de l'Entreprise pacifique. Douze mille au total, annonça Pearson, en comptant l'entretien, la maintenance des installations, le service médical, l'avitaillement, le secrétariat, les cochers (rien qu'eux étaient trois cents), les cuisines, les gardes chargés de surveiller les lieux et d'assurer la sécurité. Le règlement était placardé à l'entrée des bâtiments et sur la porte des chambres, y compris celles des invités. Le shérif McStroughton, un Irlandais qu'ils ne tarderaient pas à rencontrer, lui et ses quatre-vingt-dix seconds, infatigables patrouilleurs, assurait la police intérieure... L'intarissable banquier poursuivait sa leçon, quand, enfin, il réclama l'heure à sa montre.

— Minuit passé... La nuit sera courte. Permettez-moi de me retirer. Je dors dans un autre baraquement.

Les bruits sourds du chantier s'entendaient à travers les murs. Un cœur solide, massif, puissant qui égrenait chaque seconde restant avant le surgissement de Wildcat.

— Qui sont nos voisins ? demanda encore Pierre, bienheureux de ne plus avoir à subir, pendant quelques heures, l'insupportable Pearson.

— Il n'y a que vous. Nos premiers invités, répondit-il en jetant un regard appuyé sur Elizabeth. Je vous conseille d'éteindre vite, la journée de demain sera chargée.

Il fit demi-tour et disparut, les abandonnant aux grondements de *Mammoth Cave*.

Avant de trouver, non sans mal, le sommeil, Lefranc lut le règlement, découvrant que l'alcool était prohibé, la grève, les rixes aussi – l'absentéisme n'étant admis que dans le seul cas d'une blessure certifiée par le service médical. Un juge, Malthus, tranchait sans appel possible, selon la loi impérieuse de l'Entreprise pacifique : l'exclusion immédiate et l'interdiction pour le condamné de travailler sur les futurs chantiers des *Agoras*. Lefranc songeait aux promesses énoncées à la création de l'Entreprise pacifique. Labeur et capital travaillaient-ils vraiment « main dans la main » ?

*

C'était l'un des thèmes qu'il avait abordés avec Edward Pearson, le lendemain. La course contre le temps, avait grimacé ce dernier, imposait un régime dont lui-même regrettait les effets. L'épée de Damoclès que représentait Wildcat expliquait cette organisation aux allures… « quelque peu martiales ». Puis, reprenant ses airs de matador, il avait ajouté :

— Des milliers de candidats attendent impatiemment leur tour.

Pour offrir leur sueur et leur sang ? Le journaliste français n'avait pas osé aller jusque-là. Ce n'était pas en le braquant qu'il nourrirait l'enquête.

La journée avait débuté à l'aube par un petit déjeuner pris dans la salle commune réservée à l'encadrement. Les présents étaient peu diserts. Ils jetaient des regards inquisiteurs aux deux invités. À l'évidence, tous savaient à qui ils avaient affaire, mais la consigne ordonnait de les ignorer. À six heures, les cloches sonnèrent, le mouvement fut général, la dispersion immédiate. Chacun partit à son ouvrage. Dehors, des hommes rentraient du travail, d'autres s'y rendaient. Des cortèges de pas lourds, de têtes enfoncées dans les épaules se croisaient devant les baraquements. Les saluts étaient rapides. Certains s'attardaient sur les terrasses dans des fauteuils à bascule si fréquents dans les États américains du Sud, d'autres allaient se coucher. Elizabeth et Pierre prenaient la mesure des lieux depuis le quartier, sommaire et fonctionnel, réservé à la caste dirigeante. De ce point d'observation stratégique, ils devinaient l'accès à l'*Agora* par une méga-doline creusée dans le calcaire, la pierre tendre dont était composé le sol et qui avait décidé de l'emplacement de la cité souterraine.

Ils n'eurent guère le temps de s'intéresser davantage aux allées et venues. Pearson leur présenta le directeur du chantier, l'ingénieur Üschen Stoltz, un Alsacien d'environ cinquante ans, sec comme un cotret dont le caractère trempé ne tarda pas à se montrer. Formé à l'école nationale des Ponts et Chaussées, Üschen Stoltz était aussi raide que précis. Ne fallait-il pas ces qualités pour mener à terme l'édification pharaonique d'*Agora* ? Confronté lui aussi au temps, aux éléments, aux caprices de la nature, à ceux des hommes, forcé de réaliser d'innombrables exploits techniques, il était pressé et, par nature, avare de mots, au point que ses réponses dépassaient rarement dix syllabes. Diamètre de la méga-doline – 102 mètres –, profondeur atteinte – 852 pieds –, cubage des gravats évacués – 18 000 mètres cubes –, nombre de poutrelles posées – hier, à vingt-trois heures et quatre minutes, mille sept cent quatre… Les faits et les chiffres tombaient avec précision, la sincérité lui ordonnant de dire la vérité : ils étaient en dessous du plan de marche.

— La planification décrète, mais ignore le terrain, dit-il, dans ce qui, pour lui, était une longue phrase. Il est difficile d'inventer un nouveau monde sans repères.

— Eh bien, monsieur l'ingénieur, tenta de plaisanter Pearson, est-ce un jour où le pessimisme vous assaille ? Si les secondes filent trop vite, ne perdez pas un instant à vous lamenter. Et montrez-nous plutôt votre chantier.

Pearson était déjà debout. Stoltz glissa sous un coude le rouleau de plans qu'il s'apprêtait à dévoiler. La voiture du shérif McStroughton, un géant de 6 pieds, les attendait devant. Le fouet claqua, les grilles du chantier s'ouvrirent.

Stoltz profita du trajet pour expliquer la composition du sol. Cette région du Kentucky était donc appelée « Bluegrass ». Formée en partie de collines basses, elle tenait son nom de la couleur bleue des épis d'un pâturin, une herbe poussant en abondance dans les prairies. Dessous, le calcaire agrégé par le dépôt de fossiles laissait supposer qu'une mer avait recouvert ces plaines et ces vallons bien avant l'apparition de l'homme. La rivière Kentucky expliquait la création des galeries de *Mammoth Cave*. L'eau avait cherché sa voie, creusé dans la roche soluble. Le plus gros du travail était donc l'œuvre de la création. Les fondations existaient et, pour ne rien gâcher, les rivières souterraines y avaient fait leur lit. L'eau, il y en avait partout, en quantité prodigieuse. On pouvait la stocker, la canaliser, récupérer celle du fleuve Ohio, créer des réservoirs, recycler… et bientôt les visiteurs mesureraient *de visu* les premiers résultats obtenus.

— Les mines de charbon expliquent aussi la sélection de *Mammoth Cave*, s'immisça Pearson. À l'ouest et au sud-ouest du Bluegrass, il existe un filon inépuisable.

Puisque tout semblait dit, l'ingénieur Üschen Stoltz n'ajouta rien sur le sujet, pas même qu'il doutait du caractère « inépuisable » du filon… La mission exploratoire de l'Entreprise pacifique avait donc bien travaillé. En quelques mois, un lieu répondant aux critères principaux des *Agoras* avait été trouvé : volume, espace, profondeur, approvisionnement local en énergie, accessibilité, main-d'œuvre disponible sur place pour lancer le projet, terres agricoles voisines afin de nourrir les hommes du chantier, existence d'industries capables de fournir les besoins secondaires – bois, ciment, cuivre, plomb, lampes électriques, caoutchouc, pétrole, etc. Tout fonctionnait en apparence. Une question, toutefois, dérangeait Elizabeth. Cent *Agoras* devaient être construites en moins de trente ans. Où se bâtiraient les autres ? Pearson avait de nouveau évacué le sujet dans le train les conduisant à Louisville. *Mammoth Cave* était un test permettant d'analyser – et de surmonter – les difficultés. Ce modèle serait ensuite reproduit à l'infini. Il prétendait connaître une cinquantaine de sites dont les noms restaient secrets pour ne pas créer de faux espoirs. Et combien il était tentant de demander si Hölloch en faisait partie ! Mais Elizabeth se taisait. Ils arrivaient à *Agora 1*.

*

Mammoth Cave s'étendait sur 200 kilomètres carrés. En prolongeant les cavités les plus intéressantes, l'objectif était de parvenir à 300 kilomètres carrés, uniquement pour les habitations. Un tiers en plus serait nécessaire pour la production d'énergie, la fabrication de biens courants, tels les vêtements ou encore le recyclage. Sur l'alimentation, rien n'était dit. Pearson ménageait sa surprise. L'entrée dans l'*Agora* s'effectuait par une voie en pente douce conduisant à un premier degré dédié au stockage des outils. S'y entassaient une montagne de poutrelles d'acier, de traverses en bois, des échafaudages prêts à être montés, des bennes chargées à ras bord de déchets, des pelles, des marteaux, des fourches, des pioches, des lampes de mineurs par centaines… La lumière naturelle pénétrait dans l'immense salle par la méga-doline, mais des ampoules, reliées entre elles à l'aide d'un câble fixé aux parois, éclairaient la scène. Stoltz précisa que, ainsi, le passage du jour à la nuit ne se ressentait pas. On oubliait la fatigue et les heures, la cadence restait constante. Une centaine d'ouvriers s'activaient, chargeant et transportant les matériaux sur des wagonnets qu'ils poussaient à deux dans une galerie menant plus bas, quand d'autres les remontaient à vide. Stoltz passa rapidement sur ce qui s'apparentait à l'antichambre d'une mine traditionnelle et détailla en revanche la méga-doline, précisant qu'elle deviendrait par la suite une gigantesque issue de 300 mètres de diamètre, cerclée d'acier et fabriquée dans un verre très résistant afin d'observer l'extérieur et d'accéder à l'air libre – si cela était encore possible après Wildcat.

— Dix autres immenses trouées seront aménagées à la surface de l'*Agora*, intervint une fois encore Pearson.

Stoltz serra les dents. Lui savait ce qui était possible ou non.

Le groupe s'engagea dans le couloir descendant. De chaque part de l'allée centrale montaient et descendaient inlassablement des chariots. Après une demi-heure de marche, l'ingénieur indiqua qu'ils se trouvaient 100 mètres sous terre. La température baissait, l'humidité augmentait. Qu'était-il prévu pour le chauffage ? Stoltz répondit que l'énergie des centrales à charbon serait recyclée en eau chaude collective. L'éclairage était suffisant pour apprécier la nature des travaux. Les parois avaient été grossièrement tailladées au fer afin d'élargir le passage de 20 pieds. Si l'aspect fini restait ainsi, l'*Agora* serait sinistre, songea Elizabeth.

Bientôt, le boyau se divisa en quatre galeries construites en étoile. Stoltz indiqua celle de droite. Cent pas plus loin, ils débarquèrent dans une salle immense où dix ouvertures avaient été creusées sur 10 mètres de profondeur. À terme, chacune deviendrait une allée conduisant à un nouveau carrefour en étoile, les logements s'organisant alors par zone ou quartier, selon un maillage régulier. Dans la première salle, des centaines d'hommes abrasaient le plafond, haut de 40 pieds, pour l'élever encore, quand d'autres excavaient les parois à grands coups de masse afin d'élargir la surface au sol. Le volume ainsi gagné, précisa l'ingénieur, permettait de combattre le sentiment d'étouffement que l'on ressentait sous terre et dont Lefranc subissait les premiers effets. Stoltz déroula le plan, invitant Pierre et Elizabeth à s'approcher.

— C'est l'une des mille places publiques qui seront aménagées. La superficie sera de 2 hectares.

Celle-ci en faisait moins de 1.

— En combien de temps comptez-vous la doubler ?

— Un an, miss Storm. Mais c'est l'une des plus faciles...

Le pessimisme – ou le réalisme – de l'ingénieur agaçait Pearson.

— Montrez plutôt le résultat, une fois la salle aménagée !

Üschen Stoltz s'exécuta. L'esquisse en couleurs figurait un espace aussi lumineux qu'en plein jour, décoré avec soin, aérien, pour ainsi dire. La pesanteur des millions de tonnes de roche suspendues au-dessus des têtes disparaissait. Au centre se trouvait une immense fontaine ronde dont les jets montaient jusqu'aux poutrelles en acier, le sol était pavé de marbre clair, des statues antiques étaient nichées dans les murs, eux-mêmes recouverts de fresques peintes. Le côté droit était occupé par un amphithéâtre taillé dans la pierre et équipé de travées disposées en demi-cercle.

— La salle de l'Odyssée, précisa Pearson. Décorée avec les plus belles pièces de l'art des Romains. Ce sont les États qui choisiront celles qui seront exposées et, de ce fait, sauvées de Wildcat. Regardez encore ici. Ce couloir conduira à une bibliothèque contenant un million de livres. En face, on trouvera la salle de concerts...

— Comment procéderez-vous pour obtenir la lumière bleutée des murs telle qu'elle semble crayonnée sur le plan ? s'intéressa Elizabeth.

— Vous avez l'œil, miss Storm. Expliquez-lui, Stoltz.

— Nous construirons une sorte de canal le long des parois. Ce sera un guide pour s'orienter dans l'*Agora* puisqu'il irriguera l'ensemble.

— Vous ferez circuler l'eau sur toute l'*Agora* ? insista Lefranc.

— Exactement, s'interposa Pearson. Et ce n'est pas tout. Monsieur l'ingénieur, racontez ce que nous avons imaginé...

— La couleur bleue sera obtenue par des ampoules fixées dans les murs. L'effet céruléen proviendra des reflets de l'onde.

— Soyez précis ! s'emporta son supérieur. Il s'agira d'un aquarium d'eau de mer. Un seul réservoir de 20 mètres de large courant sur 100 kilomètres, protégé par trois épaisseurs de verre de 5 pouces chacune afin de résister à tous les chocs. Ce bassin comparable à une mer intérieure communiquera entre les places publiques de l'*Agora*. Requins, pieuvres, dauphins, tortues, raies lisses ou fleuries, hippocampes, lieus noirs et jaunes, gobies léopard, dorades grises, daurades royales, congres, grenouilles de mer, souris de mer, soles, sardines, maquereaux, torpilles marbrées, thons, poissons pilote, *nerophis lumbriciformis*, rougets de roche, rascasses, pageots ou vives serpenteront dans une boucle sans fin aux côtés des étoiles de mer, des araignées, des langoustes, des palourdes, des huîtres… Et ils se reproduiront, survivant ainsi à Wildcat.

Son visage s'adoucit, et c'était la première fois depuis le début de la visite :

— Le monde marin mérite de survivre. Il n'a rien de nuisible… Je n'en dirais pas autant de l'homme.

— Douteriez-vous de la mission de l'Entreprise pacifique ? releva aussitôt Lefranc.

Pearson s'apprêtait à répondre, mais, sentant que la joute entre ces deux-là allait reprendre, Elizabeth s'interposa :

— C'est une belle idée…

Penchée sur le plan de l'ingénieur Stoltz, elle suivait des yeux le couloir d'eau de mer qui passait d'une salle à l'autre à travers les parois, descendait, remontait, croisait une rivière souterraine, jaillissait plus loin. Sur le papier, tout semblait vrai et parfait. Mais Pierre continuait de se méfier.

— Une belle idée… répéta-t-il, mais comment transporterez-vous la faune jusqu'ici ?

— Dans des wagons étanches construits par les sous-traitants de la Louisville & Nashville Railroad. Trois bureaux d'étude de l'Entreprise pacifique y travaillent déjà d'arrache-pied. La pêche débutera dans dix ans. Les poissons seront confinés dans des bacs afin de les accoutumer à leur nouvelle vie. La sélection éliminera les plus fragiles. Océans atlantique, Indien, Pacifique… Nous avons recensé plus de mille espèces différentes.

— Dans cet… aquarium, les prédateurs détruiront les plus faibles.

— L'animal ne tue pas par goût, mais lorsqu'il a faim. Et dans ces galeries, la nourriture regorge. Les ressources sont si importantes qu'elles ravitailleront également douze millions d'êtres humains.

Le premier recensement de *Mammoth Cave* démontrait l'existence de deux cents espèces animales, dont cinquante vivant dans le noir. Et ce n'était pas seulement des insectes ou des invertébrés. La chauve-souris était fortement représentée. L'Indiana, la cendrée, la brune, la pipistrelle de l'Est pullulaient dans les grottes. Les zoologues travaillant sur le sujet avaient estimé la population à cent millions d'individus. L'élevage et la reproduction des espèces comestibles étaient à l'étude. Il semblait même possible d'adapter la chauve-souris rousse à une vie souterraine.

Elizabeth fit la grimace.

— Attendez le dîner pour vous faire une opinion, miss Storm. Si vous n'aimez pas, ce dont je doute, vous pourrez goûter aux reptiles ou aux grenouilles vivant dans les grottes.

— Est-ce avec une chauve-souris ou un serpent que vous comptez nourrir un océan de poissons affamés ?

Pearson ne releva pas le ton agressif de Lefranc. Il dominait son sujet et contrôlait la situation.

— Nous avons la solution, et ce n'est pas l'Entreprise pacifique qu'il faut féliciter. Auriez-vous oublié que votre journal, en publiant *Le Meilleur de l'homme*, a lui-même vanté l'intérêt de se nourrir d'insectes comme les antiques ? Stoltz, donnez vos plans. Dans la partie sud de l'*Agora* sera aménagée une… *nursery*. Comment dit-on en français ? Une pouponnière, si vous préférez, pour l'élevage des espèces retenues. Monsieur Stoltz, quelle en sera la superficie ?

— Environ 30 kilomètres carrés.

— 5 kilomètres de large et 6 de long, recouverts des terres végétales, éclairées sobrement, ventilées et humidifiées grâce au réseau de rivières souterraines circulant à *Mammoth Cave*. Nous ferons également fructifier les espèces endémiques, qui ne sont pas rares, ici. Pouvez-vous en citer quelques-unes, Stoltz ?

— La salamandre à longue queue, la sauterelle des grottes, récita-t-il, la crevette des grottes, les orconectes…

— Ce sont des écrevisses… Délicieuses ! Elles vivent dans les cours d'eau et les flaques pullulant sous terre. N'oubliez pas le necture tacheté. C'est une sorte de batracien, comme une grenouille. Je suis certain que les Français ne cracheront pas dessus… Quoi d'autre, monsieur l'ingénieur ?

— Beaucoup de poissons aveugles, murmura-t-il à regret, comme si on le forçait à répondre.

— Vous me donnez faim ! se réjouit Pearson. Mais avant de juger sur pièces ce que nous réserve le futur, encore un mot sur notre affaire. Aux espèces locales s'ajoutera l'élevage d'insectes qui, broyés en poudre, serviront à nourrir le règne aquatique. Les savoir-faire africain et asiatique seront d'une grande utilité. Les hommes en profiteront également. Ajoutez-y les légumes-racines, à commencer par la pomme de terre qui est la base de l'alimentation de masse.

— Je connais l'idée du philosophe Engels, intervint Lefranc. Selon lui, il n'y aurait pas eu de révolution industrielle sans l'afflux d'une main-d'œuvre qu'il fallut ravitailler de manière économique… Ainsi, la pomme de terre a nourri la classe ouvrière qui, elle, nourrit le capital.

— Soutenez-vous les thèses du défenseur du socialisme ?

— Je me demande simplement si les *Agoras* ne se résumeront pas à des cités laborieuses au service de l'Entreprise pacifique…

— Ne retenez que ceci. Avec la pomme de terre, déjà cultivée il y a des milliers d'années dans les grottes péruviennes de *Tres Ventanas*, nous profiterons de ressources complémentaires et suffisamment abondantes pour nourrir douze millions d'êtres humains. Stoltz, rompit-il, qu'auriez-vous d'autre à nous montrer aujourd'hui ?

— Des salles, des couloirs inachevés…

— La construction des logements n'a pas débuté ?

— Pas encore.

— Les futures centrales à charbon ?

— Nous verrons l'emplacement de la première en remontant.

— Le recyclage de l'air ? insista Pearson.

— La ventilation n'en est qu'à ses débuts et…

— C'est déjà beaucoup, coupa court Pearson. Nous remontons.

*

Pierre consulta sa montre. Six heures du soir. Le temps avait filé. Sans l'aide du soleil, les repères changeaient.

La future centrale à charbon destinée à fournir un dixième de l'électricité se résumait à un cube de 100 mètres de côté et 50 de haut creusé dans la roche. Le conduit monumental de ce qui deviendrait la cheminée filait vers l'air pur. Les gaz et les fumées s'évacueraient ainsi.

— Où stockerez-vous le charbon ?

— Nous étudions la possibilité d'enfouir une voie ferrée afin de relier *Mammoth Cave* aux mines du Sud.

Lefranc se tourna vers l'ingénieur Stoltz pour connaître son opinion.

— Je ne m'occupe pas de cette partie. Je ne peux en parler.

Pour cet homme honnête, était-ce une façon de ne pas avoir à mentir, tant le projet pharaonique de Pearson semblait impossible ?

— Ne doutez de rien, monsieur Lefranc, lâcha d'une voix dure ce dernier. N'est-ce pas vous qui réclamiez le meilleur de l'homme ? Tout est réalisable. Ce n'est qu'une question de moyens.

26

Elizabeth Storm en convenait. La fricassée d'orconètes servie sur un lit d'orthoptères était excellente, étant entendu que la sauterelle, une fois cuite, ne ressemblait plus vraiment à l'insecte stridulant des champs, et c'était faire offense à l'art culinaire asiatique que de ne pas convenir de ses valeurs nutritives *et* gustatives. Mais aimer ou ne pas aimer n'était pas le plus important. Comment nourrir les millions d'invertébrés que les millions d'*Agoriens* ingéreraient chaque jour ? s'interrogeait Pierre à haute voix. Le criquet ou le grillon herbivore n'aurait d'autre choix que de dévorer les légumes-racines destinés à l'ordinaire des *Agoriens*. La chaîne alimentaire de l'Entreprise pacifique ne fonctionnerait donc qu'à condition que l'insecte ou l'homme se prive de nourriture. Qu'ainsi l'un des deux meure de faim.

Pearson avait posé ses couverts. Les observations incessantes de Lefranc l'agaçaient au plus haut point. Pourtant, le repas s'était jusque-là parfaitement déroulé. N'y avait-il pas à écrire – et d'excellentes choses ! – sur l'organisation du travail et les installations ? L'ingénieur Stoltz ne les avait-il pas rassurés ? Le tout donnait matière à un récit indiscutablement enthousiaste que *Le Petit Journal* devait partager sans réserve avec ses correspondants étrangers : il restait – plus ou moins – trente années pour réussir, et tout semblait possible. Mais, n'en faisant qu'à sa tête, le Français nuançait, comparait possible et réalisable, refusant de céder à l'optimisme de leur hôte, pour qui un problème était une question mal posée. Hélas, Lefranc ne cédait sur rien. La nutrition des insectes comme le chemin de fer, que Pearson prétendait pouvoir enterrer, étaient, selon lui, des sujets d'inquiétude auxquels s'ajoutait le silence absolu sur l'explosif susceptible de modifier la trajectoire de la Terre pour éviter Wildcat. Qu'en était-il de cela et, du reste, de tout ce qu'il n'évoquait pas et qui donc n'avançait pas ? À force, le banquier avait perdu patience.

— Depuis votre arrivée à *Mammoth Cave*, soupira-t-il, avez-vous vu les mêmes résultats que moi ?

— Il me semble, répondit calmement Lefranc.

— Le campement, l'organisation sans faille, les milliers d'hommes au travail, la fabrique d'acier, le chantier de l'*Agora*, le percement des voies, la place publique et ses aménagements, l'emplacement des futures centrales à charbon…

— Je me souviens de tout.

— Nous avons réalisé des prodiges, confié l'exécution de milliers de tâches à des centaines de sous-traitants comme nous nous y étions engagés. L'Entreprise pacifique monte irrémédiablement en puissance et, si vous reveniez à *Mammoth Cave* dans un an, vous ne reconnaîtriez rien. La voie ferrée aérienne, au moins celle-là, existera, la salle que vous avez visitée aura doublé de volume, dix mille hommes de plus seront à l'œuvre, cent mille l'année suivante… Affirmerez-vous alors que, rien n'étant fini, votre devoir est de douter ? Serez-vous de ceux qui font et feront toujours la fine bouche, critiquent, mais n'agissent pas, scrutent le ciel à défaut de s'en préoccuper ? Prendrez-vous la tête des cyniques, des incrédules, des soupçonneux ? Ainsi, après avoir invité les hommes à se sauver d'eux-mêmes, leur conseillerez-vous de renoncer ?

— Ce n'est pas mon intention, et vous le savez.

— Que cherchez-vous alors, monsieur Lefranc ?

— La vérité.

C'était brutal, trop frontal.

— Dois-je comprendre que vous ne l'avez pas trouvée ?

Et où les menait ce combat de coqs ? songeait Elizabeth.

— Je ne pense pas que Pierre songe à une cachotterie, s'interposa-t-elle dans l'espoir d'éteindre le feu.

— Que cherchez-vous ? répéta durement le banquier sans lâcher le journaliste des yeux.

— À vous aider, répondit celui-ci.

— Votre façon de procéder est étonnante...

— Elle le sera moins quand vous m'aurez entendu.

— Dans ce cas, expliquez-vous.

— Ce que je publierai à mon retour sera lu avec intérêt, mais non sans méfiance car j'ai toujours soutenu l'Entreprise pacifique. C'est d'ailleurs la raison de ma présence ici. N'est-ce pas vrai ?

— Je vous accorde ce point.

— Sans me prêter plus d'importance, mon avis compte, mais le sujet essentiel est *Mammoth Cave* – si crucial que chacun de mes mots sera analysé. J'écris que tout m'a semblé parfait ? On m'accusera d'angélisme. Ai-je été aveuglé ? Suis-je acheté, corrompu ? Voyez-vous, par exemple, cette première classe à bord du *Lucania* était maladroite. Bien sûr, je vous en remercie, mais tout m'oblige à la prudence. Affirmer sans réserve que le chantier est irréprochable, qu'il n'existe aucun problème, c'est inciter ceux qui me liront à me croire partisan. Il y a autre chose. *Mammoth Cave* est la preuve que la réussite exige des efforts. Il faudra même en produire d'immenses et se dépasser au-delà du « possible » pour croire au succès. C'est pourquoi ni vous ni moi ne devons céder à l'indulgence – ce qui n'exclut pas d'être loyal l'un envers l'autre... Ainsi, en respectant cette règle, vous obtiendrez un inconditionnel soutien de ma part.

— Je comprends mieux, s'adoucit un peu Pearson, et en entendant vos arguments, auxquels, je l'avoue, je n'avais pas songé, je vous accorde que la droiture est la base d'un bon contrat. Mais il aurait été plus simple de vous expliquer dès le départ.

— J'en conviens, fit mine d'admettre Lefranc. Aussi, veuillez accepter mes excuses.

— Entre alliés, puisque nous le sommes, elles sont inutiles.

*

La paix semblant scellée après cet assaut d'hypocrisie, Pearson ne songeait qu'à demain. Encore une journée, et ce Français trop curieux repartirait en compagnie d'Elizabeth Storm – qu'il regretterait davantage. Grâce au Ciel, ils rentraient à Louisville. Trois jours jusqu'à Washington, puis New York et la traversée. Leur retour via Brighton et enfin Le Havre se ferait le 6 avril. Le 8, *Mammoth Cave* s'étalerait sur cinq colonnes à la une du *Petit Journal* et du *Times* – Lefranc s'y était engagé – et, le 10, dans les grands quotidiens d'Europe. Pour se sortir de la nasse, il lui suffisait de rester patient et de donner à l'autre un peu de ce qu'il réclamait.

— Avons-nous fait le tour, ou souhaitez-vous me torturer encore ? dit-il d'un air faussement amusé.

— Les alliés ne se martyrisent pas entre eux, monsieur Pearson.

— À la bonne heure…

— Ils ne se doivent que la sincérité. Aussi, me permettriez-vous une dernière observation ?

Cela ne cesserait jamais… Il l'autoriserait à prononcer une phrase, pas plus, se jura-t-il, et son calvaire prendrait fin.

— Eh bien soit, je vous écoute.

— Peu avant de quitter l'*Agora*, vous souteniez que la réussite ne dépendait que des moyens.

— Je vous le confirme.

— Entendez-vous par là qu'il s'agit d'argent ?

— C'est, en effet, le nerf de la guerre et, sans vous commander, il est prioritaire de rappeler l'engagement des États à lever de nouveaux fonds. Un emprunt mondial et populaire, voilà le sujet principal.

— Soyez plus précis. Que financerait-il ?

— Eh bien, à *Mammoth Cave*, il nous faut…

— Je sais déjà ce qu'il manque ici, le coupa Lefranc. Qu'en est-il des autres *Agoras* ? Dans votre bureau de Londres, vous admettiez que la recherche d'autres emplacements était difficile.

— Nous y travaillons, se défendit-il. Il est inutile de dramatiser.

— Pour convaincre l'opinion qu'il faut fournir plus, je dois illustrer l'ampleur de vos besoins avec des faits précis. Et le nom des lieux.

— Je vous conseille de ne pas vous engager dans cette voie.

— Est-ce parce que vous avez peur d'échouer ?

— Nous y arriverons ! Accordez-nous un peu de temps.

— Des dates, un programme… Pourquoi me refusez-vous ce que je demande ?

— Cessez vos sous-entendus ! Ce n'est pas ainsi que l'on défend la cause d'un allié.

— Qu'il est difficile de se faire comprendre, expira Pierre. Je vous répète qu'un océan de bonnes nouvelles aussi vagues qu'incertaines a peu de chances d'être crédible. Pensez-vous obtenir ce dont vous avez besoin en prétendant que tout va bien ?

— En somme, vous me conseillez d'être alarmiste… Et bientôt on accusera l'Entreprise pacifique d'incurie.

Il secoua la tête. Ce journaliste était exaspérant.

— Quel âge avez-vous, monsieur Lefranc ?

— Un peu plus de trente ans.

— Même si je suis votre aîné, nous disposons, vous et moi, d'un infime espoir : être vivants lorsque Wildcat se montrera. Croyez-moi, je livre un combat acharné, quotidien, en pensant à moi autant qu'à vous. Je veux voir notre triomphe. Et je ferai tout pour cela. N'en doutez pas, j'éliminerai ceux qui s'y opposeront.

— Est-ce une menace ?

— Bien sûr non, puisque nous sommes… alliés.

Il se leva brusquement.

— Attendez-moi, je reviens.

Elizabeth n'eut pas le temps de demander à Pierre à quoi il jouait. Pearson était de retour, une feuille de papier dans la main qu'il posa sans ménagement sur la table.

— Voici la liste des emplacements d'*Agoras* dont nous sommes à peu près certains, l'essentiel se situant en France et en Belgique.

Trois se situaient dans le Bassin parisien, deux dans la vallée de la Loire, trois autres dans le Bassin aquitain. En Belgique, le Condroz et le pays de Herve en comptaient trois, sachant que l'existence de mines de charbon à proximité de ces sites était un atout stratégique. En ajoutant *Mammoth Cave*, on en dénombrait douze au total.

— Nous estimons que les États-Unis peuvent en accueillir dix autres, précisa Pearson. Il reste à chercher en Asie et en Afrique, avant même de s'intéresser à l'Europe de l'Est et à la Russie, pour ne parler que des zones les plus prometteuses.

Des suppositions, des anticipations. En réalité, il n'y en avait que douze. Pourtant, Pearson ne s'avoua pas vaincu.

— Environ cent cinquante millions d'humains auront donc à coup sûr un refuge, poursuivit-il. Et si vous faites état de ce chiffre, plus d'un milliard se demanderont où s'abriter. Mesurerez-vous les effets négatifs de vos révélations ? Le désenchantement gagnera le monde. Qui baissera immédiatement les bras. Et, nous tous, nous aurons échoué. Maintenant, décidez, cher allié.

— Pensez-vous sincèrement pouvoir édifier cent *Agoras* ?

— Qui peut savoir avec certitude ce qui se produira en trente ans ? Wildcat sera-t-il toujours notre pire cauchemar ? Qu'arrivera-t-il encore ? L'homme est si… imprévisible.

Lefranc songeait au *quitte ou double*, au pari qu'ils avaient pris avec Jules Verne. Ils en étaient si proches et si loin à la fois.

— Et combien serons-nous de Terriens ? ajouta mystérieusement Edward Pearson.

Il s'approcha si près de Lefranc qu'il aurait pu le toucher.

— Je suis certain d'une chose. Si vous et mademoiselle Storm êtes encore vivants, vous deviendrez *agoriens*. Je fais ce serment à un allié.

Il remit la main sur la liste des cités souterraines.

— Quel usage en ferez-vous ?

— Aucun, je vous le promets. Ce document m'est inutile.

Que pouvait-il faire d'un faux ? songeait Pierre, puisque Hölloch, en Suisse, n'apparaissait pas.

Pearson glissa aussitôt la liste dans sa poche.

— Quelque chose d'autre vous préoccupe ?

— Pour l'heure, je vous laisse en paix.

*

Après cet échange à couteaux tirés, la soirée s'était achevée plus agréablement. Bercés par les bourdonnements du chantier de l'*Agora*, les trois avaient donné le change, conversant calmement, comme l'auraient fait des gens de bonne compagnie, Pearson réussissant même à intéresser ses invités aux transformations sidérantes de la société. Sur le ton du banquier d'affaires londonien, il avait vanté les mérites de ces capitaux abondant les industries de l'Entreprise pacifique grâce aux futurs emprunts d'État. Le progrès n'existait qu'à cette condition : disposer d'argent frais. Il prenait pour exemple l'époque glorieuse qui, du milieu du siècle jusqu'à peu, avait révolutionné l'industrie germanique et s'expliquait par l'afflux de capitaux et le paiement de la dette de guerre par la France. Des milliards de francs-or avaient alors nourri l'économie. Provoquait-il Lefranc ? Ce dernier n'avait pas bronché. Son pays avait été saigné, son père tué. Le banquier se moquait des cas particuliers. Le financement de la révolution industrielle, insistait-il, avait permis d'améliorer la production et de développer la recherche qui elle-même avait donné naissance à de nombreuses inventions, le tout conduisant au progrès. L'argent, ne cessait-il de répéter, était la clé de tout. La construction et le fonctionnement des *Agoras* en dépendaient.

Le message était clair, le journaliste n'avait nul besoin de prendre des notes, il devait s'exécuter. Pearson, très en verve dès qu'il s'agissait d'expliquer les bienfaits du capitalisme, avait développé une autre théorie qui – monstrueux paradoxe – démontrait les bienfaits de Wildcat. Depuis peu, des entreprises cédaient la propriété de leurs brevets en les versant dans le domaine public afin que la concurrence en profite. Ainsi, l'un des principes fondateurs de l'Entreprise pacifique se réalisait : l'intérêt général l'emportait sur l'intérêt privé, et c'était particulièrement vrai dans les secteurs de l'énergie et de l'électricité, cruciaux pour l'avenir. Le Suédois Lars Magnus Ericsson, fondateur de la compagnie Ericsson, avait ouvert la voie. Cet homme au caractère jusque-là peu sociable considérait que les brevets freinaient le progrès. Dès lors, il n'entendait pas protéger ses propres inventions et réclamait autant des autres, tout allant de concert, l'argent, le progrès, l'abolition des lois freinant les échanges et le partage au profit de tous.

— Quelle étrange singularité, conclut Pearson. Wildcat va permettre l'éclosion d'un monde qui ne ressemblera aucunement au passé et dont les bénéfices reviendront à l'immensité.

Si Pierre s'en défendait, il partageait en partie ce point de vue – à condition que nulle traîtrise ne germât dans le cerveau de leur hôte…

— Rien n'est irréalisable, martela celui-ci en se levant. Voilà très exactement ce qui doit être écrit.

Fallait-il aussi prendre en dictée ses mots ?

— Le mot « impossible » n'existe pas, pour les Français, railla Lefranc. Il suffirait d'y penser, et les difficultés s'effaceraient. Est-ce ainsi qu'il faut résumer vos arguments ?

— Oui, il suffit d'y penser, répéta Pearson sans perdre son calme. Avec cette simple phrase, Christophe Colomb a prouvé que l'on pouvait réussir l'insensé. Personne ne croyait à la découverte du Nouveau Monde et, quand il fallut l'admettre, les détracteurs voulurent rabaisser la prouesse. Il n'y avait rien de plus simple que de traverser l'Océan et de contempler l'Amérique. Autant que de faire tenir droit un œuf ? répliqua le découvreur. Beaucoup relevèrent le défi, mais tous échouèrent. Alors, Colomb prit un œuf cuit, écrasa l'une de ses extrémités et, en dépit des lois de la physique, il réussit. « Il suffisait d'y penser », dit-il à ceux qui doutaient de ses exploits. Et savez-vous qui a démontré combien de nos jours cette phrase faisait toujours sens ? Votre voisine, Elizabeth Storm, en imaginant que la Terre deviendrait notre cocon. Aussi, permettez-moi ce conseil. Si votre foi faiblit, adressez-vous à elle afin de vous faire expliquer que l'inconcevable est une idée exécrable, négative et criminelle, une affliction dont il ne faut pas souffrir lorsque l'on envisage d'écrire comme vous ce *voyage extraordinaire* qui ne fait que commencer.

Il s'inclina devant miss Storm puis se tourna vers le Français :

— Demain, vous visiterez le camp.

— Aurons-nous l'occasion de revoir l'ingénieur Stoltz ?

Pearson ne put s'empêcher de crisper un instant la mâchoire.

— N'avez-vous pas obtenu de lui tout ce que vous espériez ?

— Il me manque quelques détails pour consolider mon dossier.

— Quoi, par exemple ?

— Taille, dimensions de certaines parties de l'*Agora*. Il me faut aussi recueillir quelques précisions sur les méga-dolines…

— Je vous fournirai tout cela demain.

— Je voudrais aussi son avis sur la voie ferrée souterraine.

— Il vous a déjà répondu. Ce n'est pas son affaire…

— Le point de vue d'un excellent ingénieur est loin d'être inutile… Je souhaite l'entendre. Son heure sera la mienne.

— Soit, céda soudainement Pearson. Je verrai selon son emploi du temps. Bonsoir.

*

Il disparut ainsi, sans plus de civilités, n'ayant pas même proposé de les raccompagner à leur baraquement.

— Retournons dans nos chambres, décida sèchement Elizabeth.

Elle sortit aussitôt, marchant à pas vifs dans le campement, sans desserrer les dents. Et lorsque Pierre proposa le projet d'une promenade, et de s'intéresser ainsi aux installations dont ils n'avaient presque rien vu, elle resta muette. Mais, sitôt à l'abri des oreilles indiscrètes, il eut droit à un autre récital. Tête droite, regard noir, Elizabeth, gardant ses distances, exigeait des explications. Pierre Lefranc avait outrageusement provoqué Edward Pearson, au risque de rompre les liens ténus, et nécessaires, avec le délégué général de l'Entreprise pacifique.

— Reconnaissez que mes manœuvres furent utiles, plaida-t-il.

— Expliquez-m'en l'intérêt.

— Douze *Agoras* sur cent… Le compte n'y est pas.

— En un an, le résultat est encourageant.

— Hölloch ne figure pas dans la liste.

— Vous auriez pu attendre que Buckle nous fasse le compte rendu de sa visite. J'ai même craint un instant que, par pure forfanterie, vous ne lâchiez le nom de ces grottes suisses.

— Me croyez-vous stupide ?

— Vous le détestez et ne faites rien pour vous en cacher. Il sent votre hostilité.

— Chercheriez-vous à le défendre ?

— Pierre, je vous en supplie, ne recommencez pas…

— Elizabeth, ouvrez les yeux ! Il veut acheter notre silence.

— Parlez moins fort…

— Il a assuré que ses alliés, nous en premier, seraient *agoriens* – ce qui sous-entend que tous ne le seront pas. Y aurait-il les élus et les autres, abandonnés à leur sort faute d'*Agoras* en nombre suffisant ? Et pourquoi estime-t-il impossible d'évaluer la population dans trente ans, comme s'il justifiait par avance le fait que tous n'auront pas leur place ? Croyez-moi, ces imprécisions et ces menaces voilées cachent un ignoble complot…

— Je n'oublie rien. Et je me méfie autant que vous. Disons que ma méthode diffère de la vôtre.

Ces derniers mots eurent le don de l'irriter davantage.

— Chacun sa recette, en effet, la mienne étant moins tordue : droit au but ! Demain, je sonderai Stoltz qui n'a pu tout dire. Pearson n'a cessé de couper cet homme honnête pour l'empêcher de nous faire part de ses réticences. N'en doutez pas. Sur de nombreux points, il n'adhère pas aux fariboles du banquier.

— Qu'obtiendrez-vous d'un employé de l'Entreprise pacifique ? Rien ou presque. Uniquement ce qu'il sera autorisé à raconter...

— Détrompez-vous, il se confiera. J'en suis convaincu depuis que votre cher Edward a tenté de me refuser un entretien avec lui. Il se méfie de l'ingénieur, et il a raison. Si bien que je trouverai la vérité sans qu'il soit nécessaire d'user de vos... procédés.

— Qu'insinuez-vous ?

— Vous ne cessez de le charmer. Cela crève les yeux...

— Je joue, vous le savez fort bien !

— Vous vous y employez à merveille...

— Pierre, je vous interdis ! Taisez-vous, à présent.

— Très bien, j'obéis à vos ordres. Bonne nuit, Elizabeth.

— Vous... Vous sortez ?

— Oui, je sors ! Je vais m'informer. C'est le rôle du journaliste...

*

L'air frais refroidit vite le sang du bouillant fiancé de miss Storm. Que pouvait-il glaner à une heure si tardive ? Aucun homme, aucune vie, n'eussent été les lancinants ronflements s'échappant de la gueule de l'*Agora*. Les baraquements faisaient penser aux villes mortes des premiers colons américains abandonnant sans regret ce qu'ils avaient conquis pour partir vers l'ouest, à la recherche d'une nouvelle Terre promise. Lefranc comprit qu'il ne glanerait rien de plus cette nuit et finit même par admettre qu'il était tout à fait stupide de laisser seule Elizabeth.

Bientôt persuadé du caractère dérisoire de leur querelle, il fit demi-tour, trouvant porte close au retour, et ses suppliques de damoiseau murmurées derrière la porte ne furent récompensées que par ces mots cinglants : « Écrivez, monsieur le journaliste ! » Enfermé dans sa triste chambre, il usa la moitié du temps à classer ses notes, arrêtant pour finir les thèmes qu'il entendait aborder avec l'ingénieur Stoltz, l'entretien s'organisant autour de trois sujets :

1. la construction de l'*Agora* ;
2. la production d'énergie ;
3. l'alimentation de douze millions d'humains – et, s'il en avait le temps, il recueillerait son opinion sur l'organisation sociale de la future cité. Stoltz avait forcément un point de vue. Satisfait de son travail, il se coucha, ferma les yeux…

Et crut ne l'avoir fait qu'une seconde.

On l'appelait. C'était la douce voix d'Elizabeth, et, dans ce court moment où, à moitié assoupi, on s'accroche encore à son rêve, elle pardonnait, ils faisaient la paix.

— Pierre, ouvrez les yeux !

Elle le secouait, et le ton employé n'augurait rien d'heureux.

— Je regrette ce que j'ai dit, murmura-t-il en cherchant sa main. Je jure que je n'en pensais pas un mot.

— Il y a plus grave, annonça-t-elle d'une voix tremblante.

Elle s'assit au bord du lit car ses jambes refusaient de la porter.

— Un drame s'est produit à l'aube…

Pierre se redressa. Maintenant, il était parfaitement éveillé.

— Eh bien quoi ?

— Monsieur Stoltz… Mon Dieu… Il est mort.

— Que… dites-vous ?

— Il a chuté d'un échafaudage. Je l'ai appris au petit déjeuner…

Pierre sonda sa montre. Elle indiquait huit heures.

— J'ai frappé à votre porte, aucune réponse. Vous dormiez comme un loir. Sans doute à cause de cette nuit passée dehors à faire n'importe quoi. Et nous étions fâchés, ajouta-t-elle en balayant ce mauvais souvenir d'un revers de la main.

— Soltz… Mort…

Pierre réalisait peu à peu.

— L'aurait-on tué ? supplia-t-elle.

— Inutile d'interroger Pearson, répondit-il d'une voix sombre. Il ment depuis que nous sommes arrivés.

Il reprit la main d'Elizabeth qui s'approcha de lui et l'enlaça.

— J'ai peur, chuchota-t-elle. Partons d'ici… Je vous en supplie.

27

Le solide shérif McStroughton avait mené promptement son enquête. Les investigations corroboraient l'examen du médecin légiste : chute brutale, cou brisé. Stoltz, attestait un témoin, avait glissé alors qu'il se trouvait seul au sommet de l'échafaudage installé dans la salle de la future centrale électrique. 30 pieds plus bas, le corps désarticulé de l'ingénieur gisait dans son sang. Le rapport concluait à une imprudence – un regrettable faux pas. Mais que savait-on exactement puisque personne ne se trouvait près du malheureux lors du drame ? Là-haut, la lumière manquait. Depuis le sol, le plafond se devinait à peine. Lefranc l'avait constaté lors de son passage dans cette salle. Qu'avait vraiment vu ce témoin sans nom, sans visage ? Et comment expliquer l'escalade à l'aube de l'ingénieur ? Pourtant, le juge Malthus n'avait pas même évoqué la piste d'un traquenard, concluant aussi rapidement que McStroughton à un accident mortel et, puisqu'il s'agissait du premier depuis l'ouverture du chantier, il ordonnait l'édiction d'un règlement arrêtant les précautions à prendre afin qu'un tel événement ne se reproduise plus. Avant midi, l'instruction était close, le dossier bouclé. Ainsi s'acheva, sans autre éloge funèbre, la vie pourtant exemplaire du regretté Üschen Stoltz.

Pearson semblait dévasté. Elizabeth et Pierre l'avaient entraperçu dans le baraquement central où étaient réunis les principaux responsables du chantier. Il avait ignoré les visiteurs, ceux-ci devant comprendre qu'il avait fort à faire. Ainsi, il évitait surtout d'être interrogé. Peu après treize heures, il condescendit toutefois à s'intéresser à eux, les informant de ce qu'ils savaient déjà : le programme était bouleversé, toute visite annulée, sa journée étant entièrement consacrée à la réorganisation des tâches. Il fallait nommer un chef, au moins provisoirement, « même si Stoltz était irremplaçable ». Pearson avait aussi évoqué le devoir horriblement ardu qui l'attendait : télégraphier la nouvelle à la veuve de l'ingénieur, mère de six enfants, et il semblait sincèrement ému par le poids de sa tâche.

Ses mots, ses soupirs, ses silences, tout était justement équilibré entre l'affliction et l'impérieuse mission du chef obligé de faire fi de ses sentiments. Ce drame était affreusement fâcheux, avait conclu Pearson, mais le temps courait et, puisque Wildcat ignorait la mansuétude, le futur lui reprocherait un jour de s'être privé d'une heure. Pierre Lefranc, lui, ne pouvait s'empêcher d'être sceptique. La piste de l'assassinat devait être creusée. Mais suggérer cette hypothèse, simplement cela, c'était se mettre en danger. Il y réfléchissait pourtant, pesait le pour et le contre, devinant combien Elizabeth lui en voudrait d'exprimer sa méfiance, quand le banquier rompit sèchement :

— Il faut avancer coûte que coûte. Rien ne me fera plier. Écrivez-le et, si vous le jugez utile, servez-vous de la mort de Stoltz pour illustrer notre détermination.

Sur le même ton, il leur donna rendez-vous dans la soirée afin de les saluer avant leur départ prévu le lendemain à l'aube. D'ici là, eh bien, ils étaient libres d'aller où bon leur semblait. Edward Pearson donnait l'impression qu'il ne s'intéressait plus à eux. Tout avait été dit. Chacun savait ce qu'il devait faire. Eux témoigneraient, lui construisait pour le bien de l'humanité. « N'en doutez pas, j'éliminerai ceux qui s'opposeront », avait-il affirmé. La mort de Stoltz servait-elle d'avertissement ? Pierre décida alors de renoncer à l'idée de rencontrer d'autres responsables.

Il n'obtiendrait rien d'eux. Elizabeth avait raison : leurs propos se limiteraient à ce qu'ils étaient autorisés à raconter. L'omerta, vocable emprunté aux coriaces Siciliens, et que l'on appelait aussi la loi du silence, régnait sur l'*Agora*.

Le plus important était d'entendre Buckle à propos de Hölloch. Ils se rendirent donc au poste télégraphique afin d'expédier un message. Si les sbires de Pearson s'y intéressaient, ce qui ne manquerait pas de se produire, le texte était anodin : «*Rentrons. Visite instructive – Stop – Quelles sont les nouvelles ?*» La réponse tomba à vingt heures : «*Bon retour – Stop – Excellentes nouvelles à partager – Stop.*» Ce que Buckle annonçait était-il en lien avec Hölloch ? L'apprendre était une raison suffisante pour exaucer le vœu d'Elizabeth : quitter le monde étouffant de *Mammoth Cave*.

*

Le jour s'étira lentement. Dans l'après-midi, ils entreprirent une courte excursion à l'extérieur du camp. Le cocher mis à leur disposition les conduisit sur la rive ouest de la *Green river* d'où ils purent observer le ballet incessant des barges chargées à ras bord de poutrelles d'acier et de charbon provenant des mines du comté de Muhlenberg. Malgré le drame, le chantier ne ralentissait pas, la lutte contre Wildcat ne faiblissait pas. Plus au sud, la nature, ignorant le charivari de l'*Homo sapiens*, reprenait ses droits. La flore gorgée d'eau et de sucs nourriciers charriés par les flots s'épanouissait le long des rives, ne cédant à regret qu'un couloir juste assez large pour laisser passer leur chariot. Le chemin qu'ils empruntaient était borné par un épais barrage d'immenses arbres et de plantes grasses aux senteurs entêtantes. S'y mêlaient parfois des petites clairières taillées par la main de l'homme. Le bois coupé servait à construire des cahutes rassemblées en cercle autour d'un feu de tourbe, mais pas une fois ils ne croisèrent âme qui vive. Le cocher expliqua que la *Green river* était habitée par une tribu de Cherokees fixés ici après avoir quitté leurs terres – « en avoir été chassés » aurait été plus exact. Elizabeth lui demanda si ces gens savaient ce qu'il se préparait à *Mammoth Cave*. Le cocher haussa les épaules et bougonna que les sauvages ne savaient que se soûler. Pierre Lefranc songeait aux peuplades qui ne craignaient rien de Wildcat parce qu'elles ignoraient tout et qui, en échange du bonheur éphémère que leur offrait leur candeur, seraient livrées en pâture à l'astéroïde par le monde prétendument civilisé.

Le soleil rasant de la fin du jour mordorait le camaïeu vert de la végétation. Elizabeth et Pierre retrouvaient la véritable vie et ne voulaient plus la quitter. Aussi allèrent-ils sur ce chemin jusqu'à ce que le soleil s'efface derrière la cime des arbres. Mais le cocher, brisant ce moment dulcifiant, décida de faire demi-tour et força même l'allure pour échapper à la nuit. Les ombres se transformèrent en êtres féeriques, la forêt finissant même par se marier à l'onde, enrubannant les secrets des Cherokees de la *Green river*. Alors la faune prit le relais, ajoutant ses propres mystères. Le chant des oiseaux s'appelant et se répondant pour mieux se retrouver se tut. Le silence racontait aux humains qu'il était temps pour eux d'aller nicher ailleurs et de rendre les lieux à ceux à qui ils appartenaient encore. Elizabeth se dit que, là où ils retournaient, il n'y avait ni sincérité ni douceur. Ce monde-là, brutal et faux, était pourtant celui qu'ils soutenaient.

— Comment croire que toute cette beauté disparaîtra ? murmura-t-elle d'une voix triste.

Et comment imaginer que l'on puisse survivre sans elle ? pensa Pierre, profondément ému parce qu'il comparait cette scène merveilleuse à l'antre de l'*Agora*, prenant l'exacte mesure, et peut-être pour la première fois, de ce qu'ils allaient perdre.

*

Au camp de *Mammoth Cave*, l'accueil fut glacial. Plus exactement, on les ignora. Un repas sommaire leur fut servi, sans cigales ni sauterelles, dans la cantine de la direction désertée à cette heure tardive et, quand ils demandèrent à voir Pearson, on répondit qu'il se trouvait dans l'*Agora*. Un plafond avait cédé. Stoltz manquait déjà beaucoup. En rentrant dans leurs chambres respectives, ils découvrirent un message laconique de Pearson dans lequel il s'excusait de ne pas les avoir attendus, mais l'urgence dictait son programme. Il promettait, en revanche, de les saluer demain, avant leur départ, rendez-vous étant pris à cinq heures.

La nuit fut donc courte et surtout angoissante. Elizabeth Storm ne trouva pas le sommeil, épousant la noirceur des ténèbres, y mêlant ses idées qui tournaient en boucle et la poussaient à imaginer, à voir le pire. L'insomnie infectait son esprit qui lui se nourrissait de ses cauchemars éveillés, au point qu'ils lui semblèrent réels. Elle se voyait engloutie par l'*Agora*, avec les douze millions d'êtres humains qui s'y trouvaient. Submergée d'angoisse, et le cœur en sanglots, elle se jeta dans la chambre voisine, cherchant le salut auprès de Pierre qui se réveilla en sursaut, cheveux en bataille, comprenant aussitôt que sa bien-aimée était dévastée par la peur.

— Nous ne réussirons jamais, cria-t-elle en se jetant dans ses bras.

D'un geste délicat, il effaça le chagrin qui coulait sur ses joues.

— « Miss Tempête » céderait-elle au découragement ? sourit-il.

— Nous ne savons pas ce que prépare l'Entreprise pacifique… Il n'y aura pas assez d'*Agoras*. C'était une erreur d'être confiants. L'humanité ne peut être sauvée.

Pierre posa une main sur sa bouche.

— N'allez pas trop vite. Oubliez-vous notre serment ?

Il évoquait leur projet secret, partagé avec Jules Verne, qui, selon eux, sauverait peut-être les Terriens.

— Et si nous nous trompions ? chuchota-t-elle.

— C'est notre seul espoir, et l'Entreprise pacifique en fait partie. Nous devons tout faire pour que les *Agoras* existent. Même si le chiffre de cent n'est pas atteint, même si les cités sont imparfaites, même si Pearson ment, ce qui est à peu près certain. Ce qu'il faut maintenant, c'est rentrer et savoir ce que Buckle a découvert. Dormez, à présent. Demain, la route sera longue.

*

À cinq heures, ils étaient sur le départ. Pearson les rejoignit alors qu'ils embarquaient dans la voiture. Elizabeth était pâle comme la mort.

— Cet air sombre s'expliquerait-il parce que les gens de *Mammoth Cave* vous manquent déjà ?

L'enjôleur regardait Lefranc en coin. L'arrogance, la provocation revenaient. Le drame de la veille était oublié. Jusqu'au bout, il cherchait l'avantage, mais Pierre ne broncha pas. Un nouveau face-à-face ne servait à rien.

— Miss Storm est profondément troublée par la disparition brutale de Stoltz, expliqua-t-il sobrement pour elle.

— Bien sûr, répondit d'un ton léger le banquier, sans montrer plus de commisération. Dans ce cas, je renonce à regret à la retenir davantage.

Il ferma la porte de la voiture et, oubliant Elizabeth, s'intéressa encore à son rival. Une ultime instruction s'imposait.

— Je lirai avec intérêt ce que vous publierez.

— Comptez sur moi pour vous étonner…

Le fouet claqua. Pierre s'accrocha une dernière fois au visage de Pearson, plus tendu que la corde de l'arc prête à délivrer son fer.

— Prochaine étape, Londres ! rugit le journaliste dès qu'ils furent hors de portée de voix.

Pearson les suivit de loin un moment. Le double du télégramme de Buckle reçu à *Mammoth Cave* était dans sa poche. « Excellentes nouvelles à partager… » Que voulait-il dire ? Le petit-fils d'un raja apparenté à Tipû Sâhib, grand sultan de Mysore, se méfiait des Anglais et les détestait encore plus pour la cruauté dont les siens avaient été victimes. « Celui-ci aussi, il faudra s'en occuper », murmura-t-il en pensant à Buckle.

28

Si bien que, débarquant à Brighton sans que plus d'événements notables aient marqué le retour à New York et la traversée d'ouest en est de l'Atlantique, Elizabeth et Pierre se présentaient le 6 avril 1896 au soir dans les bureaux londoniens d'un Buckle rongeant son frein depuis son expédition en terres helvétiques. Ce qu'il y avait découvert dépassait l'entendement, mais il redoutait encore plus la catastrophe qui suivrait la révélation au monde du projet Hölloch. Les peuples seraient frappés de stupeur, la rage suivrait avant que le sentiment d'une immense trahison n'engendre le désespoir et l'effondrement des sociétés livrées à la loi du plus fort. Après tant d'efforts, le chaos appellerait le retour des partisans de Hobbs et de la guerre. La barbarie, ce contre quoi se battait le camp des Buckle, Storm et Lefranc, provoquerait la fin de l'humanité sans que l'astéroïde ait à s'en charger. Ce résumé catastrophique hantait le rédacteur en chef du *Times* et soumettait son éthique professionnelle à la plus cornélienne des tortures : fallait-il dénoncer ou taire ce qu'il pensait être le dessein de l'Entreprise pacifique ?

George Earle Buckle avait pesé le pour et le contre, renonçant à décider seul. Ce qu'il avait vu était une chose, ce qu'il en avait déduit une autre. Ne s'était-il pas trompé ? Un dossier s'instruisait à charge et à décharge. Avait-il respecté toutes les règles de l'art ?

À force de tourner en rond, de boucler cent fois la boucle, il n'y voyait plus clair. De sorte qu'il avait décidé d'arrêter son opinion seulement après avoir entendu le compte rendu des deux « espions de *Mammoth Cave* » – et il n'y avait pas de meilleure expression puisqu'ils s'étaient sans doute, eux aussi, frottés à l'univers interlope et dangereusement secret de l'Entreprise pacifique. Une fois les informations en main, il les comparerait aux siennes en se servant de la rigueur qu'il enseignait dès le premier matin aux pigistes stagiaires du *Times* : étudier sincèrement les faits en prenant soin de n'y ajouter aucun commentaire subjectif. Il espérait ainsi démêler le vrai du faux, ou de l'improbable, et, dans le cas abominable où le pire était avéré, ils décideraient à trois de l'action à conduire. Dès lors, écouter était la règle qu'il appliquait, même s'il lui coûtait de garder encore pour lui ce qu'il savait. Peut-être aussi ne parla-t-il pas le premier dans l'espoir que ses conclusions ne fussent que folles spéculations, et comme il aurait préféré se traiter de sot ! Hélas, plus le récit de miss Storm et de Lefranc avançait, plus le tableau se dessinant inspirait l'horreur.

*

Sans conteste, affirmait le Français, *Mammoth Cave* dépassait en audace ce que l'homme avait jamais conçu. *Exit* Versailles, Khéops, le phare d'Alexandrie, le colosse de Rhodes... L'exploit était immense et, malgré la surenchère, les approximations et les exagérations de Pearson, il n'existait aucune raison objective de ne pas être séduit, du moins au commencement. La réussite était-elle pour autant au bout du chemin sur lequel l'Entreprise pacifique s'était engagée ? Les défauts et les incertitudes de *Mammoth Cave* servaient d'expérimentation, avait plaidé leur hôte. Chaque jour, l'Entreprise pacifique progressait. La technique de forage s'améliorait, la productivité des centrales électriques augmentait, la recherche d'*Agoras* tâtonnait, mais n'en était qu'à ses débuts, et tout était à l'avenant. Rien ne l'inquiétait. La réussite, c'est-à-dire le salut général de l'humanité, n'était qu'un problème d'argent, le nerf de la guerre. Voici donc à quoi se résumait le message du banquier : quelles que soient les imperfections actuelles – des erreurs de jeunesse ! –, le devoir impérieux des observateurs mandatés sur place était de répandre coûte que coûte la bonne nouvelle afin de recueillir le financement de ce qui, seul, sauverait le monde.

— Nous avons été invités pour cette seule raison, conclut Lefranc. *Mammoth Cave* était un appât dont nous devions vanter sans réserve les prouesses. Pearson ne voulait entendre aucun mot plus haut que l'autre… Et je n'ai malheureusement pas toujours respecté cette règle.

— Pourquoi précisez-vous « malheureusement » ? s'étonna Buckle.

— Puisque nous avons soutenu depuis le début l'Entreprise pacifique, Pearson pensait accueillir des partisans relayant aveuglément ses exploits dans *Le Petit Journal* et auprès de la presse en général. Mais je l'ai un peu… éperonné, ajouta-t-il en regardant Elizabeth. Et si je m'étais montré plus conciliant, nous aurions pu aller librement et en apprendre davantage.

— L'avouer est une preuve d'honnêteté, sourit sa jeune fiancée.

— Avec le même souci d'intégrité, quelles sont vos impressions ? coupa net le représentant du *Times*, impatient de conclure.

— Les défis scientifiques sont immenses, soupira le Français. Mais en faisant abstraction de mon jugement personnel sur Pearson, doit-on tout condamner d'avance ? Acceptons un instant l'idée que *Mammoth Cave* n'est qu'un essai, alors la promesse est tangible. En se projetant dans l'avenir, en pariant sur les découvertes qui verront le jour dans les prochaines années, il y a de quoi espérer. Pour autant, misons-nous sur le bon cheval ? Nous ne le saurons qu'à la fin. Et pour cela, il faudrait prendre le risque de signer une créance en blanc au consortium de l'Entreprise pacifique.

— Est-ce votre recommandation ? insista Buckle.

Lefranc hésita. Il pensait aux menaces voilées, à la mort suspecte de Stoltz, à ce qu'il y avait d'insensé dans le projet de Pearson et dont il n'avait pas encore parlé. Et à ses mensonges.

— Avons-nous d'autres choix ? se décida-t-il.

— Que voulez-vous dire ?

— En dépit de nos réticences, il semble impossible de saborder le seul espoir auquel s'accroche la Terre. Ce qui ne nous empêche pas de rester sur nos gardes.

C'était aussi ce que pensait secrètement Buckle. Malgré toutes les incertitudes et les agissements d'une organisation qu'il soupçonnait d'être corrompue, il était impensable de mettre fin au dernier rêve des hommes en annonçant que la mort serait leur futur. Mais il songeait que lui, comme Pierre Lefranc et Elizabeth Storm, avait peut-être engendré un autre cataclysme en soutenant l'Entreprise pacifique. À présent, qui devait-on le plus redouter, cette organisation opaque et autoritaire, dirigée par un homme suspect, ou Wildcat ? Avant de trancher, le directeur du *Times* désirait entendre tous les faits. Et n'y mêler qu'ensuite son avis.

— Comment appréciez-vous la situation, Elizabeth ? demanda-t-il.

— Indéniablement, Pearson a cherché à nous convertir, présentant la future *Agora* comme une cité alliant modernité et confort à la sécurité. Bibliothèque, salle de concerts, places publiques, habitations spacieuses, si on les compare à celles de l'immense majorité des Terriens… Il envisage même d'installer un aquarium démesuré serpentant sur 100 kilomètres afin d'y accueillir le monde marin.

— Vous oubliez qu'il n'a pas même jugé utile d'expliquer comment l'*Agora* fournirait l'oxygène nécessaire à la survie des espèces, s'emporta Lefranc. À quoi bon, puisque rien ne serait insurmontable ! Selon lui, il n'existe aucune difficulté que le futur ne saurait résoudre ! Admettez, Elizabeth, que seul compte l'effet de ses annonces. Et ce qu'en écrira la presse.

— Inutile de vous emporter, Pierre, puisque je suis d'accord avec vous. *Mammoth Cave* est une vitrine que l'Entreprise pacifique utilise afin de convaincre le monde que le projet est viable.

— Avec son histoire d'aquarium, ne cherche-t-il pas plutôt à noyer le poisson ? ricana Buckle.

— Que dites-vous ? s'étonna Lefranc.

— Nous verrons plus tard… Continuez, Pierre, je vous prie.

— Malgré le rejet qu'inspire Pearson, il faut faire patte de velours. Elizabeth s'y est d'ailleurs employée avec succès…

— Vous y revenez ? s'agaça-t-elle.

— Simplement pour répéter que je me suis montré incisif, et ce fut stupide. Vous avez eu raison de m'en faire le reproche. La leçon est apprise, et je vais corriger mon erreur. Mon article sur *Mammoth Cave* sera enthousiaste – et vous devinez combien il m'en coûtera –, mais je me moque de passer pour un âne bâté ou une girouette. Si je me comporte en allié, Pearson a promis d'agir pareillement. Il pense m'acheter ? Tant mieux. En faisant cause commune, je surveillerai d'autant les agissements de l'Entreprise pacifique, et il le faut, car, sur de nombreux points, la vérité fait défaut.

— Vous ne croyez pas si bien dire, murmura Buckle, mais passons pour le moment. Précisez sur quoi portent vos doutes…

— La nourriture, les transports, l'énergie… énuméra Elizabeth. Il y a beaucoup d'interrogations… Et le seul personnage qui aurait pu nous éclairer est mort tragiquement alors que nous allions l'interroger.

— De qui s'agit-il ? se tendit Buckle.

— L'ingénieur Stoltz, chef du chantier. Il semblait prêt à nous faire part de ses soupçons. Hélas, il fut victime d'un accident. Du moins, c'est ainsi que l'affaire fut présentée. Aussi, je félicite Pierre d'avoir mis de l'eau dans son vin. L'affrontement ne peut que nuire à l'enquête. C'est pourquoi, faisons mine de soutenir l'Entreprise pacifique, parlons de ce que Pearson réclame, l'argent. Et restons vigilants.

— Je crains, hélas, de vous inquiéter davantage dans un instant…

— Hölloch ? bondit Lefranc.

— J'y viens. Mais avant, et malgré vos réticences, il me faut savoir si vous croyez encore à l'intérêt des *Agoras*.

— Est-ce la solution pour nous sauver de Wildcat ? s'interrogea à haute voix Elizabeth. À *Mammoth Cave*, je fus saisie par le doute, puis j'y ai longuement réfléchi lors du retour. Il n'existe pas d'autres voies pour le moment, et le progrès nous permettra peut-être d'obtenir ce qui, à ce jour, est irréalisable, même si je suis persuadée que l'Entreprise pacifique n'agit pas avec honnêteté.

— Le mot est faible, renchérit Pierre. Et en voici la preuve. Nous avons rencontré à bord du *Lucania* un richissime Américain, Jefferson, qui, nous croyant proches de Pearson, a imprudemment parlé du monde que préparait l'Entreprise pacifique, nous assurant que le futur ressemblerait au luxe de la première classe du paquebot où nous dissertions une coupe de champagne en main.

— Il a ajouté que ce qui se préparait nous garantissait un bel avenir, renchérit Elizabeth.

— Lui au moins, il disait vrai ! s'exclama Buckle qui n'en pouvait plus de taire ce qu'il savait.

*

Signe patent de son impatience, il tapotait la table de l'index de la main droite, tournait la chevalière portée à l'auriculaire, pianotait sur le vernis du bureau, autant d'indices trahissant le désordre intérieur qui assaillait cet homme légendairement imperturbable.

— Vous songez à un projet dont nous ne saurions rien, et vous avez raison ! lança-t-il. Comme l'a imprudemment avoué cet Américain, votre Jefferson, il se trame un complot ourdi contre l'intérêt général, c'est-à-dire à l'inverse de ce qu'a toujours affirmé l'Entreprise pacifique.

— Votre expédition en Suisse ?

— Exactement.

Le moment était venu de partager ce que lui avait découvert.

29

La route menant à Hölloch avait été, elle aussi, pavée de surprises et de découvertes inquiétantes. Pour une raison dont Elizabeth et Pierre comprirent l'importance par la suite, Buckle avait longuement décrit les paysages bucoliques de Muotathal, proche de Hölloch, un bourg paisible de deux mille âmes, exemple même de la vie pastorale et folklorique que les Helvètes cultivaient depuis des siècles dans la discrétion. Mi-mars, l'hiver résistait, la neige tapissait la plaine, le vent s'engouffrait dans un goulot taillé entre des montagnes, à l'existence insoupçonnable. Wildcat était prévenu : ce bastion du canton de Schwyz, protégé par ses remparts, était inexpugnable.

— Nous y sommes, avait annoncé le cocher dans une langue où se retrouvaient l'allemand, un peu l'italien, le français et, si Buckle cherchait bien, une once d'anglais, comme l'avait annoncé Elizabeth – mais n'était-ce pas de leur part un rien de chauvinisme ?

Le dialecte du solide Andrea, bûcheron de son état, était à l'image de ses concitoyens, ouvert au monde et à ses influences, mais soucieux de leur identité. Le hasard ou la Providence avait réuni ces hommes, mais avant, Buckle s'était arrêté à Zurich, terminus du train emprunté à Paris. Le 15 mars, il avait pris ses quartiers au Dolder Grand Hotel, un établissement luxueux aux allures de château bâti sur les hauteurs de la ville. Les toits pointus, le lobby monumental encadré de colonnes massives illustraient la solidité épique de la Suisse. On s'y sentait à l'abri, supérieur, et la vue sur la ville bâtie en contrebas renforçait l'indicible sentiment d'appartenir au monde des élus.

*

Buckle ne s'était pas attardé. Il avait rendez-vous avec Victor Ernst du *Neue Zürcher Zeitung*, le grand journal zurichois. Ernst était correspondant du *Times* et du *Petit Journal* pour la Suisse alémanique. Il s'était rendu à Paris, aux assises de l'Entreprise pacifique, en décembre 1894. Depuis, les échanges étaient continus. Ernst savait que Pierre Lefranc et miss Storm se trouvaient à *Mammoth Cave*, et lui aussi espérait beaucoup de leur voyage. « Des nouvelles d'eux ? » avait-il demandé à la première minute de l'entretien alors que son sacro-saint café accompagné de carrés de chocolat croquants et de bricelets, ces délicieuses petites gaufres, n'était pas encore servi. Aucune. Ernst avait grimaçé. Les journées étaient capricieuses. Tantôt, elles filaient, tantôt, elles pesaient plus lourd que la fonte. Le décompte funèbre décidé par Wildcat était responsable. On voulait être demain afin de connaître le dénouement et on fuyait l'avenir pour en avoir peur. Ernst s'accrochait à ce qui était tangible : le présent.

— Que me vaut la belle surprise de vous recevoir à Zurich ?

Buckle avait décidé de jouer la sincérité. Ernst était animé de la même éthique que lui. Franc jeu. Oui… Mais jusqu'à un certain point.

— La visite de *Mammoth Cave* par Lefranc sera l'occasion de publier un dossier sur l'Entreprise pacifique. Je viens chercher des informations.

— Lefranc est le mieux placé puisqu'il est le seul à avoir obtenu les faveurs du Cartel, répondit le Zurichois, un rien plus amer que l'excellent chocolat dont Buckle ne se lassait pas.

— Croisons nos connaissances comme nous l'avons toujours fait.

— Le Cartel est avare de paroles. Il les livre au compte-gouttes.

— Son siège est ici. Vous êtes aux premières loges.

— Ici, comme vous dites, c'est motus et bouche cousue.

— Je reconnais votre façon d'agir, plaisanta Buckle. Jamais vous ne vous en vanterez, mais je sais que personne n'est mieux qualifié pour enquêter sur le monde des affaires. Surtout à Zurich.

— À quoi bon espérer ce que je ne peux offrir ? Désolé de vous décevoir, mais, dans cette ville, la discrétion est une règle d'or.

— Ne me dites pas que vous n'avez pas réussi à glaner quelques… détails dignes d'honorer les pages du *Neue Zürcher Zeitung*…

Soudain, Victor Ernst fixa intensément Buckle.

— Allez à l'essentiel, George. Que cherchez-vous ?

— Je n'ai aucune idée précise (ce qui n'était pas tout à fait exact). Il m'a semblé utile d'accompagner le reportage sur *Mammoth Cave* d'une présentation détaillée de l'organisation actuelle du Cartel. Vous le disiez vous-même, nous ne sommes pas abreuvés d'informations… Et n'est-ce pas un comble quand on réalise que cette organisation tient le destin du monde entre ses mains ?

— Le Cartel réclame de la patience, répètent ses agents puisque, pour eux, cette… aventure n'en est qu'au commencement.

— Ce n'est pas assez pour rester silencieux. Ce manque de clarté et d'explications me dérange.

— Auriez-vous des craintes ?

— Rien d'objectif, répondit-il, ce qui était une façon d'avouer qu'il s'inquiétait.

— Je partage cette impression, se dévoila Ernst, sans qu'aucune piste sérieuse étaye ce sentiment d'inconfort et de méfiance.

— Pas même un indice ? Vous en êtes certain ?

— Peut-être que ceci… lâcha-t-il à regret, du bout des lèvres, après un silence dans lequel se noyaient ses ultimes résistances.

Il pivota son fauteuil d'un demi-tour, fixa le tableau accroché au mur illustrant la reconnaissance par les nations voisines de la neutralité de la Suisse lors du congrès de Vienne, en 1815. Et bien que le sujet fût capital pour son pays, il l'ôta. Quelque chose de presque aussi important se trouvait derrière... Scellé dans la pierre, apparut un coffre-fort. D'un geste assuré, Ernst composa le code, ouvrit la porte et sortit une chemise de couleur sombre. Buckle retint un sourire. Dans l'univers feutré de Zurich, que l'on soit banquier ou journaliste, les usages se ressemblaient.

— Je n'ai que cela à nous mettre sous la dent.

— De quoi s'agit-il ? murmura Buckle.

— Des mouvements de fonds.

Buckle s'interdit de lui demander comment les documents étaient parvenus entre ses mains.

— Certains États, poursuivit Ernst, versent régulièrement au Cartel de l'Entreprise pacifique des sommes considérables qui atterrissent dans les banques zurichoises.

— Qu'y a-t-il de surprenant ? Ils respectent le pacte conclu lors des assises de Paris.

— Ce dont je parle n'apparaît pas dans les rapports comptables officiels de l'Entreprise pacifique. Il s'agit d'un... bonus dont personne n'est informé. Et il se monte à... (il consulta ses notes) un milliard de francs-or, à septante mille près, déclara-t-il tel un financier habitué à manipuler des sommes extravagantes.

Buckle encaissa en silence. Il se souvint des chiffres avancés par le Cartel lorsqu'il réclamait un effort prodigieux aux grandes puissances. Ce milliard représentait une part notoire de ce qui était exigé de l'Allemagne ou de la France... Un trésor accumulé en secret en moins de deux années. Ce n'était pas tout. Il avait été promis que les réserves seraient déposées dans une Banque centrale afin d'en contrôler l'usage. Or l'argent, versé en plusieurs virements, ce qui diluait les opérations et les rendait moins visibles, avait servi à abonder les comptes de sociétés ayant leur siège à Zurich. Ernst tendit la liste à Buckle qui y jeta un œil sans reconnaître le nom d'une entreprise connue. De création récente, elles exerçaient leurs activités dans les secteurs du forage, de la construction, de l'énergie. Il n'y avait rien à leur reprocher puisqu'elles participaient à la lutte contre Wildcat orchestrée par l'Entreprise pacifique. Le journaliste du *Neue Zürcher Zeitung* n'avait donc pas poussé l'enquête. Mais comment expliquer ces méthodes ? L'entorse à l'engagement de clarté était conséquente, et Buckle pesait ses mots. Puis venait la question encore plus dérangeante : à quoi servait ce magot ? Hölloch trottait dans sa tête. Il décida pourtant de ne pas en parler.

— Depuis quand possédez-vous ces informations ?

— Très peu de temps. Et j'avoue ne pas savoir quoi en faire. C'est pourquoi je ne les ai pas partagées, se défendit-il. Il faudrait d'abord une confirmation, la seule façon de l'obtenir étant de questionner le Cartel. Si l'affaire est claire, on m'accusera d'avoir espionné, et je perdrai tout crédit auprès de mes interlocuteurs. S'il s'agit d'une fraude, le Cartel modifiera les écritures, maquillera les comptes, expliquant que l'argent n'était qu'en transit. Une erreur de procédure due à la jeunesse de l'entreprise. Et l'on promettra, après y avoir remédié, qu'elle ne se reproduira plus. Nous n'y gagnerons rien et eux se montreront plus adroits dans le futur. Aussi, je préfère approfondir avant d'agir. Il existe une dernière raison expliquant que, jusqu'à aujourd'hui, j'aie gardé pour moi ce que nous seuls savons désormais. Jeter l'opprobre sur l'Entreprise pacifique, au mieux instiller le doute, c'est jouer cruellement avec l'avenir. Il n'y a pas de fumée sans feu, prétend un dicton français. Accuser sans certitude et reconnaître par la suite que l'on s'est trompé laisserait des traces et détruirait ce qui tient encore la société : l'espoir. C'est pourquoi, en l'état, tout ceci ne sera pas publié dans les colonnes du *Neue Zürcher Zeitung*.

On revenait toujours à la même interrogation : où s'arrêtait l'éthique de la vérité ? Buckle hocha la tête en silence. Il approuvait. Et ce fut aussi pourquoi il ne parla pas de Hölloch. Tant que l'incertain régnait, il valait mieux ne pas nourrir le diable de supputations malfaisantes. Ernst remit le dossier dans le coffre. Le tableau ayant retrouvé sa place, il se rassit et but calmement son troisième café. Tout avait disparu. Rien ne s'était dit.

— Restons vigilants, conclut-il. Et, du fond du cœur, espérons aussi ne pas nous tromper.

Buckle promit alors de transmettre les conclusions de Lefranc et de miss Storm dès leur retour. Le sujet était clos. Le reste de la conversation fut agréablement décousu. Sans ordre, on parla de la presse, notant qu'elle se portait hélas fort bien depuis la révélation de Wildcat, puis le Zurichois partagea ses souvenirs émouvants sur Londres, et ils évoquèrent enfin l'organisation d'un congrès mondial et annuel des journalistes correspondants afin de nourrir au mieux les informations sur la lutte engagée contre Wildcat – une sorte de Conférence de la presse –, et Buckle s'engagea à en toucher un mot à Marinoni. En somme, on se promettait de rester soudés et solidaires sans aborder les sujets fâcheux tels que le manque de précisions sur l'emplacement des *Agoras* ou le silence des scientifiques sur l'explosif susceptible de déplacer l'axe de la Terre, lui évitant ainsi le choc avec l'astéroïde. C'était un jour où le futur se montrait sombre.

— Si j'excepte le vif plaisir de vous avoir revu, je crains que votre déplacement ne vous ait guère aidé. Et je le regrette…

Buckle songea à Hölloch. C'était la dernière piste.

— Resterez-vous quelques jours dans notre beau pays ? finit par conclure Ernst.

— Je songeais à visiter les environs de Zurich. Que pensez-vous de la région de Schwyz ? demanda le rédacteur en chef du *Times*.

— Où que vous alliez, vous ne le regretterez pas. En revanche, ne comptez pas y trouver le luxe du Dolder Grand Hotel.

Schwyz se trouvait à quelques encablures de Hölloch, et Ernst n'avait pas réagi.

— Qu'importe le confort, je crois avoir surtout besoin de sincérité. À bientôt, Victor, et merci pour votre accueil.

Ils se quittèrent ainsi, sans même avoir partagé un repas.

*

Buckle resta un jour à Zurich, jouant au parfait touriste. Il prit soin de se promener au bord du lac de Zurich, *Zürichsee*, en allemand, une petite mer d'eau douce, puis visita l'église Grossmünster d'architecture romane, trouva le tout austère et rentra dîner à l'hôtel. Le concierge lui fournit l'horaire des trains de la compagnie Aargauische Südbahn à destination de Lucerne, la prochaine étape. Le plus matinal partait à l'aube. Il rejoignit sa chambre, parcourut les pages de l'écrivain Mark Twain décrivant le Lion de Lucerne, «la pièce de pierre la plus triste et émouvante du monde», se promettant de rendre visite à la sculpture taillée à la mémoire des Gardes suisses tués durant la Révolution française et passa le reste de la nuit à chercher le sommeil. Hölloch expliquait-il le trésor de l'Entreprise pacifique ? Avant cinq heures, il était rasé et habillé. On lui servit un café, deux œufs, du bacon. À six, le train s'ébranlait, à huit, il arrivait à Lucerne, distante de 10 lieues. Le chef de gare lui conseilla de loger à l'hôtel Schweizerhof qui, contrairement à ce que prédisait Ernst, était un établissement doté d'un grand confort. Buckle se rendit au Lion de Lucerne, jugea que Mark Twain disait vrai, passa au retour par le *Spreuerbrücke*, un pont en bois tirant son surnom – la Danse des morts – de ses soixante-sept panneaux peints par l'artiste Kaspar Meglinger et, rentrant avant la nuit, s'inquiéta de trouver un transport afin de parcourir les 10 lieues le séparant encore du bourg de Muotathal. Le directeur de l'hôtel n'hésita pas. Andrea leur livrait le bois et passerait le lendemain avant de rentrer chez lui, à Muotathal. Il serait ravi de faire route commune et accepterait une pièce ou deux pour le dédommagement. L'homme était sérieux, adroit à la manœuvre, mais bavard – ce qui convenait au rédacteur en chef du *Times*, venu ici pour se renseigner. L'affaire conclue, le dîner fut servi. S'y ajouta l'offrande d'un panier en osier garni de provisions pour la longue route à venir, et l'hôte de l'accueillant *Spreuerbrücke* eut autant de mal à trouver le sommeil. Si bien que, le 18 mars, lorsque le cocher se présenta peu avant sept heures, il l'attendait dehors.

*

Andrea avait souhaité que son passager prenne place à ses côtés, et ce n'était ni plus ni moins confortable que sur la banquette arrière, la voiture étant découverte. L'épais manteau de fourrure dans lequel Buckle s'était glissé faisait obstacle au froid sec, et le schnaps d'Andrea distillé à partir du fruit des cormiers réchauffait autant le corps que l'esprit. Le ciel était dégagé, l'air vivifiant, le conducteur jeune et sympathique. Et surtout fureteur. En installant l'étranger devant, il avait ainsi nul besoin de se tordre le cou pour poser ses questions sans ruse ou malice, ne cherchant qu'à comprendre les raisons poussant un Anglais d'extraction supérieure à se rendre dans ce coin si éloigné du fracas de la ville.

Justement, le silence, c'était à dessein, avait répondu tout de go le citadin en tweed. Il courait après le repos pour se remettre du tohu-bohu des affaires zurichoises. La réponse avait satisfait le curieux. Son client déguisé en *gentleman-farmer* était banquier ou quelque chose d'approchant. Quoi de plus normal à Zurich, la riche ville qui avait si peu à voir avec la rusticité de Muotathal ? Il avait hoché la tête et fait claquer le fouet pour réveiller ses deux solides carrossiers, des entiers à la robe baie. L'argent étant sacré et secret, il n'avait plus abordé le sujet, préférant s'instruire sur l'Anglais, une étrange peuplade îlienne qui vivait, racontait-on, au ras du sol, dans une immense plaine et les pieds souvent dans l'eau. Buckle avait longtemps parlé de la reine, Andrea vantant en retour les mérites de la démocratie référendaire. Chez lui, on votait pour un oui, pour un non, si bien qu'il y avait peu de problèmes sans réponse, et tout le monde s'en portait mieux. La Suisse était vraiment un beau pays, répétait-il fièrement en grattant sa barbe. La vie y était calme, le climat dur mais sincère et, à défaut de reine, la montagne bougrement majestueuse. Que pouvait-il arriver à ce pays de cocagne qu'il jugeait invincible ? Wildcat était loin, et ce ne fut pas en pensant à l'astéroïde que le charretier grimaça. Depuis peu, quelque chose le tracassait, l'humeur des gens s'en ressentait, et puisque eux deux partageaient fraternellement leur repas, ce moment-ci était idéal pour se confier. Andrea avala une gorgée de schnaps avant d'expliquer que son petit monde resté si longtemps à l'écart de la Terre était quand même moins en paix désormais. Muotathal était envahi par une horde d'étrangers peu causeurs et mal polis, furetant dans la montagne. Buckle déglutit pour avaler la tranche de viande des Grisons collée à son palais. Il était temps, en effet, d'entrer dans le vif du sujet.

— Savez-vous ce qu'ils font ?

— Ils s'intéressent à Hölloch, répondit-il sobrement.

Buckle ne réagit pas, espérant en apprendre plus. Mais le jeune bûcheron se trompa sur son silence.

— Vous ne connaissez pas Hölloch ?

Prudemment, Buckle répondit que non.

Andrea ne cacha pas sa déception. Hölloch, expliqua-t-il, était un réseau extraordinaire de galeries et d'excavations. La Suisse en comptait d'autres, mais Hölloch était le plus grand. Ces abris souterrains faisaient viscéralement partie du pays comme le chant des alpages. La grotte était un refuge en cas de danger, et souvent l'envahisseur s'y était cassé les dents car seul le natif connaissait ses ruses et ses lacis.

— Hölloch, ça vaut sacrément le détour, à condition de ne pas se perdre, s'amusa-t-il. En dessous, il y a au moins 200 kilomètres de grottes, et on n'a pas encore tout trouvé. Pour le reste, c'est trop sauvage pour un homme de la ville. Je ne suis pas certain que vous y trouviez votre compte.

Ils arrivaient par la route surplombant l'étroit couloir dans lequel nichait Muotathal et, à l'évidence, il n'existait nul endroit au monde où le calme et la mesure régnaient plus en maîtres.

Pas une âme ne se montrait et, n'eût été la fumée cotonneuse s'échappant d'une rangée de maisons s'étirant au cordeau sur une longue ligne droite, rien, absolument rien ne semblait troubler les habitants que Buckle suspecta d'hiberner. Le bourg était donc à la fois encaissé et entouré de pics et de monts faisant barrage aux points cardinaux. Une forteresse de granit, isolée, solide, imprenable et seulement accessible par une route étroite ciselée dans une roche indestructible. Un endroit idéal pour se réfugier, vivre un siège. Et affronter l'éternité.

— Accepteriez-vous de me montrer Hölloch dont vous semblez si fier ? demanda alors Buckle.

— Et quand donc ?

— Demain, ce serait parfait. Je vous dédommagerai.

Andrea n'était pas débordé. Et il aimait faire découvrir son pays.

— Savez-vous où je pourrais loger ?

— Je vous proposerais bien chez moi... Mais pour le confort...

— Vous seriez surpris de voir combien l'Anglais est sobre.

Andrea sonda la tenue soignée, se souvint du poids de la malle et, par prudence, proposa un autre arrangement. Sa cousine Mélisande tenait une auberge au cœur du bourg. Les chambres étaient propres, les prix raisonnables et le vin bon, même pour les gens *sobres*... La nuit tombait, les présentations furent rapides. La maison était chauffée, le parfum du ragoût alléchant. Andrea donna rendez-vous à six heures à Buckle, qui dîna, monta se coucher et dormit comme un loir pour la première fois depuis Londres malgré l'impatience qui le gagnait. Demain, se promit-il, il saurait pour Hölloch.

*

Andrea était équipé pour deux. Vêtements chauds, bottes, lampes de mineur et casquettes de laine. Par prudence, l'homme des montagnes n'en manquant jamais, il s'était même muni de dudules, ce mot amusant désignant un moyen d'éclairage fort sérieux et fort efficace fonctionnant à base d'acétylène. La lampe était composée d'un générateur fabriquant le gaz, lui-même relié à un bec doté d'un réflecteur afin d'accroître la portée de la lumière. L'ensemble était assez lourd, encombrant, et Buckle cherchait comment diable porter cet attirail – à l'épaule ou dans le dos ? Andrea comprit que son équipier n'avait pas besoin d'une dudule pour compliquer sa formation. Aussi fixa-t-il les deux lampes à sa ceinture d'un geste assuré. Suivant les conseils de son guide, le rédacteur en chef du *Times* abandonna aussi sa veste de tweed et ses chaussures cirées. Un bâton compléta sa tenue. Il faudrait marcher.

Sans fournir plus d'explications, Andrea s'engagea sur un sentier longeant le Starzlen, un petit affluent de la rivière Muota, puis bifurqua au bout de mille pas sur la droite. Ils entraient dans la montagne, attaquant la sente pentue en s'aidant d'un tronc, des racines affleurant, des branches, d'un coup de reins et du bâton taillé dans un châtaignier centenaire. Le sol tapissé de feuilles mortes se dérobait à chaque instant sous les pieds. Pas une fois Buckle ne trouva l'occasion de sonder Andrea qui l'aidait de la voix. Il était épuisé. Que faisait-il dans cet endroit farouche où nulle cité secrète n'existait ? À l'exception des bûcherons passant par ici et dont on repérait le travail à la coupe des arbres, les lieux étaient déserts. Où se trouvait la « horde d'étrangers furetant dans la montagne » dont avait parlé Andrea ? Buckle songeait à faire demi-tour, prétextant qu'il manquait de souffle, lorsque son guide tendit le bras droit. Hölloch. Ils y étaient.

*

L'entrée était périlleuse. Un trou béant s'ouvrait dans le sol. Les grottes se trouvaient en dessous. Andrea déroula la corde qu'il avait nouée autour de la taille et chercha un arbre pour la fixer. Il testa la solidité et sembla satisfait.

— Nous descendrons en rappel sur à peu près 10 mètres. Ensuite, le sol est plat. C'est par ce passage que notre héros, Alois Ulrich, a trouvé le réseau de grottes, il y a vingt ans. Nous allumerons nos lampes en bas.

Et Buckle s'engagea courageusement, sans broncher, en véritable Britannique, mais en se demandant si tout cela entrait dans les fonctions d'un patron de presse londonien.

La descente fut rapide et moins périlleuse qu'il ne l'imaginait. La paroi rocheuse offrait des aspérités sur lesquelles il posait la pointe de ses bottes. L'exercice lui rappelait son service militaire dans le régiment des *Royal Fusiliers* et, n'en déplaise aux sceptiques, il y prit un certain plaisir. Andrea n'avait pas menti. 10 mètres plus bas, il retrouva la terre ferme. Son guide lui tendit les allumettes. Il alluma sa lampe à huile, découvrant le spectacle féerique d'un monde souterrain où le temps millénaire avait formé des stalagmites et des stalactites aux allures d'orgues de cathédrale dont la matière argentine et diaphane se mordorait sous la lumière artificielle. En face, un couloir où l'on tenait à peine debout invitait à poursuivre le voyage. Il suivit en confiance son cicérone, abandonnant la clarté du jour qui se devinait encore et dont les ultimes reflets se cristallisaient sur les parois gorgées d'eau. Buckle entrait dans le monde du silence, sans savoir s'il montait ou descendait, sans mesurer bientôt s'ils progressaient depuis une heure ou davantage, en l'absence de ces jalons et de ces repères dont le Terrien du dessus finissait par oublier l'importance. Au bout de ce qui lui sembla infini, le couloir se divisa en deux, puis en quatre. L'éclaireur avançait d'un pied sûr, prenant à gauche, à droite, dominant le territoire aussi bien que Dédale. À présent, ils marchaient sur du sable. Andrea précisa qu'il s'agissait des alluvions charriées lors des crues. Buckle réalisa qu'ils allaient dans le lit d'une rivière et, selon son caractère ou ses envies, elle pouvait décider de se réveiller en colère. Cette impression détestable, suffocante par moments, ne l'abandonna pas jusqu'à ce qu'ils aient rejoint une salle dont le plafond se perdait dans le noir et assez grande pour y réunir cent personnes. Le montagnard décida de faire usage des lampes à acétylène portées à la ceinture car le sol était creusé de puits profonds – autant de pièges pour le marcheur distrait ou… néophyte. C'était l'œuvre lente, méthodique, définitive du glacier. L'Anglais frissonna. Maintenant, le froid et le gel se mêlaient à la scène, et l'humidité perçait les vêtements. Seule la lumière feutrée des dudules délivrait un semblant de chaleur. Hölloch était un mirage, rien ne pouvait y être bâti. Buckle en avait assez vu. Il lui fallut pourtant attendre avant de retrouver l'air libre. D'abord, Andrea voulut manger. Revigoré, il décida de rendre visite à l'un des lacs jalonnant ce monde aveugle. On reprit la marche, cela n'en finissait plus. Là-haut, où allait le soleil, et n'était-ce pas la nuit ? Épuisé, tendu par ce huis clos où même les voix changeaient de nature, Buckle proposa l'armistice. Pouvait-on remonter ? Andrea sourit et leva la tête. Juste au-dessus, un halo de lumière se devinait. La lumière diffuse du jour se faufilait entre la roche.

— 20 pieds plus haut, il y a un coude. Ensuite, c'est tout droit. Je connais le raccourci. Montons par ici. Je retournerai plus tard chercher ma corde au point de départ.

Les larges marches naturelles creusées dans la roche facilitèrent l'ascension. Buckle, encordé par sécurité, suivait les indications d'Andréa. Mettre la main où le pisteur avait posé le pied et lâcher une prise lorsque les trois autres étaient assurées. Le coude compliqua l'exercice. Ensuite, la lumière était si vive qu'il oublia ses efforts. Il se laissa happer par l'air et les premiers rayons de l'astre bienveillant. Que cherchait donc Pearson à Hölloch ?

La réponse vint alors qu'ils posaient le pied sur la terre familière. Et elle était particulièrement brutale.

30

— Une dizaine d'hommes faisaient cercle autour du puits d'où nous avions débouché. La fine fleur de ces étrangers qui... furetaient dans les alpages, comme me l'avait expliqué Andrea, et, en effet, ils manquaient cruellement d'éducation.

Elizabeth et Pierre attendaient la suite, mais Buckle prit le temps de leur proposer une tasse de thé. Il avait délaissé le tweed pour la laine peignée de Kilgour French Stanbury, le tailleur de Savile Row, et, pendant qu'il suggérait d'accompagner le « saint breuvage » d'un scone, un biscuit typiquement anglais recouvert de crème ou de confiture, Pierre cherchait à quoi pouvait ressembler cet homme élégant, costumé dans la tenue des montagnards de Muotathal.

— Non merci, George.

*

— Le ton était vif, reprit alors le narrateur en tirant sur les pans de sa veste cintrée. Le chef brandissait un fusil de chasse et nous reprochait d'être sur une propriété privée. Andrea ne broncha pas. Non parce qu'on le menaçait. Le pégreleux avait raison. Ces terres lui appartenaient. Nous quittâmes donc Hölloch tels des voleurs, reconduits jusqu'aux abords du bourg. Alors seulement,

Andrea releva la tête, bougonnant que son pays appartenait à ses habitants. C'était un bien commun. Nous rejoignîmes la maison de Mélisande à qui Andrea rapporta ce qu'il s'était produit. Il ne décolérait pas, répétait que Hölloch était incessible…

Buckle ne résista pas au scone fourré de myrtilles qui se lamentait seul dans une assiette en porcelaine de chez Burleigh Pottery. Il mâcha, prit son temps, avala un soupçon de thé. Et se décida.

— Mélisande avait aussi à redire à propos de ces gens débarqués d'ailleurs. Ils étaient venus frapper à sa porte pour lui proposer d'acheter sa maison. Elle avait refusé, pardi ! Mais certains de Muotathal cédaient à l'appât du gain. Ses voisins, par exemple, à qui, d'ailleurs, on avait laissé la jouissance des lieux. Ils avaient vendu à prix d'or contre l'assurance de rester *chez eux*. Mais jusqu'à quand puisqu'ils n'étaient plus *chez eux* ? Personne ne savait… En attendant, l'argent frais était bienvenu, si bien que les Brandt, Müller, Diebasch, Nüsslin, récitait-elle, leur avaient emboîté le pas. Trente-six familles en un an. Le village se déchirait, se divisait, et Andrea regrettait maintenant que sa cousine se confie autant. Ces histoires n'intéressaient pas les étrangers, mais, elle, elle appréciait qu'on s'intéresse à son cas. Aussi, poussai-je l'avantage en lui demandant ce que ces gens-là comptaient faire des maisons. Elle l'ignorait, les prenait pour des fous. Elle en avait la preuve. Dès qu'un logis était cédé, un géomètre posait des bornes, aux quatre coins du terrain formant, au fil des achats, les points de deux lignes droites s'étirant tout le long du bourg. Le gamin des Schultz avait asticoté un métreur de passage qui, pour se débarrasser du curieux, avait raconté qu'un jour ces bornes se transformeraient par magie en piliers d'acier qui s'élèveraient plus hauts que les arbres, et il s'était sacrément moqué du petit, prétendait Mélisande, en ajoutant qu'on installerait dessus un chapiteau pour toujours, et indestructible comme les piliers, et ce serait la fête pour les enfants habitant dessous. Alors, s'il voulait en être, le rejeton des Schultz devait le laisser travailler.

Buckle sortit du tiroir de son bureau une feuille de papier.

— J'ai reproduit ici la topologie approximative de Muotathal. Être à l'abri « pour toujours » et le terme « indestructible » confirment que le toit sera en acier « comme les piliers ».

— Dieu du Ciel ! s'exclama Elizabeth. Est-ce réalisable ?

— Si votre plan est à l'échelle, calcula rapidement Pierre, la largeur du goulot dans lequel niche Muotathal est d'environ…

— 3 kilomètres, et 20 de long, coupa Buckle. Pour porter la charge, il faut multiplier les piliers. Eiffel a déjà réalisé de tels prodiges en construisant des viaducs. Enjamber cette vallée est donc possible. On répétera l'opération autant de fois que nécessaire jusqu'à la recouvrir entièrement d'arcades qui la protégeront ainsi des ravages de Wildcat. Les enfants qui vivront ici auront bien leur cirque. Mais je crains que le petit Schultz de Muotathal ne voie jamais le spectacle qui s'y déroulera…

— Bon sang, jura Pierre. Ils ne vont pas s'enterrer, mais construire une *Agora* sous un manteau d'acier ! Pearson expérimente cette solution à *Mammoth Cave*. Il fera cercler d'acier les méga-dolines servant d'entrée aux *Agoras*.

— Ce site est-il voisin d'une vallée ? demanda Buckle.

— La configuration est très différente…

— Muotathal offre de nombreux avantages : proximité de Zurich, discrétion de cette place financière où siège l'Entreprise pacifique, voilà de bonnes raisons. Ajoutons la neutralité de la Suisse qui permet d'échapper aux ingérences internationales. Mais comment expliquer l'achat des terres recouvrant Hölloch ?

— Créer une enclave dans un pays neutre afin d'isoler totalement Muotathal du reste du monde ? proposa Elizabeth.

— Rien n'est exclu, comme ériger des murs et former une armée privée… Mais j'ai imaginé autre chose, ayant l'avantage de m'être torturé l'esprit avant vous. Quels que soient ses avantages, Muotathal est trop petit pour accueillir les installations nécessaires à la marche d'une *Agora*. Produire de l'électricité, cultiver et fournir l'alimentation aux habitants, stocker les réserves, accumuler l'eau, et je m'en tiendrai là, la logistique réclame d'immenses espaces. Devrait-on pour cela sacrifier les meilleures terres, celles de l'extérieur, quand il existe plus de 200 kilomètres de grottes, d'excavations, de voies, de rivières, de puits sous vos pieds ? D'un coup, Hölloch devient indispensable.

— Le projet serait donc double, résuma Lefranc. À l'extérieur, une cité protégée par une armure d'acier, et une immense enclave souterraine où seraient produits les expédients nécessaires à la vie d'en haut.

— Quoi qu'il en soit, l'*Agora* ne pourra pas accueillir douze millions de personnes, mais 60 kilomètres carrés, 3 par 20, c'est assez pour offrir une vie moins spartiate que celle de *Mammoth Cave* à quelques dizaines ou centaines de milliers d'élus. Ma conviction s'est renforcée en vous entendant parler de Jefferson, cet Américain rencontré lors de votre croisière. Rappelez-moi ces paroles…

— « Le monde que nous préparons ressemblera au *Lucania* », récita Pierre.

— « Ce qui s'organise nous garantit un bel avenir », ajouta Elizabeth.

— Voilà une énigme en moins, se réjouit Buckle. Nous avons mis la main sur le futur palace des amis du Cartel : industriels, financiers et, sans pouvoir encore en apporter la preuve, les gouvernements complices des États qui alimentent les comptes de leur mentor. Ainsi naîtra une cité sur mesure, réservée à une oligarchie car on ne peut reproduire à l'infini ce modèle. Pour abriter la population mondiale, il faudrait en bâtir des milliers, et il semble déjà difficile de trouver cent emplacements. Ainsi, le Cartel finance ses affaires ignominieuses en détournant l'argent destiné à secourir l'humanité, profitant du progrès, de chaque nouvelle invention pour améliorer la condition future des conjurés. N'en doutez pas, ces êtres immoraux se serviront en premier puisqu'ils contrôlent tout.

*

Il se tut, en face, on ingérait peu à peu. Pierre cherchait comment échapper à ce cauchemar car ce n'était pas possible. Les engagements du Cartel, sa déclaration liminaire – chercher le bien commun, décréter la fin du profit, partager sans détour – et cette Entreprise pacifique à laquelle tous s'étaient livrés sans retenue… Non, non, ce n'était pas possible !

— George, vous accusez sans preuve ! lança-t-il rageusement tant il était désespéré par la trahison du Cartel.

— Précisez votre pensée, répondit l'Anglais d'une voix égale.

— Le témoignage d'un enfant est insuffisant. De plus, il manque le lien avec le Cartel. Comment être sûr que l'organisation est à l'œuvre ?

— L'organisation se sert du pactole versé en toute confidentialité par certains États. Ernst m'en a fourni la preuve. Ce qui confirme que certains dirigeants sont complices de cette abominable trahison…

— Rien ne dit que cet argent est utilisé à cette fin ni que le Cartel en est l'instigateur. Il n'existe pas de lien entre le Cartel et Muotathal.

Buckle croisa les jambes. Il affichait un air parfaitement détendu et satisfait.

— C'est exact, Pierre. C'est pourquoi, avant de conclure, écoutez-moi encore. À Muotathal, la soirée fut sombre… Prétextant que la façon dont j'avais été traité par les supposés propriétaires de Hölloch m'avait profondément marqué, j'ai annoncé que je rentrais à Zurich. Andrea était désolé. Malgré ces événements déplaisants, il espérait que je garderais un bon souvenir de Muotathal, et j'ai regretté de prendre ainsi congé de ces personnes si hospitalières. Ne pouvant me raccompagner à Lucerne car il devait reprendre la coupe du bois, un certain Dardel me prit en charge. Lui était moins bavard. Aussi ne réagit-il pas lorsque je lui demandai un arrêt à Schwyz, chef-lieu du canton où se situe Hölloch. Et pendant qu'il m'attendait dans un estaminet, je me suis rendu au service du cadastre, la Suisse étant incroyablement organisée. J'ai ainsi découvert sans trop d'efforts que la société Tarcel siégeant à Zurich avait négocié et payé les baux emphytéotiques des alpages entourant Hölloch. Leur durée est de quatre-vingt-dix-neuf années. En échange d'un prix fort, Tarcel jouit aujourd'hui de 100 000 hectares communaux réservés aux alpages, la mainmise sur cet immense espace ayant été autorisée à condition que la transhumance des troupeaux perdure. Pour l'administration locale, il s'agit d'un territoire de chasse, comme il en existe en Écosse. Le chef du cadastre était convaincu que les propriétaires de Tarcel étaient idiots ou trop riches. On trouvait peu de gros gibier, et à quoi bon signer un bail aussi long si ce que l'on racontait à propos de l'astéroïde était vrai ? Je n'ai rien fait pour le contredire et, retrouvant Dardel, qui sentait l'eau-de-vie à dix pas, j'ai pris la route jusqu'à Lucerne, puis le train. En somme, j'ai retrouvé le monde moderne, jusqu'au confort de ce bureau londonien, sans que nulle autre aventure méritât que j'en fisse le récit.

Il décroisa les jambes, fit mine de réfléchir.

— Pauvre de moi ! J'oublie le plus important…

Buckle était vraiment bon comédien.

— Tarcel… qui dépense sans compter. Qui est-ce, me direz-vous ?

— Le savez-vous ? murmura Elizabeth.

— Je rassemblais mes notes dans le train me conduisant à Zurich, les classais, quand je revins sur Tarcel et, soudain, ce nom livra son secret. Tarcel était l'anagramme de Cartel. Le lien que vous cherchiez, dit-il en regardant Pierre.

— Je crains que ce ne soit qu'un fil ténu, tempéra ce dernier. Une anagramme ? La… ficelle n'est-elle pas un peu grosse ?

— Je vois… La preuve vous semble insuffisante…

Il souriait, préparait son coup, ménageant la révélation suivante.

— Eh bien, qu'avez-vous d'autre ? s'impatienta Lefranc.

— Vous souvenez-vous que Victor Ernst m'avait montré à Zurich la liste des sociétés ayant profité des largesses du Cartel

– rien de moins qu'un milliard ? Je n'avais pas prêté attention à ces entreprises inconnues. Mais dans ce wagon confortable, Tarcel m'a sauté aux yeux. Le nom de cette société figurait sur la liste. C'était l'une des bénéficiaires des dons du Cartel. De mémoire, et selon les calculs de Victor Ernst, elle avait touché quelque huit cents millions de francs-or.

— Le Cartel se donnerait donc à lui-même l'argent que lui versent les États ?

— La démonstration serait indiscutable si Tarcel était liée au Cartel – et comment le savoir ? Cette société a beau être anonyme, elle dispose d'un siège, donc d'une adresse, que le concierge du Dolder Grand Hotel a trouvée sans mal. À onze heures, je m'y suis rendu. N'étais-je pas moi aussi anonyme à Zurich ? À l'entrée, un cerbère fit barrage. Que voulais-je ? Rencontrer le président de Tarcel… Qui n'était pas là. J'attendrais, ai-je rétorqué. On répondit qu'il *était en déplacement aux États-Unis…* Et j'ai pensé à vous… C'était quitte ou double. La gorge sèche, j'ai murmuré : « *Monsieur Pearson* passe-t-il par Zurich à son retour ? » Le bougre déclara qu'il n'avait pas le droit de fournir d'informations sur *monsieur Pearson*, mais le secrétariat se trouvait à l'étage et… Le boulet se rapprochait. Rien ne presse, ai-je coupé court, et j'ai tourné les talons. De loin, il réclama mon nom et je fis la sourde oreille. En trois enjambées, il était sur moi. À quoi bon résister ? Il n'avait rien pour noter. À midi, j'étais de retour au Dolder Grand Hotel…

Buckle n'était pas peu fier de ses ruses d'espion.

— À présent, reprit-il, convenez que la filiation est in-dis-cu-ta-ble. Pearson dirige Tarcel, une société nourrie par les fonds du Cartel afin de construire en secret la cité de Hölloch.

*

La nouvelle avait stupéfié Elizabeth et Pierre. L'abîme s'ouvrait sous leurs pieds. La rage se mêlait à l'horreur. Ils vivaient ce que Buckle avait enduré. Lui se sentait mieux, ou moins mal, puisqu'il ne portait plus seul ce fardeau. Maintenant, que décideraient-ils ? Cacher la vérité, c'était mentir au monde, la révéler engendrerait un séisme. Elizabeth et Pierre affrontaient ce qui avait hanté le rédacteur en chef du *Times*. Fallait-il dénoncer le dessein inhumain de l'Entreprise pacifique ou se taire ? Pierre songeait à l'article publié en avril 1894. Dans « Le pire de l'homme », il avait révélé l'existence de Wildcat et dénoncé les astronomes réunis à Oxford qui avaient tenté de cacher « le Fauve ». Il s'était insurgé contre la lâcheté de ceux qui ne croyaient pas au courage de leurs semblables. Mais avait-il bien agi, ce donneur de leçons ? Deux ans plus tard, deux ans déjà, était née une hydre, l'Entreprise pacifique, condensant tous les vices de l'âme – égoïsme, mensonge, perversité, concussion… –, et ces bassesses le meurtrissaient comme des coups de poignard. Elizabeth ressentait la même douleur, repassant ces moments où elle avait connu le doute puis découvert l'espoir. Elle avait cru en l'évolution censée élever la nature de l'homme. Mais rien n'avait changé. La sagesse n'existait pas. Tout était déloyauté et brutalité.

— Souhaitez-vous que je résume la situation avant d'arrêter ce qu'il conviendrait de faire ? murmura Buckle.

Ils en avaient besoin pour être certains d'avoir compris ce qu'il se produisait. Aussi, Buckle s'exécuta. Selon l'Entreprise pacifique, le monde se divisait en deux. D'un côté, une *Agora* supérieure réservée à une élite disposant de richesses matérielles ; de l'autre, des cités inférieures dont l'existence restait incertaine à en juger par les difficultés rencontrées à *Mammoth Cave*. Le contrat du Cartel était donc affreusement trompeur. En vérité, l'ordre du monde divisé entre dominants et dominés perdurait. Dans la nouvelle société, il n'y avait pas d'aspiration au meilleur. La règle était d'être choisi, ou à défaut de descendre aux Enfers.

Il suffisait de publier ces mots et d'y ajouter les preuves pour que la vérité éclate et que le chaos s'ensuive. C'était assurément déclencher la fin. Le voulaient-ils ?

Le débat avait été long, agité, la décision longtemps incertaine. Renonceraient-ils à leur éthique, à ce qu'ils croyaient juste ? Le mieux étant l'ennemi du bien, ils avaient choisi de se taire, d'abdiquer, en quelque sorte, du moins pour un temps.

— Notre seul atout est que le clan de Pearson ignore ce que nous savons, avait conclu Buckle. Le dénoncer exigerait de nous démasquer. Se sacrifier, pourquoi pas, si agir ainsi était utile. Or, en dévoilant ce que nous savons, les *Agoras* seraient tuées dans l'œuf, et l'avenir compromis. De plus, nous ne connaissons rien de ceux qui agissent dans l'ombre aux côtés de Pearson. Ils se croient invincibles, laissons-les s'épanouir jusqu'à se montrer imprudents, jusqu'à ce que le fruit soit mûr. Aussi, patientons encore, et surveillons Pearson de près. L'ennemi de notre ennemi n'est-il pas notre ami ? En se battant contre Wildcat, le Cartel sert notre cause. La société tient parce qu'elle espère être sauvée par les *Agoras*, ce bouclier qui permettrait de résister à l'astéroïde et même, si tout devenait possible, de lui échapper en changeant la trajectoire terrestre. Nous devons, nous aussi, croire encore en cet espoir. Le temps est notre allié, le progrès, le génie humain travaillent sans relâche afin de triompher du destin. Rien n'est fini, le Cartel n'a pas gagné et, le moment venu, lorsque le rêve commun sera réalité, abattons nos ennemis, même s'il faut pour cela attendre des années et vivre avec le poids de leur trahison.

Se tenir dans l'ombre… Et surgir le moment venu… Ce plan était frustrant, incertain, risqué, mais à quoi d'autre s'accrocher ? Elizabeth et Pierre songeaient à ce qu'ils partageaient avec Jules Verne et dont Buckle avait été informé. En dernier ressort, il disposait de cette carte, ce quitte ou double, ce pari secret qu'ils avaient pris et dont ils se gardaient bien de faire état. Le « meilleur de l'homme » était en effet possible, à condition de ne pas sacrifier le présent – donc de mentir à leur tour.

*

Le premier article sur *Mammoth Cave* fut dithyrambique. Lefranc décrivait les exploits techniques en cours, les immenses places publiques. Il s'attardait sur le sérieux et l'abnégation des équipes, l'organisation du travail, l'aquarium géant – une véritable mer intérieure. Il détaillait même les habitations sans les avoir vues, annonçant en fanfare qu'une famille de trois enfants disposerait de quatre chambres, d'une cuisine et même d'un salon. Il imaginait un monde éduqué, formé, accédant aux soins médicaux et aux vaccins de Pasteur, et comme il en coûtait à l'hagiographe de l'Entreprise pacifique de mentir et d'écrire sans mesure, à l'inverse de ce qu'il s'était promis. Non, Pearson ne pouvait rien redire.

Pourtant, ce dernier fut surpris en découvrant le couplet du Français. Il s'attendait au pire, lisait le meilleur. Comment aurait-il pu deviner que ces mots élogieux participaient à la stratégie du trio ? On y invitait le monde à pousser les feux afin de réussir, endormant l'ennemi et instillant le poison qui, espérait-on, contrarierait à terme les projets néfastes de l'Entreprise pacifique. Même s'il n'en avait ni l'allure ni le goût, l'article était donc une déclaration de guerre.

Le plan était en marche. Allait-il réussir ?

QUATRIÈME PARTIE

La Société pacifique

31

Dorian, jeune homme de vingt-six ans dont le prénom augurait une filiation avec l'Angleterre, avait pris la tête du groupe qui descendait du train. Tous arrivaient à Saumur, une ville autrefois paisible de la vallée de la Loire. Dorian, le premier à bondir sur le quai, affichait sa hâte, et il l'était, impatient, pressé de découvrir l'*Agora* baptisée Alessandro-Volta en l'honneur de l'inventeur de la pile électrique, bienfait dont l'humanité bénéficiait désormais sans que quiconque en tirât un profit personnel et pécuniaire. Chercheurs et entrepreneurs, renonçant à l'intérêt privé, se concentraient sur la seule cause qui valait : vaincre Wildcat, « le Fauve » qui, depuis sa révélation au monde en 1894, soit vingt-neuf ans plus tôt, se rapprochait de la Terre. Et il était toujours impossible de savoir si tout finirait bien ou tragiquement.

*

Dorian faisait partie de cette génération qui, depuis sa naissance, avait vécu sous l'emprise de Wildcat. Ceux de son âge n'avaient jamais pu faire abstraction de la menace qui s'était confirmée à chaque révolution. Le loup et les dragons n'avaient pas troublé leurs nuits lorsqu'ils étaient petits. Ce monstre-là était rond, énorme, plus brûlant que le feu de l'âtre familial qu'ils ne devaient pas approcher. Une boule de feu d'une taille inconcevable pour une âme innocente. Un géant de pierre qui dévorerait tout sur son passage. « Plus grand que toi ? » Le père hochait la tête. « Plus gros que la maison ? » Le silence servait de réponse. « Comme la montagne ? » Même la berceuse d'une mère n'apaisait pas leur peur.

Les enfants avaient pris l'habitude de lever la tête à chaque pas, de scruter les nuages, craignant de voir surgir à tout moment l'astéroïde. Quand le ciel se dégageait, ils regardaient le Soleil à s'en brûler les yeux. Où se cachait leur pire cauchemar ? La nuit, en secret, ils se relevaient pour passer en revue les étoiles avec leurs petits doigts, espérant qu'ils n'en trouveraient pas une de plus. Dorian se lançait des paris d'homme : garder les paupières ouvertes en comptant jusqu'à trente, et sans respirer. S'il réussissait, « le Fauve » explosait en vol, disparaissait. Et comment être certain d'avoir réussi puisque ce « fou à lier » était encore trop loin pour être visible à l'œil nu ?

Les astronomes, eux, et leurs instruments n'avaient aucun doute sur son existence et savaient avec certitude que la distance parcourue à chaque révolution diminuait inexorablement. Les ronds cosmiques étaient de plus en plus concentriques. D'année en année, la mort rôdait de moins en moins loin. Les savants se réunissaient *ne varietur* à Oxford, se concertant, échangeant, théorisant, spéculant même sur la nature du phénomène, son volume, sa vitesse, mais n'apprenaient pas grand-chose sur cet ennemi devenu familier. L'observer était un supplice puisqu'il n'y avait rien à espérer. On se séparait en disant : « À l'an prochain », pour se retrouver plus abattu encore. Un seul fait était certain. Le bolide n'avait pas varié sa course.

En 1898 et en 1902, la souillure qui assombrissait l'espace était réapparue. Wildcat ne ratait jamais son rendez-vous. Ni cette fois ni les suivantes il n'avait manqué à l'appel. 1906, 1910… Les cycles s'égrenaient et, impitoyablement, leurs durées raccourcissaient. De quelques semaines, puis de quelques mois. La septième révolution de l'astéroïde avait débuté le 3 mars 1921, et les conclusions des astronomes avaient été affligeantes. Sauf événement nouveau et, prédisait-on, malheureusement improbable, leur réunion de 1924, ouvrant la huitième révolution, serait la dernière.

L'espoir ? Il nichait dans une série de canons démesurés, destinés à modifier la trajectoire de la Terre, et dont la construction avançait, mais surtout dans les *Agoras* édifiées par l'Entreprise pacifique. Et c'était l'une d'elles qu'allait visiter le jeune Dorian.

32

Passionné par les prouesses techniques, Dorian avait apprécié la rapidité de son voyage express. Parti le 12 juin 1923, peu avant sept heures du matin, de la gare ouest de Paris, ancienne capitale française, le mécanicien de ce nouveau train propulsé à l'air comprimé avait actionné les freins cent cinquante-neuf minutes plus tard, passant de la vitesse prodigieuse de 220 kilomètres à l'heure à 0 en moins de trois cents secondes. La prouesse, stupéfiante, était due à l'amélioration du procédé de locomotion à l'air comprimé mis au point en 1879 par l'ingénieur Mékarski pour le tramway de Nantes. Une équipe internationale dirigée par cet inventeur d'origine polonaise avait œuvré sans relâche, associant talent, savoir, ingéniosité, abnégation. Louis Mékarski avait livré les secrets de son entreprise, la Société des moteurs à air comprimé, offert ses brevets à la communauté humaine pour parvenir à ce résultat, prouvant que l'alliance pacifique des meilleurs esprits produisait l'excellence, car ce qui avait été rendu possible pour le transport l'était aussi dans des domaines cruciaux – forage, percement, construction –, tant l'air comprimé était une découverte majeure. Ainsi, le progrès fonçait comme ce *railway* dont il fallait expliquer la célérité : la force de propulsion était centuplée grâce à la sustentation de la rame, élevée de 7 millimètres de l'axe de direction selon une technique inspirée des découvertes du physicien Hans Christian Ørsted et du mathématicien André-Marie Ampère sur l'électromagnétisme. Ici, à l'inverse de l'aimant, les masses se repoussaient, évitant tout frottement de la matière. Le train échappait ainsi à l'attraction gravitationnelle tel un oiseau glissant sur les courants porteurs.

Un rien d'énergie suffisait pour ébranler la légion de wagons, vingt à la file, qui pouvaient transporter des passagers ou du matériel avec la même diligence. Peu après le départ, la pression d'air augmentait et, l'élan étant donné, on gagnait en peu de temps la vitesse de croisière, y ajoutant un gain considérable en énergie, celle-ci ne servant plus qu'à comprimer l'air expédié dans un tube de 10 centimètres de section, courant d'un wagon à l'autre. Tout près du but, le mécanicien de bord coupait la poussée verticale à l'aide d'une manette ; l'instant suivant, la rame allait sur son erre, freinée peu à peu par la pesanteur sans nul effet sur l'organisme humain grâce au ceinturage des neuf cent vingt passagers occupant ce tube oblong de 624 mètres.

Ainsi, à neuf heures trente et une, Dorian jaillissait du cocon d'aluminium. Pas de corps désarticulé, nulle perte de connaissance, contrairement aux prédictions des esprits grincheux du siècle dernier. La construction de la ligne n'avait réclamé que vingt-quatre mois. Un laps de temps record entre la décision et l'exécution, impensable au XIXe siècle, et ce n'était qu'un des exploits dont l'Entreprise pacifique avait gratifié le monde ces dernières décennies. Le résultat était là. Le 12 juin 1923, Volta allait être inaugurée à 10 lieues de Saumur, portant à cinquante le nombre d'*Agoras*.

*

L'idée de donner aux cités souterraines le nom des héros de la science avait été proposée par Pierre Lefranc et son épouse, Elizabeth, pionniers du sursaut salutaire qui avait décidé les Terriens à ne pas renoncer. Ericsson et Siemens avaient été choisis pour les *Agoras* du Condroz et du pays de Herve dans l'ancienne Belgique. Outre-Volta, les deux autres de la vallée de la Loire s'appelaient Louis-Pasteur et Nikola-Tesla, le premier pour la découverte du vaccin et sa généralisation qui sauvaient des millions d'êtres n'ayant pas eu jusque-là accès aux soins, le second pour ses multiples inventions portant sur l'électricité, dont le courant alternatif et la transmission sans fil de l'énergie, la plus spectaculaire application étant le guidage à distance d'engins grâce au procédé du *téléautomaton*. Tesla prédisait que, bientôt, au cœur des *Agoras*, les usines seraient pilotées par des machines libérant l'homme des tâches exécrables – et ce n'était qu'une illustration des transformations radicales du nouveau siècle, le XXe. Le dernier ou le premier des Temps neufs. Ce qui ne tarderait pas à être su.

L'*Agora* Volta, la dernière née, la plus moderne, se voulait vitrine technologique. L'intrépide Dorian, journaliste depuis peu au *Petit Journal*, invité comme ceux qui l'encadraient à vivre cet événement, avait hâte de découvrir les prouesses de la science dont la plus excitante, avait expliqué le délégué général de l'Entreprise pacifique avant le départ du train, était la production calorifique grâce à la géothermie. Le forage à présent possible des entrailles de la Terre jusqu'à 2 000 mètres avait permis, à l'instar de nombreuses *Agoras*, d'exploiter la chaleur d'une eau s'élevant à 183 degrés Fahrenheit, et qui, combinée à des réserves inépuisables, garantissait la fourniture d'une énergie gratuite et infinie. Ainsi, le charbon n'étant plus un besoin primordial, la localisation des *Agoras* s'était affranchie des filons carboniques. Volta, selon l'Entreprise pacifique, produisait des quantités énormes de vapeur, donc d'énergie, si bien que la cité était éclairée en continu par dix millions d'ampoules fortement lumineuses, faiblement consommatrices d'électricité et dont la durée de vie avait été améliorée en combinant les inventions de Joseph Swan et de Thomas Edison afin d'obtenir l'« ampoule centenaire ». Cette même chaleur permettait de maintenir une température constante à 21 degrés Celsius, et l'air, filtré grâce à l'aérage à qui les mines anciennes devaient tant, évacuait les miasmes. La première récolte souterraine donnait d'excellents résultats. Les légumes et les invertébrés comestibles faisaient bon ménage dans le menu des trois millions d'ouvriers se démenant sur les ultimes détails.

Edward Pearson, l'indéboulonnable délégué général de l'Entreprise pacifique, avait vraiment de quoi être fier. Du haut de ses soixante-dix ans passés, il affichait un optimisme à toute épreuve. Ce diable d'homme infatigable jurait qu'il connaîtrait le grand jour et survivrait à la confrontation finale qui approchait à grands pas : un an, quatre mois, vingt-six jours, selon les derniers relevés des astronomes réunis en mai dernier à Oxford.

*

L'*Agora* Volta, livrée dans les délais, était donc la bienvenue. Elle prenait la suite de celles portant les noms illustres d'Ampère, de Maxwell, autre pionnier de l'électromagnétisme, ou de Morse. Westinghouse, génie de l'électricité, Edison et Ørsted avaient été respectivement choisis pour désigner : 1) *Carlsbad Caverns*, un immense réseau de grottes situé dans les montagnes Guadalupe du Nouveau-Mexique ; 2) *Jewel Cave*, Dakota du Sud, un entrelacs de cavernes dont les 300 kilomètres d'origine avaient été doublés ; 3) *Mammoth Cave*, l'ancêtre des cités ayant triplé de taille, les ingénieurs succédant à feu Üschen Stoltz, réussissant le tour de force d'unir ce premier réseau à un second, *Fisher Ridge Cave*, augmentant ainsi considérablement la capacité d'accueil. Dans un futur proche, l'ensemble abriterait à lui seul soixante-six millions d'habitants, soit l'entière population des Amériques du Nord et du Sud. Au total, les USA seuls disposaient d'un nombre suffisant d'*Agoras* pour recevoir en sus la population d'Océanie, l'Ancien Monde n'étant pas en reste.

Aux trois cités nouvelles implantées en France s'ajoutaient celles de Belgique, et dix autres sur le territoire de l'immense

Empire russe dont la plus notable, Trevithick, du nom de l'inventeur de la locomotive, se situait en Ukraine – et c'était bien assez pour héberger les populations disséminées d'Asie centrale, d'autant que le nombre initialement prévu d'*Agoras* avait été réduit compte tenu de leur taille de plus en plus imposante. Ainsi, dans l'Oural, au pied du mont Iamantaou, non loin de la grotte Kapova, avait été aménagé un gigantesque réseau de galeries fortifiées dénommées Alfred-Nobel, inventeur de la dynamite, l'explosif si précieux pour le creusement des *Agoras* et des cavités des canons.

*

La transformation de l'intérieur des montagnes en abris naturels grâce à l'apport de la nitroglycérine s'était surtout développée en Afrique où les caldeiras, ces chaudrons nés de l'effondrement de volcans éteints, ne manquaient pas. Jadis, des cuvettes aux dimensions colossales étaient apparues après de puissantes éruptions vidant la chambre magmatique sous-jacente, formant au sommet un bouclier indestructible protégé par des millions de tonnes de roche sous lesquelles, une fois expurgés de la lave, pouvaient être creusés de gigantesques abris. Ainsi, le sous-sol de caldeiras mesurant plusieurs dizaines de kilomètres de diamètre avait été converti en *Agora* grâce à l'explosif de Nobel. C'était le cas de l'ancien cratère du Ngorongoro, en Tanzanie, une colonie britannique devenue « territoire international placé sous le mandat de l'Entreprise pacifique » par décision de l'Assemblée des peuples et la Cour du même nom depuis que ces entités créées à Paris en 1895 avaient pris le pas sur les États.

La découverte des promesses de Ngorongoro était le fruit du hasard. L'expédition aérienne du perspicace lieutenant T. Welshy, un excellent officier de l'infanterie du Royaume-Uni, avait transformé le destin de ce pays, et du monde. Du haut de son dirigeable, à 100 pieds de la terre, Welshy avait remarqué que la caldeira semblait perméable car l'eau d'une rivière disparaissait dans ses abîmes. Sans hésiter, le lieutenant avait fait descendre la machine volante pour effectuer une inspection qui avait révélé l'existence d'innombrables cours d'eau pénétrant dans les plis de la caldeira. La manne coulait jusqu'où ? L'indigène lui servant de guide avait pris langue avec un membre de la tribu Datoga, moins effrayé par l'engin venu du ciel que ses chèvres paissant sur les flancs verdoyants du volcan. Le berger avait sans aucun mal confirmé que l'on accédait à l'intérieur du Ngorongoro par des passages dissimulés derrière la végétation. Lui et ses femmes s'y cachaient lorsque l'ennemi Masaï les menaçait et, en effet, ici et là, le volcan était percé d'entrées. Muni d'une torche, Welshy s'était risqué à l'intérieur, allant d'une grotte à l'autre *via* un lacis labyrinthique engorgé de roches volcaniques. Il avait aussitôt compris l'intérêt de sa découverte. C'était en mars 1906. Dès septembre, les travaux de déblaiement avaient débuté sous l'égide de l'Entreprise pacifique, démontrant que l'union de tous… déplaçait des montagnes. Le port de Mombasa sur l'océan Indien avait été agrandi, un chemin de fer construit afin de rejoindre les contreforts de Ngorongoro distant de 600 kilomètres, les villes intermédiaires d'Usangi et d'Arusha servant de base d'hébergement pour le million de travailleurs envoyés sur place. Un trafic ininterrompu de trains chargés d'acier, de bois, de sable, de ciment, d'explosifs avait apporté tout ce qui n'existait pas sur place.

Pendant trois années, le sol trembla, le tonnerre déchira l'air, jour et nuit. L'invention d'Alfred Nobel était à l'œuvre. La roche arrachée aux entrailles de la caldeira fut broyée et réutilisée afin de bâtir à l'intérieur une cité de 600 kilomètres carrés répartis sur douze niveaux, le plus profond accueillant la machinerie, l'aérage, la production d'énergie et de chaleur grâce à la géothermie utilisée aussi pour la culture des aliments sur deux niveaux intermédiaires, les trois suivants, en allant vers le haut, étant dédiés à la manufacture, l'entretien, la réparation et le réemploi des biens domestiques usagés – vêtements, papier, bois, verre… La partie la plus élevée accueillait, sur six niveaux et 300 kilomètres carrés, les logements, les espaces publics – salles de concerts, bibliothèques à l'image de *Mammoth Cave*, intendance, administration générale, armurerie, police citoyenne, hôpitaux… –, chaque palier étant desservi par des ascenseurs. Seule manquait à l'appel la mer intérieure accueillant la faune aquatique dans un immense couloir de verre courant de salle en salle. L'ambitieux projet de *Mammoth Cave* avait en effet été revu drastiquement à la baisse, mais il existait cent aquariums géants offrant le spectacle varié des océans et dont l'intérêt était aussi d'apporter un complément alimentaire. Pour obtenir ce résultat, reproduit à l'identique au Kenya dans la caldeira de Rangwe, l'Entreprise pacifique avait mis en commun les compétences de tous sans souci de possession, livrant une cité cosmopolite, solidaire, qui donnait droit équitablement aux soins, à l'instruction, à la nourriture. Ainsi, le « Meilleur de l'homme » était à l'œuvre, annonçant le résultat heureux d'une révolution des consciences.

En 1922, le sommet de la caldeira de Ngorongoro avait été couvert de douze verrières de 1 000 pieds carrés laissant entrer la lumière. Les rues, les immeubles étaient parés d'une végétation tirant profit de l'éclairage et de la chaleur. La vie entrait dans l'*Agora* Watt et dans celle de la caldeira de Rangwe, baptisée Alexander-Graham-Bell en l'honneur de l'inventeur du téléphone.

Et, de l'Oural au Kentucky, de la vallée de la Loire au pays de Herve, de la lointaine Chine qui avait agrandi, aménagé les immenses salles des Miao, de Wulong, de San Wang Dong, de Xinui Dong jusqu'à Sarawak en Indonésie, tous ces havres étaient la promesse et l'espoir de la Société pacifique et philanthropique qu'Elizabeth, Pierre, son époux, ainsi que George Buckle avaient encouragé au fil des ans. Mais ce dessein si heureux réussirait-il pour autant ?

*

Les considérations charitables de la Société pacifique – bavardages autour d'un monde où chaque être partageait droits et devoirs à égalité – ennuyaient Edward Pearson. Pour lui, seule comptait la levée de la dernière tranche du dernier emprunt public et international, dix milliards de francs-or, afin de financer, promettait-il, l'ultime bataille : l'achèvement de la construction des canons supposés éloigner la Terre de Wildcat. Et voilà où le bât blessait. Si les positions avaient été choisies, les avis variaient sur l'impact des tirs, calculés sur la base d'hypothèses théoriques et discutables. Seule l'expérimentation *in situ* aurait permis de se rassurer, mais il n'existait nul moyen d'effectuer un essai. Les quantités produites d'un nouvel explosif – *supra nitroglycerina* – étaient insuffisantes pour procéder à une répétition générale grandeur nature qui, par ailleurs, provoquerait un bouleversement aux résultats hautement imprévisibles.

Ce sujet avait et faisait toujours débat dans le monde scientifique partagé sur a) la faisabilité et b) l'intérêt même d'une telle opération. Les *Agoras* existant, à quoi bon tenter le diable en provoquant une explosion aussi dangereuse qu'incertaine ? Wildcat suffisait, il était inutile et risqué de doubler la mise. Les partisans d'un tir nourri à la *supra nitroglycerina* rétorquaient que les *Agoras* préserveraient les hommes de ses effets et que le déplacement de la Terre éviterait le choc plus redoutable encore avec l'astéroïde. Le « coup de canon » devait donc servir à modifier l'orbite du globe afin de fuir la route de l'astéroïde. Un « bond » de quelques milliers de miles, ce qui ne représentait rien à l'échelle du système solaire, la distance séparant la Terre de son satellite, la Lune, s'élevant, elle, à 380 000 kilomètres. L'Entreprise pacifique, Pearson en tête, n'en démordait pas. Le saut dans l'inconnu était le complément d'un plan comprenant, d'une part, les *Agoras* et, d'autre part, les canons. L'un n'allait pas sans l'autre.

Le changement orbital de la planète étant une voie sans retour, il avait été décidé de n'engager l'opération de la dernière chance

« qu'après avoir étudié les autres choix » – mais lesquels ? Ce qui revenait à laisser la bride sur le cou à l'Entreprise pacifique qui, elle, répétait qu'elle appliquait strictement le programme initial du *Meilleur de l'homme* dont avait été ôtée la part utopique et irréalisable d'un voyage sidéral dans l'espace, la Terre ne pouvant échapper à l'attraction solaire. Il était donc toujours programmé un tir, foudroyant, magistral, mondial, coordonné à la seconde près, brûlant les 120 millions de tonnes d'explosif réparties prochainement dans cinq galeries en forme de canon creusées au cœur de massifs désertiques : l'Altaï d'Asie, le Kiyanja de la chaîne congolaise du Rwenzori, le Moldoveanu des Carpates, le mont Belle Fontaine des Laurentides canadiennes, le Puncak Jaya indonésien. Et pour financer ce défi très incertain, il fallait encore rafler les dernières richesses des Terriens qui avaient tant donné, et déjà tant sacrifié.

*

Pearson se moquait de l'abnégation des peuples se saignant aux quatre veines, comme des gens d'exception, physiciens, mathématiciens, savants, chercheurs, inventeurs, bâtisseurs qui avaient placé au-dessus de leur vie l'intérêt général, renonçant souvent aux avantages qu'ils auraient pu tirer de leur savoir, de leurs fonctions, de leur rang pour ne penser qu'à la réussite collective. L'altruisme entrait peu dans les calculs du délégué général, mais il fallait choyer l'ardeur, faire rêver encore et, pour cela, Pearson avait besoin de la Société pacifique, un insupportable collectif d'observateurs internationaux qui acceptaient de porter « la bonne parole aux Terriens », mais à leurs conditions. C'était l'échange négocié vingt-sept ans plus tôt par Lefranc après la visite de *Mammoth Cave*.

Le Français avait publié un article élogieux sur le chantier de l'*Agora*, passant sous silence ses interrogations, mais avertissant que les papiers suivants ne paraîtraient que si des règles strictes étaient fixées. L'encre ne coulerait plus sans un accord en trois points : accès libre aux chantiers pour les envoyés de la Société pacifique, contrôle des sommes versées au Cartel, information sincère, même en cas d'échec. Lefranc réclamait l'honnêteté au nom des mille journalistes réunis dans la Conférence de la presse, une ligue d'esprits libres qui, d'un trait de plume, pouvaient retourner l'opinion. Comprenant le danger qu'il courait en braquant ce ramassis de scribouillards, Pearson avait accepté le *deal*, considérant qu'il était plus adroit d'approcher l'ennemi que de l'ignorer. Le contrôle s'exerçait donc dans les deux sens. Les journalistes de la Société pacifique se présentaient sur les chantiers, regardaient, écoutaient, enquêtaient, puis repartaient, étourdis de chiffres et de mots. La main sur le cœur, Pearson promettait la vérité. Mais n'existait-il aucun secret ? Comment le savoir puisque Lefranc et les siens avançaient à visage découvert – rien n'étant alors plus facile que de surveiller ce pseudo-contre-pouvoir portant *urbi et orbi* le message lisse et lénifiant de leur supposé partenaire. Pearson était assurément assez rusé pour cacher ce qui devait l'être. Pierre ne doutait pas de la duplicité de celui-ci, mais rien ne justifiait qu'il dénonçât une quelconque conjuration. Pas même les soupçons à propos de Hölloch… L'affaire qui avait attisé sa méfiance et celle de Buckle avait en effet étrangement tourné.

33

En mai 1896, quelques semaines après les retrouvailles à Londres d'Elizabeth, de Pierre et de George Buckle, l'Entreprise pacifique avait, à la surprise générale et contrairement aux annonces précédentes, fourni une liste non exhaustive – une ébauche – des sites susceptibles d'accueillir les *Agoras*. Cinq lieux s'ajoutaient à ceux fournis par Pearson, contraint et forcé, à *Mammoth Cave*, et l'un d'eux avait stupéfié (le mot était faible) Buckle et Lefranc. À la ligne 13, Hölloch – *canton de Schwyz, village de Muotathal* – était référencé. S'y ajoutait même une description détaillée du projet indiquant qu'il s'agissait d'une mégapole mi-enterrée. En quelques lignes, plus rien du supposé secret n'existait…

La présentation de la localisation des futures *Agoras* avait été faite à Londres au cours d'une conférence de presse présidée par Pearson qui ne manquait jamais une occasion de se mettre en avant. Il avait lâché ce nom, Hölloch, sans montrer la moindre émotion, n'eût été un regard furtif en direction de Lefranc et Buckle qui se tenaient au troisième rang. Mais n'était-ce pas une impression ? Pierre Lefranc guettait le moment où il mettrait fin au bagout du tribun. Buckle, lui, réfléchissait. S'était-il laissé porter par la fougue de son voisin français, souvent de mauvaise foi dès que Pearson surgissait ? Où nichait l'erreur ? Ou le piège… L'orateur, plus que jamais à son aise, avait poursuivi son exposé, décrivant les difficultés, mais aussi les espoirs jalonnant le travail irremplaçable des géomètres et des ingénieurs, ces ouvriers anonymes et infatigables cherchant sans relâche l'Éden du futur, et il fallait applaudir l'acharnement de ces hommes œuvrant dans l'ombre pour le bienfait de tous. Et l'on s'exécuta aussitôt.

— Merci, chers amis. Merci pour eux... À présent, à vous de juger sur pièces. Eh bien, par quoi commencerons-nous ?

— *Mammoth Cave*, avait proposé Stanley Wood, correspondant du magazine américain *Puck*.

— Hölloch ! avait lancé quelqu'un au troisième rang.

Pierre n'avait pu attendre plus longtemps. Buckle avait bien tenté de le retenir par la manche, mais ce diable d'animal avait levé la main et jeté ce nom en pâture... Or, le maître de cérémonie s'en était montré ravi puisqu'il avait souri.

— Soit, parlons d'abord de Hölloch, dans la mesure où *Mammoth Cave* n'est pas une nouveauté, notamment grâce à vos excellents papiers, monsieur Lefranc... Comment présenter l'affaire ? avait-il fait mine de réfléchir. Eh bien, les promesses de ce site ont laissé rêveurs ses découvreurs... Dédale sans fin de grottes, pierre tendre et facile à creuser, de l'eau à profusion, proximité de centres de production, accès aisé, localisation au cœur de l'Europe. Et une idée qui a jailli très vite : une mégapole à moitié enterrée. Imaginez-vous ? La vallée encaissée de Muothatal offrait la possibilité d'élever un dôme d'acier et de verre, ce qui permettait aux habitants de vivre en surface, mais protégés des méfaits de Wildcat par un rempart indestructible. Aussi, je vous demande : qui, parmi vous, ne voudrait pas en être résident ?

Aucune main ne se leva.

— Voilà pourquoi nous pensons renoncer à ce projet...

— En saura-t-on la raison ? s'exclama Stanley Wood (et l'orateur lui rendit grâce *in petto*). Ce candide servait sa mise en scène.

— Eh bien, mon cher Stanley, parce que Hölloch irait à l'encontre du principe fondateur de l'Entreprise pacifique :

l'égalité entre les hommes. Hölloch, ce paradis, ne pourrait accueillir que cent mille personnes. Voilà une première raison. Ensuite, nous ne saurions répéter ce modèle mille – que dis-je ? dix mille fois ! – puisqu'il en faudrait autant pour abriter toute l'espèce humaine. Enfin, le coût, prohibitif, exigerait trop de sacrifices. Aussi, j'aimerais, à mon tour, vous entendre : accepteriez-vous qu'un seul d'entre vous ait sa place à Hölloch tandis que les autres n'y auraient pas droit ? Si oui, désignez l'élu !

Bien sûr, personne ne trancha…

— Ai-je répondu à vos attentes, monsieur Lefranc ?

— Pourquoi ne parlez-vous de Hölloch qu'aujourd'hui ?

— Pas plus et pas moins que des autres projets d'*Agora*, répondit-il calmement. D'ailleurs, n'est-ce pas vous qui me poussiez à faire un point sur nos recherches ? Reconnaissez que j'ai cédé à votre demande en vous réunissant ici. Vous m'avez donc obligé en quelque sorte à mettre sur la table le meilleur et le pire… Cela sert-il la cause humaine ? Je ne crois pas car il n'y a rien de plus dangereux que de laisser germer de faux espoirs. Hölloch est sans doute une chimère dont la révélation ne créera que de la frustration. Un ami zurichois m'a expliqué que l'on ne regrettait rien du chocolat tant que l'on ignorait sa saveur. Hölloch, c'est une tentation que vous offrez d'une main et reprenez de l'autre. Voilà pourquoi j'ai décidé de garder ce projet secret tant qu'il n'y avait pas de certitude. M'en fait-on le reproche ? Vais-je regretter ma sincérité ? C'est à vous d'en juger. À vous aussi de traiter ces informations avec la mesure, la pondération qu'exige la situation actuelle du monde. Devez-vous en faire état dans vos articles ou attendre que nous ayons définitivement tranché ce cas ?

— Dans combien de temps pensez-vous pouvoir confirmer le sort de Hölloch ? demanda encore Stanley Wood.

— Un mois. Je vous le promets.

Par sagesse et raison, il fut décidé de ne pas en parler tant que la décision finale ne serait pas arrêtée. Pearson remercia l'aréopage, ajoutant qu'il était aussi légitime de ne pas fournir d'information sur la localisation des *Agoras* avant que l'Entreprise pacifique ne soit sûre à 100 % de ses choix. Et l'on comprit ainsi pourquoi le principe de l'embargo – et du secret – avait été acté. Pour hier comme pour demain…

Le reste de la réunion se déroula sans autre accroc. Pearson avait gagné.

— Admettez le, Pierre. Il vous a battu à plate couture. En dévoilant ses manigances, il s'est blanchi… Je suis impressionné…

En aucune circonstance Buckle ne laissait paraître ses émotions. Mais qu'il était furieux ! Autant après Pearson que Lefranc qui avait joué une pièce maîtresse. Un roi ou une reine. Échec et mat ! Pourquoi s'était-il fixé sur Hölloch, révélant au grand jour l'intérêt qu'il y portait ? Quelle sottise ! Sachant désormais que les deux journalistes étaient sur la piste, le délégué général de l'Entreprise pacifique se méfierait davantage. La bravade du Français n'avait donc servi à rien.

— Nous verrons bien dans un mois ! grogna celui-ci.

Mais au fond, il savait qu'il avait perdu.

34

Quatre semaines plus tard, Pearson avait respecté sa parole. Dans une lettre adressée à l'ensemble des journalistes présents à la conférence de Londres, il indiquait que le projet Hölloch était officiellement clos. La future société se devant d'être égalitaire, il était impossible de créer une *Agora* traitant différemment les hommes. Hölloch, soudainement injuste et irréalisable, disparut comme trois autres lieux évoqués au cours de la conférence de presse du mois précédent, abandonnés depuis en raison de leurs défauts, et, pour chaque renoncement, les motifs ne manquaient pas : trop coûteux, trop petit, difficile d'accès… autant d'embûches rappelant que la recherche d'*Agoras* était ardue. À l'inverse, ces espoirs déçus donnaient encore plus de valeur aux résultats obtenus. Et après le froid venait le chaud…

L'Entreprise pacifique, plus décidée que jamais, livrait une nouvelle liste enrichie de noms jusque-là inconnus. Pour les lieux arrêtés, il n'y avait plus d'incertitudes. Nul ne devait en douter, écrivait Pearson, il s'engageait personnellement à réussir dans le respect des engagements pris : équité, efficacité, clarté. Chaque livre, dollar, peso, piastre, franc, yen, roupie, rouble, couronne, drachme, florin, dinar, rial, shilling utilisé à Hölloch ou ailleurs porterait un jour ses fruits, l'investissement et les recherches effectués servant déjà aux futures *Agoras*, car rien n'était jamais perdu. « La récolte suivrait, le trésor amassé pour les hommes viendrait à bout de Wildcat », concluait-il pompeusement – et sans doute n'aurait-il pas même baissé les yeux s'il avait remis en main propre sa… profession de foi à Lefranc et Buckle, jurant qu'il n'avait rien à cacher.

35

Ce terrible échec fut bien sûr mal vécu par Lefranc… Qui n'en démordait pas : les fausses vérités de Pearson étaient destinées à étouffer l'affaire. À contrecœur, il admettait que la conférence de presse avait été un exercice aussi habile qu'efficace. Parler de Hölloch en public, évoquer le projet et ses limites, dénoncer une *Agora* réservée à une élite… Quelle adresse ! Et quelle hypocrisie ! Lefranc jurait au mensonge, à la trahison, Buckle, passé maître dans l'art de la litote, se disait frustré, mais n'en doutait pas. Ils s'étaient fait gruger pour une raison évidente : Pearson avait appris qu'ils étaient sur la piste de Hölloch. Et par quel sortilège ?

Sans rien montrer de peur de le blesser, Pierre soupçonnait son ami anglais d'avoir commis une imprudence à Zurich ou à Muotathal. À moins que la supercherie d'Elizabeth, prétextant de chercher ses gants pour retourner dans le bureau de Pearson, n'ait été percée ? Le coup d'œil sur le dossier de Hölloch n'était pas passé inaperçu. Supputations, hypothèses… À quoi bon se torturer ? Indiscutablement, Pearson avait remporté cette manche. Mais rien ne changeait. La cité merveilleuse semblable au luxe du *Lucania* dont avait parlé le milliardaire Jefferson se préparait « quelque part » sur la Terre.

Tels des chiens de chasse, Lefranc et Buckle n'avaient pas lâché prise. Dieu, qu'ils avaient cherché, scrutant les déplacements de

Pearson, s'intéressant à ses déclarations, visitant inlassablement tous les chantiers des *Agoras*, offrant à ce combat leurs meilleures années. Rien de suspect, d'intrigant n'était apparu. Tout semblait en règle, presque trop lisse. Ils avaient aussi épluché les comptes, faisant pour cela appel à Victor Ernst, le journaliste zurichois. Était-ce lui le maladroit ? Ou le traître ? Lefranc crut devenir fou et finit par reconnaître que sa sortie intempestive à la conférence de presse avait *peut-être* été nuisible. Sans son exaltation – une erreur de jeunesse, tentait de le consoler le rédacteur en chef du *Times* –, où en seraient-ils ? Buckle ne lui avait jamais fait de reproche, mais, depuis sa déconvenue, Pierre ressentait davantage d'aversion envers Pearson car il était plus supportable de lui en vouloir que de s'accuser.

*

La partie de cache-cache durait depuis près de trois décennies. Le dossier Hölloch était une énigme. Comment et où dissimuler une *Agora* ? Un rébus insoluble… Le temps passait, les irrécusables ennemis avaient atteint soixante ans, soixante-dix pour Pearson, mais ils affichaient une verdeur qui s'expliquait peut-être par ce mystère que l'un semblait cacher et que l'autre ne parvenait à percer. Tels les duellistes qui n'en finissaient qu'après s'être livré un dernier combat, la haine, aussi, les tenait en vie.

36

Au fond, que pouvait-on reprocher à Pearson, plaidait Elizabeth, la tendre épouse de Pierre, mère d'un garçon aussi fougueux que son père. Après avoir longtemps affiché sa méfiance, elle s'était raisonnée, faisant preuve d'une sagesse que son mari aurait pu prendre en exemple. Pearson avait respecté les règles, les *Agoras* existaient et fonctionneraient le moment venu. Les relations humaines avaient radicalement changé, le progrès démontrant objectivement que la survie sous terre était possible. Bien sûr, Pierre détestait entendre Elizabeth défendre la cause de cet Anglais vain, cynique, que la Couronne britannique avait anobli « pour les nombreux services rendus à l'humanité ! ». Lefranc s'étranglait. Le seul fait de prononcer le nom de… sir Pearson engendrait des discussions stériles, d'inutiles chamailleries chez ce couple amoureux comme au premier jour. Mais lui ne renonçait pas, même lorsque les arguments d'Elizabeth semblaient indiscutables.

La rivalité entre les deux hommes s'expliquait-elle par la présence de cette femme toujours séduisante ? Il était légitime de s'interroger, tant la mauvaise foi aveuglait Pierre, au point d'oublier parfois l'attachement que son épouse lui portait. Mais rien n'avait changé depuis la rencontre entre Pearson et Lefranc, à Londres, au mois de mars 1896.

*

Pierre avait transmis le virus du journalisme à son fils qui exerçait le métier avec le même esprit critique envers l'Entreprise pacifique. Le plus âgé dirigeait *Le Petit Journal* depuis le décès d'Hippolyte Marinoni au début du siècle. Le second avait été recruté à dix-huit ans comme grouillot de la rédaction, formé à la correction, puis à l'écriture de ses premiers articles selon les règles auxquelles n'avait jamais dérogé le nouveau cicérone du périodique : honnêteté, sérieux, objectivité et, surtout, prudence à l'égard de Pearson. La plume du jeune Lefranc était bonne, son esprit clair, ses analyses pertinentes. S'ajoutait la fougue… Tout son père, en somme, qui, jugeant temps de laisser sa descendance voler de ses propres ailes, lui avait confié la responsabilité de représenter *Le Petit Journal* lors de la visite de l'*Agora* Alessandro-Volta, ce 12 juin 1923. Et de tout observer dans les moindres détails.

*

— Eh bien, monsieur, qu'en dites-vous ?

Edward Pearson s'adressait au jeune Dorian. Ils étaient à l'entrée de l'*Agora*. Narquois, suffisant, le délégué toisait le reporter. Cette cité était son chef-d'œuvre. Personne ne pourrait lui voler son triomphe.

— J'attends de voir l'intérieur, répondit l'irrévérencieux Dorian.

Et c'était bien le portrait craché de Pierre Lefranc.

— Le fils est donc aussi soupçonneux que le père, grinça le délégué général de l'Entreprise pacifique.

37

Le transport de Saumur à l'entrée de l'*Agora* s'était effectué en voiture électrique sur un modèle issu des créations de l'inventif Gustave Trouvé, ingénieur et, plus encore, découvreur prolifique dont le nom de famille ne pouvait mieux illustrer le génie. On lui devait toutes sortes de brevets sur divers sujets se rapportant à l'électricité : télégraphe portatif, micro portable, lampe frontale, ventilation industrielle électrique, sirène faisant office d'alarme (tout ceci ayant été fort utile lors du creusement des *Agoras*) et, choisis au hasard dans une liste encore longue, une lance étourdissante pour la chasse, une fraiseuse médicale, une combinaison à oxygène pour les aérostiers, un éclairage sous-marin testé à l'occasion de la construction du canal de Suez, un dynamomètre électrique, y ajoutant, pour finir, un stupéfiant oiseau mécanique volant, et même deux puisque l'engin avait été amélioré. Voilà qui illustrait l'étendue de ses travaux.

Le moteur électrique avait pris le dessus sur l'essence et la vapeur car ce système de propulsion ne produisait nulle nuisance dans un milieu confiné. C'est pourquoi le véhicule emprunté par Dorian entra de plain-pied, par la grande porte, dans la cité Volta. Et ce n'était que la première surprise. L'accès se faisait donc par une route pavée descendant en pente douce jusqu'au premier niveau creusé dans les couches veinées d'une roche calcaire laiteuse. L'électricité fonctionnait à tout-va et la luminosité supportait aisément la comparaison avec l'air coloré de ce matin de juin. Le véhicule roulant sans bruit, un silence majestueux, et paradoxalement assourdissant, accompagnait l'expédition composée de dix personnes entassées sur les trois banquettes arrière quand, venant de plus loin et de plus bas à la fois, des cris d'animaux se firent entendre. C'était comme une jungle d'où allaient surgir mille spécimens à plumes, à poils, à griffes, mais pas un ne se montrait, et, plus on s'enfonçait dans les profondeurs de l'*Agora*, plus ce tapage mystérieux croissait.

— Entendez-vous le bourdonnement de l'abeille, le brame du cerf, le hennissement du cheval ? Et maintenant, la chouette qui ulule…

Oui-da ! Nul n'était sourd. Mais comment expliquer que les bêtes ne se montrassent point ? Ici ? Non… Et là ? Les coups d'œil inquiets des explorateurs amusaient sir Pearson.

— Regardez en haut, ordonna-t-il en levant la tête.

Tous s'exécutèrent. Alors ils virent les corolles métalliques fixées au sommet des parois du large corridor.

— Ce sont les pavillons des gramophones que nous avons installés dans tous les secteurs de l'*Agora*. Ils sont reliés par un câblage électrique, diffusant ainsi à volonté de la musique, des paroles et des sons. Le chant des oiseaux apprendra aux générations nées dans les *Agoras* ce qu'était la vie terrestre *d'avant*. En matière de mélodie, un million de disques en cire ont été gravés. Lully, Mozart, Bach, Beethoven, Puccini, Mendelssohn, Brahms, Haendel, Chopin, les valses de Johann Strauss, les symphonies de Gustav Mahler, il y aura le choix. Pour faire court, les œuvres profanes et religieuses du Moyen Âge à aujourd'hui seront accessibles à n'importe qui, même aux ignorants, et tous profiteront aussi des bienfaits apaisants de la musique grâce aux récitals organisés sur les places publiques lorsque l'*Agora* fonctionnera. La propagation de la culture se fera également par l'écrit puisque les textes des grands écrivains, récités par d'excellents comédiens en français, anglais, italien, allemand, russe, espagnol, arabe, flamand, mandarin, espéranto seront diffusés grâce aux gramophones. Et pour écouter le programme de son choix – en somme, pour s'offrir un concert privé –, il suffira de réserver une œuvre en joignant l'auditorium à l'aide d'un des cent mille téléphones publics disponibles gratuitement. Le programme parviendra alors par signal électrique au gramophone du domicile de chaque *Agorien*.

Il se tourna vers Dorian Lefranc.

— Précisez bien à votre père que le regretté Jules Verne n'a pas été oublié. Tous ses *Voyages extraordinaires*, y compris *Le Meilleur de l'homme*, qui a tant aidé l'Entreprise pacifique, sont enregistrés sur ces appareils inspirés du phonographe de Thomas Edison.

Ignorant la main qui se levait pour le solliciter, il houspilla le chauffeur :

— Pressons ! Il reste beaucoup de choses à découvrir…

À 100 mètres, un sas en acier inoxydable barrait le passage, mais, en s'approchant, il s'ouvrit sans un bruit, actionné par une commande hydraulique invisible.

— 30 pouces d'épaisseur, précisa Pearson. Une barrière idéale pour lutter contre le feu et l'assaut des mers. Wildcat lui-même s'y cassera les dents.

*

La disposition de l'*Agora* Volta s'inspirait du modèle initial mis au point par l'ingénieur Üschen Stoltz à *Mammoth Cave*. L'entrée passée, on débouchait sur une immense place dont on appréciait difficilement les limites. Au loin se dessinaient des couloirs éclairés comme en plein jour et qui, ainsi que cela existait dans d'autres *Agoras*, débouchaient chacun sur autant d'espaces identiques, eux-mêmes conduisant aux habitations. Ce lieu public accueillait au centre un monument qui avait fait la fierté de la France : pas moins que le troisième étage de la tour Eiffel, démonté et remonté dans son état initial. Cet édifice de fer de 23 mètres et 83 centimètres de haut et de 350 mètres carrés de plancher donnait une idée de la taille de la salle. Dorian l'estima à plusieurs hectares. L'œuvre de Gustave Eiffel semblait perdue dans cet espace où des dizaines de sculpteurs et de peintres, perchés sur des échafaudages, parachevaient l'ornement des murs, ciselant et dessinant trompe-l'œil, bas-reliefs, fresques aux accents jupitériens encensant l'édification des *Agoras*. Dorian nota que, pas une fois, le comportement héroïque des milliers d'hommes morts en chemin n'était mis à l'honneur. S'étalaient, en revanche, sept tableaux principaux correspondant aux Sept Révolutions industrielles, économiques, sociales qui avaient marqué les trois décennies, chaque période correspondant aux orbites de plus en plus menaçantes de Wildcat. La première avait duré un peu plus de quatre années ; la dernière moins, car le cercle se resserrait… Ces Révolutions, il fallait y revenir, mais, pour l'heure, Dorian apprenait que ce thème servait à décorer toutes les places publiques. Si les récents bouleversements du monde étaient bien sûr un fait sans pareil, combien de récits méritaient aussi de figurer dans l'*Agora* ? L'Olympe et ses dieux, les pharaons d'Égypte, la république de Rome, l'empire inca… ces grandes fresques de l'Histoire qu'on avait méthodiquement oubliées. Englouties, songea-t-il. Le futur pouvait-il se construire sans passé ? Le jeune homme estimait qu'il existait d'autres gloires à offrir aux Terriens condamnés d'ici peu à vivre dans ce milieu fermé. Étouffant, ajouta-t-il… Et à l'image de l'orgueil démesuré de la tentaculaire Entreprise pacifique.

Le malaise qu'il ressentait à chaque visite d'*Agora* le gagnait. Ici, comme ailleurs – il en avait visité plus de dix encore en travaux –, tout se voulait parfait. Pearson dominait le sujet, mais n'y avait-il nul accroc, nul regret, nulle inquiétude ? À l'instar de son père, les chiens ne faisaient pas des chats, Dorian se méfiait. Plus que jamais, il se promit de ne pas se laisser endormir par le discours triomphal du délégué général.

— Monsieur Lefranc Junior, vous traînez. Que se passe-t-il ?

Pearson était autoritaire, cinglant. Ses remarques, toujours brèves, tombaient comme le couperet. Il lançait ses flèches, grimaçait, affichait sans retenue son cynisme. On l'ennuyait, il perdait son temps, des sujets urgents l'attendaient. À quoi servaient ces journalistes puisque tout était idéal ?

— Levez les yeux !

Il commandait encore.

D'immenses lustres de cristal suspendus descendaient du plafond s'élevant à 150 pieds au moins, à en juger au volume séparant le sommet de la voûte du chef-d'œuvre d'Eiffel.

— 183 exactement, précisa-t-il. Avançons…

Dorian sonda sa montre : dix heures. Le *railway express* repartait pour Paris à dix-huit heures onze. Le pensum était loin d'être fini.

*

La troupe motorisée emprunta l'un des couloirs conduisant à de nouveaux espaces publics puis aux habitations. Chaque quartier, chaque allée portaient le patronyme d'un savant, la liste s'inspirant des noms gravés en lettres d'or sur le pourtour du premier étage de la tour Eiffel. Ampère, mathématicien et physicien, débutait la série déclinée selon l'ordre alphabétique, et l'on sinuait ainsi dans le dédale souterrain, saluant au passage l'astronome Arago, le chimiste Barral, les mathématiciens Borda et Belanger, le minéralogiste Berthier et ainsi de suite, annonça Pearson, jusqu'à trouver, à 10 lieues de l'entrée, au troisième niveau, l'allée de l'ingénieur mécanicien Tresca que l'on atteindrait, si la troupe se pressait. Le chemin était encore long, l'*Agora* immense. C'est pourquoi le délégué conduisait la visite au pas de charge, organisant à sa façon les arrêts aux points qu'il prétendait stratégiques.

Dans cette cathédrale pharaonique, quasi désertique, à l'exception de quelques équipes travaillant aux finitions sous le contrôle de gardes, tout semblait artificiel, et comme il était difficile d'imaginer la vie grouillante de millions d'hommes et de femmes dans un monde limité où la liberté d'aller et venir serait impossible. Parviendrait-on ainsi à inventer le *monde meilleur* auquel avaient cru Elizabeth et Pierre Lefranc ? Dorian, lui, cherchait déjà la sortie. Il ne supportait plus ce huis clos empli de cris d'animaux jacassant, piaillant, ne servant qu'à faire oublier l'air humide, oppressant, pesant comme une chape. Pearson décida enfin de mettre fin au vacarme. Il fit arrêter le véhicule, s'empara d'un des téléphones fixés au mur, aboya ses ordres au poste de contrôle ; le bruit cessa aussitôt. Le convoi repartit vers les abîmes, empruntant l'allée du mathématicien Legendre conduisant au bloc d'habitations Becquerel auquel le physicien avait donné son nom. L'artère avait été taillée dans un épais sédiment de craie assez friable pour y creuser une succession de salles destinées aux installations communes. Pearson ne jugea pas utile de faire une halte. On ne fit donc qu'apercevoir, sur le côté gauche, un centre de distribution de la nourriture et, plus loin, une école où se mêleraient filles et garçons, une salle de sport immense rendant possible la pratique des nobles arts de la boxe, de l'escrime et de la gymnastique. Sur le côté droit se trouvait un dispensaire de soins, voisin d'un hôpital de mille cinq cents lits, tous ces services, insistait Pearson, étant accessibles librement et gratuitement. Et c'était l'application parfaite de la société nouvelle née au fil des Sept Révolutions.

38

Dorian était né lors de la Ire Révolution, le 24 décembre 1897, offrant le plus beau cadeau de Noël à ses parents : celui du futur. Cet enfant était le fruit de leurs amours et le signe qu'ils refusaient de céder à l'adversité. Ils l'avaient chéri, élevé, portés par cette promesse chevillée au corps : Dorian échapperait à Wildcat et vivrait longtemps – et heureux. Pour y croire, ils avaient les *Agoras* et les canons, si on parvenait à mettre au point un explosif puissant. Plus encore, ils n'avaient jamais renoncé à cet espoir secret partagé avec Jules Verne, et si prometteur pour celui-ci qu'il s'était décidé à écrire *Le Meilleur de l'homme*.

Peu avant que l'écrivain ne s'éteignît au début du siècle (sans que la date exacte de sa mort ait vraiment d'importance[1]), les trois s'étaient retrouvés à son domicile. À chacune de leur rencontre, Pierre répétait combien il craignait les agissements de l'Entreprise pacifique. Verne avait, lui, décidé de se montrer indulgent, ne retenant que ce qu'il y avait de positif. « Mesurez-vous les progrès accomplis ? » Pierre en convenait presque à regret – et surtout pour ne pas agacer davantage Elizabeth… Si bien qu'il s'était

1. Jules Verne mourut en 1905 à soixante-dix-sept ans. Bien qu'écrivain omniscient, et malgré son indéniable don d'anticipation, il ne pouvait prédire sa mort. Aussi comprend-on pourquoi, sur ce point, il resta flou sur la date. (Note de l'éditeur.)

juré de ne plus parler de sa marotte, *le cas Pearson*, depuis l'échec cuisant de l'affaire mort-née Hölloch. D'ailleurs, qu'aurait-il pu partager sur ce sujet avec le romancier ? Trois informations incertaines sur les origines indiennes du délégué général. Si peu intéressantes que ni lui ni Buckle n'en avaient fait état… Pour le vieil homme à qui le couple Lefranc avait rendu visite une dernière fois, l'essentiel était le succès grandissant de l'aventure humaine engagée dès la publication de son *voyage extraordinaire*. Ce jour-là, il s'en était tenu à ce qu'il partageait depuis le premier jour avec ses deux visiteurs : la Terre s'en sortirait si le « meilleur de l'homme » triomphait. « Et bien sûr, avait-il ajouté en se tournant vers Elizabeth, si votre théorie de départ est juste. »

Ces deux conditions se réalisaient, et la fin serait heureuse ? On pouvait le prédire, mais une prophétie fondée sur une hypothèse risquée et hasardeuse, était-ce suffisant pour vaincre l'astéroïde ? Pourtant, c'était le seul héritage que Pierre et son épouse possédaient, et la seule façon, en défiant Wildcat, de sauver peut-être la Terre.

Après la disparition de Jules Verne, ils étaient quatre à espérer, Buckle et Dorian partageant le secret, et ils scrutaient le ciel, attendaient sa réponse, vivant chaque nouvelle Révolution comme un pas de plus vers le dénouement.

*

Lors de la IIe Révolution, les astronomes avaient observé le passage de l'astéroïde au-delà de Mars. Sur Terre, comme dans l'espace, le programme avançait au même rythme. En haut, la menace se précisait, en bas, les *Agoras* et les canons se construisaient. Les États avaient levé assez d'argent pour financer le lancement des chantiers, la recherche d'*Agoras* ayant produit d'excellents résultats. Les progrès techniques dans le domaine du forage laissaient entendre que leur taille serait augmentée et que, ainsi, leur nombre diminuerait. Trente millions de travailleurs répartis sur les sites étaient à l'ouvrage, ce brassage des populations créant une sorte d'universalité où toutes les cultures se mêlaient, se découvraient et apprenaient à se comprendre. Ce fut d'ailleurs cet état d'esprit neuf, où tolérance et partage s'imposaient, qui engendra les désordres de la IIe Révolution. En 1902, après que les astronomes réunis en congrès à Oxford eurent confirmé que la collision se produirait à l'aube de la VIIIe Révolution, il devint nécessaire de pousser les feux. Aussi demanda-t-on davantage à la masse ouvrière, ajoutant une heure, puis deux, à la journée de travail, réclamant toujours plus d'efforts aux sociétés sous-traitantes de l'Entreprise pacifique et aux modestes épargnants. Mais ce combat acharné ne profiterait pas à ceux qui, suant sang et eau, se savaient condamnés par l'âge. À cinquante ou soixante ans, on avait seulement droit au labeur jusqu'au dernier jour, sans espoir de connaître la fin, heureuse ou pas, et c'était un sacrifice inique pour ces hommes-là. Un matin glacial de novembre 1904, l'un d'eux hurla sa colère, un autre leva le poing, un troisième refusa de courber le dos et, bientôt, tous suivirent. Une traînée de poudre enflamma les *Agoras*. Les chantiers se figèrent, la sueur avait un prix, on devait l'honorer – ce mot signifiant estime, respect et dignité. Autrement dit, considération.

À son habitude, l'Entreprise pacifique réagit avec rapidité. En moins d'un mois, tout fut étudié et aplani. On instaura un statut international du travail accordant les mêmes droits et avantages à tous. Les salaires furent fixés à égalité entre les hommes et les femmes, et portés au même niveau dans toutes les *Agoras*, la durée du travail ramenée à huit heures, le repos hebdomadaire consacré, la retraite pensionnée ayant force de loi afin que chacun dispose d'un revenu jusqu'à sa mort. On ajouta cinq semaines de congés annuels, un logement sur les chantiers permettant de regrouper les familles, ces mesures étant financées par l'émission d'emprunts et la création d'une monnaie universelle se substituant aux devises nationales. Ainsi, selon son rang et ses mérites, tous étaient payés pareillement avec la même unité de compte appelée «gold», n'ayant d'or que le nom, et qui, désormais sans rivale, condamna la spéculation. On mit alors en circulation assez de liquidités pour financer les réformes sociales, les inventions et l'édification des *Agoras*, redistribuant le reste en salaires et en primes. Si bien que, tous se croyant plus riches que la veille, la manne, qui avait peu de chances de survivre à Wildcat et ne méritait pas d'être épargnée, fut dépensée sans compter. En décembre 1904, le travail reprit de plus belle, les ultimes réticents se décidant à rejoindre l'Entreprise pacifique et ses avantages. La IIe Révolution s'acheva en 1906 sur un excellent bilan : on disposait d'un an d'avance sur le programme.

La Révolution suivante prit fin en octobre 1910 par l'observation de Wildcat rasant Mars sans, hélas, toucher la planète, et passant à moins de 100 millions de kilomètres de la Terre. Le danger se précisant, l'union était bien le seul remède pour lutter contre le fléau. Au cours de cette IIIe Révolution, la science fit d'immenses progrès. La *supra nitroglycerina* fut trouvée, le *railway* expérimenté avec succès, l'air comprimé devint une énergie ordinaire, l'électricité se généralisa, la transmission de sons par câble se banalisa, et ces inventions furent industrialisées, comme Dorian l'avait constaté dans l'*Agora* Volta. La masse laborieuse y trouva aussi son compte. On instaura la gratuité des soins médicaux et de l'école, engagea une campagne planétaire de vaccination pour éradiquer les épidémies les plus féroces, généralisa l'apprentissage de l'espéranto afin de favoriser la fusion des peuples qui se côtoyaient sur les chantiers des *Agoras*. Grâce à Wildcat, la Société pacifique prenait forme en accordant peu à peu à tous le «meilleur de l'homme».

Ce fut encore plus vrai lors de la IVe Révolution, quand les premiers Terriens d'Europe et des Amériques renoncèrent au principe même de la propriété parce qu'elle n'avait plus guère de sens à leurs yeux. Les astronomes d'Oxford affirmaient que «le Fauve», modifiant son orbite, s'était de nouveau rapproché de 30 millions de kilomètres. Leur prévision étant sans appel, l'immensité prit réellement conscience que la planète telle qu'elle existait depuis l'origine des temps allait disparaître. L'émotion fut si vive que des voix s'élevèrent jusqu'à porter un mouvement unanime, réclamant que la Terre devienne un bien collectif. L'Assemblée des peuples s'exécuta, achevant le cycle qui avait consacré, par ordonnance planétaire, la disparition définitive de la propriété privée au cours de la Ve Révolution. Puisqu'il n'y avait plus rien de privé à défendre au début de l'antépénultième Révolution, la VIe, la même Assemblée mit hors la loi les armes, exigeant leur destruction. Seuls les canons détenus par l'Entreprise pacifique furent conservés dans l'espoir de mettre enfin au point la détonation planétaire qui permettrait de modifier la trajectoire de la Terre, évitant ainsi, le cas échéant, le choc avec l'astéroïde.

À mi-chemin de la VIIe Révolution, débutée le 3 mars 1921 et s'achevant le 7 novembre 1924, soit, dans un an, quatre mois et vingt-six jours – si on comptait ce 12 juin où Dorian visitait l'*Agora* Volta –, il fut décidé de détruire l'argent lorsque les humains se mettraient en route pour rejoindre leurs abris souterrains, et la loi s'appliquerait aux milliards de « golds » en circulation, puisque cette monnaie ou une autre ne servirait à rien dans les *Agoras* où tout serait gratuit. La Société pacifique, achevant une mutation qui n'avait rien à envier à la théorie de l'évolution de Darwin, fonctionnerait alors sur le désintéressement, chacun œuvrant selon ses compétences. Qui télégraphiste, qui médecin, qui musicien, qui maçon ou agriculteur, qui électricien, cuisinier, enseignant… aucun métier n'étant inférieur à un autre dès lors qu'il serait utile au bien-être commun.

Le « meilleur de l'homme » profitait à tous. La prophétie évoquée par Jules Verne était en marche. Mais qu'en était-il de la seconde condition, cette *théorie* qui, si elle était juste, permettrait de triompher de Wildcat, et dont Elizabeth et Pierre se gardaient de parler ? Pour le savoir, il fallait attendre la VIIIe Révolution qui, elle, durerait une seconde. Ou toujours. La réponse tomberait le moment venu, si les savants établis à Oxford ne s'étaient pas trompés, chaque seconde précédant le chaos comptant aussi lourd que l'éternité…

39

Avant de devenir surtout anglais, le prénom Dorian trouvait sa source dans un mot grec signifiant « don » ou « cadeau ». Le fils d'Elizabeth et de Pierre Lefranc en était un, un cadeau du Ciel, vif, intelligent et, plus encore, têtu comme un Celte, même si ce trait de caractère lui venait plutôt de son père. Le jeune journaliste soupçonnait Pearson de mentir, mais ce n'était pas tant parce qu'il voyait son père s'acharner à trouver la faille dans le dispositif huilé de l'Entreprise pacifique, et souffrir chaque jour davantage ne pas réussir, que les deux épousaient la même cause. Dorian ne cherchait pas à venger ou à imiter Pierre. Le fils avait son caractère, ses convictions et même ses certitudes, et il se retrouvait dans le combat de son père pour s'être bâti sa propre opinion. Aujourd'hui encore, sans nul besoin d'être influencé, Pearson se montrait si maraud, si mâtin, qu'il était tentant d'y voir l'illustration de sa méthode : cacher la vérité sous une nuée de paroles, d'ordres, d'injonctions, servant d'écran de fumée. Avait-il atteint la perfection dans l'*Agora* Volta, comme il le prétendait ? Plus il le répétait, plus Dorian s'agaçait. Il réclamait des preuves ! L'eau, par exemple, ce sujet crucial, vital. L'eau douce et fraîche qui désaltérerait les *Agoriens*, nettoierait les allées, les places, les habitations, l'eau servant à la cuisine, à la toilette, à la culture des plantations, à l'humidification de la terre grasse nécessaire à l'élevage des insectes ? L'eau chaude tirée du sous-sol, matière première dont on extrairait la vapeur qui, elle-même, alimenterait les centrales électriques ? Et l'eau salée, l'eau de mer dont on remplirait les aquariums géants où, promettait le délégué général, seraient élevés les poissons afin de produire un complément alimentaire ?

— Où et comment ?

Pearson avait souri. Le jeune Lefranc ne l'impressionnait pas. Le groupe allait depuis peu à pied, le trublion en tête, provocateur, imbu de sa petite personne. Le délégué général avait dompté le père, il clouerait le bec au fils. Aussi, au lieu de répondre, il se dirigea d'un pas vif vers une des colonnes en fonte qui jalonnaient l'allée Legendre menant au bloc d'habitations Becquerel, l'étape suivante de la visite. D'une poigne ferme, il ouvrit le robinet fixé dans le pilier. L'eau se mit à couler, et ce n'était pas un mince filet.

— Voilà de quoi ne pas mourir de soif…

Il plaça la main droite sous le jet, recueillant l'eau dans sa paume.

— Légèrement ferrugineuse, mais potable. Voulez-vous goûter ?

L'invitation s'adressait à Dorian et aux autres participants. Qui ne se firent pas prier. Ils étouffaient.

— Le réseau installé dans l'*Agora* mesure près de 1 000 kilomètres. L'eau provient d'une nappe phréatique alimentée par des rivières et des lacs souterrains situés sous vos pieds. Selon les calculs les plus défaitistes des géologues, son volume constant se monte à 10 millions de mètres cubes, soit 500 litres d'eau par habitant et par jour, sachant que l'eau est récupérée et recyclée après son utilisation. Le stock est donc inépuisable. Quant à l'eau chaude chargée en vapeur, nous la tirons aussi du sol, en forant à plus de 2 500 mètres.

— La source sera-t-elle toujours abondante ? s'inquiéta Dorian.

— Peut-être aurez-vous la réponse dans cent ans. Ou mille, s'agaça son vis-à-vis. Depuis le début des travaux, deux décennies, nous puisons, et l'eau n'a jamais fait défaut. Manquerait-elle ? Alors nous creuserons plus profondément. Les *Agoras* disposeront de machines de forage pour parer à toutes les éventualités. L'eau de mer qui alimentera les bassins sera, quant à elle, transportée depuis l'océan voisin sur des barges halées sur la Loire jusqu'à Nantes. L'opération débutera le mois prochain. Un pipeline inspiré des travaux du Russe Vladimir Grigorievitch Choukhov est en cours de construction et prendra la suite jusqu'à l'*Agora*. L'eau sera transvasée dans mille aquariums de 100 mètres de côté sur 20 de profondeur, creusés dans la roche. Chaque volume de 200 000 mètres cubes permettra d'élever en six mois dix mille poissons de 3 kilogrammes. Multipliez par mille et multipliez encore par deux, vous obtiendrez 60 millions de kilogrammes de poisson par an. Un repas gargantuesque… Bien sûr, le même procédé sera employé dans les autres cités. Tout ceci a déjà été longuement expliqué à la presse…

— Comment obtiendrez-vous un poisson de 3 kilogrammes en six mois ? s'étonna Umberto Mezzalira, journaliste au *Corriere della Sera*.

— Nos biologistes travaillent sur ce sujet depuis vingt ans. Et votre journal en faisait déjà état au début de ce siècle. Mais vous êtes si jeune, Umberto. En quelques mots, voici l'explication de ce miracle que j'oserais comparer à la pêche miraculeuse rapportée dans l'Évangile… Il existe une race de carpe vivant dans les eaux saumâtres du Nil dont le nom local est tilapia. En sélectionnant les spécimens les plus précoces et en s'inspirant de Darwin, nous avons amélioré leur croissance en réduisant le passage à l'âge adulte de trois ans à un an. Mais ce n'était pas assez. Nous avons aussi compris que les saisons jouaient un rôle. En hiver, le poisson cesse de grandir. Or ces mois-ci n'existeront plus dans l'*Agora*, la température et l'éclairage étant constants. Était-ce suffisant ? Pas encore. La migration agit sur l'animal. Les races sédentaires se développent plus vite. Celle des *Agoras* vivra en vase clos sans nul besoin de chasser ou de frayer, nourrie *gratis pro Deo*, choyée tel le poisson rouge. Voilà donc ce que l'Entreprise pacifique a obtenu après des années de recherche : un tilapia domestiqué, abondant et délicieux, conclut-il fièrement.

— Les réservoirs existent ? demanda le correspondant du *Neue Zürcher Zeitung*.

— L'un d'eux se trouve sous le bloc Becquerel, répondit Pearson sans plus de précisions.

— Pourrions-nous le voir ? insista Dorian.

— Le programme est déjà chargé. Mais, se défaussa-t-il en prenant un air moqueur, je m'étonne que vous ne m'interrogiez pas sur la façon de produire l'oxygène nécessaire à la qualité de cette eau...

— Vous procéderez par électrolyse, répondit le jeune Français.

Pearson serra la mâchoire.

— En effet...

— Et vous utiliserez l'eau de mer salée puisque sa conductivité est supérieure à celle de l'eau douce.

— Poursuivez...

— Le liquide sera traversé par un courant continu afin de dissocier les molécules d'eau en oxygène et en hydrogène. Mais l'Entreprise pacifique n'y sera pour rien. Le procédé a été mis au point en 1800 par Carlisle et Nicholson, des chimistes britanniques, grâce à la pile électrique inventée par Volta. En somme, l'*Agora* porte bien son nom... J'imagine aussi que vous utiliserez l'oxygène s'il venait à manquer aux hommes ?

— En effet, répéta Pearson à regret, vexé qu'on lui vole l'annonce qu'il s'apprêtait à faire.

— Et que ferez-vous de l'hydrogène ainsi produit ?

— Il faudrait interroger nos ingénieurs, balbutia-t-il.

— Ils ont dû étudier les travaux de Lavoisier, s'amusa Dorian, et je ne doute pas qu'ils aient songé aux autres utilisations de l'hydrogène, y compris en matière d'énergie. Cela pourrait être utile si la vapeur venait à manquer. Vous devriez y réfléchir avant qu'il ne soit trop tard…

Les autres journalistes ne rataient pas un mot de ce duel à fleurets mouchetés et les prenaient en note. Pearson comprit qu'il devait réagir pour reprendre la main.

— Pardi ! Bientôt treize heures… Que diriez-vous d'un déjeuner dans le quartier Becquerel ? lança-t-il à la cantonade.

Sans attendre la réponse, il reprit sa marche.

*

L'allée Legendre se terminait par la salle d'alimentation – c'était l'horrible vocable officiel – marquant la frontière avec les habitations. Au loin se devinaient les premiers bâtiments, élevés sur quatre niveaux et percés dans la roche. À la façon des constructions troglodytes, seules se montraient les façades agrémentées d'ouvertures carrées parfaitement identiques. Les logements se faisaient face, séparés par une allée étroite fortement éclairée où pas plus de dix hommes auraient pu se tenir en ligne. Dorian tenta d'imaginer la ville souterraine emplie de bruits, de cris sourds, de mouvements, de passants allant de l'une à l'autre des entrées signalées par des portes en bois sur lesquelles étaient peints à la suite des numéros pairs sur le côté gauche et impairs sur le côté droit. Étouffant, se répéta-t-il.

La ruelle s'incurvait à hauteur du chiffre 12, la courbe empêchant de voir au-delà, mais la route semblait se poursuivre, reproduisant le modèle à l'infini. Aucune âme, aucune gaieté, jugea-t-il, mais il était difficile de se faire une opinion sans avoir inspecté un intérieur. Dorian avança, décidé à investir les lieux, quand le délégué général l'arrêta dans son élan.

— Nous y viendrons, jeune homme. Soyez patient… Pensez à vos collègues… Ils sont affamés. Allons manger.

*

La salle d'alimentation était divisée en zones afin de recevoir par roulement les cent mille habitants du bloc Becquerel, de midi à quatorze heures et de dix-huit heures trente à vingt et une heures. Une fois le repas distribué, les *Agoriens* rentreraient manger chez eux. Mais il était prévu des « salles de rencontres », notamment pour les jeunes célibataires. Le déjeuner, frugal et classique – viande, fromage, pain, fruits, accompagnés d'un rouge de Loire –, fut servi dans l'une d'elles. Pearson annonça que la ferme d'élevage des insectes n'était pas en activité. Ce vaste champ de terre situé au niveau inférieur ne méritait pas d'être visité. De plus, il n'était pas encore éclairé. Le jeune Lefranc s'apprêtait à manifester son mécontentement, mais Pearson ne lui en laissa pas le loisir.

— Messieurs, dit-il, il est quatorze heures trente. Aussi, calculons bien. Nous dépenserons une heure pour remonter à la surface et une de plus pour rejoindre la gare. Si bien que, en retranchant ces cent vingt minutes de l'horaire imposé par le *railway express*, il reste… deux heures. Pourtant, j'annonce que vous verrez tout dans ce laps de temps. Suivez-moi…

*

Ils rejoignirent une salle voisine, plongée dans la pénombre, où se devinaient une scène et des sièges, et chacun y prit place, à l'exception de Pearson qui se glissa derrière un pupitre.

— Je vous invite au Vitascope de monsieur Edison ! claironna-t-il.

C'était la version la plus aboutie d'un appareil inventé au siècle dernier permettant de projeter les films de l'inventeur George Eastman. Une caméra saisissait des prises de vues sans discontinuité, donnant ainsi le mouvement ; une fois développées, un projecteur les restituait à raison de vingt-quatre images par seconde. Pearson précisa que la séance serait divisée en dix films de six minutes abordant dix thèmes différents. Ce découpage s'expliquait aussi par la taille limitée des bobines. L'entracte entre chaque film serait toutefois assez court puisque deux projecteurs prendraient le relais à la suite, réduisant ainsi l'attente. Dorian n'en pesta pas moins. Une heure encore allait être dépensée – et ne s'agissait-il pas d'une manœuvre afin de ne pas voir « en vrai » la cité souterraine ?

— Ces films décrivent l'*Agora* Volta, et il en sera de même pour ses semblables. C'est une visite de fond en comble, annonça Pearson comme s'il devinait les pensées du sceptique. Dans un instant, vous découvrirez ce que nul n'a encore vu. Logements, cuisines, salles publiques, production électrique, recyclage, fabrication de biens… même ces fameux aquariums qui intéressent tant Umberto Mezzalira. *Maestro*, en scène !

Au même instant surgit des coulisses un orchestre de chambre composé de violons et de trompettes, de cymbales, d'une flûte, et même d'un hautbois. Le film débuta, la musique aussi. On entrait dans l'*Agora*, gagnait la salle publique où se trouvait le morceau de la tour Eiffel, filait jusqu'au bloc Becquerel. En somme, rien de neuf jusqu'au moment où l'on pénétrait enfin dans un appartement meublé avec goût. Les chambres étaient grandes, la salle à manger lumineuse, la table dressée pour cinq couverts, la vaisselle en porcelaine. On en vint ensuite au salon éclairé par un lustre. Les murs étaient décorés de tableaux bucoliques et, dans un coin, se trouvait une bibliothèque emplie de livres. Un couple et trois enfants apparurent, des comédiens faisant mine de découvrir tant de confort, s'esbaudissant, souriant, béats, et se congratulant à grand renfort d'embrassades muettes avant de se lover dans un canapé assez grand pour accueillir la famille. Leurs mimiques forcées compensaient l'absence de dialogues, l'orchestre ajoutant son tempo à la scène où se mêlaient encore les commentaires de sir Pearson, parfait dans le rôle du bateleur. Le film s'acheva sur un texte incrusté en noir sur un fond blanc – *Bienvenue chez vous* – traduit en trente-sept langues.

— Ce film, ainsi que les suivants, déclara l'infatigable promoteur de l'Entreprise pacifique, seront projetés dans les cinq continents au cours des mois à venir afin de préparer les futurs *Agoriens* à leur univers. Pour cela, nous avons prévu deux cent mille copies et organiserons dix millions de représentations.

Et tous ces chiffres, hors du commun, donnaient le tournis.

La séance reprit. Le sujet portait sur l'alimentation. L'élevage des insectes fut passé sous silence, y préférant la présentation d'un menu type où se mêlaient du poisson et quelques légumes-racines, betteraves, pommes de terre, rutabagas, le tout n'ayant pas mauvaise allure, surtout accompagné par *La Truite* de Schubert… Après une courte pause, on eut droit aux animations culturelles, aux écoles élémentaires et supérieures, les cours s'organisant dans les salles d'alimentation en dehors des heures de distribution des repas. Ainsi, le savoir des professeurs serait transmis aux jeunes générations qui prendraient le relais afin d'améliorer sans pause ni répit la vie des *Agoriens.* Un panneau s'incrusta dans l'image : *Le travail n'exclut pas le plaisir.* Les dernières minutes lui furent consacrées, et l'on retourna pour cela sur la place publique où une centaine de figurants musardaient à pas lents, souriant à la caméra, saluant de la main des spectateurs qu'ils ne connaîtraient jamais et, sinon, s'efforçaient de discuter pour donner le change. La caméra s'attarda sur un homme d'âge mûr qui saisit un téléphone mural afin, indiqua un énième carton, de joindre un ami *agorien* du bloc Chaptal, du nom du célèbre chimiste, tandis qu'un autre commandait avec le même moyen une œuvre musicale de Liszt, expédiée par magie à domicile, grâce à un gramophone.

*

Ce qui défilait était une façon de redire ce que savait déjà Dorian. Lui, il voulait entrer dans les profondeurs de l'*Agora*, et il perdait son temps à regarder ces images tout juste tournées pour la propagande. Il se répétait de rester vigilant, ne pas se laisser piéger par l'endoctrinement de son hôte. Les heures filaient. La promesse de visiter l'*Agora* de la cave au grenier ne serait pas respectée. Qu'allait-il rapporter de son excursion, l'une des dernières dans une *Agora* avant que l'humanité ne rejoigne aveuglément ce monde ? Une sourde colère montait en lui. Mais se révolter, était-ce la bonne méthode ? Jusqu'à présent, il n'avait rien obtenu par la force, et son père lui avait déconseillé cette stratégie qui pour lui-même avait échoué. Mais au lieu d'agir avec malice, il n'avait pu s'empêcher de jouer l'impertinent, n'attisant que la méfiance de Pearson. Ce n'était pas ainsi qu'il percerait la carapace d'un homme aussi habile, habitué depuis tant d'années à déjouer les pièges. Au lieu de se mesurer à lui par orgueil, son esprit devait rester en éveil, analyser chaque détail, et, encore maintenant, plutôt que de se lamenter, trouver pourquoi *quelque chose* le gênait depuis le début de la projection.

Le film consacré aux animations et aux distractions se termina sur un concert filmé sur la place publique où avait été dressé le sommet de la tour Eiffel. La lumière revint. D'un geste, Pearson fit taire l'orchestre lancé dans un *fortissimo* et profita de ce nouvel intermède pour abreuver son auditoire de chiffres, de superlatifs, d'un flot de considérations banales. En matière de verbiage, il était un maître. Dorian décida de ne plus l'écouter. Son cerveau lui envoyait de nouveau un signal d'alerte. Et pourquoi son malaise n'avait-il cessé d'enfler pendant la projection ? Il ferma les yeux, repassa les images du dernier film… Et comprit soudain ce qui clochait. Il savait par où attaquer à la fin, quand tout ce… cinéma serait fini. Et Pearson serait obligé de lui répondre ! Une phrase, pas plus, en prenant à témoin ses *alter ego*. Une sortie théâtrale, un trait confondant le bonimenteur !

Voilà que tu recommences, se reprit-il… Plus d'affrontement… Lui aussi, il emploierait la ruse. Un plan se dessinait, le plus urgent étant de trouver comment l'exécuter.

*

Le film suivant, annonça l'histrion, était consacré aux usines de production et à l'entretien. Il n'en dit pas plus, s'effaçant de la scène pour que la projection reprenne. Mais la lumière ne faiblit pas. Le chargement de la bobine s'éternisait.

— Il fallait bien ce petit accroc ! s'esclaffa-t-il, puisque rien ne lui ferait perdre sa contenance.

Il décrocha un téléphone qui se trouvait sur le côté, houspilla les gens du local de projection et, de son air supérieur, rappela que les *Agoras* seraient reliées entre elles par le téléphone, tel un corps par ses artères. Hélas, ici, un maillon de la chaîne s'était enrayé. La séance ne reprenait pas.

— Est-on enfin prêt ? s'agaça-t-il à haute voix.

Dans la cabine, on s'énervait aussi et, comme les sons portaient, Dorian, assis au dernier rang, n'en perdait pas une miette. Il comprit qu'une machine surchauffait. Un homme toussa à cause de la fumée. L'incident offrait peut-être à Dorian l'occasion de vérifier ce qu'il croyait avoir deviné. D'abord, s'organiser. Sur la scène, le comédien faisait face : l'incident, regrettable, qui aggravait le retard pris sur le programme, lui donnait l'occasion de préciser comment s'organiserait le travail dans les *Agoras*.

— Tout d'abord, précisons qu'il sera réparti équitablement. Avant de rejoindre sa cité, chacun fera part de ses souhaits. Selon les aptitudes et, bien sûr, les besoins, différents métiers seront proposés. Voudra-t-on être cuisinier, musicien, dit-il en se tournant d'un quart vers l'orchestre, économe, bibliothécaire, policier – quoi d'autre… –, pompier, infirmier ? Travailler à l'entretien, en usine, cultiver, enseigner ? Mille deux cents professions ont été arrêtées, et les règles fixées lors de la IIe Révolution seront respectées : heures de travail, repos et congés, âge de la retraite… tout sera fait pour que la vie soit aussi douce sous la Terre qu'au-dessus.

Quelqu'un voulut l'interrompre. Aussitôt, il se tendit.

— Il reste beaucoup à voir, et le temps presse. Au cours du trajet retour, nous aborderons tous les points que vous désirerez traiter. Aussi, passons aux centrales électriques.

Pour ne pas perdre la face, Pearson avait décidé de faire l'impasse sur les films.

— Les centrales, reprit-il en jetant des regards de plus en plus inquiets vers le fond de la salle, se situent au niveau moins 3, à 200 mètres de profondeur. La production est répartie sur dix unités, assistées de deux groupes de secours. Ce second réseau peut produire assez d'énergie pour maintenir l'éclairage dans l'*Agora* pendant quarante-huit heures. Ainsi, la lumière ne fera jamais défaut.

À peine finissait-il sa phrase qu'une sirène se fit entendre, et une volée de gardes surgirent comme par enchantement.

— Qu'y a-t-il ? hurla Pearson à celui qui semblait être le chef.

— Le feu, répondit-il sans prudence.

Et la lumière cessa. La salle était plongée dans le noir total.

— Restez calme, ne bougez pas ! ordonna Pearson.

*

Les chaises se mirent à bouger. On se levait, parlait à voix haute. La tension montait… Dorian saisit la lampe électrique se trouvant dans sa poche, l'alluma et, la serrant dans la paume, le faisceau lumineux braqué vers le sol, il quitta son siège situé près de la sortie sans se trahir puisqu'il tournait le dos à la salle, son corps faisant barrage à l'éclairage.

Dehors, il releva la lampe, se précipita dans l'allée Legendre, direction le bloc d'habitations Becquerel, et courut vers le premier immeuble. Il y entra, monta au pas de charge au premier étage, pénétra dans un appartement. Le choc fut violent. Par acquit de conscience, il grimpa plus haut. Même spectacle… Il dévala les marches quatre à quatre, courut au bâtiment le plus proche, poussa la porte. Même découverte…

Sans plus réfléchir, il ressortit, s'enfonça dans le quartier Becquerel jusqu'à atteindre la courbe qui, après la ligne droite, dissimulait la suite. Tudieu ! Son cœur se mit à battre fort, et ce n'était pas à cause de sa course folle. Il en avait assez vu.

Marche arrière ! En espérant que personne n'ait remarqué sa disparition. Il y était presque arrivé quand la lumière revint brusquement, le forçant à cligner des yeux. Il glissa la lampe dans sa poche et, d'un pas lent, avança vers la salle de projection. Pearson en sortait. Il semblait furieux…

*

— Dieu soit loué ! hurla Dorian en levant les bras. Je suis là… Aidez-moi…

Le délégué général, entouré de ses sbires, s'arrêta net.

— Que… dites-vous ? grogna-t-il.

— J'ai cru mourir…

— Comment… Comment avez-vous fait pour vous rendre ici ?

— Eh bien, je n'en sais rien. J'ai eu peur. Je ne savais plus où je me trouvais. J'ai marché au hasard et je crois bien m'être cogné deux ou trois fois.

Pearson tournait autour de lui comme le chien d'attaque sur sa proie, cherchant ce que cachait le regard hagard du journaliste qui avait le cheveu en bataille, le souffle court. Sa chevauchée avait laissé des traces.

— Un miracle, balbutia celui-ci. Ah oui, la belle panique. Vraiment, je me sens honteux… Vous allez me prendre pour un poltron.

Il semblait l'être vraiment. Et même si la méfiance ne faiblissait pas, Pearson nota non sans plaisir que l'arrogant avait perdu de sa superbe.

— Jusqu'où êtes-vous allé ?

— Comment vous dire puisque je n'y voyais rien… Je me suis figé à l'endroit où vous m'avez trouvé, espérant que, grâce au Ciel, la lumière revienne. Cela m'a semblé un long chemin, mais je constate, qu'en fait, je n'ai parcouru que vingt pas, tout au plus. Et je n'ai plus bougé jusqu'à ce que vous apparaissiez. Pardi, soupira-t-il, quel horrible moment…

Il serra le nœud de sa cravate, tira sur les pans de sa veste, autant de gestes laissant croire qu'il recouvrait peu à peu son assurance.

— J'imagine, lança-t-il en bombant le torse, ce qu'il se produirait lorsque l'*Agora* sera en fonctionnement. Dans cette nuit insondable, la panique provoquerait un désastre. Des milliers, que dis-je, des millions de pauvres gens terrorisés, allant bras tendus, au hasard, comme je le fis. Ils se piétineraient… Grand Dieu, la scène serait épouvantable…

— La panne n'a pas duré, plaida Pearson, forcé de mettre de côté le comportement suspect du fils Lefranc pour se défendre. Et l'exercice a démontré que les équipements de secours fonctionnaient.

— Espérons-le. Mais, dites-moi, sir Pearson, murmura Dorian sur le ton de la confidence. Il me faut vous demander quelque chose…

— Quoi encore ? se tendit l'autre.

— D'abord, jurez-moi que cette conversation – et ce qui va suivre – restera entre nous.

— Comment vous l'assurer puisque je ne sais pas ce que vous allez m'annoncer ?

— Soit, je baisse la garde, reconnaissant que ce que vous avez vu de moi n'est pas à mon avantage.

— De quoi parlez-vous ?

— Ce moment… d'hésitation lorsque la lumière s'est éteinte.

— Et quand elle est revenue, vous sembliez affolé !

— Tout doux. Votre panne est seule responsable. Mais je suis prêt à l'oublier… Si, vous-même, ne faites pas écho de ma réaction.

— En somme, si je passe sous silence votre couardise ? railla-t-il.

— Ne me jugez pas ! Simplement, est-ce oui ou non ?

Voilà qui était vraiment ce jeune fat, se rassura-t-il. Un froussard, inquiet de son image, et qui se prétendait aussi solide que son père, mais ne lui arrivait pas à la cheville… D'une telle personne, l'Entreprise pacifique ne craignait rien.

— Marché conclu, répondit-il en lui tendant la main. Ne sommes-nous pas alliés ?

40

— Répète, je te prie…

— L'*Agora* était plongée dans le noir.

Dorian faisait face à son père, le rédacteur en chef du *Petit Journal*. Des tempes grises, quelques rides, voilà à quoi se limitaient les affronts du temps. Rien n'avait donc vraiment changé en bientôt trente ans, pas même ses emportements dès qu'il s'agissait de Pearson.

— Ce n'est pas Dieu possible…

— Pierre, ne jurez pas, *please*.

Elizabeth siégeait entre les deux hommes de sa vie. Chez elle, les années n'avaient réussi qu'à dulcifier sa beauté.

— Comment faites-vous pour rester de marbre ?

— Le *self-control*… Quelque chose de typiquement anglais dont vous ne parvenez toujours pas à saisir le sens, mon cher époux.

— Reprenons, bougonna Pierre en se redressant sur son siège. Le feu s'était déclaré et… (il marqua un arrêt avant de reprendre :) Dorian, était-ce vraiment le noir complet ?

— Plus encore qu'une nuit d'encre.

— Bonté divi… *Sorry, darling*. Eh bien, qu'as-tu fait ?

— J'ai faussé compagnie à notre hôte.

— Je ne savais pas que mon fils était nyctalope !

— Plus simplement, j'avais sur moi une lampe de poche.

— Bien joué ! Et tu as filé vers la sortie pour échapper au piège…

— Au contraire, je me suis dirigé vers le bloc Becquerel.

— Que t'est-il passé par la tête ?

— Je voulais savoir pourquoi sir Pearson avait peu avant refusé de nous y faire entrer. Un pressentiment… Et ses films étaient trop parfaits à mon goût. Il était nécessaire de les comparer à la réalité.

— Je reconnais ta conscience professionnelle. L'observation et les faits, voilà les premières armes du journaliste…

— Était-il nécessaire d'être imprudent ? s'inquiéta Elizabeth.

Pierre Lefranc haussa les épaules :

— Il n'y avait aucun danger à visiter des appartements…

— Encore eût-il fallu les trouver, sourit Dorian.

— Que veux-tu dire ?

— Aucun meuble, aucun aménagement. Pas même une cloison. Ni cuisine, ni chambre, ni toilettes. Quatre niveaux recouverts d'un plancher en bois. Or, dans le film que venait de nous infliger Pearson, il y avait des murs, des portes et des pièces décorées avec soin. Les scènes avaient donc été tournées dans un décor.

— Cet immeuble n'était peut-être pas achevé ? suggéra Elizabeth.

— J'ai pensé la même chose. La seule façon de savoir, c'était d'aller dans un autre endroit. La lumière ne revenant pas, je me suis avancé dans l'allée des habitations, masquée par un virage à angle droit.

— Il n'a pas hésité… lança fièrement son père.

— Et je ne l'ai pas regretté. Après la courbe, aucun bâtiment, mais une immense salle creusée sommairement dans la roche qui, jusqu'où portait ma lampe, était occupée par des rangées de lits de camp. Voilà à quoi se résume le bloc Becquerel où cent mille personnes sont attendues.

— Merdre ! glissa Pierre, imitant Alfred Jarry pour ne pas choquer son épouse qui, elle, ne se gêna pas pour murmurer « *Good heavens !* », sans que personne lui en fasse le reproche.

— Pearson, ce fichu ensorceleur, a trahi, volé le monde, s'emporta Dorian. Ce qu'il a osé présenter dans son film n'existe pas. Aussi, je vous annonce le titre de mon article : « La vie des *Agoriens* au bloc Becquerel ? Celle des galériens ».

— Nous verrons, grommela son père. Ensuite, que s'est-il passé ?

— J'ai fait demi-tour. La lumière est revenue alors que j'approchais de la salle de projection. Pearson a jailli, l'œil méfiant. Comment avais-je pu me déplacer dans le noir ? J'ai répondu que la panique m'avait donné des ailes…

— Tu lui as dit que tu avais peur ?

— Qu'importe, s'il m'a cru. J'ai surtout promis de ne rien écrire sur la panne et le début d'incendie si lui oubliait ce moment d'égarement…

— Ta fierté en a pris un coup… Mais c'était pour une bonne cause. La vérité, c'est que ta mère et moi sommes certains que tu n'es pas lâche.

— Merci, chers parents… Sachez que cet arrangement m'a été très utile par la suite. Je vous dirai comment dans un instant. En attendant, la visite tournait à la catastrophe… L'électricité ne fonctionnait qu'en partie, des zones restaient plongées dans le noir. Prétextant que nous avions pris trop de retard, il nous fit remonter à la surface. Les films, martelait-il, remplaçaient ce que nous ne pouvions voir – et c'était bien suffisant pour rendre compte. Aussi, à quoi bon arpenter des allées qui toutes se ressemblaient ? Moi, je rongeais mon frein. La vérité devait être connue : cette *Agora*, et peut-être d'autres, ne serait pas achevée à temps.

— N'allons pas trop vite en besogne, intervint Pierre Lefranc qui, malgré son aversion pour Pearson, tentait de refréner son ardeur. L'Entreprise pacifique n'a pas agi sans contrôle. Des inspections ont…

— Établies par des entreprises sous-traitantes ! s'emporta Dorian. Je ne leur accorde aucun crédit. C'est d'ailleurs pourquoi la presse a exigé l'organisation de ces visites.

— Ces dix dernières années, George Buckle et moi avons parcouru le monde…

— Je l'ai fait moi-même. Avons-nous eu accès à une seule *Agora* terminée ?

— Non, reconnut à regret le rédacteur en chef du *Petit Journal*. Mais oublies-tu les millions de personnes employées sur place ? Crois-tu que toutes soient aveugles, sourdes et muettes ?

— Le travail est cloisonné par zone et par corps de métier. Ainsi, personne n'a une vue d'ensemble. On exécute les ordres et vit en circuit fermé. Une poignée d'ingénieurs soudoyés a suffi pour que le secret soit bien gardé. L'Entreprise pacifique détient seule les clefs de ce labyrinthe. Il se peut que des pans entiers de l'*Agora* Volta ne soient pas construits et ne le soient jamais puisqu'il ne reste qu'un an avant…

— Un an et quatre mois… corrigea Elizabeth.

— Et vingt-cinq jours, pesta Dorian. Ajoutez-en cent, cinq cents, si vous le souhaitez. Il est trop tard pour livrer le chantier dans les temps.

Il soupira fortement :

— Qu'en est-il ailleurs ? Où s'arrête le crime de Pearson ? Le seul moyen de faire surgir la vérité, c'est de se rendre sur place !

— Tu veux inspecter toutes les *Agoras* ?

— Partageons-nous le travail. Vous, Buckle, moi. Se joindront de solides relais en qui nous avons confiance. En un mois, c'est possible. Je partirai demain… Mais avant, nous publierons un article foudroyant !

*

La réunion se tenait dans le bureau qu'avait occupé feu Marinoni. Pierre n'avait rien changé. Même fauteuil en cuir, même table encombrée de notes urgentes. Un téléphone s'était glissé dans la scène, mais il était décroché afin de faire barrage aux appels des journalistes, toujours dans l'urgence, cherchant le titre, l'accroche en une, l'article saisissant, inédit, qui renouvellerait la gloire éphémère du quotidien. Et ce que rapportait Dorian valait son pesant d'or. Cette fois, Pierre était décidé. Le papier serait cruel, les mots percutants. Il écrivait déjà les premières lignes dans sa tête.

— Je pense à l'inverse qu'il ne faut rien révéler, du moins pour le moment…

La voix douce d'Elizabeth créa la surprise.

Un journaliste tenta de passer le nez.

— Plus tard !

L'intrus disparut.

— Elizabeth, expliquez-nous votre position…

— Je vous connais trop tous deux pour ne pas imaginer l'article auquel vous songez. Qu'obtiendrez-vous en retour ? L'Entreprise pacifique réagira comme un animal blessé, vous accusant de saborder le futur. Vous répondrez en exigeant une seconde visite, de fond en comble… Mais quel sera le résultat de votre charge héroïque ? Soit il ne s'agissait que de vagues aménagements à terminer, et l'affaire s'achèvera ainsi, vous n'y gagnant que le discrédit et l'impossibilité d'approfondir votre enquête ; soit vous gagnez, et le scandale sera énorme. Imaginez-vous la suite ? Les peuples se révolteront. Le chaos que nous avons eu tant de mal à contenir surgira, et l'humanité n'y survivra pas. Et tout ce dont nous rêvions s'effondrera. Depuis trois décennies nous poursuivons le dessein d'unir les peuples, de confondre les ennemis de la paix. Avez-vous oublié ce Hobbs qui voulait la guerre ? Avec le regretté Jules Verne, nous avons contrarié ces projets funestes, imaginé que *Le Meilleur de l'homme* était la solution, posé les fondations d'une Société pacifique. Nous ne savons pas encore si la fin sera heureuse, mais le monde a changé, s'est bonifié et, souvenez-vous, il nous reste un espoir secret dont nous sommes les héritiers… Allez-vous tout détruire pour le plaisir d'écrire dix lignes vengeresses ?

La sagesse et la lucidité d'Elizabeth eurent pour premier mérite de dompter les deux hussards prêts à engager la bataille.

— Avez-vous une autre idée ? demanda Pierre d'une voix calme.

— Je me demande à quoi sert cette mascarade.

— Que voulez-vous dire ?

— La priorité n'est pas de savoir où et sur quoi l'Entreprise pacifique n'aurait – peut-être pas – respecté le programme, mais pourquoi ? Oui, pourquoi n'aurait-elle aménagé qu'en partie l'*Agora* Volta ?

— L'escroquerie s'étant sans doute répétée ailleurs, martela Dorian, puisqu'il n'en démordait pas.

— Peu importe pour l'instant. Clarifions d'abord ce point : pour quelle raison Pearson et ses complices auraient-ils pris le risque de ne pas achever une – ou plusieurs, j'en conviens – *Agoras* ?

— L'argent ! bougonna Pierre. Je ne vois que cette raison…

— Quel serait l'intérêt ? s'interposa Dorian. Dans peu de temps, il ne servira plus à rien. Il est donc inutile de le détourner.

— Demain, il sera sans valeur. Mais aujourd'hui ? sourit Elizabeth.

— Bon sang ! s'exclama Pierre, je n'y avais pas pensé…

— Pourriez-vous être plus précis ? s'impatienta leur fils.

— Mon cher Dorian, tu as peut-être trouvé ce après quoi nous courions depuis plus de vingt-cinq ans.

— Vous m'en voyez ravi. Mais que cherchiez-vous ?

— Comment financer la réplique de Hölloch, répondit sa mère.

— Vous avez raison, Elizabeth ! Pearson et les siens détournent de l'argent sur les chantiers des *Agoras*. Un peu, beaucoup, par-ci par-là, sur des postes différents, des lignes et colonnes noyées sous une avalanche de chiffres étalés sur trente ans. Hölloch a servi de leçon. Leur méthode est plus discrète. Ils n'ont pas détourné d'un coup des milliards, mais petit à petit…

— Nous cherchions « pourquoi ? », conclut posément Elizabeth. Voilà une piste sérieuse. Est-ce pour autant la bonne ?

Il faudrait pour cela trouver « où ? ». Où se cacherait la cité idéale, réservée à l'élite dont nous avait parlé Jefferson, cet Américain fortuné, sur le *Lucania* ?

— J'ai peut-être la réponse… murmura timidement Dorian, écrasé par ce qu'il croyait savoir.

— Comment as-tu fait ?

— Pearson m'en a parlé…

— Que dis-tu ?

— Au retour, dans le train…

— Raconte-nous, Dorian, demanda aussi calmement Elizabeth.

*

Le train était parti à l'heure et filait à pleine vitesse. Le Mans venait d'être dépassé. Si Dorian était certain que les *Agoras* ne seraient pas prêtes à temps, il savait aussi qu'il ne ferait pas jaillir la vérité en attaquant Pearson de face. Et quelle ruse employer ? Lui ruminait dans son coin, ses confrères discutaient à haute voix. La panne électrique, le feu, fallait-il en faire le cœur des articles ou se ranger derrière ceux qui n'y voyaient qu'un incident mineur à l'aune de ce qui avait été réalisé ? Dorian ne tenait plus en place, il allait bondir, quand Umberto Mezzalira du *Corriere della Sera* prit la parole. La probité, plaida-t-il, l'obligeait à rendre compte du bien et du mauvais à ses lecteurs. Un Russe défendit la cause inverse, vantant le génie de ces ingénieurs qui avaient triomphé d'obstacles insensés. Une coupure électrique, qu'était-ce en comparaison des prouesses réalisées ? Rien n'y faisait. L'Italien Mezzalira ne changerait pas d'opinion et il se montrait si bon orateur que le groupe se scinda bientôt en deux.

Pearson, qui suivait de loin le débat et se gardait bien de s'y mêler, fit un signe à Dorian, toujours en retrait, ajoutant un sourire, et approcha, patte de velours, chuchotant, lorsqu'il fut assez proche, qu'il souhaitait « faire causette », seul à seul, comme de bons amis. Chartres était derrière. Il ne restait que dix minutes.

— Celui-là, dit-il en montrant du menton Mezzalira brassant l'air et les arguments comme un sénateur romain, il est coriace… Tout l'opposé de vous.

Dorian encaissa la méchanceté. En se soumettant, il trompait son monde. Le tortionnaire s'assit, décidé à poursuivre la conversation.

— Sommes-nous bien en affaires ? Je veux dire alliés…

— Eh bien quoi ?

— J'ai promis d'oublier votre comportement dans l'*Agora*. Ce n'est pas moi qui vous éreinterai. Ainsi, je ne dirai rien à vos collègues qui, même s'ils se trompent sur votre courage, ont confiance en vous. Je l'ai vu ce matin lorsque vous jouiez les matadors. Vous parliez, ils écoutaient… Mais c'était avant que vous ne cédiez à la peur dont je fus heureusement le seul témoin. Et ce service en vaut un autre…

— De quoi s'agit-il ? lâcha le journaliste, sur le qui-vive.

— Mezzalira, soupira Pearson, ne m'épargnera pas. À moins de le convaincre de changer d'avis. Je veux que vous vous en chargiez.

Dorian déglutit, serra les poings, mais attendit la suite.

— Votre article qui, j'en suis certain, sera mesuré, ne suffira pas. Il faut que l'enthousiasme soit général. Procédez comme vous voulez, mais réussissez à convaincre ce Milanais d'écrire un papier favorable.

Le jeune Français redoubla d'efforts pour ne pas lui tordre le cou.

— C'est une rude tâche, parvint-il à glisser d'une voix calme. Mais je m'y essaierai…

— Merci, mon cher Lefranc. Réussissez, et je m'en souviendrai…

Il posa la main sur son épaule pour marquer sa domination.

— Vous avez visité beaucoup d'*Agoras*. Dites-moi celle où vous aimeriez aller, si vous aviez le choix. Je m'arrangerai le moment venu.

En existait-il au moins une d'achevée ? avait-il envie de rétorquer.

— Vous êtes le mieux placé pour me conseiller…

Pearson sourit. La flatterie l'amusait. Ce garçon était parfait…

— Je ferai mienne la vôtre, insista Dorian. Alors quoi, vous-même, qu'avez-vous décidé ? Europe, Asie, États-Unis, Russie ?

Le même rictus servit de réponse.

— Aucune de ces régions… Vous pencheriez donc pour l'Afrique ?

Il bougea insensiblement la tête. C'était donc là-bas.

— Mais quelle *Agora* ?

Il mourait d'envie de s'expliquer, Dorian en était certain.

— Obtenez-moi de bons papiers, soyez fidèle jusqu'au bout, mieux encore, convainquez votre père de changer d'attitude à mon endroit, et je vous dirai où… Croyez-moi, insista-t-il, vous y gagnerez énormément.

Pearson s'était attaché. Le train entrait en gare. Il ferma les yeux. Dans un an, quatre mois et quelques jours tout s'achèverait… Et lui serait libéré.

*

— L'Afrique… répéta Pierre Lefranc alors que son fils venait de terminer son rapport. Cette cité bâtie en secret, à l'écart du monde, se trouverait là-bas. Après l'échec de Hölloch, il n'aurait donc pas renoncé…

— L'hypothèse semble réaliste, ajouta Elizabeth. Loin des terres européennes et américaines, espace infini et peu contrôlé…

— C'est tout le problème, rugit son époux. Autant chercher une aiguille dans une botte de foin !

— Pas tout à fait…

— Expliquez-nous votre méthode, ma chère amie.

— D'abord, contactons Buckle. Il faut l'informer.

Lefranc s'empara du téléphone.

— Je crois plus prudent de nous rendre à Londres.
Et, à son habitude, Pierre céda à sa bien-aimée.

*

Le lendemain, *Le Petit Journal* et le *Corriere della Sera* publièrent les articles de leurs journalistes, et Pearson en fut ravi. Pas un mot n'était à censurer. La panne était évoquée rapidement pour se réjouir aussitôt de la célérité des techniciens. Au fond, l'incident était la preuve que l'*Agora* était sous bonne garde… Mezzalira avait accepté ce compromis contre la promesse de son ami Dorian d'expliquer – sans qu'il ait précisé quand – pourquoi il lui réclamait un tel effort. Et le délégué général de l'Entreprise pacifique avait peut-être eu tort de se réjouir aussi vite.

41

La fin ou le début approchait. Le 7 avril 1924, sept mois avant le premier ou le dernier jour de la VIIIe Révolution, commença le *mooving*, la mise en mouvement, la migration, l'exode, la transhumance humaine. Et, quel que fût le mot employé en russe, en hindi, en grec, en mandarin, en japonais, en basque, en corse, en breton, en catalan ou dans l'helléniste katharévousa, les hommes, après dix mille sept cent soixante-dix-huit jours d'effort, de doute, de sacrifice, de peine, de larmes, de sang, d'espoir, se mettaient en route, abandonnant le vieux monde pour rejoindre les *Agoras*.

Pearson pouvait se réjouir. L'opération décidée à Londres, au 12, New Bond Street, le 3 novembre 1894, alors que Jules Verne publiait le dernier chapitre du *Meilleur de l'homme*, était sur le point de réussir. Les conjurés présents à la réunion fondatrice de l'Entreprise pacifique, bras armé du Cartel, étaient morts pour la plupart, offrant leurs âmes au diable en considération des nombreux mensonges et des divers crimes qu'ils avaient commis ou commandités. Mais les cas personnels comptaient peu. Les descendants de Jefferson et consorts contemplaient de loin et de haut la masse innocente migrant vers son destin. La famille Ackermann était de ceux-là. Elle abandonnerait bientôt le beau village alsacien de Nothalten entouré de ses vignes.

Après les fêtes de Noël, le maire avait convoqué ses administrés pour communiquer l'ordre de départ. Les Ackermann, lettre A, étaient les premiers sur la liste. Leur sort s'était joué sur ce détail patronymique. Debout, dos tourné vers la cheminée, le maire avait lu la directive du sous-préfet qui lui-même suivait les instructions de son supérieur, le préfet de Strasbourg, qui lui-même avait répété ce que le ministre de l'Intérieur avait ordonné aux derniers représentants d'un État en décomposition – et tous ces fonctionnaires, ces *empereurs au petit pied*, comme les avait appelés Napoléon, s'étaient exécutés.

Les Ackermann quittaient donc leur maison en pierre, doux foyer ancestral où, depuis huit générations, la lignée avait fabriqué du vin et du bonheur. Ils emportaient peu de souvenirs, pas même la robe de mariée de Dora dont la traîne avait servi à confectionner les linges de baptême de leurs trois enfants. La circulaire était sans appel, le maire avait insisté, et il n'y pouvait rien : une malle pour le couple, une autre pour les petits. Ni armes ni cet argent qui ne servait plus à rien, l'alcool et le tabac étant prohibé. Norman, le père de famille, avait jeté sa pipe au feu et enterré près du tombeau familial les instruments dont s'étaient servis son père, son grand-père et son arrière-grand-père pour travailler la vigne. Il n'avait conservé que la serpette de vendange au manche de bois, glissée au fond du coffre entre un tricot et des photos jaunies.

La veille du départ, il avait fait un dernier tour dans les vignes, taillé une branche rebelle, caressé le bourgeon qui ne perçait pas encore, mais il savait exactement où il pousserait, et ce serait, là, sous son pouce, à cet endroit où la sève naissante attendrissait le bois. La récolte serait bonne, avait-il décidé, puis il était rentré chez lui après l'heure du dîner. Dora avait laissé le bol, les couverts, le pain, le couteau et la soupe sur la table. Norman s'était assis à la place qu'il occupait depuis le décès de son père. Par habitude, il avait tracé une croix sur le pain avec le couteau, coupé une tranche épaisse, ajouté le quignon à la soupe puisque, demain, il serait perdu, et versé un dernier verre de vin dans la mixture. Dora, silencieuse, avait attendu la fin du cérémonial avant de s'avancer. Les traits de son visage étaient tirés, mais ce n'était pas à cause de la fatigue. Demain, elle entamerait son premier grand voyage. Voilà douze ans, elle s'était unie à Norman par amour, pour le meilleur et pour le pire, espérant longtemps qu'elle finirait ses jours chez eux, dans ce nid douillet qui n'avait connu ni violence ni haine. Mais Wildcat, et des gens haut placés, avaient décidé qu'elle et les siens partiraient pour Strasbourg, la grande ville qu'elle n'avait jamais visitée.

La suite était imprécise, opaque comme le brouillard recouvrant cette nuit les vignes voisines. Le maire avait parlé d'un train. Et aussi d'une cité immense enfouie du côté de Saumur où ils se calfeutreraient pendant des jours, des semaines, des mois, et peut-être des années – on ne savait pas. Norman, en revanche, connaissait Saumur. On y faisait du vin, et c'était comme partir pour un pays familier puisqu'on avait raconté qu'il continuerait à s'occuper de la terre. Au cours de la réunion, le maire avait projeté un film dans lequel des gens souriaient et parlaient sans qu'on entende leurs voix, couraient dans tous les sens. De temps en temps, on avait ajouté des textes écrits en français, mais on comprenait surtout l'alsacien, à Nothalten. Norman savait que c'était immense, qu'on logerait dans des appartements, mais il n'avait vu ni vignes ni champs à cultiver. Les enfants Ackermann avaient découvert le téléphone, et ils applaudissaient, excités à l'idée de s'entendre de loin sans avoir à crier. Il y aurait aussi des hôpitaux et tous les avantages obtenus depuis la IIe Révolution. Après la réunion, les cinq étaient retournés chez eux, les grands encadrant les petits. La neige craquait sous les pieds, la buée sortait des bouches, la porte d'entrée avait grincé, la braise de la cheminée les attendait… Dora avait peur d'oublier ces bons souvenirs, et Norman l'avait serrée dans ses bras pour la rassurer, lui rappelant à voix basse que des hommes du village et des bourgs voisins, partis travailler dans ces cités lointaines, étaient revenus les poches pleines, émerveillés par les prouesses de l'Entreprise pacifique qui se donnait tant de mal pour sauver le monde – et tous étaient certains d'y arriver. Dora n'y avait cru qu'à moitié. La vie ne pouvait être meilleure que ce qu'elle connaissait, mais puisqu'il n'y avait pas le choix… En arrivant chez eux, Dora était montée pour coucher les petits. Norman, installé dans le fauteuil où son père et son grand-père s'étaient assis, avait sorti le papier que lui avait tendu le maire pour se rentrer les mots dans la tête et, ce soir, il le relisait pour la centième fois : « Départ le 7 avril. » Et c'était bien demain.

À l'étage, on courait, on tapait du pied. Les petits étaient excités. Le père laissa faire. Ils dormiraient dans le train qui les conduirait à Paris puis à Saumur après de longs détours parce qu'ils étaient nombreux à se rassembler. Dora finit par redescendre. Elle embrassa son époux, avait hâte de se coucher pour que la nuit soit longue. Norman promit de faire vite, mais il voulait effectuer une ultime ronde afin de vérifier si tout était clos, imprenable, afin qu'à son retour, lorsqu'il pousserait la porte, tout soit en place, tout recommence. Il sortit, chercha sa pipe dans sa poche parce que c'était son rituel, renonça, repéra le hibou qui partait en chasse. Par où débuterait-il sa visite ? Peut-être la grange où trois tuiles plates manquaient – et à quoi bon ? Qu'allait devenir le vin de Muenchberg, gardé pour les beaux jours où ils marieraient leurs enfants ? Et capitula devant ces questions sans réponse. Il respira le brouillard pour le garder en nez, comme le parfum du gewurztraminer, et rentra retrouver son épouse.

*

Ce soir du 6 avril, Eliot Abberline, apprenti tailleur à Liverpool, rejoignit fort tard sa chambre sans confort située au sixième étage d'un vieil immeuble de William Brown Street. Non loin de chez lui, il salua la statue de Wellesley, duc de Wellington, victorieux à Waterloo, et réalisa que ce glorieux militaire appartenait au passé puisque la guerre n'existait plus. D'ordinaire, Eliot Abberline était peu philosophe, mais il avait levé de nombreuses pintes de *real ale* et de *bitter* au Blue Dog, un pub bruyant où il avait réuni ses amis afin de fêter son départ pour l'*Agora* Foucault, le découvreur de la vitesse de la lumière. Vers sept heures, il avait cessé de compter le nombre de bières que George, le patron du Blue Dog, avait servies. En revanche, il était certain que l'alcool produisait toutes sortes de prodiges, le dernier en date étant qu'Arthur Wellesley, duc de Wellington, lui avait souri. « Félicitations, jeune Eliot, lui avait-il dit aussi. Les steppes russes, c'est beau. Vous serez plus heureux dans l'*Agora* Foucault que ce poivrot de George qui mourra de soif dans celle de Ngorongoro. » Eliot Abberline s'était demandé de quel droit Wellington jugeait son ami et lui parlait d'un pays qu'il n'avait sans doute pas connu, mais il avait toutefois remercié poliment la statue avant d'attaquer d'un pied hésitant les cent vingt-six marches le ramenant chez lui, où il y avait peu à ranger, presque rien à abandonner.

À vingt ans, sa vie tenait dans un sac de cuir dans lequel il avait glissé le costume offert par son patron, Jack Wordsworth, lettre W, dont le départ était repoussé à des temps si lointains que nul ne savait encore où et quand il atterrirait. Eliot se réjouissait de sa nouvelle vie parce qu'il échapperait à sa condition de commis cousant des manches jusqu'à la retraite, l'espoir de faire carrière chez Wordsworth & Son étant fortement compromis par l'existence de ce « & Son », un fils, un héritier, peu doué, médiocre ciseau et dessinateur sans talent, mais dont le nom lui servait de sésame.

Eliot imaginait que ce bouleversement lui donnerait l'occasion de rencontrer de nouvelles personnes. Et pourquoi pas une jolie fiancée. Sa vie, jusqu'à ce jour, avait été insipide, son univers se limitant au centre de Liverpool, à l'exception d'un déplacement rapide à Manchester, 40 miles à l'aller et autant au retour, pour livrer à un fidèle client une veste de chasse. Ajoutant à son malheur le fait d'être fils unique, cet orphelin n'avait jamais pris la mer. Le maire avait réuni les patronymes A, B, C pour le *New Year's Day*, offrant à l'occasion ses vœux et du cherry à ses administrés. Le 7 avril, avait-il annoncé, ils seraient mille deux cent trois à partir pour l'*Agora* Foucault, les lettres D, E, F faisant de même le 30 avril. Il s'agirait d'un long voyage, fait d'étapes et d'interruptions, car le rassemblement final ne se tiendrait qu'en automne. Entre-temps, ils prendraient un ferry afin de rejoindre la France où des camps de transit seraient aménagés avant qu'un train, embarquant au fil des villes de nouveaux *Agoriens*, ne les conduisît à Moscou autour de juin où, après un nouvel arrêt, ils seraient transférés en Oural, fin septembre, soit deux mois avant le choc final. Le maire avait trinqué au futur avant de lancer la projection d'un film montrant l'intérieur de l'*Agora*, et le jeune Abberline avait été séduit par les installations, le confort, les concerts publics et, surtout, par les salles de repas réservées aux célibataires. S'il ne trouvait pas chaussure à son pied lors du grand *mooving*, il était évident que l'âme sœur l'attendrait dans l'*Agora*, formée de vingt millions de personnes dont la moitié seraient des femmes. Et, compte tenu du nombre, il se réservait même le droit de changer d'avis, une fois sur place. Eliot avait aussi appris que son métier était recherché puisqu'il faudrait coudre, tisser, repriser… Il se voyait proposer ses créations aux gens chic mêlés aux classes inférieures. L'apprenti tailleur croyait tant au futur qu'il avait acheté une mappemonde sur laquelle il s'était usé les yeux afin de faire et refaire mille fois son périple. Les distances étaient impressionnantes, la Terre si vaste.

Mais cette nuit, alors qu'il s'allongeait sur son lit dans l'espoir que sa tête cesse de tourner comme la planète qu'il rêvait de découvrir, il ne ferma pas les yeux. George, la statue de Wellington, ses amis du Blue Dog lui manqueraient. Et, pour la première fois, Eliot Abberline se prit à regretter le monde qu'il quittait.

*

Il n'était pas le seul. Alberto Alvar, pêcheur portugais, remontait pour la dernière fois ses filets remplis de poissons du Tage, fleuve fécond de Lisbonne ; Boris Abt, professeur berlinois, corrigeait son ultime copie, gratifiant Hilda, sa meilleure élève, d'un 9,8/10 ; Chandra, un jeune Indien, libérait le couple de mésanges qu'il avait soignées, élevées et qu'il ne pouvait emporter dans l'*Agora* Cai Lun, l'inventeur chinois du papier ; Elvino Albrisio, marchand des quatre-saisons de Naples, apportait ses légumes frais aux pauvres de la chapelle Santa Monica avant d'embarquer pour l'*Agora* Morse dans l'ancienne Belgique ; Adza, fier berger berbère, rentrait son troupeau. Fruits, oiseaux, moutons, on n'en voulait pas dans les *Agoras*… Et Pierre Lefranc relisait pour la dixième fois le télégramme de George Buckle, qui changeait la donne.

42

Le 3 avril 1924 avait débuté à Zurich la dernière Conférence de la presse. S'y retrouvaient comme chaque année les journalistes qui, depuis l'apparition de Wildcat révélée par le *Times* et *Le Petit Journal*, couvraient la lutte acharnée des hommes contre la mort. Les vétérans se saluaient, se souvenaient avec émotion des disparus, accueillaient les novices pour qui c'était la première et ultime participation et leur racontaient l'histoire de l'astéroïde depuis l'origine, y ajoutant ces détails qui transformaient leur guerre en légende. Compte tenu du caractère exceptionnel de la réunion – ils se disaient adieu avant de rejoindre au cours des mois suivants l'une ou l'autre des *Agoras* –, George Buckle, cofondateur de la Conférence, présidait la séance, et c'était une belle façon de clôturer l'engagement sans faille du rédacteur en chef apprécié par ses pairs.

Plus avancé dans la soixantaine que son ami français, l'éditeur marquait le pas. La dernière quête menée avec Pierre Lefranc, ce combat désespéré pour que la vérité éclate, l'avait épuisé. C'était l'effort de trop pour un homme qui n'avait pas ménagé sa peine. Après des mois de recherches acharnées, ils n'avaient obtenu aucun résultat. La cité hypothétique et mystérieuse d'Edward Pearson restait introuvable. Avaient-ils fouillé là où il fallait ? Buckle doutait et accusait leur méthode. Ils avaient travaillé seuls, s'interdisant d'user des relais que leur offrait la Conférence de la presse. Craignant que cette affaire ne s'étale un jour en première page des quotidiens sans en contrôler les effets, ils avaient agi sous cape, se privant de moyens quand ceux de l'adversaire étaient considérables. À moins qu'il n'y ait rien eu et que cette cité des élus n'ait été qu'une illusion, une divagation inspirée par la personnalité de Pearson qu'ils accusaient sans preuve. N'était-il pas simplement le commencement et la fin d'une tragédie… inexistante ? Et son œuvre censée néfaste un mirage que l'on devait oublier pour s'intéresser au *mooving* et à la façon dont seraient accueillis les futurs *Agoriens* ?

*

Buckle contemplait l'assemblée depuis la tribune où il venait de conclure son discours, applaudi à tout rompre, et ce n'était pas dans ses habitudes de se mettre en avant. Ses mots avaient été pesés pour que son intervention soit d'abord un remerciement adressé à ces journalistes qui, contre vents et marées, avaient refusé le défaitisme, combattu la violence, cru en l'avenir et porté le progrès. Renonçant à l'ambition personnelle, ils s'étaient unis pour servir le « meilleur de l'homme », partageant sans détour ce qu'ils avaient appris afin que le travail de chacun profite à tous. Eux, les alliés d'une société pacifiée, avaient ainsi fait barrage aux idées de ceux qui voulaient la détruire. Grâce à quoi le monde était sauvé, « du moins si on se fiait à l'optimisme de sir Pearson », avait ajouté Buckle, gorge serrée, et tous n'y avaient vu qu'un des traits d'humour dont il était familier. Que craindre, en effet ? Les derniers rapports de visite des *Agoras* étaient rassurants, même si certains aménagements n'étaient pas achevés, de l'aveu même de l'Entreprise pacifique, devenue le parangon de la droiture. Avant que ne débute la VIIIe Révolution, il restait sept mois pour peaufiner le cocon des Terriens. Quant aux *imperfections*, si certaines perduraient, elles seraient corrigées, une fois sur place.

On ne manquerait ni de temps ni de moyens pour parachever l'œuvre phénoménale qu'un nouvel orateur qualifiait avec pompe d'« expression suprême du génie des peuples » et aussi d'« événement extraordinaire de l'histoire du monde ».

Oui, tout allait bien, ce jeudi 3 avril 1924, même le futur, et, si cela n'avait pas été le cas, Buckle, le héraut de la presse libre, n'en aurait-il pas parlé ?

*

Lefranc le rejoignait à Zurich plus tard. Débordant d'énergie, il avait exigé une dernière visite de l'*Agora* Volta et, dans le seul dessein de lui nuire, pestait-il, on l'avait organisée pendant la réunion de Zurich. Un aller-retour expéditif auquel Buckle ne croyait pas. Comme ailleurs, ils découvriraient que l'*Agora* avait peu à voir avec la vision enchanteresse des films de l'Entreprise pacifique. À l'exemple de nombreux cas, le confort serait égal à celui que connaissait le soldat en campagne. Mais pouvait-on y redire ? Pas assez pour accuser Pearson d'avoir détourné des sommes colossales afin de bâtir une cité à l'image de Hölloch, dont l'existence restait hypothétique. Et plutôt que de se fixer sur ces chimères, ne valait-il pas mieux s'intéresser à la réalité ? Quel procès intenter de bonne foi à l'Entreprise pacifique ? Son délégué général n'avait pas menti, réussissant à faire avancer, contre vents et marées, contre les soupçonneux, les jaloux, les ombrageux, l'immense machine humaine, édifiant ce que nul autre n'aurait pu entreprendre. À la fin, les *Agoras*, humaines, donc imparfaites, existaient, armées pour tenter de vaincre Wildcat. Voilà la seule vérité qui comptait.

Pour clore les débats, l'*Agora* Morse avait expérimenté la vie sous terre en accueillant mille volontaires pendant six mois à la fin de l'année 1923, ce qui était bien peu et bien court pour juger de la pérennité de ces lieux ayant vocation à accueillir vingt-cinq millions d'êtres humains pour une période à l'échelle du siècle – et sans se mesurer aux effets inconnus de Wildcat. Lefranc, coupeur de cheveux en quatre, ajoutait rageusement que la cité n'avait pas été choisie au hasard puisque c'était l'une des rares à être vraiment achevée. Mais on lui opposait que tout avait parfaitement fonctionné ; que les premiers *Agoriens* étaient ressortis, pâles et amaigris, mais vivants, à l'exception d'une poignée d'esprits faibles ayant décidé de se suicider. Fallait-il mettre l'accent sur ces cas isolés, ergoter, aggraver le tableau en grossissant une affaire de typhus apparu au bout de soixante jours – et affoler l'immensité – ou mettre en valeur ce qui fonctionnait ? Le même débat resurgissait. Il n'y avait pas d'autre solution que les *Agoras* et, si près du rendez-vous avec « le Fauve », le mieux était l'ennemi du bien.

À coup sûr, soutenait Buckle, Lefranc avait été autorisé à visiter l'*Agora* Volta parce que la situation s'était améliorée depuis le passage de Dorian. Il pariait que le bloc Becquerel serait en cours de construction… Les logements existeraient-ils ? Une partie seulement ? Toujours assez pour ne pas accuser l'Entreprise pacifique de supercherie. Comparé au défi auquel les hommes allaient bientôt se mesurer, la réponse importait peu, affirmait le rédacteur en chef du *Times*. Quel serait l'impact d'un article dénonçant les faiblesses de l'*Agora* Volta ? Des lits de camp au lieu de chambres douillettes ? Eh quoi, c'était déjà l'assurance d'être vivant à la seconde suivant le début de la VIIIe Révolution !

Buckle aurait préféré que Pierre Lefranc inspecte les centrales de production d'énergie, examine avec soin l'élevage des insectes censés nourrir l'*Agora* ou la ventilation de l'air – et les risques d'incendie –, mais il savait que ces sujets seraient mis à l'index dès son arrivée et que, à défaut d'être entouré d'une armée d'enquêteurs, il n'obtiendrait rien de concret.

*

Parfois, Buckle regrettait de s'être emballé dix mois plus tôt, après la visite du couple Lefranc et de leur fils Dorian, bonne plume et fin observateur, selon son père, puisque le fils prodige avait découvert « à coup sûr » l'ignoble traîtrise de Pearson, celle que l'on recherchait depuis l'affaire Hölloch car, ce jour-là à Londres, Pierre Lefranc ne se résignait toujours pas : le délégué général les dupait.

— L'affirmer est une chose, le prouver une autre. Quels sont vos arguments ?

Le rédacteur en chef anglais aimait, lui, la modération.

— Ce qu'a découvert Dorian ne vous suffit pas, George ?

Eh bien, il hésitait. Était-il possible que l'Entreprise pacifique ait pu bâtir une cité sans que jamais rien ne fuite ? L'argumentation de Lefranc reposait sur l'Afrique et ces millions de kilomètres carrés inhabités et insoumis. Dans cet immense territoire, tout pouvait se fondre et s'y cacher. Ce fait géographique était indéniable, mais, pour Buckle, il semblait improbable d'avoir pu échapper pendant trente ans aux mille regards des journalistes de la Conférence de la presse.

— Au moins, tentons de répondre : oui ou non. Nous le devons à la Terre et aux hommes !

Buckle avait cédé à la pression, non pas à cause de l'entêtement légendaire de son ami français, mais parce que la délicieuse et pondérée Elizabeth partageait cet avis. Et, pendant des mois et des mois, ils avaient creusé la piste sans en référer à la Conférence de la presse, rompant avec un de ses principes : le partage. Non seulement la méthode avait manqué d'honnêteté, mais les sources s'étaient vite taries – comment user des compétences d'Untel ou d'Untel sans annoncer ce que l'on cherchait ? S'ajoutait le fait que les deux limiers étaient peu à même d'approcher l'Entreprise pacifique, compte tenu de la méfiance de Pearson. Buckle avait aussi tenté de percer le mystère qui entourait les origines du mentor de l'Entreprise pacifique. La famille de cet ancien banquier était donc originaire de l'État indien du Karnataka. De souche noble, lié à Tipû Sâhib, un ancien sultan de Mysore, les siens avaient souffert, sa mère ayant été assassinée par les troupes anglaises. Sir Pearson aimait l'océan, à en juger à la décoration de son bureau de Londres. Pour le reste, rien n'avait progressé. Célibataire, soumis à aucune assuétude, ni le jeu, ni le vin, ni la lubricité, il travaillait. Point trait. Seul le nom de Tipû Sâhib trottait dans la tête du rédacteur en chef du *Times* sans que rien n'éclaire ces quatre syllabes – Tipû Sâhib. D'ailleurs, pourquoi imaginer que l'insoluble mystère entourant Pearson nichât dans son passé ? Au cours de sa carrière, Buckle avait rapporté suffisamment d'histoires de criminels pour avoir arrêté les trois mobiles expliquant toutes les formes d'assassinat : l'amour, la haine et l'argent. À l'évidence, Pearson était motivé par le pouvoir. Puis, après avoir dit cela, il fallait convenir que rien n'expliquait son comportement, et cet échec le rongeait. Plus encore, il avait détesté mentir à ceux qui l'applaudissaient aujourd'hui à Zurich au prétexte ressassé par Lefranc : évoquer l'ombre d'un soupçon, simplement cela, enflammerait les esprits. Il avait eu beau prétendre qu'il ne fallait rien avancer sans certitude, Buckle n'en avait pas démordu. Se taire revenait à trahir la confiance de leurs semblables, et cela avait été bien assez pour le torturer.

*

— Bravo, George… Votre discours était émouvant.

Buckle sursauta. Victor Ernst du *Neue Zürcher Zeitung* le sortait de ses pensées.

— C'est moi qui vous remercie, Victor.

Les ravages de l'âge marquaient profondément le journaliste qui l'avait reçu à Zurich lors de l'affaire Hölloch, livrant de précieux détails sur les mouvements de fonds de l'Entreprise pacifique. Buckle n'oubliait pas que, grâce à lui, il avait découvert les liens entre Muotathal et l'Entreprise pacifique, avant que le soufflé ne retombe. Ernst, comme Lefranc, avait d'ailleurs continué à douter de la sincérité de l'Entreprise pacifique quand celle-ci avait finalement reconnu l'existence de Hölloch. Des aveux tardifs, suspects. Mais ce n'était qu'une intuition, et le flair ne suffisait pas.

— Nous voilà arrivés au bout du chemin, sourit Ernst, et…

Une quinte de toux le fit taire, si forte que ses yeux se troublèrent de larmes. Il sortit un mouchoir, le glissa devant sa bouche et, malgré ses efforts pour cacher sa peine, Buckle vit qu'il crachait du sang.

— Allons nous asseoir, murmura-t-il en le saisissant au bras.

— Inutile… C'est du temps perdu, et le mien est compté.

— Est-ce si grave ?

— Malgré les progrès de la science, on ne guérit toujours pas de ce qui ronge mes poumons… Mon médecin s'étonne que je sois toujours en vie. Mais je lui ai promis de voir le premier jour de la VIIIe Révolution. La suite ne m'intéresse guère. Je suis un peu agoraphobe…

Victor Ernst avait recouvré son calme.

— Dites-moi, George, avez-vous une minute à me consacrer ?

— Autant que vous voudrez, cher ami…

— Comment dire… Le sujet est si délicat. En fait, ce qui me ronge bien plus que la maladie remonte à notre première rencontre à Zurich.

Buckle revivait la scène. Le coffre s'était ouvert, livrant la preuve de l'existence de virements suspects de l'Entreprise pacifique. Ernst avait partagé en confiance ce qu'il savait. Avant d'être trahi. Buckle ne lui avait jamais appris que ces sommes avaient été versées au profit d'une société dirigée par Edward Pearson.

— Nous pensions être près de dénicher le scoop, sourit tristement Victor, mais il nous manquait le lien de cause à effet. Qui en profitait ?

Buckle songeait à la chimère après laquelle lui et Pierre couraient depuis si longtemps. Eux aussi avaient échoué, et peut-être par orgueil, pour avoir voulu agir seuls, se répétait-il.

— J'ai toujours pensé qu'il y avait anguille sous roche, poursuivit Ernst. D'ailleurs, vous-même y songiez puisque vous m'avez souvent sollicité afin d'obtenir des informations sur les comptes de l'Entreprise pacifique. Et rien ne s'est montré, même les opérations financières que j'avais relevées ont été effacées. À force, j'ai renoncé. Mais sentant ma fin proche, j'ai rouvert ce dossier afin de ne rien regretter, travaillant en solitaire, sans informer la Conférence, ce qui – je l'avoue – était une entorse à l'engagement que nous avions pris...

— Vous n'êtes sûrement pas le seul, murmura le rédacteur en chef du *Times*. Mais, au moins, avez-vous obtenu des résultats ?

— Je n'ai pas varié de méthode : comparer les données, analyser et décortiquer les bilans. Et, récemment, j'ai compris ce qui clochait...

Le cœur de Buckle se mit à battre plus vite. « *Ce qui clochait...* » Il connaissait ces mots qui précédaient parfois la révélation d'une information capitale...

— L'Afrique, expira Ernst, combien je m'en veux de ne pas y avoir pensé plus tôt. Ce fut une erreur d'étudier ce continent en dernier. J'aurais dû comprendre que, si *quelqu'un* voulait cacher *quelque chose*, il choisirait l'endroit le plus discret du monde. L'Afrique, voyez-vous ça ! Si loin de l'Europe et de l'Amérique... Et si loin de la Suisse...

Ernst répétait à peu près la même chose que Lefranc. L'Afrique...

— Les chiffres sont intraitables avec la vérité, poursuivit le Zurichois. En reconstituant et en comparant les coûts des deux *Agoras*, celle de la caldeira de Rangwe, au Kenya, et celle de Ngorongoro, en Tanzanie, j'ai constaté un surprenant... dérapage. Rangwe est deux fois plus chère.

— Ne peut-on expliquer pourquoi ? tenta Buckle sans y croire.

— Même en me creusant la tête, je ne comprends toujours pas le doublement du prix de la voie de chemin de fer reliant la caldeira au port de Mombasa. Et ce n'est qu'un exemple.

— Auriez-vous déniché ce que nous cherchons depuis des lustres ? murmura Buckle, le visage en feu.

— Y aurait-il eu d'autres investigations sur ce sujet ?

— Confidence pour confidence, se libéra brusquement Buckle, j'ai moi aussi péché par omission. Et d'abord à vos dépens...

— Allons bon… s'étonna le vieil homme.

— Après vous avoir rencontré à Zurich en 1894, j'ai poursuivi l'enquête, découvrant que Pearson bénéficiait des largesses de l'Entreprise pacifique afin de concevoir une cité dont personne n'avait connaissance… Et j'ai cru qu'il s'agissait de Hölloch.

— Pourquoi n'en avoir rien dit ?

— Cette thèse manquait de consistance, se défaussa-t-il sans citer Lefranc, et elle s'effondra lorsque le projet fut officiellement abandonné. Mais, moi non plus, je n'ai rien lâché…

— Voilà qui explique pourquoi vous n'avez cessé de me solliciter…

— Et pour d'autres raisons que vous, poursuivit le rédacteur en chef du *Times*, j'ai fini par penser récemment que l'Afrique était le terrain de chasse secret de monsieur Pearson…

Victor Ernst regardait George Buckle, symbole de la probité…

— Vous m'en bouchez un coin, finit-il par dire cavalièrement.

— Êtes-vous fâché, Victor ?

— Pas plus que vous seriez en droit de l'être à mon égard, et moi, je vous pardonne d'avance si vous m'expliquez ce qui vous a mis la puce à l'oreille.

— Je vous le promets.

— Dans ce cas, allons à mon bureau. Les pièces accablantes y sont. Et surtout, répéta-t-il comme en 1894, ne demandez pas comment je les ai obtenues.

*

À minuit, Buckle télégraphiait à Lefranc : « *Inutile de rejoindre l'Agora Volta, et encore moins Zurich – Stop – Je rentre à Paris le plus tôt possible – Stop – We have plenty of work ahead of us – Stop.* » Ce qui laissait entendre qu'il y avait du nouveau et « du pain sur la planche ».

43

Parti d'un fatras de trois mille pages bourrées de chiffres, à raison de quatre-vingt-dix lignes par feuillet, soit des milliers d'informations à sonder, Ernst avait extrait la substantifique moelle, et pas un comptable, pas un clerc n'auraient pu mieux que lui démêler l'escroquerie : dix milliards de francs-or, dix fois plus en « golds », finançant l'achat d'acier, de ciment, de matériaux, de machines, d'explosifs, de munitions, de câbles, d'ampoules et servant à transporter espèces aquatiques et terrestres, plantes et fleurs de la Terre... la liste n'en finissait pas. En supposant même que l'*Agora* de Rangwe ait profité d'un traitement particulier – disons-le, luxueux, ajouta Ernst – et fort discutable, rien ne justifiait ce coût démesuré. Il avait bien tenté d'expliquer l'écart avec d'autres chantiers. Difficultés rencontrées pour soumettre la caldeira ? Terrain hostile, accès compliqué, creusement délicat ?... Mais il restait ceci : sans raison apparente, la voie de chemin de fer reliant l'*Agora* au port de Mombasa avait coûté le double. Et pourquoi deux fois plus de locomotives, de wagons ? Et pourquoi dissimuler ces « suppléments » sur trois mille pages au lieu de les regrouper par poste comme cela avait été fait ailleurs ? La réponse était aussi claire que l'eau de roche de la caldeira : pour la recouvrir de vase afin de cacher ce qui se passait au fond.

— Mais pourquoi ? répétait-il.

Victor Ernst avait aussi déniché un document décrivant l'origine des recrus, et tous, à l'exception de la maîtrise et des ingénieurs, avaient été choisis parmi les tribus locales et les contrées voisines. Madagascar, Réunion, connue pour ses Indiens dociles, Malabar, pour ses hommes à la force herculéenne, Tanzanie, Somalie, Congo… ayant fourni l'essentiel des laborieux. C'était contraire à la règle qui voulait que les peuples des cinq continents se mélangent en prévision de la vie dans les *Agoras*. Il y avait mieux encore. Les postes dits supérieurs avaient triplé en nombre cette année, et ceux qui les occupaient semblaient installés pour toujours à Rangwe. Là aussi, à l'inverse des autres chantiers, aucun ne semblait prêt à rentrer au pays. Un voyage sans retour avec femme et enfants… Mais ce qui dépassait encore l'entendement, c'était l'aveuglement de tous. Ceux qui avaient visité Rangwe n'avaient jamais signalé d'extravagance.

*

— Qu'en pensez-vous, George ?

Il était près de minuit. Ernst avait ouvert ses livres et rien caché. Son travail était remarquable, pourtant, l'essentiel lui échappait. En quoi l'*Agora* de Rangwe méritait-elle un statut si extraordinaire ?

— Prenez les chiffres sur le chemin de fer, l'orienta Buckle. Deux fois plus de rails, de wagons, de locomotives… Avez-vous songé que ces investissements auraient pu servir à équiper une autre cité ?

— Vous parlez de Ngorongoro ?

— Non, mon cher Victor. D'une troisième. Inconnue à ce jour.

Et il lui raconta ce que Pearson avait murmuré à Dorian Lefranc dans le train les reconduisant à Paris, dix mois plus tôt.

— Eh bien, murmura-t-il, c'était sous mes yeux, et je n'ai rien vu.

— Vous n'êtes pas le seul, dit sombrement son visiteur en pensant à Lefranc qui, à l'inverse de lui, n'avait jamais douté.

— Et si je ne vous avais pas parlé aujourd'hui…

Buckle regrettait encore plus d'avoir manqué de franchise.

— Nous avons perdu un temps précieux, murmura Ernst.

— Il n'est jamais trop tard !

Buckle se leva d'un bond, l'énergie revenait, il partait en guerre.

*

À Paris, le 7 avril 1924, la réunion convoquée par Buckle au *Petit Journal* sentait la poudre. Les baïonnettes étaient pointées sur le ventre de l'ennemi. Même le flegmatique Anglais parlait fort. Sur les dix mille jours de sursis offerts par Wildcat, il n'en restait que deux cents et quelques-uns pour 1) confirmer l'existence d'une *Agora* mystérieuse, ce qui 2) exigeait de la trouver, afin 3) de percer les intentions de Pearson, et tout cela avant 4) le surgissement du « Fauve ».

— Si je dis : « Pas une seconde à perdre », résumé-je la situation ?

— Pas une, Pierre ! s'enflamma de nouveau Buckle. Mais il faudrait plus de quarante jours pour rejoindre Rangwe.

— Il y a moyen de faire mieux, glissa énigmatiquement Dorian.

— À quoi songes-tu ? demanda Elizabeth à qui l'instinct maternel soufflait que des idées saugrenues naissaient dans le crâne de son fils.

— Va-t-on rester les deux pieds dans le même sabot ? Non ! Or, je sais comment rejoindre au plus vite le port de Mombasa, insista-t-il en jetant un coup d'œil à son père qui sembla acquiescer en silence.

— Et qu'y feras-tu ? s'inquiéta sa mère.

— Une visite au nom de la Conférence de la presse, comme j'en ai le droit. Et j'espère ainsi découvrir ce que mijote Pearson, car tout n'est pas dit… Cet être diabolique est encore capable du pire.

— Mesures-tu les dangers ?

— J'en ai conscience, mère, et je sais aussi ce qui nous attend dans un futur de plus en plus proche… Mais je n'irai pas seul. Umberto Mezzalira m'accompagnera.

— Comment en es-tu certain ?

— Cet excellent journaliste a foi en la vérité, et voici l'occasion – la dernière ? – de la trouver. C'est aussi un ami à qui j'ai promis d'expliquer pourquoi il ne devait pas mentionner la panne de l'*Agora* Volta dans son article. Ainsi, nous serons quittes. Maintenant, pardonnez-moi…

— Où vas-tu ? demanda Pierre Lefranc alors que son fils se levait.

— J'envoie un télégramme à Umberto. À moins que mon… patron ne s'y oppose ? Dans ce cas, je lui demanderai de quel droit il interdirait à un journaliste de faire son travail. Et qu'il ne me réponde pas qu'il agit ainsi parce qu'il est mon père…

— Rassure-toi, soupira celui-ci, partagé entre fierté et crainte. Qui pourrait s'opposer à toi en des circonstances si graves pour le monde ?

Il se tourna vers Elizabeth :

— Est-ce aussi votre opinion ?

44

Le 7 avril 1924 au matin, la famille Ackermann quitta le village de Nothalten en Alsace pour rejoindre Strasbourg. Un antique omnibus à traction hippomobile embarqua la petite tribu à hauteur de la route du Vin. Le mari, la femme et les deux enfants Adler, de Blienschwiller, un bourg voisin, se trouvaient déjà à bord. On se salua en silence, le cœur n'y était pas. Les malles furent hissées sur le toit, le cocher fit claquer son fouet au-dessus des oreilles de ses deux solides ardennais. Il restait quatre places libres. Les Ackermann savaient à qui elles étaient réservées. Leurs cousins Anstett, du village d'Itterswiller, partaient le même jour.

*

Au petit matin du 9 avril, Dorian Lefranc et Umberto Mezzalira, parisien depuis la veille, se présentèrent sur l'hippodrome de Vincennes où les attendait Clément Ader, l'inventeur d'un aéroplane baptisé « Avion », ce fait étant corroboré par le brevet BB 205 155 qu'avait fait enregistrer le susnommé le 19 avril 1890.

Quelques années après la détection de Wildcat par les astronomes d'Oxford, très exactement le 14 octobre 1897, l'Avion III, un prototype de Clément Ader, s'était arraché du terrain militaire de Satory situé non loin de Versailles. On fit peu de tapage autour de ce vol et, pour tout dire, il resta secret, l'armée, mécène de l'opération, en décidant ainsi. Le bolide à l'allure d'une immense chauve-souris, qui n'aurait pas dépareillé à l'ère des dinosaures, s'était élevé dans le ciel sans coup férir, parcourant un bond de 300 mètres avant de succomber à l'attraction terrestre – et nul rapport officiel n'avait fait état de ce petit miracle. Respectant le pacte conclu avec les militaires, Ader n'avait pas crié victoire. Il savait de quoi était capable l'Avion, le reste était affaire d'orgueil. Profitant de son silence, les frères Orville et Wilbur Wright, deux jeunes Américains casse-cou, s'étaient attribué le succès des premiers vols aériens, tandis que les partisans de l'aéronef « plus léger que l'air » – que d'autres appelaient le ballon – se mêlaient à la bataille. Clément Ader, resté à l'écart du pugilat, se taisait. Et persévérait. L'Avion, le sien, progressait en silence sous les auspices de la « grande muette », surnom donné à l'armée, et l'inventeur se moquait bien de savoir si les frères Wright allaient parcourir un jour 10 kilomètres dans les airs. Il se souciait aussi peu d'entendre qu'un comte allemand du nom de Zeppelin fabriquait un engin volant oblong, rempli de gaz et propulsé par une hélice reliée à un moteur. Lui travaillait, et ses modèles successifs gagnaient en puissance, en sécurité, en autonomie, et, dans les années qui suivirent, la priorité n'étant plus le ciel, mais le sous-sol de la Terre, la querelle s'était estompée. Des aéroplanes volaient plus loin, plus haut, le Zeppelin répondait aux nouveaux besoins, compte tenu du nombre de passagers que l'on pouvait embarquer. Mais qu'en était-il vraiment de l'Avion et de ses performances ? Personne ne savait.

À sa façon, Clément Ader cherchait aussi à améliorer la condition future des hommes. Il avait conçu le théâtrophone, inspiré du téléphone. Cet instrument permettait d'écouter chez soi de la musique alors même que l'orchestre se produisait ailleurs. Le son était capté par des micros placés sur la scène, l'électricité se chargeant de le transporter à domicile en un éclair. Les premiers essais à l'Opéra Garnier à Paris avaient été si concluants que le théâtrophone n'avait pas tardé à être installé dans toutes sortes de salles de spectacle avant que l'Entreprise pacifique ne s'y intéresse, décidant d'en équiper certaines *Agoras* en complément des gramophones qui, eux, ne diffusaient que la musique enregistrée sur des galettes de cire. Avec le théâtrophone, se vantait l'Entreprise pacifique dans ses films, on pourrait écouter en direct les concerts donnés sur les places publiques sans avoir à se déplacer. Et Clément Ader n'en tirait pas plus de gloire. Seul l'Avion secret comptait.

*

Dorian avait rencontré cet ingénieur trois ans plus tôt alors qu'il débutait dans le journalisme. Il voulait réaliser son portrait, mais celui-ci ne cherchait que la discrétion. Entêté comme à son habitude, Dorian l'avait débusqué au domaine d'Armainvilliers en Seine-et-Marne, où il procédait à toutes sortes de recherches dont l'objet même était inconnu. Amusé plus qu'agacé par ce jeune homme qui l'avait assailli jusqu'à le faire céder, Ader avait posé plus de questions que l'intrus, sondant ce caractère, cherchant en quoi il ressemblait au père, patron du *Petit Journal*, dont avait toujours parlé en bien son ami, le regretté Jules Verne. À midi, séduit malgré lui, il décidait de le garder à déjeuner, à treize heures son opinion était établie, à quatorze il ouvrait les portes de son repaire, un hangar bâti au milieu d'une prairie rectangulaire. L'Avion XII, d'un rouge flamboyant, s'y trouvait. Dans ce monde soumis aux caprices mortels de Wildcat, œuvraient ainsi, et peut-être pour le salut du monde, des génies libres tels que Clément Ader.

Dorian avait écarquillé les yeux. 30 mètres d'envergure, deux ailes plates, un moteur de 200 chevaux, venait-on d'annoncer. Il n'avait jamais vu un modèle aussi perfectionné. À sa connaissance, il n'en existait nul autre pareil.

— Je vous le confirme, glissa sobrement Ader. Mes… concurrents sont très en retard…

— Il vole ?

— J'ai deux places, sourit son créateur. Un essai vous séduirait ?

En dépit de ses quatre-vingts ans, il monta sans effort dans la carlingue. Dorian était resté à terre, bras ballants.

— Lancez l'hélice… Plus fort ! Mettez-y du cœur…

Le moteur pétarada. Un épais nuage d'huile les encercla.

— À présent, faites glisser en grand la porte du hangar.

L'emplacement central de l'abri s'expliquait. Une piste de 500 mètres se dessinait de chaque côté de la longueur.

— Qu'attendez-vous ? Montez à bord !

Les 200 chevaux ailés frémirent d'impatience. Ader mit les gaz, sortit sans encombre, roula sur l'herbe. Et décolla… En rouvrant les yeux, l'estomac au bord des lèvres, Dorian aperçut le château, guère plus grand que sa main. Ils avaient survolé la Seine jusqu'à son embouchure, frôlé la côte anglaise, tourné à gauche pour s'approcher du Mont-Saint-Michel, avant de revenir se poser, au coucher du soleil, à l'arrière du hangar. Dorian étant descendu pour tirer la porte opposée au décollage, l'Avion était rentré docilement dans son refuge.

Le passager était ébloui. Son papier serait extraordinaire.

— Pas un mot… Voilà le prix à payer pour ce baptême. Disons que c'est le dernier caprice d'un vieillard. Je ne recherche pas la notoriété, je déteste la compétition, et le théâtrophone m'a rendu riche. D'ailleurs, que ferais-je d'une plus grande fortune puisque l'argent disparaîtra bientôt ? Aussi ai-je décidé de garder pour moi, et quelques amis, anciens officiers, qui m'ont soutenu, cet Avion dont l'intérêt sera nul dans trois années, du moins si Wildcat se montre toujours aussi décidé…

— Vous n'avez jamais songé à partager ce prodige avec l'Entreprise pacifique ?

— L'Avion vole, il ne s'enterre pas, répondit-il sèchement. J'ai déjà beaucoup donné à ce Cartel dont je n'apprécie pas les méthodes. Leurs hommes m'ont approché voilà quelques années pour me proposer je ne sais quel marché obscur que j'ai refusé sans même en entendre plus. Mais vous, puis-je être certain que vous ne me trahirez pas ?

Dorian avait promis sans baisser les yeux, d'une voix si ferme que son hôte avait été convaincu.

— En échange de ce sacrifice, je vous apprendrai à piloter.

*

À raison d'une sortie hebdomadaire, Dorian maîtrisait l'appareil un an plus tard. Au retour d'un vol qui les avait menés jusqu'aux rives de la Gironde, l'élève pilote exprima une requête. Ses absences étaient de plus en plus remarquées. Son père (qui était aussi son patron) s'interrogeait. N'y avait-il pas moyen de déroger exceptionnellement à la loi du silence ?

— Votre père est au courant, lui apprit Ader. Après notre première sortie, je l'ai contacté. Je voulais connaître cet homme dont Jules Verne saluait les mérites, et je n'ai pas été déçu. Vous lui ressemblez beaucoup.

— Il ne m'en a jamais rien dit, murmura Dorian.

— C'était aussi l'accord… Et je comprends que l'un et l'autre, vous l'avez respecté. Que diriez-vous de piloter jeudi prochain ? Nous irions vers le sud… Tenez, je pense à mieux. Vous emmènerez seul votre père… Il rêve de vous voir aux commandes.

En trois ans, l'Avion avait encore progressé, et celui qui patientait le 9 avril 1924 sur l'hippodrome de Vincennes impressionnait Umberto. Sa coque était en aluminium, ce qui allégeait considérablement son poids, deux moteurs fixés à deux hélices en bois soudés aux ailes développaient une puissance de 600 chevaux. Grâce à ses réservoirs, l'Avion XV était capable de voler sept heures d'affilée à la vitesse stupéfiante de 350 kilomètres par heure et pouvait embarquer six personnes, y compris leurs bagages, calés dans une soute.

— Vous connaissez l'Avion mieux que moi, avait déclaré Ader (et c'était sans doute pour rassurer le jeune pilote).

Il lui tendit une sacoche en cuir :

— Vous y trouverez toutes les cartes nécessaires pour vous rendre jusqu'à Mombasa. Prenez-en soin, un ami officier les a empruntées à son employeur. J'ai noté d'une croix les lieux d'atterrissage où vous trouverez aussi l'approvisionnement en carburant.

— Vous me l'avez déjà dit, monsieur Ader…

— Il ne faut jamais craindre de répéter les choses importantes.

À quatre-vingt-trois ans, l'œil de Clément Ader restait malicieux. Non, il n'avait pas hésité un instant lorsque Dorian lui avait fait part de son projet. Rien ne l'étonnait à propos de l'Entreprise pacifique. Et à quoi bon conserver l'Avion dans son hangar ? Dans peu de temps, avait-il dit, il serait tout à fait inutile…

L'inventeur fit une fois encore le tour de sa machine, un prétexte pour que le père et le fils se disent sincèrement au revoir. Pierre Lefranc, gorge serrée, en profita aussi pour livrer ses dernières instructions :

— Un télégramme à chaque escale…

— Oui, père.

— Un autre à Mombasa et encore un à Rwange.

— C'est promis.

— Pas d'imprudence. Simplement observer et…

— … Et rendre compte, je sais tout cela. Ne vous inquiétez pas.

— Oh, mais c'est pour ta mère, mentit-il. Tu la connais, elle a béni ta décision, mais, je le pense, à regret…

— Embrassez-la de ma part.

— Plutôt deux fois qu'une, dit-il en l'entourant de ses bras.

Il se tourna vers Umberto pour cacher son émotion.

— Je vous suis reconnaissant de partir avec mon fils. Je me sens un peu rassuré…

— C'est moi qui le remercie. Il m'offre ce que je n'aurais jamais espéré vivre. Un tour dans le ciel... *Superbo ! Magnifico !* Dorian m'a aussi assuré que nous survolerions Milan...

Et à Mombasa, que se passerait-il ? songeait Pierre en serrant la main d'Umberto, et comme il regrettait de ne pas être du voyage.

*

Par prudence, le trajet avait été arrêté afin de survoler le plus possible la Terre. On prit donc la direction de l'Italie, et, au prix d'un écart, survola Milan, ce qui réjouit Umberto, et tout se passa bien à chaque escale jusqu'en Calabre. L'Avion atterrissait dans une propriété choisie par Ader. C'était un château, un domaine agricole isolé, toujours le maillon d'une chaîne solide et complice. Ader, à la manœuvre, agissait depuis la France, annonçant par le télégraphe l'arrivée des aviateurs, si bien que personne ne s'étonnait du surgissement du fuselage rouge à la tombée du jour. Une allée jalonnée de drapeaux faisait l'affaire, un demi-tour, et les enfants se précipitaient, mains collées aux oreilles. Moteurs éteints, Dorian faisait monter le plus petit, l'installait aux commandes pendant que ses frères et sœurs écoutaient l'instructeur Umberto détailler l'appareil, expliquant aux yeux candides emplis de fausse peur que l'Avion pouvait comme l'oiseau tourner sur lui-même en se servant de ses ailes. Et tous demandaient ce qu'il deviendrait lorsqu'il faudrait vivre sous la Terre. Dorian haussait les épaules, souriait, assurait que l'histoire d'Umberto Mezzalira se terminait bien, tandis que les parents arrivaient, la main sur le cœur. Le télégramme de Clément Ader était un tour de magicien.

Mais il fallait aussi s'occuper de l'Avion. Essence, huile, une clef de 9 pour un cylindre lunatique... Sur place, il y avait toujours de quoi venir en aide, et Umberto se révélait un excellent mécanicien. Réglages faits, il caressait les flancs du destrier volant par superstition. *Andiamo !* Il y aurait du vin sur la table, la veillée s'éterniserait. On parlerait du futur, de l'*Agora* qui inquiétait les enfants, et, dans la belle histoire qu'Umberto leur raconterait, Roméo, le chien de la petite Julieta, l'accompagnerait dans sa nouvelle vie.

*

Le périple se déroula ainsi jusqu'en Sicile, où il fallut se décider à survoler la mer. Une étape décisive ; à la première anicroche, une bougie défaillante, tout s'achèverait. Et le carburant était compté. À mi-chemin, en laissant la Crète sur la gauche et Tobrouk sur la droite, Dorian réduisit la vitesse. La flèche du compteur d'essence piquait trop du nez. Umberto pria et fut entendu. Les côtes d'Égypte apparurent. Restaient 190 miles pour rejoindre Suez. Ils s'y posèrent le 12 avril au soir.

Leur correspondant était un riche commerçant copte, ami de la France en mémoire de son arrière-arrière-grand-père qui avait connu Napoléon Bonaparte. Du moins, il le prétendit au dîner. Il aurait été tout aussi juste de préciser que le rusé Ramsès Sharif avait fait fortune grâce aux savons de Marseille parfumés de senteurs provençales puisqu'il possédait la licence exclusive de vente, du Caire à Khartoum.

— Mais à quoi tout cela me servira-t-il dans quelques mois ?

Lui et les siens s'abriteraient à Rangwe et ils partiraient en avance, parce que le maître voulait effectuer le voyage en bateau. La mer Rouge et l'océan Indien, deux mois pour se remplir les yeux d'espaces infinis. À moins de demander au Ciel d'expédier une tempête, murmurait le Copte, en se signant aussitôt pour avoir osé offenser Dieu. Ramsès Sharif, aussi prudent que bon croyant, avait de bonnes raisons d'être pessimiste. L'an passé, il avait fait une ultime visite au comptoir de Khartoum, profitant de l'occasion pour se rendre au port de Suakin au bord de la mer Rouge. De là, affrétant un navire, il était descendu jusqu'à Mombasa. Il voulait se rendre à Rangwe, savoir à quoi ressemblait ce lieu où l'on serait enfermé. Et s'il avait été refoulé à Mombasa, au prétexte que l'accès était interdit, il en fallait plus pour le décourager. Faisant mine de se plier aux ordres du garde blanc lourdement armé qui lui interdisait de monter dans le train, il s'était mis en chasse d'un guide afin de rejoindre par la route l'*Agora* construite sous la caldeira. Mombasa était envahi de baraques lépreuses où s'entassaient des misérables résignés puisque telle était la volonté de Dieu. L'Entreprise pacifique puisait sans vergogne dans cette masse docile lorsque la main-d'œuvre manquait. Et c'était de plus en plus le cas, soutenait un pêcheur Turkana du lac anam Ka'alakol, « la mer aux nombreux poissons ». Sauf que ce nom ne collait plus depuis que les Blancs creusaient les volcans. Le niveau de l'eau avait baissé, la manne se raréfiait. Kimani était venu à Mombasa pour se nourrir, mais, famine ou pas, il avait décidé de quitter ces lieux maudits où les hommes mouraient par dizaines.

Hier, expliquait-il à Ramsès, trois étaient morts, et Kimani savait pourquoi. Les Blancs avaient réveillé l'esprit maléfique de Menengai, une autre caldeira située à 200 kilomètres, à l'ouest de Rangwe, dont le nom en langue maa signifiait « cadavre » et que d'autres appelaient « la maison des démons ». La légende racontait que de nombreuses personnes, enfants et adultes, avaient disparu à l'intérieur de l'ancien volcan et, si l'un d'eux réussissait à échapper aux griffes de la mort, il revenait hagard, les yeux fous, sans reconnaître ses proches. Il ne fallait pas approcher Menengai, pas même l'animal ne le devait, et le Blanc l'avait fait en construisant un chemin de fer rejoignant l'ancien cratère à Mombasa. Alors, furieux que l'on vienne dans son royaume, le démon avait répandu le malheur. Et Kimani le jurait sur la vie de ses enfants. Pas un homme, même en échange de son poids en or, ne servirait de guide à Ramsès Sharif pour se rendre à Rangwe ou à Ngorongoro par la route. Et encore moins à Menengai…

— Après cela, avait conclu ce dernier, ne vaut-il pas mieux attendre l'astéroïde en regardant le ciel ?

Dorian n'avait rien répondu, s'interdisant de tourner la tête pour sonder Umberto… Le repas s'achevait, l'Avion avait été révisé, le plein d'essence fait. Ils approchaient du but.

— Montrez-moi la carte, soupira Ramsès. Ici, à 2 kilomètres du centre de Khartoum, c'est l'île de Tuti. Mon entrepôt s'y trouve. Vous le repérerez à la croix peinte sur le toit. Kamal, mon bras droit, sera à votre service. Il parle français. C'est la règle pour ceux avec qui je travaille, et c'est ainsi depuis mon arrière-arrière-grand-père…

Il marqua une pause et s'assombrit davantage :

— Trouvez ce qu'il se passe à Menengai, et revenez me dire si le diable est à l'œuvre…

*

L'avion avait décollé à l'aube du 13 avril. Umberto n'aimait pas ce chiffre, et Dorian aurait enjambé les jours pour arriver à Mombasa au plus vite afin de découvrir ce qui se cachait dans la caldeira du diable. Ils avaient survolé le Nil jusqu'à Dongola, au Soudan, laissant derrière eux les rives verdoyantes du fleuve pharaonique pour affronter un océan de terres arides. À 3 000 pieds, la chaleur accablante faisait souffrir le moteur. Dorian l'encourageait en silence. Les réservoirs étaient presque vides. En arrivant au-dessus de Dongola, il descendit à 200 pieds afin de repérer un terrain peu accidenté, tentant de déchiffrer les dangers cachés sous le sable uniforme, écrasé de soleil. Par deux fois, il remit les gaz, trompé par le relief d'où surgissait au dernier moment une pierre assez grosse pour briser le train d'atterrissage. Au troisième passage, il se décida. L'Avion hésita, tangua, rebondit comme s'il refusait de toucher le sol brûlant, et finit par se raisonner. Malgré les conseils de Clément Ader, Dorian ne coupa pas les moteurs. Umberto sauta à terre, ouvrit la soute, en sortit un à un les jerricans de secours. Le remplissage débutait quand trois Nubiens, comme échappés d'un mirage, surgirent au sommet d'une colline pelée. Ils avançaient à pas lents, fusils braqués. Méfiants, ce n'était pas assez. Quatre bidons d'essence étaient vides. Il en restait six. Dorian coupa court. Deux encore, et ils décollaient !

L'empressement des inconnus décida les Nubiens qui se mirent à courir en hurlant des cris de guerre. L'Avion redressa le nez et décolla à la première sollicitation du pilote. Une balle siffla à la barbe d'Umberto et finit dans les airs.

*

La fin de l'étape s'était déroulée sans nouveaux problèmes… Pour trouver Khartoum, Dorian n'avait eu qu'à suivre le fleuve. L'île de Tuti en forme de croissant fut repérée au confluent du Nil Blanc et du Nil Bleu, venant d'Éthiopie. L'entrepôt de Ramsès Sharif siégeait au milieu des cultures de fruits et de légumes, oasis verdoyante fécondée par le fleuve, mais pas une âme ne se montrait. Le thermomètre de bord indiquait 120 degrés Fahrenheit. L'Avion atterrit. Dorian coupa les moteurs. Qui le remercièrent en silence… Umberto s'essuya le front et, soudain, il se mit à jurer comme un charretier : à Dongola, dans l'affolement, il avait oublié de remonter les jerricans vides… Mais un autre souci chassa celui-là.

Un visage se montrait à la porte sans vitre de l'Avion.

— Je vous ai entendu… Aucune importance pour les jerricans. Il y en a dans l'entrepôt. Et ils sont pleins.

L'homme sourit, sans paraître étonné par la présence de l'engin et de ses passagers, et poursuivit dans un excellent français :

— Je m'appelle Kamal, responsable local des intérêts de monsieur Ramsès Sharif. J'ai reçu un télégramme. Je vous attendais. Allons, venez, il fait trop chaud. Du thé vous attend.

Dorian remercia Kamal, mais annonça qu'il préférait rester près de l'Avion.

— Ne craignez rien. Mes quatre frères vont surveiller et, cette nuit, ils prendront la garde pendant que d'autres dormiront sur place…

Dorian remercia encore et demanda s'il possédait des outils…

— … et aussi de l'huile…

— Il y a tout ce qu'il faut depuis que monsieur Ader est passé ici, voilà dix ans… Le modèle était moins grand… Nous nous occuperons de lui, je veux dire de l'Avion, quand il fera moins chaud. Le thé, le désirez-vous brûlant ou tiède ?

Kamal les reçut chez lui, entouré de son épouse et de leurs enfants. La demeure était modeste, bien tenue, agréable, le repas délicieux, un poisson du Nil accompagné de légumes frais, le thé servi en abondance. Leur hôte ne chercha pas à savoir la raison de leur incursion et parla peu de l'astéroïde, sans doute pour ne pas effrayer les petits qui, groupés dans un coin, ne lâchaient pas des yeux les étrangers. Kamal précisa simplement qu'il rejoindrait l'*Agora* de Rangwe. Il ne semblait pas informé de l'expédition sinistre de Ramsès Sharif à Mombasa, et l'on comprenait pourquoi.

Au cours de la nuit, la chaleur ne céda rien. Umberto et Dorian ne parvenaient pas à dormir. Le diable de Menengai les tenait en éveil. Et puis, à mi-chemin du jour et de la nuit, à ce moment que la mort aime choisir pour s'emparer des vies, Dorian se redressa d'un bond. Des bruits sourds arrivaient de l'extérieur. Il s'habilla, ouvrit la porte et sortit. Umberto était déjà sur le seuil, tapi dans le noir…

— Tu as entendu ? chuchota le Milanais.

— Allons voir…

Par chance, la lune étant quasi pleine, les formes spectaculaires de l'Avion se dessinaient dans la pénombre. On s'agitait autour. Regrettant de ne pas avoir pris leurs armes, ils s'avancèrent à pas de loup, quand une masse leur fit barrage. Un frère de Kamal. Qui, lui, les avait reconnus.

— Que se passe-t-il là-bas ? demanda à voix basse Umberto.

Le géant explosa de rire :

— Pour les tenir éveillés, je leur ai demandé de charger l'essence à bord de votre engin. Comme ça, vous n'aurez plus qu'à partir…

Il sonda la nuit.

— Allez vous préparer. Le jour se lèvera bientôt.

*

On reprit les airs en suivant les lacs – Tana, Koka, Ziway, Abijata, Awasa –, rasant le massif forestier de Yabelo, presque à toucher la cime des arbres, traversant l'Éthiopie jusqu'à la ville frontière de Moyale et se posant enfin au Kenya sur le seul terrain plat à des miles à la ronde. Ils remplirent sans encombre les réservoirs d'un tiers avec ce qu'il restait d'essence. Réglé comme une horloge, l'Avion redécolla.

Après avoir parcouru plus de 10 000 kilomètres, ils survolaient Mombasa. La voie de chemin de fer menant à Ngorongoro et Rangwe se voyait, mais, en suivant un cap au nord, une autre se dessinait. Umberto prit la carte et pointa le doigt sur Menengai. Même direction… Hélas, le carburant manquait, il fallait se poser. Dorian, survolté, martela le cadran. La flèche remonta un peu, et c'était assez, se convainquit-il, pour se rapprocher du volcan du diable. Plus prudemment, Umberto cherchait une route, un chemin, quand il repéra une tour de garde, construite dans une petite clairière. « Là ! » Alors, tout se déroula très vite. La mitraille se déchaîna, Dorian tenta de fuir en virant sur la droite. Un moteur cala, le second prit feu…

L'Avion piqua vers le sol, signant son arrêt de mort.

45

Edward Pearson aimait voyager au long cours, mais, à y réfléchir, que n'appréciait-il pas dans sa vie idéalement réussie ? Tout le conduisait à ce rendez-vous du 7 novembre 1924 avec Wildcat, fixé près de trente ans plus tôt lors de la réunion du 12, New Bond Street, à Londres. Pour que sa vie change, il avait suffi d'un discours dont les termes avaient été mûrement pesés. À la fin, on l'avait applaudi, adoubé, en quelque sorte, puisqu'il siégeait désormais d'égal à égal à la table des puissants. Avant, il n'était qu'un banquier prometteur au service de ceux qui possédaient, et Wildcat, démon absolu, avait changé la donne. Ce mal qu'il remerciait chaque jour l'avait mené en haut de la pyramide. La grandeur s'épanouit dans les situations extraordinaires, aimait-il se répéter, tel un général en chef devenu empereur. Après lui, il n'y aurait nul César. Il était le dernier.

La sensation de percher au sommet était particulièrement forte lorsqu'il se trouvait à bord du Zeppelin LZ 120, dans un ciel bleu azur, comme ce 20 avril 1924. Les ingénieurs succédant à Zeppelin, inventeur d'un engin herculéen, avaient usé d'ingéniosité pour concevoir ce modèle d'un luxe extrême qui le menait sans pause ni répit aux quatre coins du monde – aujourd'hui, de Koungour, en Russie, à Mombasa – à la vitesse constante de 135 kilomètres par heure. Bibliothèque-bureau, salon, salle à manger, chambre et dressing, l'intendance allant de concert – cuisine, communs, six serviteurs –, ce pied-à-terre céleste, ainsi qu'il s'amusait à en parler, s'organisait sur deux niveaux de 100 mètres carrés chacun. Pour un homme seul, puisque Pearson l'était, il y avait de quoi se sentir à l'aise.

*

À sept heures du matin, ce jour-là, sir Pearson buvait son thé noir sur la passerelle arrière de l'aérostat, jouxtant le poste de pilotage où œuvrait Aristos Kostas, le capitaine des neuf membres de l'équipage grec. Le LZ 120 survolait le monde qui allait disparaître, et son armateur en éprouvait une jouissance indicible puisque, lui, échapperait à l'Apocalypse.

À 900 pieds, l'air était léger. Au sol, la température avoisinait les 40 degrés Celsius. Un saisissant contraste après la visite en Oural de l'*Agora* Léonard-de-Vinci, du nom de l'inventeur prolifique à qui on devait aussi l'hélice, précieuse découverte dérivée des travaux d'Archimède. Pearson ayant achevé un contrôle de routine, il devait, en principe, se rendre à Londres pour rencontrer une ultime fois le Cartel des Élus, et l'ordre du jour était clair : tout se présentait sous les meilleurs auspices. Même si on n'avait pu tester l'efficacité des canons gigantesques enfouis dans des massifs désertiques, leur chargement en *supra nitroglycerina* serait réalisé dans les temps. On était donc prêt à tout, y compris à modifier l'axe de la Terre pour échapper à Wildcat – idée qui en effrayait plus d'un, mais sur laquelle s'entêtait Pearson.

À cette exception près, tout se déroulait à merveille. Aucun nuage ne planant sur l'Entreprise pacifique, le meeting prévu de longue date devait donc se conclure sur des « à bientôt ! » pleins de sous-entendus puisque l'étape suivante consistait à rejoindre l'*Agora* Absoluta, nom dont la paternité revenait à Pearson, et qui signifiait « pure », « complète », « parfaite », en espéranto. Son inventeur ajoutait *absolument* secrète, du moins, jusqu'à ce que parvienne un message de Mombasa qui l'avait forcé à changer de route. Il frissonna, et le froid n'était pas responsable. Un rouage de sa belle mécanique s'était grippé.

*

Il rentra dans le Zeppelin, ignorant le salut du capitaine Kostas, et s'enferma dans la bibliothèque dont les murs étaient tapissés de livres et de manuscrits originaux. Un gramophone diffusait en sourdine *La Bohème*, opéra de Giacomo Puccini, dirigé par l'immense chef d'orchestre Arturo Toscanini. L'enregistrement était exceptionnel, mais Pearson n'y prêtait pas attention. La musique servait à couvrir le ronronnement des moteurs Maybach équipant le LZ 120. D'un geste sec, il chassa le maître d'hôtel en livrée s'apprêtant à servir du thé. Le mentor d'Absoluta avait besoin de s'isoler.

Qui mesurait sa peine, son abnégation ? Après avoir esquivé tant d'embûches et de pièges, les derniers événements l'avaient épuisé. Et combien il appelait de nouveau l'énergie formidable du 3 novembre 1894 au cours de laquelle il avait persuadé le summum des puissants que, lui, savait comment surmonter l'adversité… Ce soir-là, à Londres, les visages étaient sombres. Wildcat annonçait la fin de l'économie fondée sur le profit et surtout sur la masse laborieuse qui, lorsqu'elle ne travaillait pas, achetait ce qu'elle fabriquait. Ceux qui écoutaient Pearson étaient donc aussi menacés que les États n'offrant plus avenir ou protection. L'offre, il fallait s'y arrêter un instant, avait-il décidé. L'offre faisait fonctionner les usines. L'offre engendrait l'achat de biens et de produits toujours nouveaux. L'offre faisait tourner l'argent. Or le futur n'avait à offrir que le désespoir et la mort. Dès lors, à quoi bon s'échiner, si ce monde n'avait ni intérêt ni sens ? Ainsi, avant même d'accomplir sa mission immanente, Wildcat détruirait le fragile équilibre du système dont tous, à Londres, profitaient. Pearson n'avait eu nul besoin de développer. Ceux qui lui faisaient face mesuraient combien les ventes étaient en chute libre et leurs ateliers déserts. Mais que pouvait-on y faire ? Pearson répondit qu'il fallait, *simplement*, changer l'offre. Et, selon lui, cela était possible.

Une nouvelle approche se dessinait depuis la publication du *Meilleur de l'homme* : bâtir des *Agoras*, les cités souterraines. Il semblait même possible d'échapper à Wildcat en modifiant l'axe de la Terre. Cette dernière proposition était peut-être utopique, mais elle participait à la féerie, au souffle, à l'espoir qui s'était levé. Entendait-on la foule de Piccadilly Circus applaudir, croire en ce défi planétaire ? Avait-on déjà vu pareil enthousiasme ? Le désespéré était prêt à relever les manches, à se livrer sans compter, corps et âme, parce que l'offre, toujours elle, donnait de nouveau envie. Hobbs, soldat vindicatif présent à la réunion, avait tort de vouloir faire la guerre. Elle ne résoudrait rien. En revanche, la bataille solidaire, *pacifique*, contre « le Fauve » de l'espace ouvrait des perspectives éblouissantes pour les présents et leurs mandants, au point que la nouvelle société qu'il restait à inventer valait bien celle qui s'effondrait. Pearson avait même affirmé qu'elle serait plus profitable. Tendue vers ce seul objectif, triompher de Wildcat, l'espèce humaine se soumettrait à tous les sacrifices, même à celui de s'enterrer vivante dans les *Agoras* dont l'édification n'était possible qu'à la condition de s'unir dans une *entreprise* planétaire. *Entreprise*, *pacifique*, voyait-on où il voulait en venir ? Produire, financer, n'était-ce pas ce que ici on savait faire ? En fait, il s'agissait d'exercer le même métier, mais en changeant d'offre, et ceux qui l'écoutaient comprirent ce qui leur était proposé : une entreprise sans limites dont l'offre serait aussi universelle qu'indiscutable. Pearson sonda les prédateurs de la Terre à qui il faisait face. L'approuvaient-ils ? À l'exception de Hobbs, tous avaient levé la main, et Pearson se moquait de ne pas avoir obtenu l'unanimité. La deuxième partie de son programme avait de quoi réjouir l'indécrottable soldat.

Imaginait-on la puissance de l'Entreprise pacifique, une organisation imposant un marché unique et des règles faisant fi des frontières ? Tous en mesuraient l'avantage, mais comment croire que les États cocardiers se plieraient à la volonté d'un autre ? Pearson entra dans le détail. *Primo*, les gouvernements savaient combien leur position était devenue délicate. Leur légitimité se délitait, ils étaient en survie et comprenaient sans mal que, à moins d'agir, ils s'effondreraient. Pour les convaincre de rejoindre l'ambitieuse Entreprise pacifique, il suffisait de faire une… offre, et c'était le *secundo*, le pacte des corrompus. Tandis que le commun des mortels s'échinerait sur le défi pharaonique des *Agoras* dans l'espoir de connaître le futur, l'élite des affaires se pencherait sur ses propres intérêts, étant entendu que ceux des gouvernants étaient les mêmes : échapper à Wildcat, mais surtout vivre bien, vivre bien mieux que le laborieux. En somme, ne rien perdre des avantages du regretté passé. Et le seul moyen était de bâtir un monde idéal, parfait et *absolument* secret. Absoluta venait de naître, l'*Agora* des Élus, profitant du génie des hommes qui ne manqueraient de mettre leur savoir, leurs brevets, à disposition de l'Entreprise pacifique, émanation de la communauté des Terriens qui, en accaparant en premier la science des autres, accorderait la providence à la meilleure de ses causes : la cité idéale des Élus. Vivre au cœur d'Absoluta, merveille du monde, n'était-ce pas une offre irrésistible ? Et si quelques âmes pures nichaient au sein des États, combien d'entre elles refuseraient le salut ? Les vivats de Piccadilly Circus parvenant au 12, New Bond Street témoignaient de ce que voulait le peuple souverain : le « meilleur de l'homme ». Ses représentants devaient, en son nom, respecter ce vœu. Quant aux incorruptibles qui refuseraient de confier le destin de la planète au monde des affaires, eh bien, ces gens ne profiteraient pas d'Absoluta, essence de tous les progrès actuels et futurs – jusqu'à ce que Wildcat accomplisse son œuvre destructrice. Au jour dit, Absoluta, *parfaitement* accomplie, accueillerait cent mille Élus, les autres s'entassant dans les cités inférieures creusées par eux-mêmes. Ainsi, entre dominants et dominés, rien ne changerait dans la nouvelle société.

Restait à trouver l'endroit idéal où serait bâtie Absoluta. La Terre ne manquant pas d'espaces, les recherches seraient financées par l'argent de ceux-là mêmes qui n'en jouiraient pas. N'était-ce pas le rôle premier de l'emprunt ? Bien sûr, il faudrait agir avec discrétion, protéger le site en mettant sur pied une armée privée – Hobbs opina – et s'imposer la loi du silence. Entrer dans ce futur, c'était signer un pacte irrévocable. Si donc l'un des présents avait un mot à dire, il devait le faire maintenant ou se taire à jamais. Et quelqu'un avait demandé la parole. Le *tertio* venait de surgir du fond de la salle, et ce moment de la réunion restait gravé dans la mémoire de Pearson. L'orateur s'était exprimé avec l'assurance de ceux à qui la vie n'avait rien refusé. Sa proposition était audacieuse et, pour tout dire, terriblement criminelle, au point que le projet initial ressemblait à un conte d'enfant. Pouvait-on être aussi inhumain ? Le contributeur se moquait des niaiseries du bien et du mal. Il réclama un vote et l'emporta. Pearson avait donc ajouté ce *tertio* au plan et ne s'en plaignait pas. Voilà qui le soulagerait du mal que le monde des humains avait fait aux siens et qu'il ne pouvait pardonner. Mais le plus admirable, et ce qui le réjouissait par-dessus tout, s'appelait le châtiment, hier, aussi vain qu'irréalisable, et qu'on venait de lui offrir en cadeau. Lui, sa mère, son père seraient donc vengés. « L'espoir a besoin d'impossible, et je viens de le trouver », avait-il murmuré avant de conclure ce rendez-vous du 12, New Bond Street.

*

— Monsieur…

— Quoi encore !

Pearson détestait que ce valet le dérange dans sa bibliothèque.

— Le capitaine Kostas vous informe qu'il débute la descente.

— Eh bien, oui, qu'il l'entame…

— Désirez-vous…

— Rien ! Fermez la porte en sortant.

*

Ce *tertio*, il ne l'avait jamais oublié, cela le gardait en vie, le tertio l'aidait à oublier le temps, la vieillesse. C'était une tâche immense et un formidable soutien grâce auquel il n'avait jamais abandonné. « Qui d'autre que moi aurait pu réussir ? », marmonna-t-il à son ombre. Pas un jour de repos, toujours sur ses gardes. Une vie de reclus qui lui avait interdit de construire une famille, d'avoir une descendance à laquelle il aurait pu expliquer pourquoi il avait agi de la sorte. Mais ce célibat d'égoïste ne lui avait jamais pesé, sauf lorsqu'il revoyait en pensée la seule femme l'ayant ému. Ainsi, il avait menti, tué, sali, trahi, souillé les consciences les plus solides pour lui seul – non ! Pour venger les siens, se répétait-il. Et la liste de ses victimes était longue. Des noms arrivaient au hasard, l'ingénieur Üschen Stoltz surgissait souvent. Exécuté à cause de Pierre Lefranc qui lui avait causé d'énormes torts et dont le fils s'était acharné à poursuivre la carrière. Ce jeune homme, un faux pleutre, avait caché son jeu, mais cette fois, il avait payé pour son insolence. Ceux-là, ce père et sa progéniture, auxquels se mêlait l'insupportable George Buckle, l'avaient amené au bord de la catastrophe.

Tout avait débuté à bord du *Lucania* à cause de l'insouciance d'un héritier américain mal dégrossi, Jefferson, soupçonné d'en avoir raconté plus qu'il ne l'avait avoué. Sinon, Lefranc n'aurait pas été si… mordant à *Mammoth Cave*. Pearson rapprochait cette attitude de l'enquête de Buckle sur Hölloch – sans avoir jamais compris comment il avait été mis sur la piste. Par chance, le rédacteur en chef du *Times* s'était montré fort maladroit, les hommes sur place, recrutés par Hobbs, faisant, eux, preuve d'initiative. Leur chef avait soudoyé le cocher qui reconduisait l'intrus à Zurich, apprenant ainsi qu'il s'était arrêté à Schwyz, chef-lieu du canton où se situait Hölloch, et la visite au cadastre n'avait pas échappé au Judas. Buckle approchait. À Zurich, il avait demandé au Dolder Grand Hotel l'adresse de la société Tarcel derrière laquelle le Cartel cachait ses agissements. L'appariteur qui l'avait barré à l'entrée de la société en était certain : le dénommé Buckle avait demandé à parler à monsieur Pearson. Rusé, le journaliste, mais maladroit ! s'était emporté le délégué général en découvrant le pot aux roses. La réunion suivante du Cartel avait été houleuse. L'arrêt – désormais nécessaire – du projet Hölloch coûterait cher, mais l'argent comptait peu. Ce n'était que l'emprunt, le bas de laine des autres, le plus grave étant de trouver un autre site. Pearson, pour se dédouaner, avait accusé Jefferson qui, forcé, avait payé ce qui avait été investi en perte, abandonnant la fortune amassée par son père. Et la vie puisqu'il s'était suicidé.

La peur de l'échec avait gâté celle de Pearson. Dix mille jours pendant lesquels il s'était montré prudent, agissant à la barbe de la Conférence de la presse, le sanctuaire de la probité du vaisseau terrestre. Ceux-là, ces journalistes croyant tout savoir, tout contrôler, ne l'avaient pas empêché d'approcher ceux qui pouvaient servir sa cause, sans qu'il se dévoile tant qu'ils n'étaient pas ferrés. Combien avaient été sollicités, puis soudoyés afin que naisse Absoluta au cœur de Menengai ? Aujourd'hui, plus de mille ingénieurs travaillaient sur le site en échange de la certitude d'être parmi les Élus. Mais combien avaient raté le coche par méfiance ? Clément Ader était de ceux qui avaient résisté. Il avait offert le théâtrophone et refusé de livrer l'Avion malgré l'évocation prudente d'une… vie meilleure. Faire machine arrière sans compromettre l'ensemble était une manœuvre délicate. Ader avait-il deviné ce que lui proposait vraiment l'émissaire infructueux de l'Entreprise pacifique ? Sinon, comment expliquer le prêt de l'Avion à Dorian Lefranc qui avait ainsi presque survolé Absoluta ? Que savaient-ils encore, lui et ses complices ? La règle, s'emporta-t-il, aurait voulu que l'on tue Ader comme les autres, et ce qui l'attendait à Menengai lui faisait regretter son indulgence.

*

Il y revenait encore, à cette famille Lefranc ! De tous les obstacles qu'il avait surmontés, ceux-là avaient sans doute été les plus éreintants, et sûrement pensait-il ainsi parce que, à son corps défendant, se mêlaient à son opinion des sentiments embarrassants qu'il refoulait au fond de lui par peur de les affronter. Elizabeth Storm aurait pu être celle qui l'aurait décidé à embrasser un autre destin. Au premier coup d'œil, il avait été attiré. Désemparé aussi, et malheureux, puisqu'elle semblait sincèrement éprise de l'autre.

Pourtant, il s'était mesuré au plus dur, à la révolte des laborieux qui, lors de la IIe Révolution, avaient cessé le travail pour demander toujours plus. Pearson à la manœuvre avait agi sans délai, accordant les mêmes droits et avantages à tous, augmentant les salaires, fixant la durée du travail à huit heures, instaurant le repos hebdomadaire, la retraite, les congés annuels… Quelle importance, tout était financé par l'emprunt qui ne serait jamais remboursé et par une montagne de « golds » dont la valeur reposait uniquement sur le crédit que lui accordaient ceux qui l'utilisaient. Pearson avait ainsi multiplié les cadeaux qui engageaient un futur auquel les cent mille Élus ne se joindraient pas. Et plus Wildcat approchait, plus il fallait travailler dur, et plus il distribuait. Soins gratuits, vaccinations, école pour tous…

C'était la Société pacifique, et les hommes crachaient dans leurs mains pour creuser, persuadés de trouver l'utopie se cachant dessous. Mais lui, il frottait les siennes. On pouvait renoncer à la propriété, déclarer que la Terre était un bien collectif, Absoluta resterait privée. De même, si les armes avaient été détruites en place publique sous le regard transi d'espoir des générations ayant connu la guerre, le successeur de Hobbs, mort de ses vieilles blessures avant de connaître la VIIIe Révolution, avait mis sur pied l'armée secrète chargée de veiller sur la cité des Élus, qui, elle, n'avait rien de désintéressé.

*

La déconvenue passée après l'échec de Hölloch, Pearson s'était remis en chasse. La donne avait changé. L'assurance, pour ne pas dire la morgue, qu'il avait montrée en se croyant à l'abri dans la discrète Suisse lui avait servi de leçon. L'honnêteté l'obligeait à reconnaître qu'il n'aurait jamais pensé à l'Afrique sans la découverte stupéfiante de Ngorongoro par le lieutenant T. Welshy, en 1906. La chance avait souri à l'audacieux… Et à l'Entreprise pacifique.

Jusque-là, Pearson était soumis à la torture. Son affaire prenait l'eau. La solution médiocre, proposée par Hobbs encore vivant, était de s'emparer d'une *Agora* avant la percussion de Wildcat. Sans conviction, Pearson avait proposé l'*Agora* Volta. Il restait dix-huit ans pour améliorer son confort afin que les cent mille Élus, et rien qu'eux, y trouvent un refuge. Les *Agoriens* exclus se serreraient ailleurs. Et ce n'était pas le sort de ces malheureux qui faisait grincer des dents, mais la recherche jusque-là infructueuse d'Absoluta, la cité parfaite, en remplacement de Hölloch. Pearson avait fui le harcèlement de ses commanditaires en se rendant à Ngorongoro. En avril 1906, accompagné de T. Welshy, il avait survolé la caldeira à bord du Zeppelin LZ 87. Le lieutenant britannique expliquait les promesses que l'on pouvait en attendre, précisant que, selon lui, Rangwe et Menengai offraient les mêmes avantages.

— Une seconde caldeira suffira, avait grogné Pearson.

— Alors, choisissez Rangwe. Celle de Menengai est hantée…

— Seriez-vous superstitieux, lieutenant ?

— Grands dieux, non, mais les indigènes, oui. Aucun d'eux ne voudra s'enfermer à Menengai.

Le lendemain, Pearson survolait seul la caldeira. Isolée, discrète, habitée par le diable, et située à proximité de Rangwe et de Ngorongoro, si bien qu'il serait aisé de brouiller les cartes et de truquer les chiffres. Un même point de départ, Mombasa, une ligne de chemin de fer en plus, le reste était affaire de saine répartition des moyens et des hommes entre les chantiers.

Le lieutenant Welshy pouvait se rassurer. Nul indigène n'y trouverait refuge… Ceux-là ne feraient que travailler. Et pas un affamé, même le plus superstitieux, ne résistait à l'appât du gain. La décision avait donc été prise très vite, et tout avait été pour le mieux…

Jusqu'au survol de l'Avion, à un jet de pierre de la cité des Élus.

46

La VIIIe Révolution débuterait-elle le 7 novembre 1924 ? C'était le sujet central de la réunion des astronomes qui s'étrillaient le 21 avril dans la *Divinity School* sur la date du surgissement de Wildcat, avancée, selon les derniers calculs, au 12 juin… ou au 30 juillet. Le sursis était donc désormais de huit à quatorze semaines, la date la plus proche ne laissant que cinquante-deux jours pour mener à bien l'installation des Terriens.

Tout semblait pourtant possible à l'émissaire de l'Entreprise pacifique mêlé à la conférence. La moitié du monde était déjà en route vers les cités, disait-il. Les Ackermann, eux, se trouvaient aux environs de Paris, le jeune tailleur Eliot Abberline avait rencontré Roselyne en arrivant à Moscou, Alberto Alvar, le pêcheur portugais du Tage, le Berlinois Boris Abt, l'Indien Chandra, le Napolitain Elvino Albrisio, le berger berbère Adza et des millions de leurs semblables campaient près des *Agoras* dont l'accès était encore fermé afin de répartir dans le calme les places et d'attribuer à chacun le rôle qu'il avait choisi. 800 millions d'entre eux étaient déjà fixés sur leur sort. Un manuel avait été fourni. On y trouvait le plan de la cité, les règles de vie, l'emplacement des logements, des espaces publics et les lieux de travail par métier. L'Entreprise pacifique avait formé des milliers de guides afin d'encadrer les arrivants. On les reconnaissait à leur uniforme de couleur – celui du bloc Becquerel était bleu. L'accélération des événements ne changeait donc rien à l'essentiel. Tout serait prêt avant que Wildcat ne s'invite sur Terre. Aussi, fallait-il perdre du temps à discuter du jour, alors que tant d'autres problèmes existaient ? On n'avait qu'à s'arrêter sur le 12 juin, et fissa, passer au sujet suivant... Pierre Lefranc, présent à Oxford, avait tendance à penser de même. Qu'importaient ces querelles de dates quand l'urgence se comptait en minutes, quand, surtout, l'un des siens manquait à l'appel. Dorian avait disparu le 15 avril. Son père ressassait le dernier télégramme reçu de Khartoum : «*Demain, survolerons la caldeira de Menengai pour savoir si le diable y niche...*» Depuis, rien.

À Oxford, la séance reprenait. Un délégué de l'observatoire de Paris proposait une autre date pour le choc des mastodontes, celle du 1er juillet ayant ses préférences. L'éternité n'y gagnait rien. Wildcat n'avait pas faibli, moins encore changé de route. Choisissant sa seconde, «le Fauve» surgirait plein de rage, décidé à en découdre avec la Terre.

— Monsieur Lefranc...

Pavel n'avait pas quarante ans. Lefranc le connaissait de vue. C'était un brillant chercheur de l'Institut astronomique de Moscou fondé par le savant Perevochtchikov. Pavel était de la veine de Yarkovsky qui avait, dès 1894, expliqué le changement d'orbite de Wildcat, prédisant alors son rendez-vous avec la Terre vers 1924. L'astéroïde avait subi l'exposition au rayonnement du Soleil – la radiation thermique influençant sa rotation, selon sa masse, sa vitesse et sa composition.

— Monsieur Lefranc, insista Pavel, obligeant le rédacteur en chef du *Petit Journal* à s'intéresser à lui. Je n'en ai que pour quelques instants...

Il sortit de la poche de sa veste une feuille de papier chiffonnée, la déplia et présenta timidement le recto où équations et algorithmes se bousculaient.

— J'étais trop jeune lorsque l'on découvrit l'existence de Wildcat, poursuivit-il timidement, mais je sais ce que l'on vous doit. Sans vous, le monde n'aurait pas été informé… Ou alors trop tard…

— Je vous remercie mon cher… – Pavel, c'est bien cela ? –, mais je dois…

Bien que fluet, le jeune Russe saisit fermement son bras, presque frénétiquement, faisant montre d'une force insoupçonnable.

— Vous devez lire ceci. Cela à voir avec l'hypothèse de Yarkovsky sur l'exposition de l'astéroïde Wildcat à la chaleur du Soleil… Je ne change rien à ses conclusions, mais je les ai complétées. Et il me semble…

Pavel comprit qu'il ne parviendrait pas intéresser Lefranc. Il lui tendit la feuille de son autre main.

— Votre journal et ceux de la Conférence de la presse trouveront, j'en suis certain, un intérêt à faire état de mes calculs.

Il tourna la feuille gauchement, montrant que, au verso, figuraient quelques lignes serrées et régulières. Son visage glabre s'éclaira.

— Pour ceux qui ne comprendraient pas le langage des chiffres, j'ai résumé mes conclusions.

— De quoi s'agit-il ? demanda Lefranc en saisissant enfin le papier qu'on lui tendait.

Pavel ouvrit la bouche. Wildcat, allait-il dire… Mais il n'en eut pas le temps.

— Pierre !

Buckle s'annonçait à grands pas, l'air soucieux. Le Français oublia Pavel. Il plia la feuille et la glissa dans sa poche, désespérant le savant.

— Elizabeth ne savait comment vous joindre à Oxford, souffla son ami anglais.

Il salua poliment le Russe.

— Pardonnez-nous, une affaire urgente…

Et s'écarta aussitôt, obligeant Lefranc à faire de même.

— Elle a contacté le *Times*. (Il hésita.) C'est à propos de Dorian…

— Qu'y a-t-il ? rugit son père.

— Il est vivant, le rassura Buckle.

— Comment en êtes-vous certain ?

— Il a envoyé un télégramme. Et s'il est bien de lui… Je l'ai recopié sous la dictée de votre épouse à qui il était adressé.

Il lui tendit une carte de correspondance où dix mots étaient griffonnés à la hâte : « *Suis vivant. Chaleur du diable. Peux rien dire de plus.* » Buckle interrogeait des yeux Pierre Lefranc.

— Comprenez-vous quelque chose à ce rébus ?

— Je crois bien, murmura-t-il en serrant les poings.

Il se tourna vers Pavel qui n'avait pas bougé.

— Une affaire en effet extrêmement urgente, répéta-t-il, m'oblige à mettre fin à notre conversation. Croyez bien que je prendrai connaissance de ce que vous m'avez confié, et j'en ferai le meilleur usage si j'y vois un intérêt.

— Ce qui est écrit ne peut attendre. Lisez ! s'emporta le Russe.

Lefranc ressortit la feuille, y voyant le moyen de se débarrasser de Pavel. Et découvrit ce que Jules Verne, Elizabeth et lui avaient espéré en secret voilà fort longtemps : la réponse des Terriens à Wildcat.

47

Le choc avait été violent, l'Avion n'existait plus. Par quel miracle avaient-ils été éjectés ? Ils étaient restés une partie de la nuit à côté de l'épave qui, en brûlant, avait repoussé les charognards tournant autour de leurs proies. Ils avaient soif, souffraient, n'avaient plus d'armes, mais ils étaient assez lucides pour comprendre qu'ils allaient mourir. Umberto ne répondait plus aux appels de Dorian. Qui, lui, avait fermé les yeux… La patrouille, guidée par les flammes, les avait trouvés inconscients. La sale blessure à la jambe du Français saignait abondamment, Umberto s'était brisé la droite. D'autres plaies, au visage, aux mains, au dos, attestaient de la violence du choc. Oui, c'était un miracle… Et après ?

On les avait montés sans ménagement à bord d'un engin tracté par deux moteurs, l'un sur le train avant, l'autre pour les roues arrière, qui franchissait rudement les bosses et les trous d'une nature verdoyante. Le trajet avait duré une heure ou deux, Dorian aurait été incapable d'être plus précis. Il souffrait, mais s'inquiétait surtout des gémissements d'Umberto… Et il trouvait le temps long. C'était toujours ainsi lorsque l'on ne savait pas où on allait, se répétait-il pour tenter de se calmer. Et son vœu s'était enfin exaucé. Le véhicule avait fini par s'arrêter.

Dorian avait relevé la tête. Un barrage. Un coup de botte sur sa jambe blessée lui avait fait comprendre qu'ils n'étaient qu'en sursis et, jusqu'au poteau d'exécution, qu'ils devaient se soumettre. Mais il avait eu le temps d'apercevoir les flancs du volcan dans lesquels on avait percé une immense ouverture.

Le périple avait repris, guidé par un chemin de lumière. On était entré par le bas, sans descendre dans les entrailles. La voiture s'était lancée sur une route remontant lentement vers le sommet. La caldeira, avait compris Dorian, était creusée comme Rangwe et Ngorongoro, mais ce ne pouvait pas être l'une d'elles. Lorsqu'ils s'étaient écrasés, ils en étaient loin. « Menengai, l'antre du diable », avait-il murmuré à Umberto qui avait cligné des yeux. Et si les architectures étaient aussi semblables, le centre de la caldeira où ils se trouvaient était creux.

Une route circulaire, six, sept étages, peut-être davantage jusqu'au toit protégé par un épais manteau de lave d'où émergeait un couvercle de verre trempé, « un œil sur l'extérieur », lui-même conçu pour résister à l'ardeur future de Wildcat grâce à son couvercle d'acier résistant au vent, au séisme des mers, aux températures extrêmes. Qu'y avait-il au centre, à l'intérieur de ce volcan de 2 000 mètres de haut et 10 kilomètres de diamètre ? πr^2… Sur sept niveaux, la superficie intérieure de Menengai était potentiellement de 2 000 kilomètres carrés, vingt fois la surface de Paris. Mais avant que Dorian ne réalise la portée de ces calculs, on l'avait descendu du véhicule, installé, ainsi qu'Umberto, sur une civière, et conduit jusqu'à un centre de soins situé au niveau 3, s'il s'en tenait aux informations placardées sur les portes. Là, un médecin peu amène avait examiné ses plaies, s'attardant sur sa jambe.

— Il faut recoudre. Ce sera douloureux, si je ne vous endors pas.

Et sans autre détail, il lui avait administré par seringue un sédatif assez puissant pour qu'il s'effondre sur-le-champ.

*

Les jours suivants, il était resté dans une chambre confortable ne disposant pas de fenêtre mais d'un trompe-l'œil qui, éclairé à contre-jour, donnait l'illusion d'accueillir la lumière naturelle. Le médecin lui rendait visite chaque matin, une infirmière changeait ses pansements, une autre apportait nourriture et boissons. Puis la porte était refermée à clef sans que quiconque lui ait adressé un mot. Le deuxième jour, il avait demandé des nouvelles d'Umberto… N'obtenant en retour aucune réponse… Au cinquième jour, le 20 avril, s'il ne se trompait pas, le médecin était entré, avait examiné ses blessures et annoncé froidement qu'il était satisfait de son travail.

— Habillez-vous, avait-il dit. On viendra vous chercher dans une demi-heure.

Et la porte était restée ouverte.

*

Ses vêtements déchirés et brûlés avaient été jetés, mais d'autres, à sa taille, se trouvaient dans un placard. Il se rasa et se lava à l'eau chaude dans la salle de douche attenante. Puisqu'on allait l'exécuter, sans même le juger, il tenait à se présenter au mieux de sa personne. Encore que la façon dont on l'avait traité n'était pas celle d'un condamné à mort. Dans quel pays prenait-on soin à ce point d'un proscrit ? Au pied du lit, il y avait une canne en bois qui lui servit à marcher car, cinq minutes plus tard, l'impatience, la curiosité et surtout l'espoir de dénicher Umberto le décidèrent à sortir.

Le couloir, fortement éclairé, formait une courbe sans fin qui empruntait la forme arrondie du volcan. Tous les 10 mètres se découpait dans le mur la porte d'une chambre. Dorian ouvrit la plus proche. Vide. Il s'attaqua à la suivante qui ne résista pas plus. Umberto s'y trouvait ! Sa jambe droite, prisonnière d'une attelle, était suspendue par un jeu de poulies et de contrepoids.

— Je t'ai cru mort, chuchota Dorian.

— Et moi donc… Détache-moi avant qu'un bougre ne revienne.

Le Français s'activait déjà sur la machinerie qui l'enchaînait au lit.

— Peux-tu marcher ?

— Je ne sens presque plus rien, mentit le Milanais, et tu m'aideras. L'aveugle et le paralytique…

— Je ne ferais pas ça… Vous risquez d'aggraver sa blessure.

Le médecin était dans leur dos, encadré de deux gardes.

— Monsieur Lefranc, dit-il sans plus d'émotion, êtes-vous prêt ?

— M'emmenez-vous en enfer puisque nous sommes à Menengai ? lâcha-t-il sans céder à la peur.

Le médecin ne parut pas même surpris que son vis-à-vis sache où il se trouvait.

— Simplement au dernier étage. Monsieur Pearson vous y attend.

48

— Asseyez-vous, monsieur Lefranc.

Pearson n'avait plus rien de l'homme agité de l'*Agora* Volta. La voix était moins ferme, le visage plus marqué. À soixante-dix ans passés, l'âge se montrait enfin. Il siégeait seul dans une vaste pièce décorée d'une verrière zénithale s'ouvrant sur le ciel. Dehors vibrait encore la vie. Pearson observait en silence son prisonnier. Comment avait-il pu autant se tromper ? Tout sauf un lâche. Et ce n'était que la moindre de ses qualités… Rusé, courageux, son périple en Avion en témoignait. Sans même qu'il s'en rende compte, Pearson se demandait si ce garçon aurait été pareil s'il avait eu un autre père. Avec son sang dans ses veines, qu'aurait-il donné ? Aussi bien ? Meilleur, décida-t-il. Différent, à coup sûr. Forcément favorable à sa cause… Et ce fils l'aurait-il changé ? Si Elizabeth Storm l'avait choisi lui plutôt que Pierre Lefranc, ce jeune homme le regarderait avec respect et peut-être affection. Eux deux, soudés par la filiation, n'auraient nul besoin de lutter l'un contre l'autre comme ce serait le cas aujourd'hui.

— Asseyez-vous, je vous en prie, répéta-t-il, et mettez-vous bien à l'aise. Nous avons l'éternité devant nous.

*

Pearson se leva, droit et raide, de nouveau vif et tranchant. Il se montrait tel qu'il n'avait jamais cessé d'être depuis trente ans, le dernier César de la Terre.

— Devinez-vous où nous sommes ?

— Voilà longtemps, mes parents croisèrent sur le paquebot *Lucania* un Américain qui se faisait fort d'être l'un de vos amis. Jefferson, c'était son nom, prétendait qu'avec vous l'avenir serait aussi radieux que la croisière de luxe qu'ils effectuaient. Est-ce fait ? Sommes-nous à bord du paradis ?

Pearson accusa le coup. Ce gamin ne manquait pas d'aplomb. Et il en savait beaucoup.

— Bienvenue à Absoluta, la cité des Élus, répondit-il en croisant les bras.

— Diable, vous me l'apprenez, s'amusa Dorian. Et combien sont vos… Élus ?

— Cent mille, lorsque je déciderai de lâcher les amarres…

— Cap sur un monde parfait ?

— Ce n'est pas faux.

— Usant pour cela de votre pouvoir, et de l'argent que vous avez détourné afin d'accomplir vos funestes projets.

— Et aussi de certaines inventions dont les *Agoriens* ne profiteront jamais. D'ailleurs, murmura-t-il, de quoi jouiront-ils dans peu de temps ?

Que voulait-il dire ? s'inquiéta Dorian.

— Non, bien sûr, vous n'êtes pas encore au courant…

Pearson leva les yeux au ciel.

— Wildcat… « Le Fauve », dit-on en français.

— Eh bien quoi ?

— Sa venue est avancée… Nous sommes le 20 avril. La nouvelle arrivera demain à Oxford où se réuniront une dernière fois nos chers astronomes. Ma position me permettant d'accéder avant d'autres aux informations capitales, je sais que l'astéroïde heurtera probablement la Terre dans huit semaines. Et j'ajoute que ce que le monde a imaginé est très en dessous de ce qu'il se produira…

— Des dégâts supérieurs à ce que nous envisagions ?

— Il n'y a pas de mots pour décrire le tableau final…

— Qu'annoncez-vous encore ?

— J'y viendrai, mais d'abord, vous. Et surtout, répondez-moi… Il y va de votre intérêt. Comment avez-vous trouvé Menengai ?

— Eh bien, soit, je dénonce le coupable : c'est vous…

Pearson écarquilla les yeux.

*

— Vous mentez. Je n'en ai jamais parlé.

— Dans le train nous ramenant de la visite de l'*Agora* Volta, vous n'avez pu résister au plaisir de me laisser entendre que ma vie serait plus douce si je choisissais de rejoindre votre camp, ce qui sous-entendait que vous aviez *quelque chose* à m'offrir. Je muselais Umberto Mezzalira dont l'article n'allait pas vous plaire et, le moment venu, vous vous arrangeriez pour que je rejoigne l'*Agora* de mon choix. Je vous ai alors demandé quelle serait la vôtre, et vous avez gardé le silence. Était-ce *quelque chose* de secret, à la façon de Hölloch, puisque nous n'avions jamais douté que ce projet servait d'abord vos intérêts ?

— Ce flair ne m'impressionne pas, railla Pearson. Moi aussi, j'ai su très vite que votre père et Buckle s'intéressaient à Hölloch. Et j'ai abandonné sans regret ce projet pourtant déjà bien entamé. Ne tentez pas non plus de me faire croire qu'une armée va surgir. Elle serait déjà là… Si je fais abstraction de votre ami milanais, vous êtes bien seul, en réalité. Allons, soyez franc. Je vous ai promis que vous y trouveriez votre intérêt. Pourquoi m'avez-vous cherché en Afrique, et qu'en dit votre père ?

— Il n'ignore pas que je suis en Afrique, mais pas plus que moi il ne devinait sur quoi j'allais tomber.

— Vous seriez ici par hasard ? Comment croire de telles sornettes !

— Donc, j'aurais été assez stupide pour me jeter dans la gueule du loup. Eh bien non, monsieur Pearson, je ne m'attendais pas à trouver… Menengai – c'est bien cela ? De sorte que, en effet, nulle armée ne se prépare à vous envahir. Pourtant, je ne suis pas venu « par hasard »… Quelqu'un vous a trahi.

— Accepteriez-vous de me dire qui ?

— Vous ! Encore vous… Lors du voyage qui nous reconduisait à Paris, je n'ai pu vous arracher le nom de l'*Agora* dans laquelle vous iriez, mais en évoquant l'Afrique, vous avez hoché la tête. Presque rien… Et ce sourire énigmatique. Pardi ! Vous en mouriez d'envie. Mais pourquoi tant de mystères ? Rangwe, Ngorongoro ? C'est étrange, railla-t-il, mais je ne vous imaginais pas vous frotter à la piétaille… Hélas, j'ai compris trop tard pourquoi vous n'aviez pas répondu franchement.

Pearson ne put retenir un sourire, l'arrogance lui plaisait…

— Continuez…

— Une autre *Agora,* une cité secrète poursuivant le dessein de Hölloch ? Si elle existait, elle se trouvait non loin de celles qui étaient connues. Intendance, logistique, plus encore, dissimulation… Vous aviez les moyens d'orienter à votre convenance les hommes, les matériaux, et que sais-je encore, vers la destination de votre choix sans que l'on détecte la manœuvre puisque vous contrôliez tout. Cette piste me rongeait… Mais où chercher ? En désespoir de cause, j'ai décidé de me rendre à Mombasa – et quoi de mieux que l'Avion pour découvrir un repaire secret visible du ciel ? C'était hasardeux, désespéré, en effet. Par les temps qui courent, qui ne le serait pas ? Et je connaissais Clément Ader qui n'a pas hésité à me confier son bien le plus précieux…

Pearson était vraiment impressionné.

— Cet ingénieur est donc au courant ?

— Oui, se décida Dorian. Mais il doutait… Et mon père me traitait de rêveur… Et ils avaient eu raison, car après tout ce chemin, je ne trouvais rien. Si bien que j'allais renoncer quand, en survolant la ligne de chemin de fer, je suis tombé sur la mitraille de vos sbires. Ironie du sort… Sans eux, je ne discuterais pas avec vous. À présent, vous savez pourquoi j'ai échoué… Mais vous me parliez d'intérêt. Puis-je espérer que vous me rendiez ma liberté ? Wildcat arrive, vous ne craignez plus rien, laissez-moi retrouver les miens. J'ai peu de temps pour les rejoindre, et pas assez pour vous nuire.

Bien sûr, Dorian savait que sa requête serait rejetée.

— Je pourrais accepter… mais je vous le déconseille…

Et puisqu'il était certain de ne jamais relâcher Dorian Lefranc, il se livra davantage. Il le fallait aussi pour la suite de son plan.

*

— Connaissez-vous Wilhelm Peter Eduard Simon Rüppell ?

— Je n'ai pas cet honneur…

— Il est mort avant la découverte de Wildcat. Par conséquent, il n'a jamais rien su des *Agoras*. Pourtant, nul mieux que lui n'a décrit la vie des hommes dans un futur proche… Elle ressemblera à celle du rat-taupe nu.

— Voilà bien une chose que j'ignorais, plastronna Dorian, mais ce nom, le rat-taupe nu, lui donnait froid dans le dos.

— L'animal, débuta Pearson d'une voix glaciale, vit sous terre, en colonie, à la manière des insectes qui l'entourent. Il se nourrit de racines, boit peu et a fini par devenir aveugle. À quoi serviraient des yeux à celui qui n'a rien à regarder ? On le dit insensible à la douleur, c'est tant mieux, parce qu'il ne meurt qu'après des années de privation en se demandant sans doute pourquoi il s'est accroché aussi longtemps. Peut-être est-ce parce qu'il aime tourner en rond dans sa galerie, comptant les heures, sans savoir s'il s'agit du jour ou de la nuit… Voilà en raccourci la triste histoire du rat-taupe nu. Et je ne peux m'empêcher de la rapprocher de celle des *Agoriens*.

— Ce que vous dites est monstrueux et…

— Tout doux ! Je n'ai pas inventé Wildcat. Je le subis comme vous. C'est la loi de la nature et, aussi puissant que vous m'imaginiez, je n'y suis pour rien et n'y peux rien. Mais j'ai appris à me défendre mieux que les autres. Dominants et dominés, élus et sacrifiés, le monde est injuste… C'est ainsi depuis la nuit des temps… Si vous adhérez à la thèse de Darwin, comme votre mère le fit en imaginant – quelle belle idée ! – que la Terre pouvait devenir un cocon, vous savez qu'il n'y a pas de vie sans évolution. Ceux qui ne se plient pas à cette loi disparaissent. À vous de décider : le futur ou la mort. Et pour vous faire une idée précise de ce qui vous attend, si vous embrassez la cause du rat-taupe nu, apprenez que votre espérance de vie s'annonce courte.

— Vous êtes aussi prophète ? tenta de railler Dorian.

Mais le ton, le passé, les méthodes de son geôlier lui faisaient redouter le pire.

— Croyez-moi, répondit avec assurance celui-ci, les *Agoras* ne sont pas faites pour durer.

— Vous avez donc menti !

— Aucunement. Si la vie y sera plus… spartiate que ce qu'a promis l'Entreprise pacifique, elles existent, fonctionneront et produiront de quoi nourrir, chauffer, éclairer les Terriens, mais il y a autre chose.

— Que cachez-vous encore ?

— Je vous le dirai, soyez-en certain, si vous acceptez de découvrir la cité que j'ai bâtie afin de vous faire une opinion honnête. En somme, je vous demande de me juger après avoir aperçu le monde que vous vous apprêtez à refuser, mais en le comparant à celui que vous connaîtriez en rejoignant celui du rat-taupe nu… Si, malgré tout, cela ne suffisait pas à vous convaincre, pensez aux vôtres, à ce que vous pourriez obtenir pour eux.

Il s'avança vers Dorian. La partie se jouait maintenant :

— Ont-ils le même avis que vous ? D'ailleurs, qu'en savez-vous ?

— Souhaitez-vous entendre l'opinion de mon père sur vous ?

— Inutile, je la devine. Mais qu'en est-il de votre mère ?

— Même avis, j'en prends le pari !

Pearson cacha sa déception.

— Soit. Elle ne m'apprécie pas, dit-il sans y croire. Mais êtes-vous certain qu'elle désire mourir dans la peau d'un rat-taupe nu ?

L'image déplut tant à son fils qu'il se leva, prêt à en découdre.

— Restez assis, vous n'êtes pas en état. Même un vieillard viendrait à bout de votre arrogance. Vous ignorez tout, et pourtant, vous jugez… Aussi, ne décidez qu'après avoir visité la cité des Élus.

— J'ai choisi. C'est inutile…

— Non ! Écoutez-moi encore, et faites-en votre profit !

*

Et Pearson livra le *tertio* du programme voté le 3 novembre 1894, au 12, New Bond Street – London City. Ce crime absolu qui le vengerait, lui, son père et sa mère, de l'espèce humaine.

49

Le télégramme était bref, brutal, si différent de ceux qu'il écrivait habituellement : « *Suis vivant. Chaleur du diable. Peux rien dire de plus.* » Pierre n'en doutait pas. Le diable signifiait Pearson. Il le ressentait comme si son fils avait été en face de lui. C'était affaire d'affinité, d'alchimie entre eux. Dorian avait envoyé ce message pour lui faire comprendre qu'il avait découvert l'*Agora* et s'y trouvait enfermé. Mais où chercher ? Dans les télégrammes envoyés à chaque escale, Dorian avait déjà évoqué le diable. Il n'avait pas été précis pour ne pas inquiéter son père, mais il semblait sur une piste. Pierre, de retour à Paris, avait relu un à un ses mots courts qui le frappaient au cœur. L'allusion au diable datait du 12 avril. Dorian faisait escale chez Ramsès Sharif, un commerçant copte en qui Clément Ader avait confiance. « *Suez, accueil chaleureux. Ramsès Sharif connaît Mombasa. Étrange histoire à propos du diable vivant dans la caldeira de Menengai, proche de celle de Rangwe. Affectueux baisers.* » Depuis Khartoum, il avait envoyé ceci : « *Demain, survolerons la caldeira de Menenguai pour savoir si le diable y niche…* »

— Il faut s'y rendre !

Wildcat lui-même n'aurait pu s'opposer. Pour tout dire, l'astéroïde était passé au second plan, l'amour d'un père n'expliquant pas totalement ce revirement. L'astronome Pavel était aussi responsable. Le Russe défendait une hypothèse fondée sur des observations laissant entrevoir un imprévu si étonnant, si insoupçonnable jusqu'à présent, et malgré tout si incertain, qu'on ne pouvait en informer les Terriens, et encore moins changer quoi que ce soit à leur lente migration vers les *Agoras*… Mais une fenêtre s'était entrouverte, laissant assez de temps pour organiser, selon Pierre Lefranc, une expédition express en Afrique. Et puis même si Pavel se trompait, seul le présent comptait à ses yeux. Dorian serait l'urgence jusqu'à son dernier souffle.

— Mombasa… Mesurez-vous les distances ? s'interrogeait Buckle.

Lui refusait de faire abstraction de Wildcat. Il aurait suivi Pierre au bout du monde, mais il fallait y mêler un zeste de sagesse.

— Oublions un instant la théorie hasardeuse de Pavel et appuyons-nous sur ce que nous savons. Selon le *timing* des astronomes d'Oxford, il nous reste… Maudits calculs… Voyons, nous sommes le 22 avril…

— Ne cherchez plus, George. Cinquante et un jours.

— Ce qui est notoirement insuffisant pour faire l'aller-retour, puis rejoindre dans les temps l'*Agora* Volta où il est prévu que nous nous abritions. À moins d'imaginer que vous vous sépariez de votre épouse, et moi de quelques joueurs de bridge, seuls capables de nourrir les longues soirées à venir. Mais, surtout, je dois protection et secours à mon neveu William Thomson depuis la disparition de son pauvre père, emporté par les fièvres tropicales peu après son retour des Indes.

— William a plus de cinquante ans, tenta Lefranc et, de nous trois, il est le plus rusé… N'est-ce pas lui qui éventa le complot des astronomes tentant de cacher la vérité au monde ? Et je le crois assez grand pour…

— N'y comptez pas, bougonna Buckle. J'ai promis au major Peter Thomson de veiller sur son fils jusqu'à mon dernier souffle. Enfin, soyez certain que je ne me séparerai pas de mon brandy. Et toutes ces bonnes raisons se trouvent à Londres. Je dois donc y repasser.

En vérité, il enrageait d'être esclave de l'adversité et, s'il était prêt à sacrifier bridge et brandy (et ne doutait pas que William n'aurait aucun mal à trouver seul le chemin de l'*Agora* Volta), il tentait de faire entendre raison à son ami.

— Calculez comme vous voulez... les délais sont trop courts.

— Rassurez-vous, George. Nous rentrerons assez tôt pour que vous embarquiez aussi ces livres auxquels vous tenez tant.

Ah, ceux-là, songeait Buckle, il ne les oubliait pas. Quoi de mieux pour s'évader en pensée que sa collection de *Voyages extraordinaires* dont il ferait son quotidien – avec les œuvres de Shakespeare, Lord Byron, John Keats... – lorsqu'il serait enfermé dans le sous-sol humide d'une *Agora...* ? Quand soudain, sans prévenir, il lui sembla que sa tête explosait. Il devint rouge, puis pâle, tandis que son front se couvrait de perles de sueur.

— Que... Que dites-vous, Pierre ?

— Ne vous souciez pas des délais. Nous emprunterons un moyen de locomotion rapide. Et devinez-vous quoi ?

— Non, non, ce n'est pas cela... Mais les livres !

— Vous les aurez aussi auprès de vous, je vous en fais la promesse.

— *Good heavens !* jura-t-il (et c'était la première fois que Lefranc le voyait dans cet état). Les livres ! Les *Voyages extraordinaires...* Pourquoi n'y ai-je pas pensé plus tôt ? Par tous les saints, si Jules Verne...

— Allez-vous m'expliquer ? murmura Lefranc, convaincu que son vis-à-vis venait d'être foudroyé par la folie.

— C'est au sujet de Pearson. Mais laissez-moi d'abord me remettre, déclara George Earle Buckle d'une voix plus calme. Et rassembler mes idées... Je veux être certain de ne pas me tromper. Que disiez-vous ? Un moyen de locomotion rapide... À quoi songez-vous ?

— À qui, plutôt, répondit Lefranc, renonçant à en apprendre plus tant la priorité à ses yeux était son fils. Et il s'agit de Clément Ader.

— De grâce, ne retournez pas le couteau dans la plaie d'un homme qui ne s'en remet pas. Son Avion, son bien le plus précieux, se situe justement où vous voulez que nous allions. Oui, je sais, tout cela est un peu absurde, mais l'époque l'est, et sans aggraver votre peine, comprenez que votre proposition est un peu… acrobatique.

— M'accompagnez-vous ?

— À Mombasa ? Évidemment.

— Commençons par rendre visite à Clément Ader.

Et pour tout dire, l'ingénieur s'attendait à les voir.

*

— Je sais pourquoi vous êtes là, et je pense pareillement, débuta-t-il avant même d'avoir refermé sa porte.

— Mais à quoi donc ? s'étonna Buckle qui ruminait toujours sur ses suppositions à propos de Pearson, attendant encore d'être lui-même convaincu avant de les partager avec Lefranc.

— La seule façon de retrouver Dorian est d'aller sur place en Avion. Mais pour cela, il en faudrait un autre…

Son œil s'allumait. Il attrapa son chapeau.

— Je meurs d'envie de revoir un officier qui s'ennuie ferme depuis qu'il a déposé les armes… Et nous le trouverons à Satory.

Avant midi, le trio entrait dans le quartier militaire.

— Les amis de Clément Ader sont mes amis…

Le colonel Renard avait passé l'âge d'aller au pas de charge sur les champs de bataille, mais ses nombreuses années de service n'avaient pas entamé son énergie. Tête droite, il résuma ainsi l'exposé de Lefranc :

— a) une cité secrète ; b) l'Entreprise pacifique en action – et je me suis toujours méfié de ses gens ; c) un fils disparu. Le tout non loin de Mombasa. En somme, il faut un Avion, et vous pensez le trouver ici.

Il se redressa. La colonne vertébrale de l'ancien officier supérieur de cavalerie craqua.

— Considérez que l'affaire est entendue.

— Quel numéro ? s'excita Ader. Le IX ? Le dernier que je vous ai livré ? Je le savais, il vole toujours…

— Le XXI.

— Mais, enfin, mon dernier modèle portait le chiffre XV ?

— L'armée n'est pas restée inactive pendant toutes ces années et, pardonnez-moi, mon cher Ader, mais le secret-défense m'avait interdit de vous faire part de nos progrès. Aujourd'hui, à deux doigts de la fin, à quoi bon cacher encore ce que nos ingénieurs ont créé ? Compte tenu des circonstances, se taire serait un enfantillage. Je prends sur moi. Et qu'on me fusille pour haute trahison ! Suivez-moi.

L'Avion se trouvait dans un hangar déserté par l'armée.

— Je le fais garder par des passionnés. Après la démobilisation et la destruction des armes décidées lors de la VIe Révolution, quelques hommes sont restés… Avec leurs munitions… Ils continuent à s'entraîner, au cas où. L'Avion est en état de fonctionnement.

Ader tournait déjà autour… Plus grand, plus puissant… Il monta à bord. Il mourait d'envie de lancer les moteurs !

— Mon colonel, se décida Pierre Lefranc, il se peut… Je dis bien il se peut, et simplement cela, ce qui signifie que je n'ai aucune certitude… En aucun cas il ne faut faire état de ce que je m'apprête à vous révéler… À qui que ce soit, bien entendu, insista-t-il.

Renard grimaça. Ces hésitations déplaisaient à sa droiture.

— Mon honneur me sert de parole.

Lefranc partagea alors ce que Pavel lui avait appris.

Renard serra les dents, et ce fut le seul indice de son émotion.

— L'affaire se présente sous un nouveau jour. Il faut sauver votre fils. Et sans doute en faire plus. Mais afin de réussir, vous aurez besoin que l'on vous prête main-forte. Ici, vous ne manquerez pas de soutien. J'ai vingt volontaires à votre service…

Clément Ader choisit ce moment pour revenir vers eux.

— Dites-moi, Renard, votre Avion peut-il embarquer dix hommes ?

— Exact. Et il vole plus vite. J'ajoute que son réservoir lui permet de parcourir confortablement 3 000 kilomètres sans poser une roue.

Et Clément Ader ne prit pas ombrage des prouesses techniques du numéro XXI qui renvoyait le XV à l'âge de pierre.

*

Elizabeth n'avait pu s'opposer et, d'ailleurs, ne le désirait point. Pour Pierre, autant que pour son fils, il était impossible de ne pas espérer leur réunion. Sans quoi l'avenir n'aurait plus de sens, pour l'un et pour l'autre, et autant pour Elizabeth. Ils décollèrent le 23 avril, à l'aube. Ils, parce que six hommes, des guerriers décidés et armés jusqu'aux dents, se joignaient à George et à son alter ego français. Les deux places vides étaient réservées aux passagers du retour. Le ciel était dégagé, le lieutenant Keller tenait les commandes. Au début du vol, Lefranc avait demandé à Buckle s'il se sentait prêt à partager ses conjectures sur Pearson. L'éditeur du *Times* avait répondu qu'il préférait attendre qu'ils soient seuls. Mais il s'agissait d'une excuse. Supposant que ce qu'il pensait était vrai, le pire menaçait Dorian. En ami charitable, il ne voulait pas inquiéter davantage son père. Chacun était donc retourné à ses pensées, et quand celles de Lefranc ne se fixaient pas sur son fils, il ressassait la théorie de Pavel. Si le chercheur ne se trompait pas, le pari qu'Elizabeth et lui avaient fait près de trente années plus tôt pouvait réussir. Mais n'était-il pas trop tard pour connaître le « meilleur de l'homme » ?

*

Ils survolèrent l'Italie, la Méditerranée puis Suez où ils atterrirent, retrouvant Ramsès Sharif qui avait finalement décidé de ne pas rejoindre Rangwe. L'arrivée imminente de Wildcat lui interdisait de s'y rendre en bateau. Voilà qui, à ses yeux, était suffisant pour défier l'adversité. Il s'en expliquait aussi en puisant dans l'immatériel. Ce départ avorté était un signe de Dieu. Qui n'abandonnerait pas Ses enfants.

— Et le diable ne l'emportera pas, avait grogné Ramsès.

Il resterait ici, chez lui. Sa décision était prise.

Lefranc et Buckle l'avaient interrogé sur ce démon hantant la caldeira de Menengai, et il avait répété ce qu'il avait appris à Dorian. Le lieutenant Keller en avait tiré une conclusion opérationnelle. Il fallait se méfier, approcher avec prudence, ne pas commettre d'erreur car celui qu'on allait chercher s'était fait prendre au piège, lui n'en doutait plus. Après avoir volé sans interruption, ne se posant que pour remplir les réservoirs, l'Avion XXI survola Mombasa, le 25 avril au matin. Carte sur les genoux, l'index tendu vers le nord, Lefranc cherchait Menengai. L'œil de Keller était mieux exercé.

— Regardez ! Cette ligne de chemin de fer ne figure nulle part…

Et, prudemment, il s'en écarta.

— Elle peut être surveillée.

Soldat étant un vrai métier, Keller prit soin de voler à 5 miles à gauche de la voie de chemin de fer, se glissant dans les nuages ventrus qui paressaient assez bas afin d'éviter d'éventuels guetteurs et remonta ainsi vers le volcan que l'on apercevait au loin. Il fit le point – 0°12'S – 36°04'E –, vérifia sur la carte et, ne s'approchant pas plus, descendit à moins de 100 pieds, au risque d'accrocher la cime des arbres avec le train d'atterrissage. Du moins, Lefranc et Buckle, peu habitués à ce genre d'exercice, crurent qu'ils allaient « se prendre les pieds » dans les branches hautes, alors que l'Avion piquait du nez vers une clairière dégagée.

Les pieds, il en fut encore question lorsqu'il fallut se rapprocher du volcan. Le programme concocté par l'officier Keller était précis : dix heures de marche entrecoupées de quatre pauses de quinze minutes. Puis repas, repos, et reprise à l'aube. Selon quoi l'objectif serait atteint dans deux jours.

Trois heures après le départ, Buckle était épuisé, et Lefranc, porté par sa seule énergie. Keller avait suggéré qu'au moins l'un d'eux retourne à l'Avion pour le surveiller. Buckle, sur l'air mi-figue, mi-raisin qu'il cultivait avec art, avait rétorqué qu'il était excellent tireur – un concours à Oxford au cours duquel il avait stupéfié ses concurrents l'attestant. S'il ne doutait pas du talent français dans le maniement des armes, il lui semblait qu'un homme avisé ne serait pas inutile dans le feu de l'action. Aussi, il répondit « non merci », jugeant vain, et de surcroît blessant, de faire cette même proposition à Pierre Lefranc venu jusqu'ici pour sauver son fils. Buckle proposa en revanche d'allonger les pauses, ce qui ne ralentirait la course que de quelques heures. N'était-il pas raisonnable d'atteindre ainsi Menengai plutôt que de se montrer lâche ?

Si bien que, le 27 avril au soir, au prix de cet arrangement équitable, la troupe ne se trouvait séparée du volcan que par un grillage renforcé de barbelés – un barrage inquiétant qui décida Keller à envoyer deux soldats inspecter les lieux.

Ils étaient revenus, surgissant sans bruit, rapportant que l'entrée se trouvait à 1 lieue à l'est, qu'elle était gardée, qu'un cortège continu allait d'une gare voisine – même si elle n'en avait que le nom au vu de son air provisoire – au volcan, qu'ainsi des civils – hommes, femmes, enfants compris – arrivaient en grand nombre, chaque train déposant ses passagers et repartant aussitôt pour laisser la place au convoi suivant. Et ce ballet de gens excités et parlant fort n'avait jamais cessé le temps de leur observation, soit deux heures. Keller les félicita – et qu'ils mangent et qu'ils dorment, la journée de demain serait longue. Quant aux autres, il les réunit autour de lui.

— Messieurs, demain sera le 28 avril… Nous n'avons pas perdu de temps, mais c'était la partie la plus facile. Étudions à présent la façon dont nous allons entrer chez le diable.

50

Dans ce monde clos, Dorian perdait peu à peu ses repères. Il dut se forcer pour se souvenir du jour : 28 avril. Il agirait aujourd'hui afin de briser les projets de Pearson. Au moins, essayer, même s'il savait qu'il en mourrait. Il n'y avait pas d'autre choix car ce que lui avait appris le démiurge de l'Entreprise pacifique le 20 avril dépassait l'entendement. Seul le diable avait pu concevoir le *tertio* de ce plan maléfique.

— *Mundus est immundus*, avait-il conclu sans montrer d'émotion.

Pearson connaissait saint Augustin – le monde est immonde –, mais une citation ne pouvait excuser l'abomination qu'allait commettre le maître d'Absoluta. Il n'avait pas cherché à se disculper, pas précisé que le *tertio* du plan fixé à Londres le 3 novembre 1894 au 12, New Bond Street lui avait été soufflé par un autre, mort depuis sans avoir jamais regretté son ignominie. C'était acté, décidé, c'était le plan. La fatalité… Il semblait même s'être trouvé de bonnes raisons pour se justifier.

À moins d'éviter Wildcat, avait-il rappelé, la Terre était sacrifiée pour des siècles. Mais en modifiant son orbite dans l'espoir de l'écarter de la trajectoire « du Fauve », on pouvait éviter cette issue malheureuse. Pour cela, il y avait les canons, bourrés de *supra nitroglycerina* et répartis sur la surface du globe. Des voix avaient tenté de s'élever pour empêcher ce tir planétaire, aussi suicidaire, selon eux, que le *voyage extraordinaire* dans l'espace simplement évoqué comme un rêve à la fin du récit du *Meilleur de l'homme.* Une Terre libérée de ses chaînes, voguant dans l'éther, était une utopie. Jules Verne lui-même en serait convenu ! En l'état des connaissances, et malgré les immenses progrès réalisés, il était insensé d'espérer un tel résultat. Sans entrer dans les détails abscons qui n'intéressaient que le scientifique, il suffisait, pour comprendre l'impossible résolution du problème, de s'intéresser à la vitesse à atteindre pour libérer un corps (ici, la Terre) de l'attraction gravitationnelle d'un autre (le Soleil). La vitesse d'évasion, et combien ce mot était bien choisi, variait selon la masse et la proximité de celui auquel on voulait fausser compagnie. Ainsi, à titre d'exemple, pour vagabonder librement dans l'espace, il fallait engager un rude bras de fer car le consentement de l'astre rayonnant ne s'obtenait qu'en produisant la vitesse stupéfiante de 151 000 kilomètres par heure. Les cerveaux sérieux avaient renoncé à résoudre cette énigme et s'en tenaient aux *Agoras*, des bastions assez solides pour se mesurer à Wildcat. Ils avaient, disaient-ils, les pieds sur terre. Pourtant, racontait Pearson d'un ton détaché, l'Entreprise pacifique n'avait jamais perdu de vue l'intérêt d'étudier la façon, non pas de s'arracher de l'attraction solaire, mais de corriger la position de la Terre. Un *bond* de quelques milliers de kilomètres afin de ne pas heurter l'astéroïde mais sauver les richesses du globe, n'était-ce pas un défi stimulant et… renversant ? Rien n'interdisant de poursuivre cette lubie, chimistes, physiciens avaient mis au point la *supra nitroglycerina*, explosif prometteur dont l'efficacité réelle ne pouvait être vérifiée qu'en réalisant le *mooving* de la Terre. Et tout était prêt, du moins en théorie. Fallait-il dès lors jouer à l'apprenti sorcier ?

Une interminable controverse, à laquelle la plupart ne comprirent rien, avait occupé les esprits pendant la VIIe Révolution. À ceux qui s'étaient élevés pour critiquer ce projet, un pétard mouillé, on avait rétorqué que d'autres grincheux avaient prédit que les *Agoras* n'existeraient pas, or, le résultat était indiscutable. Alors, qu'avait-on à perdre ? Les chercheurs attitrés de l'Entreprise pacifique avaient assuré que les effets produits par la catapulte seraient bien inférieurs à ceux du « Fauve ». D'aucuns juraient même que la Terre ne broncherait pas. Que, dessous, les hommes ne seraient pas touchés. Dessus, les océans se soulèveraient, des continents entiers subiraient des bouleversements, animaux et plantes seraient en partie décimés, mais l'essentiel survivrait, à l'inverse d'un astéroïde provoquant des ravages incurables. Pluie de cendres, ouragan brûlant, air irrespirable… La Terre mettrait mille ans à s'en remettre, bien moins si elle se déplaçait puisqu'il ne s'agissait plus que de ça, un *bond*, sans chercher à s'affranchir de la compagnie de Mars, Vénus, Jupiter, Uranus, encore moins de celle de Neptune ou de Mercure, et surtout pas du Soleil. Entre deux maux, dont l'un était certain et irréversible, et l'autre, peu ou prou supportable, il n'y avait pas à hésiter et, si l'espoir de réussir était faible, il ne fallait pas se priver de cette carte. Qu'au moins, on l'ait ! Même si elle ne servait pas, choisir était toujours mieux que subir.

Partisans et opposants avaient finalement négocié un *gentleman agreement*. L'Assemblée des peuples autorisait l'Entreprise pacifique à lever un emprunt de dix milliards de « golds » pour financer la production de 100 millions de tonnes de *supra nitroglycerina* ainsi que son transport jusqu'à l'emplacement des canons et le chargement des bouches. La décision de déclencher le tir serait prise après l'organisation d'un dernier vote de ladite Assemblée, trois semaines avant que Wildcat n'entre dans l'atmosphère terrestre, ce qui laissait le temps de réfléchir, sans oublier que l'astéroïde pouvait encore varier de route et se désintéresser de la Terre. Rapports sans conclusions et commissions d'entérinement remises *sine die*, c'était l'habileté de l'Assemblée dont la plupart des membres étaient des Élus : ne jamais prendre de décision et repousser aux calendes grecques ce qui bridait l'Entreprise pacifique. L'opinion avait été bernée, endormie, apaisée parce que rien n'avait été décidé officiellement, mais, en vérité, les canons étaient chargés et, apprenait Dorian ce 20 avril, le tir aurait lieu sans l'accord des peuples.

Non parce que Wildcat avançait sa visite, mais en vertu du *tertio* décidé à Londres, trente ans plus tôt. Quoi qu'il arrive, indépendamment des caprices de l'astéroïde, le 18 mai prochain, un mois avant la date la plus proche du surgissement de Wildcat, on déclencherait donc *volontairement* et *unilatéralement* la salve phénoménale.

Pearson lui avait en somme annoncé que la canonnade se produirait « sans que les Terriens soient avertis » et, encore moins, à l'abri… Submergés par le séisme, presque tous mourraient, seuls les Élus survivraient. Et c'était impossible, Dorian allait se réveiller, s'arracher à ce cauchemar.

*

— Vous n'êtes même pas certain de réussir, s'entendit-il bafouiller.

— Bien sûr que si ! Autrefois, j'ai expliqué à votre père que ce mot, impossible, était une stupidité inventée par les faibles. Avec ce tir, Wildcat épargnera la Terre. Mais à quel prix ? Sera-t-elle toujours aussi féconde ? Qu'en sera-t-il de l'eau ? Faudra-t-il s'exiler en Arctique pour trouver la douceur ? Nous vivrons de nouveau à l'extérieur, sans avoir les moyens de nourrir un milliard et demi de bouches inutiles. Or, une saine économie se sépare de ce qui la ralentit. Elle s'allège de ce qui freine son futur.

— Comment osez-vous parler ainsi de ceux qui ont bâti l'avenir ?

— Ils appartiennent au passé… Et dites-vous que, en étant ici, vous aurez peut-être la chance d'échapper à leur sort.

Le passé, le futur, quel monde Pearson évoquait-il ? Lui laissait-il entendre qu'il pourrait rejoindre celui des Élus ?

— Je devine vos états d'âme. La sensiblerie altère votre esprit, et vous espérez que nous échouerons. Renoncez-y ! Wildcat envahissant la Terre, l'homme irait lentement à sa perte, et son agonie serait une torture. Même ici, dans la cité exemplaire d'Absoluta, il serait difficile de rester cloîtré mille ans puisqu'il les faudrait afin de résorber les effets du « Fauve ».

— Vous sous-estimez notre capacité d'adaptation, rétorqua Dorian qui, peu à peu, reprenait pied. Faudra-t-il vraiment mille ans pour que la Terre se régénère ? Vous ne savez rien du futur. Il y a trente ans, nous étions perdus. Puis *Le Meilleur de l'homme* a surgi et, qui aurait pu y croire, nous avons réussi. Qu'inventera-t-on encore ? Le *voyage extraordinaire* ne fait que débuter, et je prends le pari que le génie humain échafaudera le moyen de scruter de nouveau le ciel et de respirer l'air sans l'aide de votre *petit bond...*

— Je ne prendrai pas ce risque. D'ailleurs, il est trop tard. Voilà trente ans, le choix a été fait de tourner le dos au modèle d'hier et de confier le destin de la Terre aux meilleurs.

— Vous, la race supérieure ? s'emporta Dorian. Vos Élus !

— La mise à feu, poursuivit-il imperturbablement, est inévitable.

— Mais seulement lorsque votre engeance sera installée dans le beau pays d'Absoluta. Oui, c'est cela... Vous déclencherez l'assaut d'ici.

— Je ne me trompais pas à votre sujet... ne put résister Pearson.

— Les détonateurs sont câblés entre eux... Non, vous utiliserez la commande à distance du *téléautomaton* de Tesla depuis Absoluta...

Pearson sourit.

— Le 18 mai, tout sera fini. Aussi, ne vous torturez pas avec l'idée que vous parviendriez par je ne sais quel moyen à sauver le vieux monde. Ne vous voyez pas en héros, même si vous en avez l'âge. Songez plutôt à la manière de venir en aide à vos proches.

— Je vais donc tout tenter pour vous faire changer d'avis !

— Aucune chance, mon cher Dorian, mais, moi, je ne désespère pas de vous ranger à mes côtés.

— Comment pouvez-vous y croire ?

— Vous viendrez à la raison en réalisant que je peux encore sauver quelqu'un que vous aimez. Renoncerez-vous à cette chance ? Songez aux remords qui vous assailliront chaque nuit si vous n'acceptez pas mon offre. Vous, vivant et… aussi votre mère, par exemple. Refusez, et je vous prédis de belles insomnies, hanté par son souvenir, morte par la faute d'un fils entêté et orgueilleux. Il avait les moyens de la sauver et n'a rien fait !

— Taisez-vous…

— Non, je n'ai pas fini ! Il y a trente ans, alors que votre père et votre mère visitaient *Mammoth Cave*, je leur ai dit que j'éliminerais ceux qui s'opposeraient à moi. Et je n'éprouve nul remords à vous annoncer que le genre humain dont je connais les vices et la cruauté est condamné. Mais le juge n'est pas moi. Wildcat a sonné le glas de cette immensité inutile et destructrice qui mourra bientôt.

— Qu'ont pu vous faire les hommes pour que vous leur en vouliez autant ? murmura Dorian.

— Ils m'ont transformé en fauve, et je suis simplement l'un de leurs semblables… Je sais donc que rien chez eux ne mérite d'être sauvé. Voilà qui suffit pour qu'ils soient indéfendables.

— Dans ce cas, pourquoi épargner vos… Élus ?

La haine de Pearson envers son espèce était telle que, au fond de lui, il se moquait que quelques-uns survivent. Mais il répondit ce qu'il avait toujours prétendu afin que le Cartel soutienne son projet.

— Absoluta a amassé dans ses soutes le « meilleur de l'homme ». Savoir, intelligence, connaissance… Il y a assez de compétence et de matière grise pour entreprendre un nouveau et salutaire *voyage extraordinaire*. Les Élus témoigneront de ce qui était avant afin que leur descendance ne fasse pas fausse route en reproduisant les erreurs du passé. La saignée… Rien de mieux pour soigner un corps malade. L'âge d'or, c'est demain. Songez-y comme à l'Éden… Mais assez perdu de temps ! Il est neuf heures du matin. Je vous laisse jusqu'à midi pour vous décider. Après, il sera trop tard.

— Dites-moi précisément ce que vous me proposez… tenta-t-il de négocier.

La révolte faiblissait, les mots l'avaient frappé, c'étaient ceux d'un inflexible. Il l'avait compris. Et le cas de sa mère le torturait. Ce jeune cœur s'attendrissait. Pearson l'avait prévu, ce n'était plus qu'une question de temps.

— Vous l'avez compris, je suis prêt à vous épargner, votre mère et vous.

Et n'était-ce pas la plus belle des vengeances, se disait-il. Un fils ne pouvait abandonner sa mère. Mais qu'il serait difficile de sacrifier en échange le père et l'époux. Et quel bonheur éprouverait-il d'avoir réussi à séparer ceux qui s'aimaient. Dorian Lefranc serait écartelé, sa souffrance tournerait en folie… Lui, sir Pearson, allait détruire les trois.

— Pourquoi ne pas lui écrire ? poursuivit-il à mi-voix.

— Et lui dire où je suis, et qu'aussitôt elle vous trahisse ?

Cet homme était fou !

— Je dispose des moyens pour qu'elle y renonce. Mais je m'engage aussi à ce qu'elle profite du dernier transport en Zeppelin partant de Paris le 5 mai. À cette occasion, elle recevrait une lettre que vous auriez composée afin de la séduire. Des mots simples, touchants, comparant ce qui l'attend à l'espérance que je lui propose. Et racontant surtout le bonheur de vous retrouver. Parlez d'avenir, assurez-lui que le sien est garanti. Si l'inspiration vous manque, je vous invite à visiter Absoluta, vous découvrirez mille idées réjouissantes pour la décider. Mais, de grâce, appliquez-vous, car il n'y aura pas d'autre essai… Elle devra se décider sur-le-champ.

— Si elle refuse ?

— Il vaut mieux pour elle que vous soyez convaincant.

Gagner du temps… Dorian ne pensait qu'à cela. D'abord, repérer les lieux, se faire une opinion. Et compter sur le soutien d'Umberto.

— Votre offre est-elle aussi valable pour Mezzalira ?

— Les jours risquent de vous paraître longs dans Absoluta, et les amis seront bientôt une espèce rare, soupira Pearson. Pour lui, je ferai une exception. C'est oui. Ainsi, vous venez de sauver une première vie…

Promettre n'avait jamais coûté à Pearson.

— Je dois… Je vais y réfléchir.

— Jusqu'à midi, répéta-t-il. D'ici là, découvrez Absoluta.

Il lui restait donc trois heures pour examiner sa conscience et se ronger. Puis capituler, se persuada Pearson.

— Vous me trouverez ici.

Il actionna une sonnette électrique. Deux gardes entrèrent.

— Un guide attend au niveau 2. Soyez attentif à cet invité. Quand il le décidera, raccompagnez-le au niveau 3, mais, à midi, au plus tard, il devra revenir ici.

*

À vrai dire, Dorian se moquait de la visite. Ses pensées étaient tournées vers ses parents. Venait ensuite le sort de l'humanité. Pearson ne mentait pas. Il en était certain. Le seul moyen d'éviter la catastrophe était d'espérer l'échec du tir, mais cela ne suffisait à le rassurer. Si la Terre ne variait pas d'orbite, la déflagration changerait inéluctablement sa configuration. Et si Pearson ne mentait pas en affirmant que Wildcat approchait plus vite que prévu, il restait peu de temps pour agir. Fuir ? Pour aller où ? Il se trouvait au milieu du rift, à 300 kilomètres de Mombasa. En supposant qu'il échappe à la surveillance des gardes, que parviendraient à faire deux éclopés comme Umberto et lui ? Et par quel moyen alerter l'extérieur ? Pearson pouvait actionner les canons à tout moment. Seule la présence d'Élus au-dehors le freinerait et, au niveau 2 où il venait d'arriver, des milliers se montraient. Bientôt, tous seraient en sécurité, et le maître d'Absoluta n'aurait aucune raison de ne pas faire ce qu'il avait annoncé. Dorian en conclut qu'il fallait détruire le nid de vipères de l'intérieur en perçant ses défauts. Il songea au cheval de Troie. Ulysse avait vaincu le roi Priam en étant dans la place. Lui, il devait en apprendre le plus possible afin d'en tirer profit. Et la meilleure façon était de faire patte de velours…

— Qu'est-ce que cela ? demanda-t-il d'un air intéressé au guide qui l'avait accueilli au niveau 2 et s'ajoutait aux gardes.

— Le canal de la Mer, répondit-il fièrement. Il court sur plus de 100 kilomètres. Les poissons y sont élevés. Et ils sont délicieux…

Pearson avait donc réussi ce qu'il promettait à *Mammoth Cave.*

*

Le niveau 2 était dédié à la vie publique. Les aménagements et la décoration se montraient sans pareil avec les *Agoras* que Dorian avait visitées autrefois. À la périphérie, on avait aménagé une promenade d'au moins 100 mètres de large qui faisait le tour de l'immense cercle. C'était une allée forestière, éclairée comme en plein jour et cadencée de clairières où gambadaient des biches peu craintives tandis que les oiseaux perchés sur les branches ombragées d'arbres luxuriants saluaient de leur chant des promeneurs baguenaudant dans les herbes hautes. La lumière, celle d'un après-midi de juin, provenait d'immenses et puissantes lampes fixées au toit où se dessinait à 100 pieds au moins un ciel peint d'azur et d'ocre reproduisant la douceur d'un été éternel. L'éclairage modulait aussi la chaleur, selon les heures du lever ou coucher d'un faux soleil. L'intensité et la durée, expliquait le guide, variaient chaque jour afin de reproduire le cycle des saisons comme dans les serres de culture situées au niveau 5, et toute l'énergie géothermique nécessaire à une telle horlogerie climatique abondait sous le volcan, éteint depuis huit mille ans.

Après avoir traversé une clairière, Dorian jugea que la leçon était comprise – et sa jambe tirait. Pouvait-il aller au centre, entrer au cœur d'Absoluta ? Le guide acquiesça. Il avait pour consigne d'être hospitalier, et son métier était de secourir les quatre-vingt-dix mille personnes déjà présentes. L'intérieur, d'un diamètre de 9 kilomètres, apprit Dorian, était divisé en six cercles correspondant aux activités offertes aux Élus : images et musique, musées, bibliothèques, sport, zoo, restauration. Dorian opta pour les musées – on y observait le silence, ce qui aidait à réfléchir. Le guide lui conseilla celui consacré à l'art antique, et, compte tenu des distances, il valait mieux s'y rendre en *transport-service*. Il décrocha un téléphone mural. Une voiture électrique se présenta dans la minute suivante. Dorian demanda si l'on pouvait joindre l'extérieur avec ces téléphones. À quoi bon ? répondit le guide. Le musée accueillait six salles dédiées aux anciennes civilisations, des Pharaons aux Étrusques, en passant par Rome, Athènes, Babylone, les Sumériens et, si le monde n'était pas entièrement réuni, les plus belles expressions de l'art y étaient reproduites à une échelle réduite : les jardins suspendus de Babylone, le tombeau de Mausole, le temple d'Artémis, le colosse de Rhodes, la statue de Zeus d'Olympie, et, à taille moindre pour des raisons évidentes, la pyramide de Khéops et le phare d'Alexandrie.

Dorian ne s'arrêta pas pour autant sur les Sept Merveilles du monde. Ce luxe outrancier le faisait enrager. Il se désespérait pour ses semblables qui s'étaient sacrifiés, avaient tout donné, et il voyait ces Élus, allant par petits groupes, paisiblement chez eux, faisant mine d'ignorer le prix du sang et de la sueur des millions de coups de pioche qu'il avait fallu donner pour leur offrir Absoluta. Et c'est en pensant à ceux qui avaient creusé cette *Agora* que l'idée lui vint… Incertaine, et encore floue.

— Époustouflant, dit-il à l'intention du guide qui n'en attendait pas moins. Mais j'en ai vu beaucoup et j'en garde pour la suite… Quand les années me sembleront pesantes, se força-t-il à plaisanter.

Il bougea la jambe.

— De plus, elle me fait souffrir.

— Vous prendrez les ascenseurs.

*

Le guide les abandonna devant les blocs cylindriques transparents où montaient et descendaient à vive allure, et dans le plus grand silence, six immenses élévateurs capables d'accueillir dix personnes. En attendant le suivant, Dorian questionna ses gardes moins dégrossis que le sherpa.

— Je vois sur ce tableau… niveau 1. Je connais. Niveau 2, eh bien, nous y sommes. Niveau 3 ? Les soins… Mais aussi ?

— Les écoles, répondit le plus grand. Mon fils y va depuis un an.

Il était fier. Ernesto, il s'appelait ainsi, venait d'un milieu pauvre.

— Et peut-être l'université, renchérit Dorian… S'il y en a ?

— Au même niveau, assura le garde avec la même confiance.

— Niveau 4 ?

— Les habitations, se mêla l'autre en se prenant au jeu.

— Niveau 5… Laissez-moi deviner, Ernesto.

L'ascenseur arriva, un garde ouvrit la porte. Dorian ne bougea pas, faisant mine de chercher. Mais il avait visité trop d'*Agoras* pour ne pas savoir.

— Voyons voir… Eh bien oui ! Administration, services généraux… En somme ceux qui, comme vous, font tourner l'*Agora*. Poste de gardes, prison, si nécessaire, et armurerie, au cas où, même si la règle dans les *Agoras* est de ne pas porter d'arme. D'ailleurs, vous n'en avez pas…

Et on ne le contredit point. Il entra, décidé, dans le *monte-homme*.

— Quelle amusante façon de passer le temps, lança-t-il. Allons, je continue. Niveau 6, l'entrée principale et les serres de culture…

— C'est exact, dit Jörg, l'autre garde, en appuyant sur le bouton.

— Le reste est plus simple. Niveau 7, machineries et production. Et dessous, le volcan… finit-il en fronçant les sourcils.

— Vous êtes déjà venu ? s'étonna Ernesto.

— J'ai inspecté beaucoup d'*Agoras*… Et, pour ne rien vous cacher, celle-ci m'inquiète.

— Pourquoi donc ?

— Réalisez-vous que nous marchons sur la lave.

Non, ils n'y avaient pas pensé…

— Je songe surtout à l'armurerie. J'espère au moins qu'il ne reste rien de la dynamite qui a servi à creuser la caldeira.

— Bien sûr que si ! se tendit le père du jeune scolarisé.

— Une caisse ou deux ?

Ils se regardèrent. C'était beaucoup plus…

— J'en parlerai à qui de droit, mais surtout silence. Il ne faudrait pas inquiéter les Élus alors qu'il n'y a sans doute aucun danger.

L'ascenseur s'arrêta. Niveau 3. On le conduisait à sa chambre quand, soudain, il se décida. Inutile de faire attendre son hôte plus longtemps. Il savait quoi lui répondre. On remonta donc aussitôt.

*

— J'ai encore besoin de réfléchir…

Pearson grimaça. Ce gamin coriace reprenait-il le dessus ?

— D'un autre côté, il s'agit de la vie de ma mère. Aussi, je promets de lui écrire. Puis, elle décidera.

— Vous avez fait un excellent choix, répondit sobrement le maître d'Absoluta qui, intérieurement, exultait.

— Mais que dire. Cette lettre est…

— Délicate ? proposa-t-il sur le même ton doucereux.

— Songez aussi qu'elle n'a reçu aucune nouvelle depuis des jours… Aussi me voir débarquer par le truchement d'un de vos courriers… Mon message va la surprendre, et vous disiez qu'elle ne disposerait que d'une heure.

— Que proposez-vous ? s'impatienta Pearson.

— Déjà, un télégramme pour la rassurer… Et dès aujourd'hui.

— Vous écririez quoi ? se tendit-il.

— « Tout va bien. » Et j'ajouterais qu'il fait chaud pour qu'elle me croie à Mombasa.

— Ensuite ?

— Oui, je lui écrirai une longue lettre, mais quel sens donner à mes mots ? Il me faut du temps pour décrire ce que je n'ai qu'entraperçu…

Le jeune Lefranc était impressionné. Tous l'étaient. Lui aussi plierait.

— Comment présenter ce monde ? réfléchissait Dorian à haute voix.

Il en parlerait bientôt comme du sien. Et sa mère le suivrait.

— L'exercice n'est pas simple… Ne me forcez pas la main.

Ce gamin autrefois rebelle négociait par fierté, se rassura Pearson, pour se convaincre qu'il n'avait pas cédé trop vite. Et un bon arrangement exigeait un donnant-donnant.

— Vous devez en effet en voir plus. Je vous accorde donc un délai.

— Et pour le télégramme ?

— Proposez-moi votre texte.

— « *Suis vivant. Chaleur du diable. Peux rien dire de plus.* »

Difficile de faire plus concis. *Vivant…* Évident. *Chaleur du diable…* Il s'agissait de Mombasa, et Pearson ignorait la légende de Kimani, le pêcheur Turkana du lac anam Ka'alakol à propos de Menengai.

— *Peux rien dire de plus…* Est-ce bien utile ?

— Ma mère a l'habitude que je lui écrive davantage. J'y vois aussi le moyen de la préparer à entendre autre chose. Peut-être faut-il que je sois plus précis. « Ne peux rien dire de plus *pour le moment* », n'est-ce pas mieux ?

— Ne changez rien, décida Pearson en signe d'apaisement.

— M'assurez-vous qu'elle recevra mon message ?

— Envoyons de suite. Je fais venir le télégraphiste.

À midi quinze, le télégramme partit ; à vingt, Elizabeth le reçut au *Petit Journal.* À trente, Buckle était informé ; à quarante-cinq, Pierre, en discussion avec l'astronome Pavel, avait deviné que son fils était prisonnier.

— Quand pensez-vous écrire à votre mère ?

— Je vous l'ai dit. Je dois encore découvrir ce monde et, pour cela, me sentir plus libre. D'ici l'arrivée de votre courrier à Paris, le 5 mai, il reste assez de jours pour que je compose *mon* message à *ma* façon.

Une dernière estocade, une manière de ne pas s'avouer vaincu. Et Pearson savait mettre de l'eau dans son vin quand il le fallait.

— Soit, soupira faussement ce dernier. Vous logerez désormais au niveau 4.

— Et pour Umberto ? Sa vie est bien sauve ?

— Je vous autorise même à le voir, fit-il mine de s'incliner.

Il fallait bien montrer sa bonne volonté.

*

À peine sorti, Dorian se précipita au chevet de son ami milanais.

— Nous sommes chez le diable…

— Que dis-tu ? chuchota-t-il en se signant.

— Et nous allons le déloger de chez lui. Peux-tu te lever ?

— Je marcherais sur l'eau, grogna-t-il en se redressant. Détache-moi et remets l'attelle. Serre plus fort, si le diable est à mes trousses…

51

Pearson avait respecté l'accord. Les jours suivants, Dorian avait circulé sans contraintes dans l'*Agora* en compagnie d'Umberto, qui jamais ne se plaignait. Mais ils marchaient peu, les *transports-service* s'arrêtant au premier signe de la main. Malgré l'horreur et le dégoût que leur inspirait Absoluta, ils étaient impressionnés par sa providence. Il ne manquait pas même un cinéma de dix mille places proposant chaque jour un film différent. Pour renouveler la filmothèque comptant plus de mille titres, un plateau de tournage avait été construit, l'allée forestière servant de décor naturel. Le 23 avril, ils s'étaient mêlés aux oisifs venus assister au premier tour de manivelle d'un film en costumes tiré de la tragédie de Phèdre, épouse de Thésée qui, prisonnière de la fatalité, s'évadait par la mort. Dorian aussi était enfermé dans un dédale de sentiments contraires dont la seule issue consistait à se sacrifier pour ne pas offrir à Pearson le plaisir de se croire maître du destin de sa mère, de son père et du sien. Mais avant de fuir glorieusement Absoluta, il se vengerait.

*

Les Élus allaient et venaient, apprenaient à s'occuper à ne rien faire, laissant croire qu'ils ignoraient le sort prochain des frères humains qu'ils avaient quittés. Parfaitement sereins, entre initiés, ils se saluaient de hochements de tête entendus, se donnant des rendez-vous pour plus tard, pour demain, parfois sans date précise puisqu'ils avaient du temps. Les espaces publics se vidaient aux heures des repas, chacun rejoignant sa table, sa place, sans jamais quitter le niveau 3, et retrouvant ainsi un entourage désormais familier. Les restaurants se remplissaient au fil des jours. Le nouveau *Lucania* faisait peu à peu le plein, le départ de la « croisière » ne tarderait plus.

Ventres pleins, souvent de choses épicées et délicieuses, ayant pour seul projet la vacuité, les Élus s'abandonnaient à l'indolence avant de se rendre au concert, au théâtre, à la salle de cinéma, et c'était toujours ainsi jusqu'à l'extinction artificielle des feux, comme si la vraie nuit continuait d'exister. Patience, semblaient-ils se dire, puisque la Terre, après un *petit bond* lui permettant d'éviter Wildcat, retrouverait sa sérénité. Quelques années de cure, installés dans le confort d'Absoluta, et les cent mille Élus prodigues profiteraient pour eux seuls et sans compter de l'abondance de la planète-mère.

*

Ce 23 avril à midi, un mercredi, un homme affable s'était invité à la table de Dorian et d'Umberto avec autorité. Il s'était présenté comme le chef des actualités filmées, supposées informer des Élus n'ayant que ce moyen de savoir de quoi était faite leur vie commune. Ce journal sans grande originalité était projeté en première partie des spectacles. On y présentait les nouveaux, débarquant du train, souriants et bien habillés. Suivaient au choix des images sur une exposition, un cultivateur récoltant 2 tonnes d'invertébrés… Et aucun mot sur le monde extérieur. Après ces sujets fades, Pearson, impérial, se montrait à l'écran, serrant les mains de ses complices tel le curé de village saluant ses ouailles aux vêpres. Sur la fin, un décompte apparaissait – vingt-cinq jours avant le 18 mai. Le lendemain, ce serait vingt-quatre. Les Élus applaudissaient. Jusqu'à ce que l'image de Pearson disparaisse, Dorian fixait son visage ridé, ce regard dur et sans émotion divinisant la mort. Le loup suprême commandant sa meute. Dans la salle, la lumière artificielle revenait, et le prisonnier se demandait combien de temps s'écoulerait avant que le maître d'Absoluta n'exige sa lettre. Si son plan était prêt, il manquait l'essentiel pour l'exécuter : la « clef » qui lui permettrait de sortir avec honneur de ce labyrinthe.

— Richard Kellewing, s'était annoncé l'inconnu en s'asseyant à la droite d'Umberto. Bienvenue à la presse écrite.

Il savait donc qui ils étaient et ne s'en étonnait pas plus que de la façon dont ils avaient « débarqué ». De quoi encore était-il au courant ? Il leur avait fait comprendre que « leurs histoires » l'intéressaient peu. Lui, il manquait de têtes, se disait débordé. Le rythme de travail était écrasant. Et, sans plus de préalable, il leur avait proposé de rejoindre son équipe. Il n'y avait rien de savant pour de bons journalistes – compliment appuyé d'un clin d'œil. Il s'agissait de livrer quotidiennement des bonnes nouvelles. Les sujets fourmillaient au niveau 3, dans les musées, les théâtres, dans les clairières – ce matin, un faon était né – ou dans les assiettes. Le reste, les cancans, les bavardages – on annonçait un premier mariage –, se trouvait en puisant à la source principale : chez les gardes qui, eux, surveillaient tout.

— Un « bout d'essai », ça vous dit ?

Il ajouta que c'était « toujours mieux que de ne rien faire ».

Lui était arrivé à Absoluta voilà six mois et « n'avait pas vu passer le temps ». En quelques heures, avait-il expliqué, les nouvelles recrues apprendraient à se servir d'une caméra.

— Le plus important, c'est de ne pas gâcher la pellicule... et aussi de régler la lumière. Vous verrez, ça vient vite...

Ils avaient dit oui, et sûrement pas pour les raisons avancées par le chef des actualités. À peine sorti, l'Italien s'était frotté les mains. Qu'y avait-il de mieux pour s'imprégner de l'*Agora* et se mêler à tout ? Dorian avait calmé son ardeur. Pearson était à la manœuvre. Il voulait qu'ils soient occupés et pourquoi pas séduits – et, ainsi, il les espionnait.

— À nous d'être plus malins que le diable, marmonna Umberto.

*

Le 25 avril arriva sans qu'ils aient revu Pearson. Au matin, ils s'étaient rendus à la banque, voisine du casino, ces établissements étant la meilleure façon d'expliquer le fonctionnement d'Absoluta. Le principe d'égalité encouragé par la Société pacifique n'avait plus sa place. L'argent-roi était de retour. La banque du niveau 3 en était la preuve éclatante, comme les lettres dorées de son enseigne. On entrait simplement, un employé se présentait et proposait d'ouvrir un compte. Dorian avait parlé du contrat avec le service des actualités et cela avait suffi pour leur faire crédit. La banque regorgeait d'argent grâce aux dépôts des Élus qui, en échange, jouissaient des intérêts de leur rente – les autres, médecins, ingénieurs, cuisiniers ou encore journalistes… les productifs, en somme, vivant de leur travail. Aux Élus se joignaient donc dix mille employés qui, à l'exception des deux cinéastes novices, avaient été aimantés par l'argent comme le papillon se laissant gober par la lumière. Le contrat de ceux-là était clair : un voyage sans retour. Ils avaient dit adieu au passé sans regret car ce qu'ils avaient connu du reste du monde ne se comparait pas à Menengai. Certains, les ingénieurs en particulier, étaient là depuis dix ans. Mais n'y avait-il jamais eu quelqu'un atteint du mal du pays ? aurait pu demander un journaliste à Pearson si la liberté d'informer avait existé à Absoluta. On ne retient personne, aurait-il sans doute répondu, gardant bien sûr pour lui que le rift qui entourait la caldeira était plus vaste et plus dangereux que le royaume du diable.

*

Le travail des jeunes recrues avait débuté le 26 avril au matin. Ils avaient filmé l'indigent spectacle de l'arrivée du train 12397. Les Élus se plaignaient de la chaleur, des bestioles qui couraient dans les wagons, et leurs enfants boudaient. Un septuagénaire bedonnant avait éteint à regret un long cigare de La Havane. Umberto avait saisi les seules mines réjouies puisqu'il ne fallait montrer que « le bonheur », puis ils avaient remballé le matériel. Un travail plus intéressant les attendait.

— Tu as vu les barbelés entourant le volcan, avait chuchoté Dorian en retournant dans l'*Agora*.

Peut-être pouvait-il tenter de fuir, cette nuit ou une autre, mais il fallait d'abord s'occuper de Pearson.

— Des pinces coupantes, ça fera l'affaire, avait répondu Umberto, plus décidé que jamais en rentrant dans l'ascenseur.

Ils s'étaient arrêtés au niveau 5 dans l'espoir de croiser Ernesto et Jörg, les gardes qui avaient encadré Dorian le premier jour. Il n'y avait rien d'étonnant à voir par ici des journalistes des actualités. Au bureau central de l'administration, on avait l'habitude de croiser les « chercheurs d'images », toujours sur le vif afin de nourrir le film du soir. Un gradé vérifia sur une liste. Ses subordonnés venaient de finir leur service.

— Et demain ?

Ils étaient au repos jusqu'à lundi.

— Des gens pour vous renseigner, ça ne manque pas ici… Je vous appelle quelqu'un.

Dorian cacha sa déception.

— C'est aimable… Mais nous repasserons lundi. Bonne journée.

Qu'avaient-ils donc de particulier, Jörg et Ernesto ? s'interrogea le chef. Il haussa les épaules, le téléphone sonna. D'autres chats à fouetter…

Dorian et Umberto remontèrent au niveau 3. Pourraient-ils tenir jusqu'au lundi 28 avril, puisque les gardes jouaient un rôle dans leur plan, sans alerter Pearson ?

52

L'astronome Pavel n'était pas parti pour l'Oural, au pied du mont Iamantaou, non loin de la grotte Kapova. À son retour d'Oxford, le 22 avril, il avait obstinément refusé de quitter Moscou, retardant son départ vers l'*Agora* Nobel. Il s'était enfermé à l'observatoire de l'Institut astronomique du professeur Perevochtchikov et vérifiait depuis, pour la millième fois, ses calculs. Quand il arrêtait de griffonner, Pavel coinçait l'œil droit dans le télescope. Et notait : « *27 avril. 8 : 04, heure de Greenwich. Progression accélérée de l'astéroïde Wildcat. Collision inévitable le 12 juin 1924.* »

Et il priait avec la foi du Slave pour que sa prédiction soit juste.

*

Pierre Lefranc avait eu raison de lui interdire de parler de ce qu'il croyait savoir. Trop d'incertitudes… Trop de faux espoirs… Il fallait que la lente migration vers les *Agoras* se produise et que les Terriens aillent au bout de leur chemin. Le Russe observa encore Wildcat qui, bientôt, serait visible à l'œil nu, et remarqua un changement imperceptible pour le profane dans l'aspect et la taille démesurée de l'astéroïde. L'astronome y vit un indice qui renforçait sa théorie.

Il reprit ses calculs, les affinant jusqu'à conclure que l'astéroïde, du fait de son évolution, entrerait en contact avec la Terre dès l'aube du 11 juin. La vie venait encore de raccourcir. Mais Wildcat était bien le seul à décider de son destin. Il se moquait des hommes et ne rêvait que de dévorer ce globe appétissant. Il fonçait, voilà tout, et de plus en plus vite, ignorant les heures, les dates dont Pavel lui-même finissait par se méfier.

53

Pearson avait passé la semaine la plus détestable de son existence. Il y avait d'abord eu la panne de train. Deux convois immobilisés, trois mille Élus bloqués. Ensuite, les caprices des hôtes triés sur le volet qui avaient décidé de lui compliquer la vie pour de ridicules détails domestiques. Les uns se plaignaient d'être mal logés – pas assez grand, confort sommaire, lits durs, voisins bruyants, trop de passage dans les couloirs, éloignement des ascenseurs… – et cette scandaleuse interdiction de fumer ! Ils avaient payé cher, s'emportaient-ils. Et où se trouvaient leurs précieuses malles dans lesquelles s'entassaient tableaux, bijoux et or ? D'autres regrettaient de ne pas profiter de plus de loisirs. Tudieu, ce n'était pas un hôtel ! Et qu'auraient-ils dit s'il leur avait fallu s'entasser dans une vulgaire *Agora* ?

Mais la vraie raison de sa mauvaise humeur nichait ailleurs. Dans le silence de Dorian Lefranc.

Au début, tout s'était déroulé à merveille. Lui et son inutile ami milanais avaient accepté de travailler pour les actualités du jour. Et il se réjouissait d'avoir eu cette idée. S'ils ne s'étaient pas intéressés au journalisme, il y aurait eu de quoi s'inquiéter, la preuve que le fils Lefranc ne s'intégrait pas, ruminait. Qu'il allait refuser le pacte. Sur ordre, on l'avait accueilli à bras ouverts, engagé et formé sur-le-champ, lui versant une avance qu'il avait dépensée en vêtements. C'était bon signe. Encourageant… Mais pourquoi n'avait-il toujours pas donné sa lettre ?

Dix fois, Pearson avait été tenté de le convoquer dans son bureau. Mais céder à l'impatience était une preuve de faiblesse. Il fallait que le séditieux, drapé dans son arrogance, se rende à lui, qu'il avoue sa défaite et qu'il le supplie ensuite d'accueillir sa mère. Le plus grand moment de jouissance viendrait lorsqu'il lui répéterait que son père était condamné, déjà mort… Comme l'insupportable Buckle et tous ses fifrelins de journalistes. Ensuite, il compterait ses Élus et fermerait le dôme, puis il ferait exploser la *supra nitroglycerina* depuis son bureau. Et il songeait à convier de force Dorian Lefranc au poste de commandement afin qu'il réalise encore plus cruellement la portée de son choix et en soit rongé à jamais.

Mais ce n'était ni le jour ni l'heure, même si l'impatience montait. D'abord, il voulait la lettre, caprice d'un vieillard à qui la vie avait toujours tout cédé. Et rien ne venait… Pourtant, il était certain que Dorian Lefranc se plaisait à Absoluta, goûtant à ses plaisirs tel Adam croquant la pomme. Si le poison agissait, ses effets se révélaient trop lents. Demain, quel jour serait-on ? s'interrogea-t-il. Comme les autres, il souffrait du mal qui, insidieusement, altérait ses repères. La nuit, le jour, parfois il les confondait. Dimanche, se souvint-il en forçant sa mémoire, le 27 avril. Dernier délai, lundi 28.

Il aurait la lettre ! Ensuite, il prendrait le Zeppelin et porterait lui-même la missive à Elizabeth Storm. Il était convaincu d'être le meilleur des courriers et voulait détailler son visage au moment où elle découvrirait les mots de son cher fils. Et, non, cela ne le contrariait pas de quitter Absoluta puisqu'il devait se rendre à Londres pour la tenue de la réunion retardée depuis le 15 avril à cause du détour à Menengai afin d'accueillir comme il se devait Dorian Lefranc. Pearson ne craignait rien de l'ultime rendez-vous avec ceux qui lui avaient offert, le 3 novembre 1894, au 12, New Bond Street, le droit de bâtir Absoluta. Combien étaient morts ? Il commença l'énumération ; à la moitié, il renonça. Lui était une sorte de survivant, respecté et parfois craint par les nouvelles générations qui n'avaient fait qu'hériter. Lui, le bâtisseur, conclurait sur un rapport excellent, accueillerait ensuite, et modestement, la salve d'applaudissements et saluerait. L'accord du départ était appliqué en tout point, même le *tertio*. Et son testament tiendrait sur une ligne : *Pour héritage, j'offre le nouveau monde aux Élus et rends la Terre à la Terre.*

Puis il se rendrait à Paris, accompagné de son service d'ordre, au cas où il devrait faire face à Pierre Lefranc – ce qu'il souhaitait, en vérité. Et tout irait pour le mieux.

Restait toutefois la décision d'Elizabeth Storm, puisqu'il s'entêtait à l'appeler par son nom de jeune fille. Mais forcément elle dirait oui, il n'en doutait pas – et pour une raison que lui seul connaissait. Si elle refusait, son fils adoré mourrait. Il le lui révélerait après la lecture de la fameuse lettre. Et qui donc sacrifierait-elle ? L'époux, en l'abandonnant, ou le fils, en renonçant à le rejoindre ? L'amour maternel l'emporterait à coup sûr, mais ses remords seraient immenses, et elle aussi aurait l'éternité pour s'en vouloir.

*

— Mais que fait-il ? Pourquoi ne cherche-t-il pas à me voir ?

Les délices d'Absoluta n'étaient pas inépuisables. Si lundi matin il n'avait rien, il convoquerait Dorian Lefranc pour un ultimatum.

54

Ils s'étaient présentés à huit heures à l'étage des gardes. Depuis leur entrée dans l'*Agora*, Umberto et Dorian s'intéressaient peu au temps. Mais, lundi 28 avril, chaque minute, chaque seconde seraient leurs alliées ou leurs ennemies. Ils devaient faire vite.

Ces journalistes des actualités – avec tout leur attirail, caméra, pieds et éclairage – venaient voir Ernesto et Jörg. Qui furent étonnés et un peu gênés de recevoir dans un local exigu où l'on tenait à peine à quatre. Mais ici, au moins, nulle oreille indiscrète… Leur chef n'avait pas annoncé leur visite parce qu'on ne se croisait pas les jours de congé, et il débutait son service plus tard. Bonne idée, se rassurait Dorian, ces deux-là n'avaient pu gamberger. La surprise passée, Ernesto, le père de l'écolier, s'était réjoui de saluer de nouveau le Français. Parce qu'un garde n'ignorait rien, il savait qu'il travaillait au service des actualités, la meilleure preuve qu'il n'avait rien de grave à se reprocher, le reste n'étant pas son affaire. Il arrivait que des gens demandent à repartir. On les surveillait jusqu'à leur départ, et l'expulsion ne traînait pas. Ils reprenaient le train, encadrés de mercenaires venus de Mombasa. Parfois, comme avec ce journaliste, les choses s'arrangeaient. Ils décidaient de rester et reprenaient leur place. Les décisions du niveau 1 échappaient aux gardes du niveau 5, mais les personnes qui traitaient avec le sommet relevaient des cas importants. Et puisque ce Lefranc était là, libre, décidé et assermenté, muni de ses appareils et accompagné d'un Italien qui boitait et souriait à la fois, à quoi bon s'interroger ?

Ce jour-là, Ernesto ne manquait pas de bonne humeur. Hier, il avait profité des siens et, la veille, son fils avait rapporté d'excellentes notes. Son épouse se réjouissait d'habiter au niveau 5, de se savoir appréciée des voisins, de se promener le dimanche dans l'allée forestière dont elle n'avait pas encore fait le tour. Ils n'étaient là que depuis deux mois, arrivant de l'*Agora* de Rangwe où Ernesto et d'autres avaient été débauchés en récompense de leur travail. La proposition d'un contrat à vie ne l'avait pas effrayé, et la promesse de retrouver son ami et collègue Jörg, disparu un an plus tôt sans savoir qu'il se trouvait à 2 ou 300 kilomètres de Rangwe, l'avait rassuré. Pardi, quelle surprise, quand il avait découvert Absoluta dont il ignorait l'existence – et c'était mieux ainsi. Ceux qui n'y habiteraient jamais ne devaient pas savoir. Ernesto faisait la différence avec Ranwge. C'était comme comparer un palace à l'hôtel de la gare de Kreuth, son village, en Bavière. Des cancaniers racontaient que les *Agoriens* d'Absoluta sortiraient plus vite à l'air libre qu'ailleurs. Des sornettes ! Ici ou là, l'astéroïde frapperait pareillement, et tous seraient forcés de vivre à l'intérieur très longtemps. À une différence… Absoluta ressemblait à un paradis, et il se moquait d'y rester jusqu'à plus ou moins l'éternité, tant que sa famille mangeait à sa faim, bénéficiait de l'école et des soins gratuits, dormait dans un bon lit. Ernesto ne profitait pas du théâtre et du cinéma, mais ses fils y auraient droit car, en s'instruisant, ils deviendraient ingénieurs et occuperaient les meilleurs postes d'Absoluta.

*

— Vous venez prendre des images de nous ? demanda Ernesto à Dorian puisqu'il se voyait déjà au cinéma…

— Un jour, nous ferons le sujet sur votre travail. Mais aujourd'hui, ce qui nous amène est grave.

— De quoi s'agit-il ? blêmit-il.

— La dynamite. Nous devons la filmer…

— Mais pourquoi ? J'en ai parlé à mon chef… et il m'a répondu que ça ne risquait rien.

— Vous aviez promis de ne pas dire un mot, se tendit Dorian.

— Il a juré que c'était sans importance, répéta-t-il plus durement.

— Ernesto, puis-je vous confier un vrai secret, et cette fois, m'assurez-vous de le garder pour vous ?

— Annoncez toujours, répondit-il prudemment en jetant un coup d'œil en direction de Jörg.

— Moi aussi, je vous ai trahi…

— Pardon ?

— J'ai parlé à monsieur Pearson de cette affaire de dynamite… Et il ne pense pas comme votre chef. Il m'a même demandé de lui préparer un rapport.

— À vous ? Pas à ses ingénieurs ?

— Ne vous ai-je pas informé que je connaissais ce sujet aussi bien qu'eux pour avoir rencontré ce problème ailleurs ? Eh bien, monsieur Pearson exige une enquête, et mon point de vue lui semble primordial. Et ce n'est pas à vous de juger ses choix !

— Non, bien sûr, mais…

— Nous allons photographier, filmer le stock et la façon dont il est rangé afin que des experts étudient *de visu* la situation sous la gouverne de monsieur Pearson.

De visu, ni Ernesto ni Jörg ne connaissaient. Mais à quoi bon filmer ou photographier, il suffisait de descendre ?

— Ils viendront, n'en doutez pas, si la situation est grave et, pour en juger, il importe de l'analyser. En toute discrétion. Monsieur Pearson ne tient pas à ce que des ingénieurs débarquent ici, groupés et en fanfare, ce qui donnerait une allure officielle et dangereuse à cette affaire. Avant de décider de ce qui doit être fait, il organisera une réunion discrète et sans témoin dans son bureau, entouré de ses experts, en s'appuyant sur des éléments indiscutables : les images. Le voyez-vous étudiant ce sujet au vu et au su de tous ? Supposez qu'il y ait danger, qu'un des ingénieurs déclare à haute voix qu'il existe une menace et que l'information tombe dans l'oreille d'un bavard tel que vous ou votre collègue Jörg... Imaginez la panique si le bruit circule, s'amplifie, se déforme, se propage à tous les niveaux dans un espace clos comme Absoluta. Souhaitez-vous, monsieur le garde, le désordre et la confusion chez les Élus ?

— Non, bien sûr...

— Il faudra sanctionner les responsables, poursuivit Dorian aussi fermement, et ne comptez pas sur moi pour vous défendre puisque je sais à présent que vous êtes incapable de tenir votre langue.

Ernesto était secoué. La peur de devoir quitter Absoluta à cause d'une faute le tenaillait. Mais il n'y croyait toujours pas. Et Jörg non plus.

— On va attendre le chef, il sera là dans une heure. C'est mieux...

— Je suis pressé ! Monsieur Pearson m'attend, répliqua sèchement Dorian. Aussi, nous allons procéder autrement. Appelons-le.

— App... Appeler monsieur Pearson ?

La journée avait bien commencé, et le ciel lui tombait d'un coup sur la tête.

— Mais... Il est trop tôt, se défendit l'autre. On ne peut pas le déranger comme ça...

— Moi, si. J'en ai le droit ! Est-il seulement possible de contacter ses appartements depuis un téléphone de ce fichu niveau ?

— Seulement en cas d'urgence...

— C'en est un. Contactez-le !

Le ton était solide, menaçant. Le journaliste semblait sûr de lui. Et la meilleure façon de vérifier son histoire, c'était en effet de joindre monsieur Pearson.

— Pour lui dire quoi ? tenta une dernière fois Ernesto.

— La vérité. De manière synthétique, s'il vous plaît. Expliquez-lui que je suis en train de faire ce qu'il m'a demandé, et restez discret sur la raison de votre appel au cas où il ne serait pas seul. Ajoutez que j'en ai encore pour une heure et que je demande à monter le voir après avec la lettre.

— La lettre ?

— Bon sang ! Ernesto, vous n'y mettez pas du vôtre... Me voyez-vous en train d'écrire un long rapport en moins d'une heure, attendu que je devrais ôter de ce temps celui que je perds à vous expliquer ce qui est simple comme bonjour alors qu'il suffirait de filmer et de vous laisser en paix ? Monsieur Pearson exige un compte rendu de nos observations *in situ* guère plus long qu'une lettre, comprenez-vous enfin ?

— Oui, à part *in situ*, je comprends.

— Sur place, si vous préférez... Pour le reste, il y aura ce que nous allons filmer maintenant... Est-ce enfin clair pour vous ?

— Oui, c'est clair, consentit à regret Ernesto.

— Alors, nous y allons ?

— Où ?

— À l'armurerie, voyons !

— D'abord, on va téléphoner à monsieur Pearson, intervint Jörg.

— Eh bien, qu'attendez-vous ? lâcha Dorian d'une voix soudainement blanche.

55

Dehors, à l'extérieur du volcan de Menengai, le lieutenant Keller distribuait les rôles.

— Vous deux, vous découperez les barbelés.

Dans deux heures, lundi 28 avril, on lancerait l'attaque. Il était sept heures. Un horaire pas choisi au hasard. Les deux soldats envoyés en éclaireurs avaient noté qu'un nouveau train se présentait toutes les trente minutes. Chaque fois, six cents personnes, environ, en descendaient. Le quai était bondé, l'accueil débordé, les civils indisciplinés. Les convois précédents s'attardaient, piétinaient. Les gardes tentaient tant bien que mal de faire la police. Le plan était formidablement trop simple. On fonçait vers l'entrée, située à moins de 100 mètres. Profitant de l'effet de surprise, la première manche se gagnait. Combien étaient-ils à l'intérieur ? Ce serait un corps à corps en terrain inconnu. Keller ne donnait pas cher de la peau des huit hommes, la sienne comprise.

— Nous profiterons de la cohue pour nous infiltrer, annonça-t-il pourtant sans faiblir. Mêlez-vous le plus possible aux civils et servez-vous d'eux pour vous protéger. Selon Lefranc, les gardes à l'intérieur ne sont sûrement pas armés. Du moins, c'est la règle dans les autres *Agoras*. Certains peuvent cependant s'être fournis à l'armurerie, mais ils ne tireront pas de peur de toucher ceux qu'ils doivent protéger.

En tout cas, il l'espérait… Et s'appuierait sur un autre atout : leurs vêtements couverts de poussière et leurs chaussures de marche puisque la plupart des impétrants portaient la même tenue à l'allure coloniale. Mais la suite était surtout affaire de chance.

— Nous capturerons le maximum d'otages et négocierons Dorian Lefranc contre la vie de nos prisonniers. Pendant ce temps, Guerrini et Susini, vous partirez devant pour reconnaître le terrain. À l'intérieur, il y a beaucoup de personnes tout juste arrivées. Des visages inconnus… Les gardes ne sauront pas faire le tri, répéta-t-il. Noyez-vous dans la masse, avancez le plus possible et prenez position pour créer un front avant. Il faut isoler l'étage du bas. Ainsi, nous prendrons en tenaille ceux qui s'y trouvent. L'objectif, je le répète, est d'avoir le maximum d'otages. Et si vous tuez des gardes armés, récupérez les munitions.

Keller regarda tour à tour ses hommes afin qu'aucun ne doute de sa détermination.

— Pierre Lefranc nous a aussi appris que la machinerie et surtout la production d'énergie se trouvaient au niveau inférieur puisque c'est ainsi dans toutes les *Agoras*. Il *faut* donc que nous y pénétrions pour saboter la centrale électrique. On enfumera également, si possible, le système de ventilation. En haut, les esprits vont chauffer…

Les visages grimacèrent de plaisir… Leur lieutenant, en bon chef, donnait confiance.

— Ils ne s'y attendent pas, et ce ne sont pas des soldats… Aucune discipline ! Qu'ai-je oublié ? demanda Keller à Neri, l'un des patrouilleurs partis en repérage la nuit précédente.

— À la nuit, je me suis approché assez près du quai pour entendre un garde dire qu'il y avait sept étages immenses et qu'ils n'étaient pas assez nombreux pour tout contrôler.

— Avez-vous d'autres bonnes nouvelles ?

— Le niveau le plus important se situerait tout en haut. C'est un peu le mess des officiers, rigola-t-il.

— Nous y trinquerons ensemble, Neri !

— Affirmatif, mon lieutenant… Et je paierai ma tournée.

— Étape suivante, reprit Keller d'une voix solide. Deux hommes resteront pour garder les otages et tireront sans sommation. Le Guen et moi, nous progresserons pour faire la jonction avec le premier groupe. Lefranc et Buckle nous suivront puisqu'ils sont les seuls à pouvoir identifier Dorian… Et nous serons sans pitié s'ils ne nous le livrent pas. Croyez-moi, les otages supplieront pour qu'on nous donne ce que nous sommes venus chercher. Des questions ? Bien. Vérifiez votre matériel.

Il se releva souplement.

— Guerrini, à quand remonte votre dernière campagne ?

— Ve Révolution, mon lieutenant. Après, on a rangé les armes…

— Moi, je vous offre une belle tranche de guerre… Préparez-vous.

Mais derrière son assurance, le lieutenant Keller pensait que son plan était voué à l'échec.

56

Pearson avait été réveillé tôt ce lundi 28 avril pour être informé que la troisième épouse de Roger Clarencewall, un potentat du charbon et de l'acier, s'était brisé le pied à l'aube en descendant du train. Son mari accusait le défaut d'éclairage, elle réclamait la venue immédiate de son chirurgien new-yorkais. Et ce genre d'attitude était l'illustration des caprices des Élus à qui tout semblait permis parce qu'ils avaient l'argent. Pearson rongeait son frein. Dans quelques jours, il les tiendrait dans sa main. Prenant sur lui, il était immédiatement descendu, à huit heures, au niveau 4, fuyant le milliardaire et sa dame pour se renseigner auprès des autorités médicales.

— Est-ce grave ?

— Je pense qu'elle gambadera dans un mois... Et elle en a l'âge.

Katherine Clarencewall avait vingt-huit ans, soit quelque trente-cinq de moins que son mari.

— Je parlerai à son époux afin de le calmer. Opérez sans attendre.

— Suis-je autorisé à la bâillonner pour la faire taire ?

Killberg se permettait de plaisanter parce qu'il était bon médecin et le savait. Absoluta avait besoin de lui. Mais Pearson n'appréciait guère.

— Y a-t-il d'autres... urgences ? brisa-t-il sèchement.

— Retournez vous coucher, je m'occupe du reste.
— Je ne dors plus, Killberg. Et depuis longtemps…
— Je passerai vous voir dans la journée pour vous donner de quoi recouvrer le sommeil…
— C'est sans espoir, mais essayez tout de même.
Comment pourrait-il se détendre ? Cette nuit encore, il n'avait pu oublier Dorian Lefranc et sa mère. Mais, aujourd'hui, la partie s'achevait.

*

Il sortait du bureau de Killberg quand il lui revint que ce médecin avait soigné les deux apprentis aviateurs après leur atterrissage forcé.
— Les voyez-vous toujours ?
— Ces jeunes gens sont peu raisonnables… Ils ont disparu depuis quatre jours…
— Eh bien, l'Italien boitera le restant de sa vie. Mais sera-t-elle si longue qu'il l'espère ? Bonne journée, Killberg.
— Dites-moi, une chose me revient à propos de ces deux lascars… Dix fois, j'ai voulu vous en parler, mais j'ai trop à faire avec les exigences de vos amis, les Élus.
— Poursuivez, Killberg, cingla Pearson.
La critique n'avait pas cours lorsqu'il s'agissait de la caste.
— J'ignorais que Lefranc connaissait Menengai en arrivant ici…
Pearson se raidit sur-le-champ.
— Que dites-vous ?
— Le premier jour, alors qu'il n'était pas sorti de sa chambre de soins, et n'avait donc rien vu de l'endroit où il se trouvait, il connaissait déjà Absoluta.
— C'est impossible ! Vous vous trompez…
— Comment expliquer alors qu'il ait fanfaronné en me demandant si je l'emmenais en enfer *puisque nous étions à Menengai* ?

— Répétez, Killberg.

— Vous avez très bien entendu. Il n'est pas venu ici par hasard.

— Pourquoi ne m'en avoir rien dit ? grogna Pearson.

— Parce que je suis débordé par toutes les Katherine Clarencewall que vous accueillez chaque jour…

*

Une secrétaire choisit ce moment – il était huit heures quinze – pour passer le nez dans le bureau de Killberg.

— Sortez ! hurla Pearson.

— C'est une communication pour vous… Urgente…

— Qui ?

— Dorian Lefranc.

57

— Oui, monsieur Pearson. Il est à côté de moi. Et il m'a demandé de vous dire que… Pardon ? Oui, je vous le passe.

Ernesto tremblait comme une feuille.

— Bonjour, monsieur Pearson, attaqua Dorian d'une voix calme. Je ne vous dérange pas ? Très bien. Je termine le travail que vous m'avez demandé…

Ernesto comprit qu'il parlait à mots couverts puisqu'il fallait agir dans la discrétion.

— Dans moins d'une heure. Je serai donc chez vous à… (il se tourna vers Ernesto qui, lui, ne lâchait jamais sa montre)… neuf heures, donc… Et même avant, si je peux. […] Bien sûr, vous aurez la lettre…

Pearson raccrocha brutalement.

— Je n'ai pas encore vu la dynamite, continua Dorian en parlant dans le vide. Mais… Pardon ? Bien sûr, plus un mot au téléphone… Voulez-vous toutefois vous adresser au garde qui ne me facilite pas vraiment la tâche ?

Ernesto déglutit.

— Inutile ? Bien… Je lui dirai. À tout à l'heure, monsieur Pearson.

Et il raccrocha à son tour.

— Avez-vous les clefs de l'armurerie, Ernesto ?

— Oui, murmura-t-il.

— Passez devant…

Il ouvrit la porte du petit local. Pour s'arrêter aussitôt :

— Que dire aux collègues que nous croiserons forcément ?

— La vérité… Nous filmons le travail des gardes afin de montrer aux Élus combien Absoluta est en sécurité.

58

Pearson rongeait son frein dans son bureau. Killberg se trompait : le fils Lefranc ne l'avait pas berné. Il ne se serait pas mesuré seul et, si d'autres l'accompagnaient, ils auraient agi depuis. L'explication était plus simple et démontrait qu'il y avait trop de relâchement chez les gardes. Ceux qui avaient amené Lefranc et Mezzalira à Absoluta après l'accident d'Avion s'étaient trahis. Un de ces idiots avait lâché un mot de trop dans le véhicule. Une bévue sans importance, mais, pour l'exemple, le bavard serait puni. Pearson se rassurait ainsi. Puis le doute, insidieux, revenait et le tourmentait. Le moyen le plus sûr de trancher était de faire chercher le fils Lefranc. Et briser son élan ? Sa lettre n'était pas finie. Je termine le *travail* que vous m'avez demandé, avait-il dit. Et ce mot – *travail* – l'inquiétait davantage.

— Pour un journaliste, il n'écrit pas vite ! lâcha-t-il à mi-voix.

Un valet frappa et entra. L'avait-on appelé ?

— Sortez !

Pearson était épuisé.

Non, il ne le ferait pas monter immédiatement parce qu'il avait peur de le braquer et, pour ne pas s'avouer qu'il se sentait en état d'infériorité, il se répétait que le vaincu allait forcément au vainqueur. Ce ne pouvait pas être l'inverse. Pearson détestait attendre, haïssait l'oisiveté élevée en règle de vie à Absoluta. Et parce qu'il ne parvenait pas à laisser son cerveau au repos, il imaginait ce rendez-vous de neuf heures, l'organisait à sa façon. Il prenait la lettre. Ensuite, il intimait l'ordre au plumitif de s'expliquer sur Menengai. Par qui, comment connaissait-il le nom de l'*Agora* ? L'entretien se déroulerait dans cet ordre, selon sa loi. Seulement après, il étoufferait l'arrogance du fils Lefranc.

Pearson interrogea une nouvelle fois sa montre : huit heures trente. Attendre n'était rien, se répétait-il dans l'espoir de retrouver son calme. Ne l'avait-il pas fait pendant plus de dix mille jours ?

59

— Vous avez déjà fini ?

Il était huit heures trente, et le calvaire d'Ernesto s'achevait. Pour des raisons de confidentialité, et prenant comme prétexte qu'ils ne voulaient personne dans leurs pattes, les deux journalistes étaient entrés seuls dans l'armurerie. Ils étaient ressortis un quart d'heure plus tard avec leurs sacs chargés de leur matériel. Jörg avait jeté un coup d'œil aux râteliers des fusils. Aucun ne manquait. Les caisses de dynamite n'avaient pas même bougé. Le journaliste les avait-il seulement filmées ?

— Il nous a fallu aller plus vite que prévu à cause de vous !

— Je suis sincèrement désolé... Ce sont les ordres et...

— Mais vous avez eu raison d'être ferme, s'adoucit Dorian. On ne sait jamais. Je parlerai en bien de votre comportement à monsieur Pearson.

— Merci... barbota-t-il.

— De grâce, pas un mot à vos collègues, et encore moins à votre chef.

— Je le jure ! Et je suis sincèrement désolé de vous avoir retardé...

— Ne vous inquiétez pas. J'écris vite...

— Mais dites-moi, insista Ernesto, ce que vous avez... vu, est-ce dangereux ?

— Voici mon conseil. Si vous entendez une déflagration puissante, courez chercher votre épouse et votre fils, et sortez.

— Ce sera impossible après le passage de l'astéroïde.

— Ne vous inquiétez pas. Tout sera réglé d'ici là…

*

Les deux amis avaient rejoint les ascenseurs. Umberto monta seul dans celui qui se présentait. Il appuya sur le bouton « descente ».

— Après, tu ne m'attends pas… Tu pars, tu sors, Umberto.

— On se retrouve devant l'entrée.

— Non ! Tu t'en vas tout de suite…

La porte se fermait.

— À neuf heures quinze, ce sera fini. Tu as intérêt à te presser… *A presto !* lança le Milanais d'une voix solide. Sinon, *in paradiso…*

L'ascenseur voisin s'annonça. Dorian appuya sur le niveau 1.

À bientôt ou au paradis ? Il pariait plutôt sur le second.

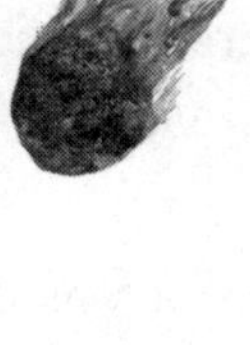

60

Un nouveau train se présentait à huit heures quarante-cinq avec quinze minutes d'avance. Les bruits couvriraient la progression des hommes. C'était le moment.

— Neri et Le Guen, découpez les barbelés, ordonna Keller.

Ils sortirent leurs couteaux dentelés coupant comme une lame de rasoir. En un éclair, ils avaient ouvert un passage assez grand pour que Lefranc et Buckle, moins agiles que les autres, s'y glissent sans effort. Les autres étaient déjà devant.

— Sans pitié, murmura le lieutenant.

La masse de ceux qui arrivaient cachait la progression du groupe, et les gardes étaient trop occupés – mais qui aurait imaginé qu'un danger surgirait de nulle part ? À 10 mètres du quai, la végétation s'arrêtait. Ils étaient visibles comme des mouches dans le lait. Un homme, à quoi bon savoir pourquoi, tourna la tête, les vit. Et hurla.

— Feu ! répondit aussi fort Keller en donnant l'exemple.

Et Buckle n'avait rien perdu de sa formation à Oxford.

*

À huit heures cinquante, Guerrini et Susini entraient dans l'*Agora*, exécutant le plan : avancer à l'étage suivant, tenir la position jusqu'à l'arrivée de Keller et de Le Guen qui viendraient en renfort. Et ainsi, prendre en tenaille les otages qui ne pourraient ni avancer ni reculer, ni même donner l'alerte.

— À terre ! Allongez-vous !

Les Élus s'exécutaient. Les gardes levaient les bras. Ils n'avaient pas d'armes pour répliquer.

— À terre, vous aussi.

L'un d'eux voulut fuir. Keller l'abattit froidement dans le dos.

— Lefranc, Buckle, avec moi. Nous entrons. Neri et Bayard, vous tenez en respect les otages et les gardes. Tirez sans sommation. *Without warning*, répéta-t-il en anglais afin de se faire comprendre de tous.

*

Il pénétra en tête dans l'*Agora*. Susini et Guerrini avaient disparu. Ils étaient à l'avant, au front, faisant barrage à une contre-attaque venue de l'intérieur. Keller n'en doutait pas. Il connaissait leur courage. Ces deux-là tiendraient coûte que coûte. L'entrée était immense, la route autant. Et vide. Elle montait. Mais derrière la courbe, que se cachait-il ? Keller vit les ascenseurs.

— Ils ont dû en prendre un pour gagner l'étage supérieur. S'ils ont pu respecter le plan, ils nous y attendent.

L'officier appuya sur la commande. Les rouages s'activèrent. Une cabine arrivait. Le dispositif n'était pas encore bloqué, l'effet de surprise fonctionnait.

— Le Guen, vous descendez. Et coupez tout dans quinze minutes. Électricité, machinerie, aération… Trouvez le moyen d'arrêter ce bazar.

— Sûr, mon lieutenant. Sinon, je demanderai poliment au premier venu, répondit-il en caressant la crosse de son revolver, modèle 1873 de la manufacture d'armes de Saint-Étienne. Et rendez-vous au mess…

La porte de l'ascenseur se referma.

— Prenons celui d'à côté.

Lefranc et Buckle s'engouffrèrent derrière lui.

— Rechargez vos armes.

Keller fit de même. Puis regarda sa montre : huit heures cinquante-sept.

Jusque-là, ils avaient fait du bon travail.

61

L'ascenseur arrivait au niveau 1, l'étage de monsieur Pearson, où tout n'était que silence et discrétion. Pas une ombre, pas un bruit, seul se faisait entendre le glissement feutré des souliers du valet sur la moquette. Dorian le suivait. La lettre se trouvait dans la poche intérieure gauche de sa veste. Il l'avait écrite la veille. Sans la retoucher. À neuf heures dix, il entra dans le bureau de Pearson. Si Umberto avait réussi, il ne lui restait que cinq minutes.

*

— Vous voilà enfin. Vous êtes en retard.

— Bonjour, monsieur Pearson. Pardonnez-moi…

Le ton était froid, mais poli. Celui du soumis. L'arrogance avait déserté ce petit être faussement rebelle.

— Avez-vous la lettre ?

— La voici.

Il sortit l'enveloppe de sa poche.

Pearson tendit la main. Celle de Dorian recula. Il venait de voir le pistolet posé sur le bureau.

— Je vous demande simplement de ne pas la lire en ma présence.

Il avait honte d'avoir cédé... Pudibonderie d'un esprit faible... Son fils n'aurait pas été ainsi.

— C'est entendu. Donnez-la-moi.

Pearson la prit et la posa à côté de son arme.

— Puis-je sortir, maintenant ? tenta Dorian.

— J'aimerais d'abord savoir comment vous connaissiez le nom de Menengai avant que nous en parlions vous et moi.

Dorian calculait que, dans une minute, Umberto agirait. Il pouvait encore s'en sortir.

— Je ne comprends pas pourquoi vous prêtez tant d'intérêt à ce détail...

Gagner un peu de temps... Il ne songeait qu'à ça.

— Le médecin qui vous a soigné prétend que vous lui avez parlé de Menengai, l'antre du diable. Qui a pu si bien vous renseigner ?

Pearson s'amusait à le voir se liquéfier sur place. Il avait repris la lettre posée sur le bureau et jouait avec. Dans un instant, il l'ouvrirait... Dorian sonda désespérément l'horloge qui battait la mesure sur le bureau du maître d'Absoluta : neuf heures vingt et une. Rien ne se passait. Umberto avait échoué. Il était coincé. Il avait perdu. Il ne s'en sortirait pas.

— Serait-ce l'un des hommes qui vous ont trouvé près de l'Avion ?

— Oui, sans doute... C'est même exactement cela.

— Vous mentez mal, jeune homme... Et comment écrivez-vous ?

Il soupesa l'enveloppe.

— Bien légère...

Il le tortura encore en prenant soin de la décacheter lentement et de tirer pareillement la seule feuille pliée en deux qui se trouvait à l'intérieur. Et consomma ainsi un temps précieux... Dorian imaginait fuir, mais Pearson tirerait. Avant d'avoir franchi trois pas, il serait mort. Et maintenant, la feuille était grande ouverte.

Ma réponse est non. Vous avez perdu.

— Qu'est-ce que… Vous vous moquez de moi ?

Et l'explosion retentit. À neuf heures vingt-cinq, précisément. Un bruit sourd venu des entrailles du volcan ; un vacarme qui montait, grossissait en gagnant le sommet et annonçait le maelström qui suivit de peu. Il y eut d'abord un silence laissant espérer que tout était fini. Puis le sol se mit à trembler sourdement, comme la colère longtemps retenue, et de plus en plus violemment. Le chaos gagnait en force, se nourrissait de sa propre frénésie. Un grand tableau de Rubens tomba sur une sculpture en bronze posée sur un meuble bas, la toile se déchira, et la collection de belles porcelaines de la manufacture royale de Meissen, exposée dans une vitrine, connut le même destin. Elle se brisa en mille morceaux. Une peur animale, irraisonnable, saisit Pearson. Il regardait le désastre sans comprendre, cherchait à l'arrêter, voulait que tout cesse ! Mais le diable de Menengai ne l'écoutait plus et, pour lui montrer qui était le vrai maître, il s'en prit aux murs, les secouant jusqu'à ce que l'un d'eux vacille et se fende. Pearson tanguait sur ses jambes, Dorian restait de marbre.

— Je vous l'ai écrit, dit celui-ci sans faiblir. Vous avez perdu.

Pearson s'accrochait vaille que vaille à son bureau, prisonnier de son âge, de ses faiblesses. Dorian lui tourna le dos pour gagner la sortie en s'accrochant d'une main au dossier d'un fauteuil, l'autre tendue vers le suivant. Mais la débâcle gagna encore en puissance, les entrailles du volcan gémissaient si formidablement que son râle monta jusqu'au sommet de la caldeira, jusqu'à la verrière zénithale donnant sur l'air libre. La pression devint infernale. Le barrage isolant la caldeira de l'extérieur commença à se fissurer. L'air libre, l'air pur s'engouffra, achevant la besogne. L'*Agora* s'éventrait, se vidait de ses humeurs. Pearson se mit à hurler, maudissant le diable et son allié Wildcat qui triomphait puisqu'il n'avait plus rien pour s'en protéger.

— Dites adieu à vos canons, sinon disparaissez !

C'était lui, encore lui ! Pearson se moquait des lourds morceaux de verre qui désormais tombaient en pluie, risquant de le toucher. Il voulait détruire celui qui le détruisait, mais la teigne fuyait, était déjà à la porte. Qui résista... Bloquée. Pearson saisit le pistolet quand l'ouverture céda, laissant apparaître une silhouette. Qu'il reconnut. Sans y croire...

— Sir Edward Pearson, vous avez perdu ! rugit Pierre Lefranc sans savoir qu'il reprenait les mots de son fils.

Et Buckle était là aussi. Il s'agissait d'une nouvelle ruse du diable. Eux tous, il allait les tuer. Il pointa son arme, la tragédie était en marche... Mais la voix de Lefranc s'éleva brusquement au-dessus de la tempête qui rongeait Absoluta :

— Vous agissez ainsi parce que vous êtes le fils du prince Dakkar, connu sous le nom de Nemo qui, armé du *Nautilus*, sillonna les océans, brisant et coulant les navires qu'il croisait pour venger le sort des siens.

L'annonce fit son effet. Pearson se figea sur place, et son index se décolla imperceptiblement de la détente.

— La haine coule dans vos veines, poursuivit son accusateur dans l'espoir de gagner du temps. Et je peux comprendre... Comme lui, vous êtes rongé par le chagrin et n'avez pu pardonner à ceux qui ont assassiné votre mère, vos frères et sœurs.

Tout était vrai, et le fait d'être démasqué ajoutait à la confusion, mais rien ne changerait dans sa décision. Pearson se cala sur ses jambes, assura sa position et releva son arme. En face, Keller le mit en joue. Lefranc leva la main, intimant à l'officier l'ordre d'attendre. Même le volcan y mettait du sien. Ses assauts diminuaient. Un cessez-le-feu se dessinait.

— Mais vous savez aussi, se décida Buckle, que votre père espéra de nouveau en l'humanité peu avant de mourir.

Pearson se tourna vers lui. Qu'inventait-il, celui-là ? Dakkar n'avait été que fureur. Il mentait !

— Il a aidé les naufragés de l'île Lincoln, poursuivit Buckle comme s'il devinait les pensées de Pearson, et regretta « *d'avoir cru que l'on pouvait vivre seul* ». Je le cite. Ce sont ses paroles[1].

---

1. Paroles rapportées dans *L'Île mystérieuse*, roman de Jules Verne faisant suite à *Vingt Mille Lieues sous les mers*. (Note de l'éditeur.)

— Il est encore temps de renoncer à la violence, ajouta Lefranc en faisant courageusement un pas en avant… Baissez votre arme.

Ce furent les mots ou le mouvement de trop. Celui qui se faisait appeler Pearson n'écoutait plus. Il revoyait la scène de son enfance. Les soldats entraient, mitraillaient, sa mère se sacrifiait en se jetant en avant pour protéger son fils… Et s'éteignait dans ses bras. Ce souvenir qu'il n'avait jamais réussi à effacer fit croître sa rage.

— Vous mourrez comme elle, grommela-t-il.

Son regard était celui du fou. Il oscillait de gauche à droite, seule la colère le faisait tenir debout. Et le volcan l'encourageait de nouveau. La pause s'achevait. Les rugissements reprirent plus puissamment, achevant la destruction. Le sol se dérobait, tout était fini.

— La vengeance… murmura Dorian. C'est donc pour elle que vous aviez décidé de condamner les hommes.

— Pas un seul ne mérite de vivre. Vous le premier !

Et il tira, les prenant tous par surprise. La première balle manqua son but, la seconde allait réussir. Pierre Lefranc se jeta alors en avant, faisant barrage à la mort qui, oubliant Dorian, choisit son père. Lui, au moins, il avait pris, grimaça le maître d'Absoluta en le voyant s'effondrer. Mais il n'eut pas le temps d'en profiter. Une épée de verre au tranchant acéré tomba du sommet de la caldeira et se planta dans son dos puis lui perça le cœur, laissant à peine le temps au commis du diable de s'éteindre dans un râle.

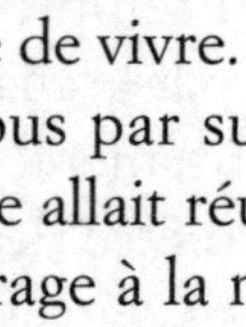

62

Le lieutenant Keller marchait en tête. Derrière lui, on trouvait Le Guen et Neri, ensuite quatre hommes, dont Dorian, portant le brancard de fortune, et Buckle qui parlait à Pierre pour le tenir en vie. Umberto et Guerrini fermaient la marche. Jusqu'au geste héroïque de Lefranc, tout se déroulait à merveille.

*

L'audace, mâtinée de chance, n'avait pas lâché la troupe. Le Guen était entré au niveau 7, dans le gigantesque sous-sol abritant les rouages d'Absoluta, sans rencontrer de résistance. Aucun garde, quelques civils seulement qui, bras levés, suppliaient qu'on les épargne… Combien se cachaient dans le méandre des allées d'où s'échappaient les bruits infernaux du ventre de l'*Agora* ?

Des blocs d'acier crachaient de la vapeur, la chaleur était insupportable, dans l'air flottait l'odeur acre de l'huile brûlée, et ici, à cent pas de Le Guen, Umberto cherchait, lui, où poser la dynamite subtilisée dans plusieurs caisses de l'armurerie qu'il avait remises en place avant de cacher son butin dans les grands sacs du matériel de cinéma.

Bien qu'ayant pénétré sans encombre dans les entrailles d'Absoluta, au nom des actualités du jour, on ne le lâchait pas, et ce n'était qu'un des problèmes : il hésitait sur la longueur des mèches, ni trop courtes ni trop longues, afin d'être ni trop loin ni trop près lorsque l'explosif sonnerait le glas. C'est alors qu'il avait entendu une voix.

*

— Qui commande ? avait beuglé Le Guen sans obtenir de réponse.

Le soldat s'était avancé jusque dans un hall immense distribuant des dizaines d'allées toutes mystérieuses, des pièges pour un homme seul. Où conduisaient-elles ? Il comptait les secondes.

— Toi ! Approche.

L'homme en tenue de travail qui avait eu le malheur de planter ses yeux dans les siens n'avait pas bougé. Le Guen avait tiré au-dessus de sa tête.

— Celui qui arrêtera les moteurs aura la vie sauve, avait-il ajouté d'une voix plus forte.

— Impossible, avait gémi sa proie, montrant ses paumes couvertes de graisse en signe de soumission. Il faut la clef. Nous dix, on fait juste la maintenance de nuit. Les autres arrivent plus tard.

— Moi, je peux, était intervenu un homme jeune en se détachant de la masse, les mains au-dessus de la tête. Et les siennes étaient propres.

Il boitait, ses vêtements n'étaient pas ceux d'un ouvrier, et lui, sans hésiter, s'était approché de Le Guen.

— Mais ce sera irrémédiable, avait-il ajouté en fixant le militaire.

— Et pourquoi le ferais-tu ?

— Pour détruire ces lieux maudits et, si c'est aussi ton projet, sois le bienvenu. J'ai vingt pains de *supra nitroglycerina* cachés derrière ce bloc. Et si tu sais comment t'en servir, c'est encore mieux.

— Qui es-tu ? avait grogné Le Guen.
— Umberto Mezzalira.
— Pardieu ! Tu es l'un de ceux que nous venons chercher.
— L'autre, ce ne serait pas Dorian Lefranc ?
— Où est-il ?
— D'abord, la dynamite. Il faut faire vite. C'est notre plan.
Le Guen lui avait donné sans hésiter une arme.
— Regroupe les prisonniers. Ils viennent avec nous. Je m'occupe de la mise à feu.

*

Le Guen avait expliqué la situation en déroulant les mèches à la façon synthétique du militaire en campagne : Avion, huit hommes, dont Lefranc et Buckle. L'entrée était sous contrôle, le regroupement se ferait au niveau 2 après la mise à l'arrêt de l'*Agora*.
— Il faut laisser fonctionner les ascenseurs. Dorian se trouve tout en haut.
Le Guen s'était aussitôt dirigé vers les prisonniers. Sans hésiter, il avait mis son arme sur la tempe du premier.
— Trois secondes pour m'indiquer ce qui alimente les ascenseurs. Je compte. Un, deux…
— Celui-ci ! avait gémi le pauvre bougre en tendant une main tremblante vers un gros cube de métal semblable aux autres.
— Surveille-le, avait conclu Le Guen sans montrer plus d'émotion.
Le reste – comment il était arrivé à Menengai ? –, ce serait pour plus tard. Le Guen avait placé les charges sur la centrale électrique la plus proche et sur les pompes qui puisaient la chaleur du sol. Il y avait aussi un puits d'où jaillissait une vapeur très chaude.
— À quoi ça sert ?
— À contrôler la température de l'eau qui vient du sol, avait répondu aussi facilement le malheureux. En dessous, il y a la lave.

— Profondeur ?
— On n'a jamais vraiment su…
Sur la base de ces informations approximatives, Le Guen avait descendu dix charges dans le puits en les reliant à la mèche. Puis il avait sondé sa montre. Neuf heures seize.
— On allume. Neuf minutes… Remontons… Vous aussi ! hurla-t-il aux dix otages. Serrez-vous…

*

À neuf heures dix-huit, ils les confiaient à Neri et Bayard au niveau 6. À vingt et une, ils étaient au niveau 5. Keller et sa troupe s'étaient regroupés près des ascenseurs. Pardi ! Pierre avait pris Umberto dans ses bras… Et Dorian ?
— Niveau 1 avec Pearson, l'avait devancé Le Guen.
— Pierre, avait murmuré Buckle. Il est temps de vous révéler ce que je crois avoir deviné à propos de ce personnage. Tout laisse penser qu'il s'agit du fils de Nemo.
— Le maître du *Nautilus* ? s'était exclamé le Français.
— Nemo était le neveu de Tipû Sâhib, sultan de Mysore, et Pearson est apparenté à ce dernier. Même famille, même lignée, il n'y a pas de doute possible. La solution était sous mes yeux, ou plutôt dans la bibliothèque, depuis trente ans. Nemo dévoile lui-même la vérité dans *L'Île mystérieuse…*
Pierre connaissait la prudence de Buckle qui ne s'engageait jamais à la légère, et lui revenait aussi le souvenir de sa visite dans les bureaux du délégué général de l'Entreprise pacifique. Ses tableaux honoraient les océans paisibles ou déchaînés, décrivant ces espaces vierges comme seul avait pu les contempler un homme ayant sillonné l'infini. S'ajoutait un bestiaire de créatures marines colossales dont on imaginait mal qu'elles pussent exister. Pourtant, Pearson avait affirmé à l'époque, prenant pour exemple la représentation d'un calmar gigantesque de 50 pieds au moins,

que ces monstres étaient réels. Les avait-il croisés en compagnie de son père ?

— Mêmes parentés, mêmes origines, avait répété Buckle, et même détestation des hommes, comme en témoigne la construction de cette cité, un gigantesque *Nautilus*, qui est à l'opposé des préceptes de la Société pacifique. Pierre, je crains le pire pour votre fils… Et je regrette tant de ne pas avoir partagé ces informations avec Jules Verne…

Lefranc avait serré les poings, plus décidé que jamais.

— Pressons, s'était mêlé Le Guen. Dans quatre minutes, c'est le feu d'artifice.

Keller avait organisé l'attaque sur-le-champ.

— Lefranc, vous me suivez pour identifier votre fils. Susini aussi. Le Guen et Guerrini, tenez la position. Tout ce qui bouge, descend ou monte, vous l'éliminez.

— Je viens avec vous, avait décidé Buckle.

Il se méfiait de la fougue de Pierre, craignait sa réaction. Il voulait encore lui expliquer que, Nemo ayant changé sur la fin de sa vie, son fils pourrait agir de même. Il espérait ainsi apaiser son ami français car le face-à-face entre les deux ennemis serait redoutable et pouvait mener au pire. « N'oubliez pas que Dorian est son otage… » Et tout n'était peut-être pas perdu si Pearson entendait que Dakkar avait choisi le camp des humains avant de s'éteindre. « Essayons d'abord de négocier… » Lefranc avait hoché la tête.

Keller n'avait pas tenté d'empêcher Buckle de les suivre. Pas le temps de palabrer, chaque seconde pesait un siècle. À neuf heures vingt-trois, ils étaient au niveau 1. À vingt-quatre, un valet les avait conduits au bureau de Pearson sous la menace d'une arme. À vingt-cinq, les charges avaient explosé. Et la porte s'était dégondée, bloquant l'entrée. À vingt-sept, Keller avait réussi à la forcer, et Pierre Lefranc était entré le premier. En se jetant en avant, il avait sauvé son fils. Et reçu la balle de Pearson en plein ventre, démontrant que celui-ci était déjà perdu à jamais et que

Buckle avait commis une erreur. Dorian s'était précipité sur son père, Keller l'avait écarté pour comprimer la blessure. Et Buckle, un excellent tireur, s'en était terriblement voulu de ne pas avoir abattu Pearson quand il l'avait eu dans sa ligne de mire.

— Susini, trouvez de quoi faire un brancard.

Cette tête solide, un Corse originaire de Poggiola, avait poussé les portes jusqu'à dénicher deux draps dans une chambre. Et ça irait, avait décidé Keller. Le sol tremblait, l'*Agora* vacillait. Pearson, fils de Dakkar et de Nemo, maudit parmi les maudits, était mort, Pierre inconscient. On l'avait porté à l'ascenseur sans rencontrer de résistance. Tous fuyaient… Par où, puisque la machinerie était hors d'usage ?

— Une route circulaire relie chaque niveau, avait annoncé Dorian.

*

Et Keller demandait déjà où trouver une voiture. Dorian s'était précipité à l'extérieur des appartements de Pearson. Un dernier *transport-service* déserté par son chauffeur attendait. À neuf heures quarante-huit, ils se regroupaient à l'entrée de l'*Agora* avec le reste de la patrouille qui tenait en respect les Élus du dernier convoi. Plus haut, un barrage bloquait ceux qui tentaient d'échapper à la fureur de Menengai. Neri avait été soulagé de voir surgir le lieutenant Keller. La situation était intenable plus longtemps. Pierre avait rouvert les yeux. Il lui fallait des soins et, dehors, se trouvaient les véhicules de brousse qui avaient ramené Umberto et Dorian à l'*Agora*. À dix heures dix, ils en avaient réquisitionné deux – et assez d'essence pour rejoindre l'Avion en moins de six heures. À quatorze heures, ils avaient embarqué. Décollé. Et Keller avait lâché un mince sourire.

— Félicitations à tous. Mais il faut sauver Lefranc.

*

À présent, ils survolaient Menengai. Le volcan crachait la lave. Il était en feu. Absoluta n'existait plus. La masse énorme, hagarde, des Élus, fuyait, perdue, orpheline du diable. Où s'abriteraient-ils ? L'Avion filait. Au loin flambait la première victime de Wildcat.

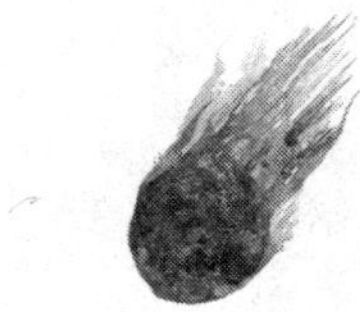

63

L'Avion s'était posé le 29 avril à Suez, soit un jour après le départ de Menengai, et c'était le nouvel exploit du lieutenant Keller qui n'avait lâché les commandes que lors d'un atterrissage de quarante minutes afin de remplir les réservoirs. Ramsès Sharif avait aussitôt pris les choses en main, confiant à l'excellence de la médecine orientale le plus important : sauver Pierre Lefranc, le second miracle étant d'avoir trouvé l'homme de la situation qui, comme son ami Ramsès, avait fait confiance à Dieu en ne quittant pas Suez. Les trois jours suivants, le blessé avait oscillé entre la vie et la mort.

Dorian ne quittait pas son père, Buckle enseignait les rudiments du bridge aux soldats Neri et Guerrini, et c'était une façon comme une autre d'épuiser le temps. Un télégramme avait été envoyé au colonel Renard : «*DL et UM libérés. PL blessé. Immobilisés à Suez pour soins. Rejoignons Satory dès que possible.*» Pas un mot sur l'Avion, ce qui signifiait que, lui, il se portait bien. Le reste devait se lire entre les lignes. Ne rien dire à propos des autres signifiait qu'il y avait «zéro perte». Depuis, le colonel Renard scrutait le ciel et ne bougerait pas de son poste avant le retour de ses hommes. D'ailleurs, irait-il, lui, s'enfermer dans l'une de ces *Agoras* ? Le dos fourbu d'un ancien cavalier ne supportait pas l'humidité, se répétait-il. Et il songeait aux confidences de

Lefranc peu avant qu'il ne parte pour Menengai… L'astronome Pavel avait-il raison ?

*

Dorian avait bien sûr envoyé un télégramme à sa mère, minorant la gravité des blessures de son père, mentant même le 3 mai en inventant ce message qu'il avait écrit à la place de ce dernier : « *Nous avions raison sur la cité des Élus, et George ne mesure pas son plaisir. Il a trouvé qui se cachait derrière Pearson. Il jubile, ce qui, vous en conviendrez, dénote une grande excitation. Il tient à vous apprendre lui-même qui était vraiment cet être maléfique. Je lui dois ce plaisir. Il faudra donc attendre notre retour qui tarde un peu car je me repose pour vous revenir en forme. Ayez confiance, la Terre n'a pas dit son dernier mot, mais Pearson, oui.* Exit *ses projets les plus fous. Dorian vous embrasse. Moi, plus encore. Votre Pierre.* »

Dorian avait longuement décrit à ce dernier la terrible confession de Pearson et ce qui avait menacé les hommes. Et Pierre expliqua à son fils en retour pourquoi l'emploi de ces maudits canons serait peut-être inutile… Si Pavel ne se trompait pas.

— Vous auriez donc eu raison, voilà trente ans ? murmura le plus jeune.

Et son père ne fit que sourire.

*

Le 6 mai, le médecin qui veillait sans relâche sur le blessé ne cacha pas sa satisfaction. La plaie cicatrisait, nulle infection ne s'était déclarée ; même l'appétit revenait.

En se ménageant, il serait autorisé à quitter son lit dans deux semaines. Pierre avait hoché la tête, laissant penser qu'il s'accommodait à son sort.

— Vous êtes robuste pour votre âge, avait conclu son soignant.
— Si vous le dites, avait grogné Pierre en se levant.
— Voulez-vous bien rester couché…
Autant parler à un mur !
— Dorian, mon fils, fais venir le lieutenant Keller, s'il te plaît.

*

Après de longues tractations, on avait arrêté la date du départ au 9 mai. Et personne ne s'en était plaint. S'il avait fallu attendre plus, eh bien, on se serait arrangé. La « tranche de guerre » du lieutenant Keller avait soudé le groupe, désormais insécable. « Jusqu'au bout ensemble » était leur devise. D'ailleurs, répétait Buckle, comment *objectivement* auraient-ils fait pour se séparer ? Il n'y avait qu'un Avion, donc, il n'y aurait qu'un retour. Et tous s'accrochaient aux conjectures de l'astronome russe que Lefranc avait révélées à Keller et aux autres, puisqu'ils avaient droit de savoir.

*

Les dernières estimations de Pavel reçues à Suez par télégramme le 7 mai annonçaient que l'astéroïde heurterait la Terre le 10 juin, soit un jour plus tôt encore, l'accélération de Wildcat étant une « bonne nouvelle ». Il fallait être scientifique pour se satisfaire d'informations aussi… paradoxales. Le Russe était l'un des meilleurs, et les arguments qu'il avait déjà donnés à Lefranc à Oxford, peu avant son départ pour Menengai, militaient en sa faveur. Le reste était affaire de calculs auxquels s'ajoutait une dose de confiance au moins aussi grosse que Wildcat.

Car c'était tout ou rien, nul juste milieu, pas même une chance infime de sauver un quart ou la moitié de la population terrestre. Pavel se trompait, aucun brin d'herbe n'échapperait au « Fauve ». Mais s'il avait raison ? Seul le 10 juin fournirait la réponse, confirmant ou infirmant la thèse de William Whiston publiée en 1696 dans la *Nouvelle Théorie de la Terre* où il avait décrit les causes, selon lui, du Déluge auquel Noé, les siens, le genre animal avaient survécu en s'abritant dans l'arche, et Pavel croyait savoir qu'il existait de bonnes raisons d'adhérer à l'opinion de Whiston, ce fin mathématicien qui avait soutenu les travaux d'Edmond Halley sur le fonctionnement et la constitution des comètes.

*

Le 9 mai, trente-deux jours avant d'obtenir la réponse décidant du sort de la Terre, sept cent soixante-huit heures avant le premier ou le dernier matin de la VIIIe Révolution, ils avaient quitté Suez, abandonnant Ramsès au sort heureux que lui réservait Dieu à l'aube de la renaissance, puisque rien ne l'aurait fait douter.

L'Avion et ses passagers volaient à 2 000 pieds au-dessus de la Terre. Au jour tombant, Wildcat s'était montré, plus gros que les étoiles, plus brillant qu'un diamant. L'harmonie céleste était rompue, un corps étranger venait briser l'agencement aussi précieux que fragile qui orchestrait la scène astrale. Son envie de détruire se voyait presque à l'œil nu. Dix mille jours et quelques qu'il attendait… Mais sa quête mortifère prendrait bientôt fin.

*

Cette nuit, ils étaient encore des millions à musarder dehors, à se tordre le cou pour contempler le « Fauve » s'invitant à leur table. Il fallait dire adieu à la Terre, rentrer, s'abriter, mais nombre résistaient.

La famille Ackermann avait rejoint l'*Agora* Volta sans s'y installer. Elle ne céderait qu'au dernier moment, après s'être enivrée des belles nuits du printemps. Norman, le père de famille, ne lâchait pas le spectacle sidéral des étoiles. Fallait-il croire la folle rumeur qui circulait ? Norman songeait aux tuiles de sa grange qu'il n'avait pas réparées avant de partir. Il avait beaucoup plu en avril, l'eau était sûrement rentrée. Ce qui n'était plus important hier pouvait-il l'être demain ?

Le jeune apprenti tailleur Eliot Abberline se demandait si coudre pour les dames élégantes de la triste *Agora* Foucault basée dans les mornes steppes russes était bien la vie dont il rêvait. De plus en plus fréquemment, il regrettait sa chambre de Liverpool dont il avait décrit les moindres détails à Roselyne, sa conquise, qui se moquait de la petitesse du nid de son homme, comme d'avoir à monter six étages. Elle se disait prête à le suivre au bout du monde, et de préférence ailleurs que dans une grotte. Eliot hésitait à lui parler d'une conversation récente avec l'épouse d'un astronome exilé à Foucault. Cette femme désirait qu'il retouche une robe démodée, à défaut d'en tailler une neuve puisqu'on manquait de tissus, mais elle était aussi bavarde, et ce qu'elle avait raconté donnait le vertige. « Écoutez-moi bien, Eliot, avait-elle dit. Il se peut que nous restions moins longtemps que prévu dans l'*Agora*. Rassurez-vous, quoi qu'il arrive, je vous garderai comme tailleur. » Eliot craignait d'avoir affaire à une commère, mais, depuis, il sortait la nuit de l'*Agora* encore ouverte pour interroger Wildcat. Déciderait-il de rester là-haut ? Il tenait Roselyne par la main, imaginait leur vie s'ils étaient épargnés. La Société pacifique avait changé tant de choses en bien. Bercé par cette promesse, il rentrait avec Roselyne dans une chambre aussi minuscule que celle de Liverpool, et qui était aveugle. Et il comptait les heures, les minutes jusqu'à la nuit suivante, découvrant que Wildcat avait grossi. Approchait. La femme de l'astronome mentait. Tout aurait pu être mieux qu'avant, se répétait-il, si le « meilleur de l'homme » l'avait emporté.

*

À l'aube du 10 mai, l'Avion poursuivait sa course dans ce monde déserté par les hommes où pâturaient des troupeaux libres et en paix. Les oiseaux filaient droit devant, fuyant l'aéroplane, rival du ciel. Ni la faune ni la flore ne se méfiaient de la luminance dévorant peu à peu le ciel. Noé ne les avait pas alertés.

Wildcat se voyait à présent en plein jour, cisaillant l'azur d'innombrables esquilles argentées, enrubanné dans un épais nuage de vapeur qui trompait le profane sur la distance et le volume de l'objet. Le Russe Pavel, l'œil droit vissé à sa lunette, détaillait « le Fauve », calculait sa vitesse, appréciait sa taille et, plus encore, s'interrogeait sur sa nature. Chaque jour, les données évoluaient. Et il n'était plus le seul à penser que des changements notables s'étaient produits.

Les observatoires de Rome, Paris, de Santiago, d'Alger, du Cap, de Londres, d'Helsinki, de Pékin, de Sydney avaient repris du service… Le télégraphe crépitait, et la nouvelle se propageait.

— C'est de la glace… avait murmuré Pierre Lefranc qui, calé dans l'Avion, ne lâchait pas des yeux Wildcat. Pavel a vu juste…

*

Voilà qui expliquait le halo immense qui enrobait « le Fauve », une masse sublimant la glace dont était formé le noyau et se prolongeant par la queue de sa chevelure d'une longueur… Pavel l'estimait à 80 millions de kilomètres. Mais elle aurait pu faire le double. Tout comme sa chevelure, cette pluie de poussières se diluerait dans l'atmosphère ou ne ferait que caresser la Terre.

Restait le noyau dont Pavel et ses confrères appréciaient mieux l'importance depuis que Wildcat était devenu un voisin familier. Sa taille diminuait parce qu'il était de glace. Pavel en déduisait que, en se frottant à l'atmosphère, ce qu'il resterait du noyau se réchaufferait, deviendrait eau, tombant alors sous forme de trombes colossales. Un accident formidable certes, mais comme l'avait déjà vécu la planète et qui, selon la théorie de Whiston, expliquait le Déluge auquel l'homme avait réchappé. D'ailleurs, le volume d'eau glacée qui constituait Wildcat ne serait pas suffisant pour submerger la Terre. Le Déluge l'avait fait un temps, la durée variant selon les récits – et les hommes disposaient de cinquante *Agoras* pour s'abriter. Était-il même nécessaire que tous s'y réfugient, car le Déluge n'avait peut-être recouvert que la partie du monde connue par le ou par les témoins ?

Le résultat dépendrait aussi de la trajectoire de Wildcat qui, épuisant ses dernières forces en luttant contre l'atmosphère, se liquéfierait au lieu décidé par le hasard ou la fatalité. Au cours des quelques jours qui le séparaient encore de la VIIIe Révolution, l'astronome russe ne s'était donc intéressé qu'à ce problème : où s'achèverait la course de Wildcat ? Sur le sol, dans un océan, une zone désertique, un massif montagneux ?

De la réponse dépendait aussi le devenir de l'humanité.

*

L'Avion avait depuis longtemps survolé la Méditerranée, la Sicile et l'Ombrie. Il était rentré à Satory, avait été livré au colonel Renard et rangé dans son hangar. Pearson et l'Entreprise pacifique étaient passés au second plan. Si Wildcat en laissait le temps, viendrait le moment où des hommes justes feraient le tri entre bon grain et ivraie. Qu'avait-on à craindre des Élus au sort peu enviable et, pour l'heure, seules victimes du « Fauve » ? Les *Agoras* n'avaient nul besoin de feu le maître d'Absoluta, le plus gros problème étant désormais de convaincre les Terriens de rejoindre les abris, car la théorie de Pavel se répandait comme une traînée de poudre.

*

Pierre et Dorian avaient retrouvé Elizabeth, et ces moments de bonheur donnaient plus envie de goûter à l'avenir. Mais qui, sur Terre, connaîtrait sa saveur ? Ne manquait donc plus que la seconde où Wildcat dirait aux hommes si la théorie du Russe

Pavel avait, au moins pour certains, un fond de vérité. Et ils attendaient, espéraient enfin à l'unisson.

*

Le 10 juin 1924, à huit heures, une minute et quinze secondes, « le Fauve » entra dans l'atmosphère à la vitesse stupéfiante de 250 000 kilomètres par heure. La VIIIe Révolution commença. Sous l'action de l'atmosphère, ce qu'il restait du monstre de glace se mit à fondre, et le spectacle était grandiose. Un arc-en-ciel se forma, étirant un gigantesque serpentin d'eau s'arrachant à Wildcat comme s'il se vidait de ses viscères cent mille fois, et plus, millénaires.

Pendant que la bête mourait, Elizabeth, Pierre, Dorian Lefranc et George Buckle volaient dans le ciel, contemplant le spectacle à bord de l'Avion XXI piloté par le lieutenant Keller. On retrouvait aussi William Thomson, neveu de l'éditeur anglais et surtout ancien étudiant d'Oxford, qui avait confondu les astronomes du monde entier réunis, croyaient-ils en secret, à la *Divinity School* lors de la première l'apparition de Wildcat. Buckle avait plaidé qu'il lui devait ce moment. Et tous se dirigeaient vers l'Orient, sur la trace de Wildcat, Pavel ayant prédit avec exactitude où tomberait la masse d'eau colossale.

— N'est-ce pas un peu risqué ? avait suggéré Buckle la veille.

— George, personne ne vous oblige. Rejoignez alors l'*Agora* Volta…

Et pour rien au monde le rédacteur en chef du *Times* aurait raté ce dernier *voyage extraordinaire*.

Une fin exemplaire

Les astronomes, assemblés une nouvelle fois à Oxford, discutaient entre spécialistes de la nature exacte de Wildcat. Était-ce bien une comète, un astéroïde ou une météorite, comme on l'avait parfois appelé au cours des trente dernières années ? Les débats, désormais au grand jour, étaient houleux et s'annonçaient longs, mais n'avait-on pas de nouveau infiniment de temps pour débattre ? Sur un point au moins, l'accord fut général. On rebaptisa « le Fauve » pour lui attribuer le patronyme de Pavel qui avait prédit sans faille où s'achèverait sa course. C'était la moindre des choses, même s'il ne restait du mémorable passage qu'une immense étendue d'eau, de surcroît agréablement douce, dont les contours empruntaient ceux des massifs montagneux du Sahara. On finit même par mesurer son volume : 2 304 000 kilomètres cubes, prisonniers des lacs du Hoggar, des cratères du Tibesti, du massif de l'Aïr au Niger, des cuvettes de l'Adrar des Ifoghas au Mali. Une manne qui allait réformer le destin d'un territoire de 8 600 000 kilomètres carrés, soit un peu moins que la superficie de la Chine, elle-même épargnée, tout comme le Tibet, ainsi que l'avait prédit l'astronome de l'empereur Qing au commencement de cette aventure.

*

Dix-huit mois s'étaient écoulés depuis l'avènement de la VIIIe Révolution, et la Terre avait donc bien changé. Le volcan Menengai avait fini par s'éteindre puisqu'il n'y avait plus rien à brûler. Les cent mille Élus avaient été renommés les « cent mille Indignes », et ce qualificatif avait suffi pour que leur vie tournât au calvaire. Ils n'avaient plus rien. Condamnés à se plier à la misère, ils s'étaient isolés dans l'*Agora* Ngorongoro, vivant d'expédients, subissant ce qu'ils avaient voulu imposer aux autres. Et rien de plus ne méritait d'être rapporté à propos de cette engeance. Mais ces « autres », ce milliard et demi d'êtres humains qui avaient vu la mort de près, que devenaient-ils ?

Il fallait sortir du décompte les peuples excentrés qui avaient été jusqu'à ignorer l'existence du « Fauve », laissant la Terre tourner d'elle-même sur elle-même pour se préoccuper de leur quotidien. Au cours des trente années passées, les générations s'étaient effacées une à une, paisiblement, sans oublier les précédentes. Leur monde ne s'était pas métamorphosé. Il tournait, oui, mais pareillement que la veille ; c'était ainsi depuis l'origine.

*

L'affaire était fort différente pour les Ackermann, les Abberline (ils étaient désormais un de plus), le Copte Ramsès Sharif, Alberto Alvar, le pêcheur portugais du Tage, le professeur berlinois Boris Abt, le jeune Indien Chandra, le marchand napolitain de quatre-saisons Elvino Albrisio ou encore Adza, le berger berbère. S'ils avaient retrouvé leur vie d'avant, celle-ci était bouleversée – et plutôt en bien.

D'abord, il fut entendu que le « meilleur de l'homme » et des VII Révolutions – soins gratuits, école pour tous, travail rémunéré à égalité, bannissement de la famine, des armes et de la guerre, etc. – deviendrait les lois intangibles de la Nouvelle Constitution des peuples régissant le Monde neuf. Un monde qui en avait vu d'autres, édictant un nombre incalculable de Constitutions, de lois, d'édits et de décrets, et qui avait cru à mille promesses, mais cette fois, les faits étaient concrets. Les *Agoras* en témoignaient : bienfaits de l'électricité, du cinéma, du son, des vaccins, de la géothermie, de l'électromagnétisme, de l'air comprimé, y compris la *supra nitroglycerina* (bien employée), etc. – même ces invertébrés élevés à la chaîne qui, mélangés à d'autres mets, se révélaient ragoûtants... Autant de bontés dont chacun pouvait profiter librement puisque ni brevet ni titre de propriété privée n'en limitaient l'usage. Parmi les succès marquants, on relevait aussi la progression foudroyante de la pratique de l'espéranto qui forçait les peuples à mieux se connaître ou à moins s'ignorer. Ainsi, une société encore fragile, mais dont chacun espérait plus d'altruisme et de partage, venait de naître. Elizabeth parlait d'une belle évolution – de celle qu'elle avait appelée de ses vœux au commencement. Et qu'en feraient les hommes ? Ils avaient les cartes en main. À eux de décider.

Pendant qu'ils y réfléchissaient, ne doutant pas que de nouveaux problèmes allaient surgir, mais adorant plus que jamais cette planète qui avait failli leur échapper, les semences fécondes, enfouies depuis toujours au Sahara, germaient, offrant une abondance dont ces terres manquaient tant. Ainsi, la seule action du terrible Wildcat avait été de faire grandir le monde et de détruire ceux qui ne songeaient qu'à le ravager. Et c'était un *bond en avant*, une évolution autrement plus prometteuse que les funestes élucubrations du détestable Edward Pearson.

*

Il ne restait donc plus qu'un secret à élucider pour que l'histoire se termine : qu'avait partagé Jules Verne avec Elizabeth et Pierre, le 15 octobre 1894, un lundi, au 44, boulevard Longueville dans la bonne ville d'Amiens ? Eh bien, ce *secret* qui leur avait laissé penser qu'ils vaincraient l'astéroïde était de croire que les hommes réussiraient en triomphant d'abord d'eux-mêmes, leur pire ennemi, et que, alors, le Destin viendrait à leur secours. La *théorie* évoquée par Jules Verne reposait donc sur ces deux piliers : édifier une société plus juste, seule façon de ne pas détruire ce qui existait, et croire – ou parier – que ce maudit astéroïde, n'ayant d'effrayant que son apparence, n'était que le reflet des Terriens, le danger qu'ils devaient craindre nichant en premier en leur sein.

« Le Fauve » passerait-il au loin ou serait-il de glace ? Voilà le défi que s'étaient lancé Elizabeth et Pierre Lefranc. Mais s'ils l'avaient avoué, personne ne les aurait crus – à l'exception de Jules Verne… Et personne n'aurait bâti la Société pacifique, ce *bond en avant* sans lequel rien n'aurait été aussi vite ni aussi bien. Wildcat n'avait donc pris que la forme de Pearson, Hobbs, du Cartel et de ses Élus parce qu'ils se nourrissaient du monstre. Et tous n'y avaient heureusement pas cédé.

Ainsi, ce *secret* gardé pendant trente années s'appelait simplement l'espoir, que d'autres nommeraient utopie, mais il se réalisait aujourd'hui – du moins pour un temps. Dès lors, il n'y avait rien à regretter du « Fauve » puisque cette fin exemplaire invitait la Terre à se tourner en paix vers le plus beau des *Voyages extraordinaires* : son futur.

— Et par quoi commencera-t-on ? s'interrogeait Buckle pour finir.

Épilogue

Par quoi commencera-t-on ? Eh bien, une main heureuse tomba sur ce manuscrit sommeillant dans un coffre qui, depuis plus d'un siècle, avait gardé lui aussi ses secrets à cause d'une clef égarée. La suite tient au hasard, à la fiction, au rêve ou encore et toujours à l'utopie, mais voilà comment l'expliquer : grinçant et perclus de rouille, le valeureux gardien de fonte rendit enfin l'âme, révélant ce qui attendait à l'intérieur :

10 000 jours pour l'humanité

Et qui sait ce qui patiente encore, ici ou là, puisque Jules Verne n'en finira jamais de nous étonner[1] ?

---

1. Un roman de Jules Verne, *Paris au XXe siècle*, connut un destin similaire. Égaré dans un coffre, il ne fut publié qu'en 1994 – cette histoire-ci étant, dit-on, vraie. (Note de l'éditeur.)

Remerciements

Merci à Jules Verne à qui je dédie ce roman, humble salutation à son génie. Je me souviens de mes lectures d'antan. Avec elles et son auteur, je partais pour la Lune. Plus fort que Phileas Fogg, je subjuguais la Terre et ses habitants, jalousais Passepartout, rêvais de découvrir à mon tour une île mystérieuse. Jules Verne fait tant partie de ma vie qu'en me plongeant à nouveau dans ses *Voyages extraordinaires*, j'ai retrouvé sa magie, l'ivresse du voyage et de l'invention, le bonheur de chevaucher les frontières du monde et de l'esprit. Aussi, *10 000 jours pour l'humanité* est le témoignage d'une admiration sans borne. J'y ai mis mon cœur et toute mon énergie, invitant le lecteur à se replonger lui aussi dans les aventures de ce maître qui, malgré le temps, n'a rien perdu de son audace, de sa fraîcheur et de son incroyable modernité.

Merci à Thierry Billard, mon fidèle éditeur, qui a eu le courage de soutenir ce projet. Il est de ceux qui m'apportent à chaque instant amitié, réconfort et affection. Sans lui, ses conseils, sa lecture si attentive – et ses « recommandations impératives… » –, je n'aurais pu aboutir.

Merci à mon épouse, à mes filles et à mes amis, d'avoir supporté pendant dix-huit mois mon absence, mes silences, me laissant voyager en compagnie de Jules Verne, des étoiles au cœur de notre beau sphéroïde.

Merci enfin à Serge Para, à l'esprit aussi savant que généreux, qui, sous le soleil de la Corse, a partagé avec moi cette aventure, m'accordant sa science, son talent, son savoir afin de transformer une idée en roman.

Notes brèves

Comète et astéroïde

Une comète est constituée d'un noyau de glace et de poussière.

Un astéroïde est composé de roches, de métaux et de glace. Sa taille peut atteindre plusieurs centaines de kilomètres.

De l'eau en grande quantité sur un astéroïde, est-ce impossible ?

7 octobre 2009, la NASA découvre que Thémis 24, un astéroïde de 200 kilomètres, est recouvert de glace. Donc d'eau. Ainsi, la frontière entre les comètes formées de glace et les astéroïdes, des corps essentiellement rocheux, s'estompe. Et Wildcat, astéroïde de glace, pourrait alors exister…

L'espace, un champ de bataille dangereux pour la Terre

Le programme Spaceguard (de la NASA) sert à détecter les astéroïdes dont l'orbite coupe celle de la Terre et dont la taille est jugée dangereuse pour notre survie.

La Terre est régulièrement « frôlée » par des astéroïdes de taille variable. Le plus gros depuis que le programme de la NASA existe est passé à 7 millions de kilomètres, le 1er septembre 2017. Baptisé Florence, son diamètre est de 4,4 kilomètres. Les collisions entre notre planète et un astéroïde sont des phénomènes heureusement très rares. Celle qui provoqua la disparition des dinosaures remonte à soixante-six millions d'années. Le temps file… À quand le prochain rendez-vous ?

Bénou (101955 Bennu) est un autre exemple de ces astéroïdes menaçant la Terre. Découvert en 1999, ce bolide d'un diamètre d'environ 500 mètres tourne autour du Soleil en un peu plus d'un an. La probabilité qu'il percute notre sphéroïde à la fin du siècle prochain est de 1/2000 (environ)…

Vitesse

À l'équateur, la Terre tourne sur elle-même à la vitesse de 1 670 kilomètres par heure en moyenne.

La Terre, en orbite autour du Soleil, se déplace à 107 280 kilomètres par heure.

Le Soleil tourne à la vitesse de 700 000 kilomètres par heure (environ).

La fin de l'humanité est-elle crédible ?

Voici quelques hypothèses d'extinction massive.

— Une guerre nucléaire massive provoquant un hiver nucléaire.

— Une explosion volcanique formidable entraînant la création d'un nuage si épais que les rayons du Soleil ne réchaufferaient plus la Terre, ce refroidissement conduisant à la quasi-extinction du vivant.

— Un changement climatique auquel l'homme ne pourrait s'adapter.

— Une pandémie planétaire, galopante et sans remède provoquée par l'homme du fait de l'invention d'un virus mortel ou d'une bactérie foudroyante. La guerre biologique est une menace sérieuse.

— L'intelligence artificielle incontrôlable conduisant à la disparition de l'homme tel qu'on le connaît aujourd'hui.

— Des désordres majeurs de l'écosystème engendrés par la pollution et conduisant à la destruction de la nourriture et de l'eau.

— Bien sûr, l'impact d'un astéroïde majeur, phénomène dont l'homme, cette fois, ne serait pas responsable.

La sixième extinction massive est-elle en marche ?

L'extinction des dinosaures pourrait avoir été provoquée par un astéroïde. La suivante, la sixième extinction massive, serait en cours à cause de l'homme : surconsommation des ressources naturelles, pollution, extermination des espèces animales…, le paradoxe pour le moins surprenant étant que, en détruisant son environnement, l'homme s'élimine lui-même. Exemple frappant : la disparition progressive des abeilles sachant qu'une part essentielle de l'agriculture repose sur la pollinisation. Ainsi, l'homme agit en étant conscient qu'il va à sa perte – ce qui n'était sans doute pas le cas des dinosaures…

En attendant la fin du monde,
comment cultiver en sous-sol ?

La ferme La Caverne, et ce n'est qu'un exemple, installée dans un parking souterrain du 18e arrondissement de Paris, entend produire des champignons, des endives, etc. Sous les villes poussent des fermes d'un nouveau genre, promettant fruits et légumes.

À Londres, quartier de Clapham, à 33 mètres de profondeur, se cache un potager installé dans un abri antiaérien qui, pendant la Seconde Guerre mondiale, abritait huit mille personnes. Dans deux immenses couloirs, petits pois, coriandre, moutarde, roquette poussent sous une lumière artificielle. Des lampes LED diffusant une lumière économique et douce reconstituent les variations de la luminosité selon les heures du jour. Les plantations sont ensuite livrées à des restaurants et à des centres commerciaux.

L'agriculture verticale, très en vogue en milieu urbain, présente pour les spécialistes de nombreux avantages : réseaux courts de la production à la consommation, donc économie d'énergie dans les transports, baisse de la pollution, gestion optimale de l'eau, aucun aléa climatique ou saisonnier et, *last but not least*, création d'emplois agricoles en ville.

Les sous-sols de Londres, de Paris, de Berlin accueilleront-ils bientôt des fermes gigantesques fournissant les besoins alimentaires des habitants ?

Se nourrir d'insectes

Se nourrir d'insectes est l'une des solutions pour subvenir aux besoins alimentaires des Terriens dans le futur. Les qualités nutritionnelles des insectes n'ont rien à envier à celles de la viande, leurs taux de protéines étant même souvent supérieurs. La culture des insectes coûte moins cher en énergie, en eau et produit peu de gaz à effet de serre. Ajoutons que la surface des terres agricoles diminue et que l'eau potable se raréfie. Mais serait-ce si nouveau de manger des insectes ? L'Afrique et l'Asie en sont de gros consommateurs et, en Europe, la cochenille est déjà utilisée dans les aliments : bonbons, saucisses, tarama, etc. Sans le savoir, nous mangeons des insectes. Même les animaux sont nourris avec de la farine d'insectes. Il n'est pas rare de trouver des produits « exotiques » au rayon alimentation ou en vente sur l'Internet. Grillons, criquets parfumés au curry, termites déshydratés, scarabées accommodés au sésame… Il y a de l'avenir pour les insectes.

L'Internet regorge d'informations sur ce sujet. Voici une source :
www.mangeons-des-insectes.com/pourquoi-manger-des-insectes.

Le banquet des maires de 1900

Le banquet organisé par l'Entreprise pacifique dans ce roman s'inspire du banquet des maires qui s'est tenu le

22 septembre 1900 à l'initiative du président de la République Émile Loubet et du président du Conseil (le chef du gouvernement) Pierre Waldeck-Rousseau dans les jardins des Tuileries à l'occasion de l'Exposition universelle de 1900. Près de trente mille maires s'y présentèrent…

Cette organisation gigantesque a inspiré la description du banquet des entrepreneurs installé au pied de la tour Eiffel.

Le Dolder Grand Hotel

Le rédacteur en chef du *Times*, George Buckle, s'installe dans cet hôtel luxueux de Zurich. Pourtant, il ne fut inauguré qu'en 1899. On y trouvait le téléphone, le télégraphe, deux ascenseurs et pas moins de deux cent vingt chambres.

Clément Ader (1841-1925)

Père de l'aviation, Clément Ader est aussi l'inventeur du théâtrophone dont il est question dans ce roman. Mais il conçut aussi et surtout l'Avion équipé d'un moteur à vapeur qu'il baptisa Éole.

Le 9 octobre 1890, au domaine de Gretz-Armainvilliers, où le roman situe son repaire, il triompha de l'attraction terrestre, soulevant Éole de quelques centimètres sur une distance de 49 mètres.

Ayant conclu un accord avec l'armée, il entreprit la construction d'un nouveau modèle à l'efficacité quelque peu discutable. La démonstration organisée devant les militaires au camp militaire de Satory, près de Versailles, ne fut pas concluante. Tenu au secret par l'armée, Clément Ader ne fit état de ses recherches qu'en 1906, laissant le champ libre à la concurrence…

L'Avion III a heureusement survécu au temps. Il est exposé à Paris au musée des Arts et Métiers.

Table

Cet ouvrage a été achevé d'imprimer en janvier 2018
dans les ateliers de Normandie Roto Impression s.a.s.
61250 Lonrai
N° d'impression : 1705718

Imprimé en France